# Pirates des Caraïbes

L'INTÉGRALE

Ce roman est adapté des films de Walt Disney Pictures :
*Pirates of the Carribean : The Curse of the Black Pearl*
*Pirates of the Carribean : Dead Man's Chest*
*Pirates of the Carribean : At World's End*

Des films de Walt Disney Pictures en association avec Jerry Bruckheimer
D'après un scénario de Ted Elliott &Terry Rossio
D'après les personnages créés par Ted Elliott & Terry Rossio et Stuart Beattie et Jay Wolpert
D'après « Pirates des Caraïbes » de Walt Disney
Produit par Jerry Bruckheimer
Réalisé par Gore Verbinski

Une novélisation de Pascal Loubet (Tome 1)
et Katherine Quenot (Tome 2 et 3)

Disney

# PIRATES des CARAÏBES

## L'INTÉGRALE

HACHETTE
Jeunesse

LIVRE I

# LA MALÉDICTION DU *BLACK PEARL*

# 1

*Oyez ! Il y a fort longtemps, une légende racontait qu'un noir vaisseau fantôme apparaissait parfois quand le brouillard se faisait dense. Oui-da, il déployait ses immenses voiles noires, comme si elles avaient été taillées dans l'ombre et cousues avec le fil du péché. Ses bois étaient souillés du sang d'âmes innocentes assez infortunées pour avoir croisé le chemin du noir vaisseau. Et son équipage, disait-on, se composait uniquement de pirates, voués par une malédiction à naviguer pour l'éternité, poussés par le vent mauvais du meurtre et du crime.*

*Mais, bien sûr, une telle légende n'est rien de plus*

*qu'une histoire de fantômes que racontent les marins. Et vous ne croyez pas aux fantômes, n'est-ce pas ?*

Un épais brouillard voilait l'horizon et noyait la mer. Pourtant, l'*Intrépide*, fierté de la Marine royale, avec son orgueilleuse proue ornée des armes rouges et bleues frappées de lions et de lys d'or, gardait le cap. Armé de cinquante canons et d'un équipage assez coriace pour que les pirates y réfléchissent à deux fois avant de l'affronter, l'*Intrépide* progressait lentement sur une mer plongée dans l'obscurité.

À sa proue, vêtue d'une longue robe gris perle à ramages ornée de dentelle, ses longs cheveux roux flottant sur ses épaules, se tenait sa plus jeune passagère. Élisabeth Swann faisait voile avec son père vers Port Royal, en Jamaïque, où il venait d'être nommé gouverneur. Malgré ses douze ans et sa taille menue, Élisabeth ne craignait pas du tout ce qui pouvait les guetter dans ce brouillard. Au contraire, au fond de son cœur, elle se disait que ce serait excitant de rencontrer un vrai pirate. Elle se rappela une vieille chanson et, lentement, en se balançant doucement dans le brouillard gris, elle se mit à chanter, rêveuse :

*Yo ho, yo ho, la vie d'pirate pour moi,*
*Yo ho, yo ho, trinquons, mes jolis...*

Soudain, une main se posa sur son épaule. Élisabeth se retourna et fixa de ses grands yeux un rude gaillard en vareuse bleue coiffé d'un haut de forme, au visage tanné et aux sourcils presque aussi broussailleux que ses favoris noirs.

— Tout doux, mademoiselle ! gronda l'homme avec un regard flamboyant. Ces satanés pirates écument les flots ! Vous voulez quand même pas qu'ils nous tombent dessus ? demanda-t-il en se penchant vers l'enfant.

— Monsieur Gibbs ! le réprimanda sèchement le capitaine Norrington, raide dans son uniforme d'officier de Sa Majesté bleu nuit à galons dorés. Cela ira comme ça.

— Mais elle chantait une chanson de pirates, protesta le quartier-maître. Ça porte malheur de chanter sur les pirates quand on patauge dans un brouillard surnaturel comme celui-là... C'est moi qui vous le dis.

— Nous vous en remercions, monsieur Gibbs. Vous pouvez disposer, le congédia froidement Norrington.

— À vos ordres, bougonna le quartier-maître en s'éloignant. Ça porte malheur aussi d'avoir une femme à bord, maugréa-t-il au passage. Même une femme miniature.

Et, cramponné à un cordage, avec un regard terrifié, il avala une rasade de gnôle pour se rassurer.

— Je crois que ce serait merveilleux de rencontrer un vrai pirate, dit timidement Élisabeth.

— Vous avez tort, mademoiselle Swann, sourit Norrington avec indulgence. Ce sont tous des êtres méprisables et corrompus. Je veux faire en sorte que tout marin qui navigue sous pavillon noir ou porte la marque des pirates reçoive ce qu'il mérite : un saut dans le vide suivi d'un arrêt rapide, ajouta-t-il avec un petit sourire glacial qui en disait long.

Derrière lui, Élisabeth vit le quartier-maître mimer en roulant des yeux une pendaison avec son foulard. Choquée, elle étouffa un cri. Au même instant, arriva sur le pont un homme à la lourde perruque, vêtu d'un habit de velours pourpre brodé de fil d'or et coiffé d'un tricorne couronné de plumes orange. C'était son père, le gouverneur Swann.

— Pardonnez-moi, capitaine, dit-il, j'apprécie votre ferveur, mais malheureusement, je dois me préoccuper des effets que ce sujet pourrait produire sur ma fille.

— Veuillez m'excuser, gouverneur Swann, dit Norrington en prenant congé.

— En fait, je trouve tout cela fascinant, dit Élisabeth à son père.

— Oui, c'est bien ce qui m'inquiète, justement, répondit-il en haussant les sourcils, en père auquel les extravagances de son enfant causent bien du souci.

Élisabeth hocha la tête, mais au fond d'elle-même, elle aspirait à rencontrer un jour un pirate. Sans un mot, elle contempla par-dessus le bastingage l'eau presque noire. Soudain, elle remarqua quelque chose qui flottait. C'était une ravissante ombrelle qui tournoyait lentement sur les vagues. Elle se demandait d'où elle pouvait bien venir, quand quelque chose de bien plus gros surgit lentement de la brume.

— Regardez ! cria-t-elle en tendant le bras.

Un corps inerte gisant sur des débris de planches dérivait vers le navire.

Le capitaine Norrington réagit aussitôt.

— Un homme à la mer ! cria-t-il.

Mais Élisabeth avait bien vu que ce n'était pas un homme.

— Un enfant à la mer, corrigea-t-elle, voyant que le naufragé devait avoir son âge.

— Allez chercher un grappin, vite ! Remontez-le à bord ! ordonna le capitaine Norrington à ses hommes.

Élisabeth regarda l'équipage de l'*Intrépide* accrocher avec des grappins le corps sans vie qui passait le long de la coque.

Le gouverneur Swann aida le capitaine Norrington à ramener le garçon à bord et Élisabeth se faufila entre les marins pour le voir de plus près.

— Il respire encore ! déclara Norrington, l'oreille posée près de la bouche du garçon.

— Mais d'où vient-il donc ? demanda le gouverneur Swann.

Les hommes de l'*Intrépide* ne pipèrent mot. Chacun scrutait la mer et cherchait une réponse, quand soudain, Gibbs poussa un cri :

— Sainte Marie, Mère de Dieu !

Élisabeth suivit son regard et vit les débris d'un naufrage entourés des cadavres d'un équipage. Puis, surgissant lentement du brouillard, la coque brûlée et noircie de l'infortuné navire où crépitaient encore quelques flammes.

— Que s'est-il passé ? interrogea le gouverneur.

— C'est probablement leur réserve de poudre qui aura explosé, assura Norrington d'un ton péremptoire. Les vaisseaux marchands sont lourdement armés.

— Ça leur a réussi, vraiment, bougonna Gibbs. Tout le monde le pense, mais moi je le dis. Ça, c'est l'œuvre… des pirates !

— Oh, mais nul ne peut le prouver, tempéra le gouverneur Swann. Cela peut être un accident.

Le capitaine Norrington, craignant que son quartier-maître n'ait vu juste, ordonna aussitôt à ses hommes de se préparer à la bataille.

— Tribord ! Détachez les chaloupes et mettez en panne ! Portez le garçon en poupe ! cria-t-il. Il faut débarrasser le pont !

Le gouverneur Swann arracha Élisabeth encore

cramponnée au bastingage et l'éloigna de ce terrible spectacle.

— Élisabeth, j'aimerais que tu accompagnes ce petit, que tu prennes soin de lui, dit-il d'un ton lugubre alors que deux marins transportaient le corps derrière le gouvernail et qu'on lançait une chaloupe à la mer pour inspecter l'épave. Tu en seras responsable.

Élisabeth hocha la tête et alla s'agenouiller auprès du garçon que l'on avait à demi drapé dans une couverture, tandis que son père s'éloignait rapidement. Comme il semblait frêle, avec sa petite camisole grise et son gilet de drap noir. Et comme il était pâle, aussi. Elle balaya d'un geste délicat les cheveux de son front. Le garçon sursauta et ouvrit les yeux en lui saisissant brusquement la main.

— Il n'y a pas de danger. Je m'appelle Élisabeth Swann, l'apaisa-t-elle gentiment.

— Will Turner, murmura-t-il.

— Je veillerai sur toi, Will, lui promit-elle pour le réconforter.

Puis il sombra de nouveau dans l'inconscience.

En bougeant, son col s'était ouvert et Élisabeth, intriguée, aperçut une chaîne et un médaillon en or. Elle les lui ôta et les retourna dans sa main, espérant en savoir plus sur son identité. À sa stupéfaction, elle vit, gravés dans le métal, un crâne et des tibias entrecroisés !

— Mais tu es... un pirate ! chuchota-t-elle.

Elle dissimula précipitamment le médaillon derrière son dos en voyant arriver Norrington.

— A-t-il dit quelque chose ? demanda-t-il en se penchant sur le jeune homme.

— Il s'appelle William Turner, répondit-elle. Je n'ai rien découvert d'autre.

— Très bien, emmenez-le, dit le capitaine en reprenant son chemin.

Quand Élisabeth fut certaine qu'il était bien parti, elle alla à l'écart, sortit le médaillon de sous sa robe et le regarda de nouveau. Mais une scène qui l'effraya bien trop pour qu'elle puisse bouger ou crier attira soudain son attention. Du brouillard venait de surgir un immense navire aux voiles noires et déchiquetées. Au grand mât flottait un pavillon arborant un crâne et des sabres entrecroisés ! Et, tandis que le navire disparaissait de nouveau dans le brouillard pour échapper aux tirs de canon de l'*Intrépide*, le crâne du drapeau sembla se tourner vers Élisabeth et lui sourire.

# 2

Élisabeth ouvrit brusquement les yeux. Elle était dans son lit, bien à l'abri dans la demeure du gouverneur. Elle se demanda un instant si elle avait rêvé. Puis elle haussa la flamme de la lampe à pétrole qui se trouvait sur son chevet, se leva et alla ouvrir le petit tiroir de son coffret à bijoux. C'est là, sous une trappe secrète dissimulée par des papiers, du linge et des colifichets, que se trouvait bien à l'abri le médaillon qu'elle avait secrètement dérobé au cou de Will Turner huit ans plus tôt. Du pouce, elle essuya la poussière qui s'était accumulée à la surface et en ternissait l'éclat. Puis, pensivement, elle alla à sa coiffeuse, l'accrocha à son cou et se regarda longuement dans son miroir. La fillette qui avait traversé l'Atlantique à bord de l'*Intrépide* était devenue une belle jeune fille aux grands yeux bruns en amande et aux épaisses boucles châtain.

Soudain, on frappa à la porte.

— Élisabeth ? Es-tu décente ?

Elle courut précipitamment à son lit pour enfiler son peignoir et dissimula prestement le médaillon dans son corsage.

— Oui !

— Oh, encore endormie à cette heure ? dit le gouverneur Swann en entrant, accompagné d'une servante chargée d'une grande boîte. Le gouverneur portait un habit bleu à jabot de dentelle et galons dorés, et la lourde perruque brune qu'il arborait lors de leur arrivée avait maintenant été remplacée par une perruque identique et tout aussi opulente, mais grise.

La femme de chambre tira les lourdes tentures, laissant entrer la luminosité du ciel bleu et les rayons du soleil matinal. La résidence du gouverneur dominait toute l'anse de Port Royal, où étaient amarrés des navires et où était blottie la coquette petite ville gardée par les canons de Fort Charles, qui se dressait sur les falaises au bord de la mer.

— C'est une journée merveilleuse, continua le gouverneur. Et j'ai un présent pour toi !

Il ouvrit la boîte et découvrit une élégante robe de velours.

— Oh, elle est... magnifique ! s'exclama Élisabeth, ravie, en la sortant aussitôt. Pourrais-je savoir en quel honneur ?

— Est-ce qu'un père a besoin d'un prétexte pour offrir un petit cadeau à sa fille ? Bon, allez... À vrai dire... j'espérais que tu accepterais de la porter pour la cérémonie de tout à l'heure, dit-il pendant qu'Élisabeth essayait prestement sa robe derrière un paravent.

— La cérémonie ? demanda-t-elle.

— La cérémonie de promotion du capitaine Norrington.

— Je m'en doutais, répondit Élisabeth en passant la tête par le côté du paravent, tandis que sa femme de chambre laçait son corset.

— Du commodore Norrington, devrais-je dire, puisqu'il le sera bientôt.

Élisabeth savait très bien que son père aurait vu d'un bon œil qu'elle épouse le capitaine Norrington, mais cela ne l'intéressait pas du tout.

— C'est un gentleman très distingué, tu ne penses pas ? ajouta son père pour tenter de la fléchir. Et il te trouve à son goût, tu sais.

Derrière le paravent, Élisabeth fronça les sourcils et étouffa un cri. La robe était magnifique, mais bien trop serrée. Dire qu'elle allait devoir la porter pendant des heures !

— Élisabeth ? Tout se passe bien ? s'inquiéta son père.

— C'est difficile à dire, haleta-t-elle en se débattant dans son corset.

— On m'a dit que c'était le dernier cri à Londres, dit son père en souriant à sa charmante fille.

— Les femmes de Londres doivent avoir appris à ne plus respirer, répondit Élisabeth en essayant d'ajuster la robe et de reprendre son souffle, tandis que les deux domestiques tiraient énergiquement sur les lacets.

Pendant ce temps, au rez-de-chaussée, un long étui sous le bras, un jeune homme modestement vêtu d'un habit brun faisait les cent pas sur les dalles du hall somptueusement orné de tableaux, de bustes et de grands vases précieux en porcelaine de Chine. Intimidé et n'osant s'asseoir sur l'un des deux fauteuils richement tapissés, il alla examiner la grosse horloge dont le tic-tac résonnait dans la vaste pièce, puis il s'approcha d'un chandelier en applique dont il voulut rajuster une branche. Malheureusement, la branche de bronze lui resta dans la main. Confus, le jeune homme essaya de la fourrer dans sa poche, qui était trop petite, et voulant dissimuler cette maladresse, il finit par le glisser dans le porte-parapluie à côté de la porte, juste à temps pour ne pas se faire surprendre par un laquais qui arrivait.

Un majordome en livrée brune entra dans la chambre d'Élisabeth et interrompit les préparatifs en s'inclinant cérémonieusement.

— Monsieur, vous avez un visiteur.

Le gouverneur Swann descendit l'escalier et accueillit le jeune homme avec sa bonhomie habituelle. C'était Will Turner, devenu à présent un beau jeune homme brun de vingt ans et un forgeron de métier.

— Ah, monsieur Turner ! dit le gouverneur. Quel plaisir de vous revoir.

— Bonjour, monsieur, répondit Will en posant avec un grand sourire l'étui sur la table décorée d'un splendide bouquet de fleurs et de fruits. J'apporte votre commande.

Le gouverneur était très impatient de voir l'épée que lui apportait Will. Celui-ci ouvrit l'étui et la lui remit cérémonieusement. Le gouverneur sourit de satisfaction et la sortit de son fourreau. L'épée d'apparat en or et en acier allait être offerte lors de la cérémonie au commodore Norrington. Will avait fait du très beau travail.

— Lame en acier feuilleté, précisa Will. Et il y a aussi un filigrane en or sur la poignée. Vous permettez ? demanda-t-il en reprenant poliment l'arme des mains du gouverneur et en la posant sur son index. L'équilibre idéal. Et la soie est parfaitement adaptée.

— Impressionnant, dit le gouverneur. Le commodore Norrington sera extrêmement satisfait, mon cher. Veuillez transmettre mes compliments à votre maître.

— Je le ferai. Un artisan aime à savoir que son travail est apprécié, s'inclina Will en souriant.

Il était en train de ranger précautionneusement l'épée dans son étui, quand il leva les yeux et vit Élisabeth qui descendait l'escalier. Avec sa nouvelle robe et son minuscule chapeau, nimbée par la lumière qui filtrait des hautes fenêtres, elle était plus belle que jamais. Un grand sourire se peignit sur le visage de Will qui ne la quitta pas des yeux tandis qu'elle descendait les dernières marches avec grâce.

— Ah, Élisabeth, tu es éblouissante ! dit le gouverneur Swann, admiratif.

— Will ! s'exclama la jeune fille avec un sourire qui trahissait ses sentiments pour lui. Je suis si heureuse de vous voir. J'ai même rêvé de vous hier soir.

— Rêvé de moi ?

— Élisabeth, est-il vraiment convenable..., commença le gouverneur, un peu embarrassé par le tour que prenait la conversation.

— J'ai rêvé du jour de notre rencontre, continua la jeune femme sans relever les yeux rivés sur Will. Vous vous souvenez ?

— Jamais je ne l'oublierai, mademoiselle, répondit Will.

— Combien de fois devrai-je vous dire de m'appeler Élisabeth ?

— Au moins une fois de plus, mademoiselle. Comme toujours.

— Là, tu vois ? intervint son père. Ce garçon, au moins, a le sens des convenances. À présent, il faut vraiment que nous partions, enchaîna-t-il précipitamment tandis que des domestiques apparaissaient. Ma chérie ?

Il prit l'étui sous son bras et entraîna rapidement Élisabeth, suivi de son entourage et de ses laquais.

— Au revoir, monsieur Turner, dit Élisabeth, avec un dernier sourire au charmant jeune homme.

— Dépêche-toi, la pressa son père.

Elle troussa sa robe pour monter dans l'attelage avec son père. Will courut sur le perron bordé de bananiers et d'hibiscus, et resta à regarder la calèche franchir les grandes grilles du parc de la résidence pour gagner Port Royal.

— Au revoir, cria-t-il, avant d'ajouter dans un murmure et avec un regard éperdu d'amour : Élisabeth...

— J'espère que tu seras décente devant le commodore Norrington. Après tout, c'est grâce à lui que Port Royal est enfin civilisé, dit le gouverneur, tandis que la calèche et ses deux valets de pied en livrée immaculée roulait entre les palmiers en direction de Fort Charles, traversant les rues de la jolie ville de Port Royal.

Élisabeth ne répondit pas : la calèche venait de passer en cahotant dans la boue devant un mendiant qui mangeait un maigre et infect brouet dans une écuelle de bois. Parfois, elle se disait qu'à force de ne fréquenter que l'aristocratie dans son élégante demeure sur les hauteurs de la ville, son père vivait dans une charmante illusion. Peut-être valait-il mieux ne pas tenter de le détromper.

# 3

Pendant ce temps, à quelques encablures de Fort Charles, juché au sommet d'un mât, un homme contemplait le port. Avec son tricorne de cuir, sa chemise débraillée, sa redingote grise défraîchie, son pistolet passé dans sa ceinture et son épée au côté, il aurait pu avoir fière allure. Mais il avait connu des jours meilleurs, car pour l'heure, le frêle esquif qui le menait à Port Royal prenait tellement l'eau qu'il menaçait de sombrer. Jugeant la situation critique, l'homme sauta de son perchoir et entreprit d'écoper frénétiquement.

Il arrivait en vue de la rade étincelante sous le soleil où était amarré l'*Intrépide*. Le navire était là pour protéger les habitants de Port Royal de la menace des voleurs et des pirates. Et au cas où sa présence n'aurait pas suffi à dissuader les bandits, les squelettes de trois pirates se balançaient aux gibets dominant le port. Le quatrième gibet était vacant, et sur la corde était accrochée une grande pancarte de bois qui annonçait :

PIRATES ! VOUS VOILÀ PRÉVENUS !

Respectueusement, l'homme s'interrompit dans sa tâche, se releva et ôta son tricorne qu'il posa avec révérence sur son cœur pour leur rendre hommage, et inclina sa tête coiffée d'un foulard rouge, tandis que sa barque s'enfonçait dangereusement.

Dans la rade, marins et ouvriers qui s'affairaient à charger et décharger barils de rhum et balles de coton des navires s'arrêtèrent : sous leurs yeux ébahis, l'homme, à nouveau flegmatiquement perché au sommet de son mât qui dépassait à peine de l'eau, arriva au bout de la jetée et sauta majestueusement d'une élégante enjambée sur le ponton de bois.

Cet homme, c'était l'un des pirates les plus rusés qui aient jamais hanté les mers des Caraïbes : le célèbre et redoutable Jack Sparrow.

Il s'arrêta un bref instant pour contempler les vaisseaux à l'ancre : car le capitaine n'était pas venu à Port Royal pour se distraire. Il était là avec la ferme intention de se procurer un plus gros navire.

Il contempla longuement l'*Intrépide*. Et, bien que

sachant que c'était un puissant vaisseau avec ses cinquante canons, c'est vers tout autre chose qu'il tourna son attention : l'*Intercepteur*, un petit navire élancé équipé de canons et d'un mortier sur le pont principal. Il était amarré sous les falaises de Fort Charles.

Jack ne perdait jamais de temps quand il voyait quelque chose qu'il désirait. Il continua nonchalamment sa marche vers le quai.

L'officier du port, un homme en habit blanc et à besicles de comptable, accompagné d'un petit négrillon, croisa ce personnage haut en couleur qui avait l'air d'un bohémien et le héla.

— Hé vous, là ! Une minute ! cria-t-il, soupçonneux à la vue de cet homme dépeigné, aux yeux fardés et aux cheveux et à la barbe tressés de perles multicolores. Il en coûte un shilling pour amarrer son bateau à quai, annonça-t-il, pointilleux.

Sans répondre, Jack se campa, une main sur la hanche, et contempla d'un air désolé le bout du mât de sa barque qui disparaissait sous les eaux en gargouillant.

— Et j'aurai besoin de votre nom, ajouta l'officier qui ouvrit son registre et le lui tendit.

— Que diriez-vous de trois shillings, et nous oublierons le nom ? répondit Jack avec un sourire en jetant les pièces sur le registre.

L'officier du port changea d'expression, comme

s'il avait mal jugé Jack. Il referma le registre d'un long doigt crochu.

— Bienvenue à Port Royal, monsieur Smith ! dit-il en s'écartant.

Après s'être légèrement incliné, Jack ajusta son épée et remonta le ponton en souriant. Au passage, il s'arrêta devant l'écritoire de l'officier, s'empara d'une petite bourse qui y était posée, la fit tinter et l'empocha. Décidément, cela allait être une bien belle journée !

Pendant ce temps, à Fort Charles, la cérémonie commençait. Malgré la chaleur, sur l'estrade officielle, toutes les dames élégantes avaient revêtu leurs plus belles toilettes et s'éventaient à qui mieux mieux. Tout ce que Port Royal comptait d'important avait voulu être là pour assister à la promotion du capitaine Norrington au prestigieux grade de commodore. Dans la grande cour du fort, sur neuf rangs, étaient alignés de part et d'autre les marins de Sa Majesté en vareuses bleues et pantalons blancs, et les officiers de la Marine en uniformes bleus, culottes et bas de soie. Au son des fifres et des tambours entra alors le régiment des fusiliers, resplendissants dans leurs uniformes rouges à baudriers blancs et guêtres de cuir noir.

— Deux pas en avant ! cria l'officier. Demi-tour... droite !

Sous le regard bienveillant du gouverneur qui

attendait en haut des marches, la troupe s'aligna pour faire une haie d'honneur au futur commodore Norrington. Celui-ci apparut à la porte, revêtu de sa plus belle tenue d'apparat à galons dorés, cravate blanche et cordon de l'Ordre de Malte sur la poitrine.

— Présentez... armes !

Coiffé de son tricorne à cocarde d'or bordé de plumes et revêtu du nouvel uniforme de sa fonction, bleu et blanc à parements et galons dorés, culotte blanche et souliers à boucle, le futur commodore, mains croisées derrière le dos comme à son habitude, s'avança vers l'estrade entre les soldats. Sous le soleil qui dardait ses impitoyables rayons, Élisabeth poussa un soupir et s'éventa de plus belle. Le gouverneur Swann sortit l'épée de son étui et la lui tendit. Sans un mot, le commodore la dégaina et leva en connaisseur la lame devant ses yeux. Pendant ce temps, Élisabeth, au supplice, tentait de desserrer discrètement le corset qui l'emprisonnait.

De son côté, Jack, qui avait décidé de fureter du côté de l'*Intercepteur*, trouva deux marins qui montaient la garde quand il s'approcha de la passerelle d'embarquement.

— Ce quai est strictement interdit aux civils ! l'avertit l'un des hommes.

— Je n'en savais rien, je vous demande pardon, badina Jack. Si j'en vois un, je vous en informerai immédiatement, leur assura-t-il gravement en tentant de passer quand même. (Il entendit la musique de la cérémonie qui se déroulait à Fort Charles. Il mit une main en visière et leva les yeux.) Apparemment, il y a comme une fiesta de la haute société dans la cour du fort, non ? Comment se fait-il que deux hommes aussi remarquables que vous semblez l'être n'aient pas mérité une invitation ? demanda-t-il d'un air compatissant.

— On a besoin de nous pour interdire l'accès de ce quai aux civils, répondit le garde en toisant les vêtements déguenillés de Jack.

— Oui, opina celui-ci. C'est un but très louable, bien sûr. Mais j'ai bien l'impression que... qu'un navire pareil... (Les deux gardes se retournèrent vers l'*Intrépide*.)... rend celui-là un peu superflu, pour ainsi dire.

— Oh, l'*Intrépide* est le prince des océans, ça c'est vrai, affirma le second garde. Mais aucun navire ne peut battre l'*Intercepteur*, question vitesse.

C'était ce navire dont le commodore Norrington allait prendre la barre pour traquer les derniers pirates des Caraïbes.

Un doigt coquettement posé sur la lèvre inférieure, Jack rejeta la tête en arrière et considéra l'*Intercepteur* d'un œil roublard.

— Je crois qu'il y en a un, on ne peut même pas le rattraper. Dans le genre, c'est le champion, leur assura-t-il sur le ton de la confidence. Le *Black Pearl*.

Les deux gardes eurent un petit rire condescendant.

— Non, il n'y a pas de vrai navire capable de battre l'*Intercepteur*, dit le premier.

— Le *Black Pearl* est un vrai navire, le corrigea immédiatement l'autre.

— Non, bien sûr que non !

— Je l'ai vu naviguer, affirma son compagnon.

— Tu l'as vu naviguer ? s'amusa le premier.

— Oui !

— Je suis sûr que tu ne l'as pas vu !

— Si ! Je l'ai vu !

Jack fronça les sourcils et croisa les bras. Sentant que les deux hommes s'étaient embarqués dans une longue et très ennuyeuse discussion, il leva les yeux au ciel.

— Ah bon ? Tu as vu un navire avec des voiles noires, tout un équipage de démons et un capitaine maléfique tellement monstrueux que le roi de l'enfer l'a immédiatement recraché ? Tu aurais vu tout ça, toi ?

— Non, concéda le garde.

— Non, s'amusa son compagnon. Mais j'ai vu un navire avec des voiles noires.

— Oh ! Et comme tous les navires qui ont des voiles noires ont un équipage de démons et un capitaine tellement maléfique que l'enfer l'a immédiatement recraché, débita le garde d'un ton moqueur, c'est évident que cela ne pouvait être que le *Black Pearl*, c'est cela que tu veux dire ?

— Non, sourit narquoisement le second.

Tous deux étaient tellement absorbés par leur discussion sur la réalité de l'existence du célèbre vaisseau à la sinistre réputation, qu'ils se rendirent compte trop tard que Jack avait subrepticement filé dans leur dos sur la passerelle d'embarquement de l'*Intercepteur* et était déjà perché à la barre.

— Hé ! Toi ! cria le garde en se précipitant sur le pont du navire avec son compagnon. Éloigne-toi de là ! Tu n'as pas la permission de monter à bord de ce navire.

— Excusez-moi, dit innocemment Jack, alors que les deux hommes gravissaient l'escalier du gaillard et braquaient leurs fusils sur lui. Je n'ai pas pu résister, c'est un superbe bateau... pardon... navire, continua-t-il en posant sa main baguée sur le gouvernail.

— Comment tu t'appelles ? demanda le garde.

— Smith, répondit Jack d'un ton enjoué. Ou Smithie, pour les intimes.

— Et quelle est la raison de votre présence à Port Royal, monsieur Smith ? Et pas d'entourloupes !

— Pas la moindre ? Très bien, soupira Jack. Autant avouer. J'ai l'intention de réquisitionner l'un de ces bâtiments, de lever un équipage à Tortuga, de faire voile et de piller, voler et saccager, comme un forban sans âme et sans cœur, conclut-il en s'accrochant nonchalamment à un cordage et en prenant la pose.

— J'ai dit : pas d'entourloupes ! fit le garde, décontenancé.

— Je crois qu'il dit la vérité, fit l'autre garde.

— S'il disait la vérité, jamais il ne nous l'aurait dite, ergota le premier.

Son compagnon ne trouvant rien à répondre, Jack vint à son secours :

— Sauf s'il savait que vous refuseriez de le croire, même s'il avouait tout, sourit-il.

Au fort, la cérémonie continuait. Après la promotion au grade de commodore du capitaine Norrington et la remise de son épée, des rafraîchissements étaient servis aux nombreux invités sous les voûtes de la salle donnant sur les remparts.

— Puis-je vous voir un moment ? demanda le commodore Norrington à Élisabeth, qui souffrait de plus en plus de la chaleur et de son corset trop serré. Vous êtes ravissante, continua-t-il en l'entraînant sur les remparts prendre un peu d'air frais.

Élisabeth, trop incommodée pour répondre, s'efforça cependant de sourire.

— Veuillez me pardonner si je vous semble audacieux, mais je dois vous ouvrir mon cœur, dit-il en contemplant le large, tandis que, derrière lui, Élisabeth, appuyée au clocher, haletait péniblement.

Cette promotion met en relief tout ce que je n'ai pas encore réussi à accomplir. (Il se retourna brusquement vers elle, sans voir qu'elle était incommodée.) Un mariage avec une femme parfaite. Et vous êtes devenue une femme parfaite, Élisabeth.

— J'ai le souffle coupé, haleta-t-elle, une main sur la poitrine.

— Oui... Je suis un peu nerveux moi-même, répondit Norrington, tout à ses pensées.

Soudain, Élisabeth, prise d'un étourdissement, s'évanouit, bascula par-dessus le rempart et fut précipitée dans les vagues à quelques pieds de l'*Intercepteur*, où Jack continuait d'embobiner les deux gardes.

— C'est là qu'ils m'ont pris pour chef, racontait-il, assis sur le bastingage, comme un vieil acteur qui cabotine devant des admirateurs bouche bée.

# 4

— Élisabeth ? demanda Norrington qui ne l'avait pas vue tomber.

Soudain, il aperçut en bas la jeune fille qui se débattait.

— Élisabeth ! cria-t-il à pleins poumons.

Alertés par son cri, des soldats se précipitèrent à leur tour aux remparts.

— Les rochers, monsieur ! C'est un miracle qu'elle leur ait échappé ! dit le lieutenant Gillette en retenant Norrington qui avait déjà ôté son manteau et était prêt à plonger à son tour.

Le commodore Norrington et le gouverneur

Swann se précipitèrent au bas de la falaise et gagnèrent le port.

Le capitaine Jack Sparrow considéra toute la scène avec agacement.

— Et c'est maintenant que vous envisagez de la sauver ? demanda-t-il aux deux gardes tandis qu'Élisabeth se débattait dans l'eau.

Les deux hommes le dévisagèrent.

— Mais je ne sais pas nager, moi, avoua l'un.

Apparemment, l'autre non plus, car il se contenta de secouer la tête.

— Et c'est vous la fierté de la Marine royale ? s'indigna Jack, ennuyé de cet incident qui allait retarder le vol de l'*Intercepteur*. Très bien, dit-il en leur tendant redingote, ceinturon, épée, tricorne et pistolet. Ne les perdez pas !

Il plongea et nagea vers Élisabeth qui commençait à se noyer. Elle coulait lentement dans l'eau sombre, entourée de sa robe de velours comme d'une corolle, son médaillon flottant doucement à son cou, quand Jack la saisit soudain d'un bras ferme à la taille.

Un vent froid se leva et fit claquer le pavillon de l'*Intrépide*. Sur le gibet, les trois squelettes commencèrent à se balancer lentement.

— C'est quoi, ça ? demanda l'un des gardes, inquiet, en retenant son tricorne qui menaçait de s'envoler.

Sur la grève, des pêcheurs se retournèrent, surpris

par ce vent soudain qui se levait. Dans la ville, une enseigne se balança et un volet claqua. Les gens coururent se réfugier chez eux tandis que de brusques rafales soulevaient la poussière. Dans le fort, l'orchestre, inconscient du drame qui venait de se dérouler, continuait imperturbablement à jouer, malgré la brise qui faisait voleter les partitions. Les dames, surprises, retinrent leurs chapeaux.

Dans l'eau, Jack peinait : il avait beau être un excellent nageur, il ne parvint pas à ramener Élisabeth à la surface. Il se rendit rapidement compte que c'était le poids de la robe qui les entraînait. Il arracha les boutons et le lourd vêtement coula, tandis qu'ils remontaient à l'air libre.

Pendant ce temps, de noirs nuages s'amoncelaient dans le ciel et le vent de plus en plus violent secouait les têtes des palmiers.

Les gardes l'aidèrent à hisser Élisabeth inanimée sur le quai.

— Elle ne respire plus, dit l'un d'eux en posant son oreille contre son nez et sa bouche.

— Dégagez ! ordonna Jack en dégainant soudain le couteau de l'un des gardes et en se baissant vers la jeune fille.

Sous les yeux ébahis des deux gardes, il fendit le corset d'Élisabeth. Celle-ci se mit aussitôt à tousser et à cracher.

— Jamais je n'y aurais pensé, dit le garde.

— Vous ne connaissez pas les femmes de Singapour, répondit Jack avec un sourire diabolique.

Soudain, il remarqua le médaillon et le souleva.

— Où avez-vous trouvé ça ? demanda-t-il à Élisabeth qui reprenait ses sens et ouvrait les yeux.

Elle allait répondre, quand Jack sentit brusquement une lame sur sa nuque.

— Relevez-vous ! ordonna le commodore Norrington, qui était arrivé avec un peloton de gardes et le gouverneur.

Le pirate voulut expliquer son geste, mais il comprit que c'était inutile.

— Juste ciel, Élisabeth ! Tout va bien ? s'enquit son père en ôtant précipitamment son manteau pour l'en recouvrir.

— Oui, oui, je vais bien, répondit-elle.

Le gouverneur posa un regard outré sur le garde qui tenait encore le corset et qui le reposa précipitamment en désignant Jack comme le coupable de cette indécence.

— Tuez cet homme ! dit le gouverneur.

— Non, non, père, intervint alors Élisabeth. Commodore, avez-vous vraiment l'intention de tuer mon sauveur ?

Le commodore et ses hommes hésitèrent, puis ils rengainèrent leurs épées.

— Des remerciements semblent s'imposer, dit Norrington en tendant la main à Jack.

Alors que celui-ci la prenait sans méfiance, le

commodore lui retroussa sa manche et dévoila un P marqué au fer rouge sur son avant-bras.

— La Compagnie des Indes vous a laissé un souvenir cuisant... Pirate ! dit-il.

— Qu'on le pende ! ordonna le gouverneur.

— Gardez-le en joue ! commanda Norrington. Gillette ! Apportez-moi des fers !

Les gardes levèrent leurs fusils. Norrington retroussa un peu plus la manche et découvrit un tatouage à l'encre bleue représentant un oiseau volant au-dessus de vagues.

— Tiens, tiens... fit-il. Jack Sparrow, n'est-ce pas ?

— CAPITAINE Jack Sparrow, pour être précis, minauda Jack.

— Mais je ne vois pas votre navire, capitaine ? ironisa le commodore.

— Je suis sur le marché. Depuis peu.

— Il a dit qu'il était venu en réquisitionner un, dit l'un des gardes.

— Tu vois qu'il disait la vérité, intervint son compagnon. Ça, c'est à lui, monsieur, ajouta-t-il en ramassant le ceinturon et le pistolet de Jack, qui voulut s'avancer pour les récupérer.

Norrington les examina et ricana.

— Pas de balle en réserve... Pas de poudre... Un compas qui ne fonctionne pas... Et je m'attendais presque à une épée en bois, conclut-il en dégainant l'arme de Jack, qui sourit piteusement. Vous êtes sans nul doute le pirate le plus pitoyable dont j'aie jamais entendu parler, se moqua-t-il.

— Ah, mais au moins, vous avez entendu parler de moi, plaisanta Jack.

Norrington avait assez vu cet homme pour savoir qu'il allait le faire pendre le lendemain matin avec les autres pirates détenus à Fort Charles. Il l'empoigna et l'entraîna sans ménagements.

— Commodore, s'écria Élisabeth en courant derrière eux. Je me dois de protester ! Pirate ou non, cet homme m'a sauvé la vie !

Mais le commodore Norrington n'avait pas l'intention de céder.

— Une bonne action ne suffit pas à racheter un passé de débauche et de perversité, répondit-il.

— Mais cela suffit pour le condamner à mort, fit observer Jack pendant que le lieutenant Gillette lui passait les fers aux poignets.

— C'est exact, répliqua sèchement Norrington.

— Ah, c'est pas trop tôt..., soupira Jack une fois que Gillette eut terminé.

D'un geste vif, il passa la chaîne de ses menottes autour du cou d'Élisabeth qui poussa un cri de surprise. Les quatre hommes furent un instant pris de court en le voyant menacer d'étrangler la jeune fille. À présent, tous le tenaient à bout portant, mais le commodore Norrington leva la main pour retenir ses hommes. Jack se servait d'Élisabeth comme bouclier et le commodore craignait qu'elle n'y laisse la vie.

— Vous voyez, on se comprend ! fit-il avec un sourire diabolique. Commodore Norrington, mes effets, je vous prie. Et mon tricorne !

Puis, comme Norrington hésitait :

— Commodore ! répéta-t-il d'une voix impérieuse.

Avec un soupir, le commodore fit signe à l'un de ses hommes d'apporter les effets de Jack.

— Élisabeth... Élisabeth, c'est ça ? lui demanda Jack à l'oreille sans desserrer son emprise.

— Mademoiselle Swann ! grinça-t-elle, à demi étranglée.

— Mademoiselle, reprit-il, auriez-vous l'obligeance... (Puis, à Norrington qui ne se pressait pas assez à son gré :) Dépêchez, on n'a pas toute la journée !

Jack s'empara prestement du pistolet qu'on lui tendait et le braqua sur la tempe d'Élisabeth tout en commençant à reculer sur le quai.

— J'ai encore besoin de votre aide, lui dit-il.

Il la retourna face à lui et, d'un regard éloquent, lui indiqua de lui boucler son ceinturon et de le coiffer de son tricorne. Élisabeth s'exécuta rageusement, forcée de se coller contre lui, tandis que Jack roulait de grands yeux et narguait le commodore excédé.

— Oh ! Attention aux bijoux de famille, fit-il.

— Vous êtes méprisable ! répondit-elle.

— Le crapaud et la blanche colombe... Je vous ai sauvé la vie, se contenta-t-il de répliquer. À présent, vous sauvez la mienne. Nous sommes quittes. Chers amis, milady, annonça-t-il alors, que cette journée demeure celle où vous avez FAILLI capturer le capitaine Jack Sparrow.

Et sur ces mots, il repoussa Élisabeth, saisit un cordage d'une potence à laquelle était suspendu un lourd canon, débloqua la manivelle et, sous le poids de l'énorme masse, s'éleva dans les airs tandis que le canon tombait de toute sa hauteur sur le ponton et en fracassait les planches, faisant trébucher et tomber les hommes qui s'étaient élancés à sa poursuite.

Parvenu en haut, Jack profita de son élan et, d'un vif coup de pied, fit tourner la potence sur son axe.

— Qu'attendez-vous pour tuer cet homme ? s'indigna le gouverneur.

— Feu à volonté ! cria Norrington.

Les gardes se mirent à tirer sur Jack qui, suspendu au bout de sa corde au-dessus de leurs têtes, tournait toujours comme une girouette, emporté par son élan, en poussant des cris. Ayant miraculeusement évité les balles, il finit par atteindre une deuxième potence, s'y posa de justesse, vacilla un instant et avisa un câble fixé à son sommet. Sans réfléchir davantage, il passa la chaîne de ses menottes par-dessus le câble, la saisit des deux mains et s'élança le long du câble au-dessus du ponton.

— Rattrapez-le ! s'écria Norrington.

Une escouade de marins s'élança tandis que Jack se laissait tomber au bout du ponton et prenait ses jambes à son cou sous un tir nourri.

— Gillette, dit Norrington à son second, les dents serrées en le regardant s'enfuir. M. Sparrow a rendez-vous à l'aube avec la potence. Et son absence me déplairait !

Sans un mot, l'officier inclina la tête et fit signe à ses hommes de le suivre. Une escouade s'élança dans les rues de Port Royal. La chasse à Jack Sparrow était ouverte !

Pendant ce temps, l'air continuait de fraîchir et un épais brouillard commençait à se lever sur le port.

# 5

Les poursuivants passèrent les poternes et se dispersèrent rapidement en petits groupes dans les ruelles. Le brouillard avait envahi la ville et l'on n'y voyait goutte. Ils cherchèrent partout, mais ils ne trouvèrent pas la moindre trace du pirate.

Une fois qu'ils furent passés, Jack sortit de sa cachette : il s'était habilement dissimulé dans une niche d'un mur, derrière une grande statue de forgeron qui servait d'enseigne à la forge voisine. Voyant au même instant déboucher au bout de la rue un peloton de soldats, il poussa la porte de l'atelier qui s'ouvrit sans peine.

Il faisait sombre dans la forge qui n'était éclairée

que par quelques lanternes et un soupirail. Jack vit les murs couverts de chaînes et d'outils. Il allait remercier sa chance de lui permettre de s'en servir pour se libérer de ses fers, quand un bruyant ronflement le fit sursauter. Dans un coin, ivre, dormait le forgeron, M. Brown. Jack s'approcha à pas de loup et le secoua, armé d'un marteau, au cas où.

— Bouh ! cria Jack.

M. Brown ne broncha pas et se contenta de ronfler de plus belle.

Voyant avec satisfaction que l'homme ne lui causerait pas d'ennuis, Jack alla à l'enclume et entreprit de se libérer de ses menottes. Seulement, ce n'était pas tâche aisée de briser une chaîne avec un marteau quand on avait les mains entravées. Après plusieurs essais infructueux, Jack perdit patience. Il balaya la pièce du regard, cherchant une solution. Un âne attelé à une barre mâchonnait son picotin en attendant de devoir tirer à nouveau sur le mécanisme qui actionnait le soufflet de forge, dont les énormes rouages en acier rouillé couraient au-dessus de sa tête. Dans un éclair de génie, Jack se dirigea vers le brasero, s'empara d'un tisonnier rougi au feu, dont il piqua l'arrière-train de l'animal. Poussant un braiment de douleur, l'âne s'ébranla aussitôt, faisant tourner le mécanisme. Jack prit son élan, sauta et accrocha la chaîne à l'une des roues dentées juste avant que la seconde roue s'en approche et brise la chaîne. Il était libre !

Au même moment, il entendit le loquet de la porte. Prestement, il se jeta à terre à l'instant où Will Turner entrait dans la forge.

Surpris de voir le soufflet en marche, Will alla calmer l'âne, puis il regarda autour de lui et vit le vieux M. Brown endormi dans son coin.

— Tu n'as pas bougé d'un pouce, murmura-t-il en ôtant sa veste.

Puis, voyant le marteau resté sur l'enclume :

— Toi, en revanche, tu as bougé.

Il allait le ramasser pour le ranger à sa place quand il aperçut un tricorne en cuir posé juste à côté. Il tendit le bras pour s'en emparer, quand une lame surgit de l'obscurité et s'abattit sur sa main !

Will sauta en arrière et se trouva nez à nez avec Jack Sparrow, qui pointait son épée sur sa poitrine.

— Dis-moi, mais c'est toi qu'ils recherchent, fit-il avec un regard noir. Le pirate !

— Tu m'es vaguement familier, répondit Jack. T'aurais-je déjà menacé ?

— Je m'abstiens de toute forme de familiarité avec les pirates, grinça Will.

— Ah, fit Jack. Dans ce cas je m'en voudrais d'apposer ma marque sur ton registre. Si tu veux bien m'excuser, conclut-il en tournant les talons.

Profitant de son geste, Will s'empara d'une épée et la pointa sur Jack.

— Penses-tu que ce soit raisonnable, petit, de

croiser le fer avec un pirate ? demanda Jack sans s'émouvoir.

— Tu as menacé Mlle Swann, répondit Will en levant son arme, prêt à attaquer.

— Oh... si peu, fit Jack avec sa nonchalance habituelle.

Sur ces mots, il se lança à l'attaque. Mais il n'était pas seul à savoir se servir d'une lame. Will ne s'en laissa pas conter et Jack s'aperçut qu'il avait affaire à forte partie.

— Tu te débrouilles bien, je le reconnais, observa Jack. C'est la grande forme. Mais que vaut ton jeu de jambes ? Si je vais de ce côté..., dit-il en faisant un pas à droite sans le quitter des yeux.

Will suivit le mouvement et para chacune de ses bottes.

— Excellent ! siffla Jack, avec une admiration moqueuse. À présent, je reviens... Bravo !

Il feinta à deux reprises et recula jusqu'à la porte. Puis, à la surprise de Will, il tourna les talons, rengaina son épée et voulut prendre la fuite. Sans perdre un instant, Will lança son épée sur lui.

Elle frôla la tête de Jack et alla se ficher dans les planches de la porte. Jack tira sur le loquet. Vainement, car l'épée le bloquait. Il essaya de la retirer en la secouant rageusement, mais elle était bien enfoncée.

Will crut l'avoir pris au piège. Mais Jack avait déjà

une autre idée. Il se tourna lentement vers Will et sourit.

Il lorgnait à présent la porte de derrière.

— C'est très habile de ta part. Sauf qu'une fois encore, tu te trouves entre moi et la sortie, dit-il en pointant son épée sur la porte. Et en plus, ajouta-t-il, plein d'assurance, tu es désarmé !

Will attrapa aussitôt une autre épée dans le brasero et braqua la pointe rougie sous le nez de Jack. Entendant le sifflement de l'acier brûlant, l'âne, à qui on ne la faisait pas deux fois, poussa un braiment désespéré et, pour prouver sa bonne volonté, se remit à tourner. Will se lança à l'attaque.

Tout en esquivant, Jack balaya l'échoppe du regard et remarqua qu'elle était remplie d'épées.

— Qui forge tout cela ? demanda-t-il.

— C'est moi ! répondit Will alors que leurs lames s'entrechoquaient. Et je m'entraîne avec trois heures par jour !

— Tu ferais mieux de te trouver une fille, mon gars... Ou peut-être bien que la seule raison pour laquelle tu t'entraînes tant est que tu en as trouvé une, sauf qu'en fait tu es incapable de combler ladite femelle ? le taquina Jack.

— Si je m'entraîne trois heures par jour, c'est pour être capable d'affronter un pirate, et de le tuer ! rétorqua rageusement Will en le forçant à reculer contre le mur.

Le combat se poursuivit, les deux adversaires

réfugiés en périlleux équilibre sur un chariot à bascule. Jack fit tourbillonner la chaîne des menottes autour de l'épée de Will pour la lui arracher. Mais Will était plus rapide. Il enfonça la pointe dans l'un des maillons et planta fermement l'épée dans une poutre, immobilisant Jack un bras en l'air.

Jack continuait de se défendre d'une seule main. D'un coup de pied, il délogea une planche du chariot qui frappa Will au menton et le fit basculer en arrière. Pendant que son adversaire était à terre, il essaya de libérer sa main prisonnière. Will se releva et contempla ses efforts dérisoires avec un petit sourire, avant de sauter sur le chariot pour reprendre le duel. Au même instant, Jack parvint à se décrocher, tomba sur le chariot et envoya culbuter Will dans les airs. En riposte, d'un coup d'épée, Will trancha la corde qui retenait un lourd ballot et Jack se retrouva à son tour projeté vers le plafond.

Le combat continuait maintenant en périlleux équilibre sur les étroites poutrelles de l'atelier. Will parvint à désarmer son adversaire, mais Jack sauta à terre. D'un bond, le jeune homme le suivit aussitôt. Désemparé, Jack chercha du regard une solution... Dans un coin pendait un sac de cendres. Il s'en empara et le jeta, recouvrant Will d'un nuage qui l'aveugla. Will recula et se couvrit les yeux. Profitant de l'occasion, Jack lui décocha un coup de pied au poignet. Will lâcha son épée et tomba.

Quand il se releva, Jack lui braquait son pistolet entre les deux yeux.

— Tu es un tricheur ! cria Will.

— Un pirate, corrigea Jack.

Des hommes tentaient d'enfoncer la porte.

— Écarte-toi ! ordonna Jack. (Will ne bougea pas.) Je t'en prie, remue-toi ! supplia Jack avec lassitude.

— Non, je refuse de m'écarter et de te laisser t'échapper, répondit Will.

— Cette balle ne t'était pas destinée, fit Jack d'un air contrit en relevant le chien de son pistolet.

Will resta interdit. Jack allait tirer quand M. Brown surgit soudainement derrière lui et l'assomma d'un coup de bouteille sur le crâne.

Jack s'effondra sur le sol alors que la porte de la forge s'ouvrait et qu'entraient des soldats en armes. Le commodore Norrington se fraya un chemin entre ses hommes. De son côté, jugeant que la situation était calmée, l'âne s'immobilisa avec un petit braiment soulagé.

— Excellent travail, monsieur Brown, dit-il en contemplant Jack. Vous avez contribué à la capture d'un dangereux fugitif.

— Je n'ai fait que mon devoir civique, monsieur, répondit Brown d'une voix pâteuse.

— Que cette journée reste à jamais dans nos mémoires comme celle où le capitaine Jack Sparrow a bien FAILLI nous échapper ! conclut Norrington. Allez, emmenez-le !

Et tandis que ses hommes entraînaient Jack, M. Brown regarda les débris de verre sur le sol.

# 6

La nuit tombait et l'épais brouillard recouvrait maintenant toute la ville de Port Royal. Seul Fort Charles, tout en haut de la falaise, émergeait de ces nuées grises.

Et c'est là que Jack Sparrow, désormais prisonnier, tentait vainement de s'endormir. Sa cellule était voisine de celle de quatre malfrats crasseux et déguenillés qui allaient être pendus avec lui le lendemain matin. Depuis des heures, armés d'un os, ils essayaient de convaincre un chien famélique qui tenait un trousseau de clés dans sa gueule de s'approcher des barreaux.

— Viens, mon joli, approche ! Est-ce que tu sens

le bon nonos ? Est-ce que tu le sens ? demandait l'un en agitant l'appât.

— Approche, mon gars, allez, approche, renchérit un autre en tendant une main suppliante.

— Allez, regarde le bel os à moelle ! Allez, viens voir papa ! le cajolait un troisième, barbu et coiffé d'un chapeau mité, qui tenait une corde et espérait faire passer le nœud coulant autour du cou de l'animal.

— Vous pouvez continuer tant que vous voudrez, fit Jack adossé au mur, son chapeau baissé sur ses yeux, le chien ne bougera pas d'un poil.

— Oh, tu nous excuseras, mais ici, on n'est pas tous résignés à la potence, répondit le barbu.

— Approche, petit, reprirent-ils en chœur devant le chien buté.

Jack se contenta de sourire et ferma les yeux.

Dans la résidence du gouverneur, Élisabeth, couchée, feuilletait distraitement un livre pendant que sa femme de chambre bassinait le lit.

— Voilà, mademoiselle, dit la domestique en repliant les couvertures. La journée n'a pas dû être facile pour vous.

— Je me doutais bien que le commodore allait me demander ma main, répondit Élisabeth, mais j'avoue que je n'y étais pas vraiment préparée.

— Je pensais plutôt à ce pirate qui vous a menacée. Cela a dû être terrifiant !

— Oh..., fit Élisabeth. Oui, vraiment terrifiant.

— Mais le commodore a fait sa demande. Vous vous rendez compte ? s'extasia la femme de chambre. Et vous êtes faits l'un pour l'autre – sans vous offenser.

— Nous sommes faits l'un pour l'autre, oui, répondit Élisabeth avec un air résigné. Et c'est un homme bien. Le genre d'homme que toutes les femmes rêvent d'épouser, constata-t-elle avec un sourire ironique.

— Quant à ce Will Turner, reprit la femme de chambre, c'est un homme très bien lui aussi.

— Là, tu es offensante, répliqua sèchement Élisabeth.

— Je vous demande pardon, mademoiselle, je n'étais pas à ma place, dit la femme de chambre avant de s'éclipser, confuse.

Restée seule, Élisabeth porta pensivement la main au médaillon qu'elle portait encore au cou. Soudain, la flamme de sa lampe vacilla et s'éteignit. Elle voulut la ranimer, mais en vain... La chambre était plongée dans l'obscurité.

Dans l'échoppe du forgeron, Will travaillait encore à son enclume, quand il crut entendre un étrange bruit. Il prit une hache sur le mur et poussa un volet pour regarder dehors... Mais, dans le brouillard, tout paraissait immobile et silencieux. Seul un chat noir décampa dans la ruelle déserte où deux lanternes peinaient à percer la brume.

Mais dans le port, tel l'aileron d'un requin, le grand mât d'un haut navire noir venait de fendre le brouillard. Tout en haut flottait un pavillon frappé d'un crâne et de sabres entrecroisés...

Le commodore Norrington et le gouverneur Swann marchaient le long du parapet dominant les potences.

— Ma fille vous a-t-elle déjà fait part de sa réponse ? demanda le gouverneur.

— Non, pas encore.

— Il faut dire que la journée fut éprouvante. Quel temps épouvantable !

— Lugubre, opina Norrington avec un sourire entendu. Tout à fait lugubre.

Le gouverneur allait répondre quand un sifflement soudain lui fit dresser l'oreille.

— Boulet de canon ! s'écria Norrington, qui n'eut que le temps de se jeter sur le gouverneur pour le plaquer au sol. Aux armes !

La brusque détonation ébranla les parois du fort, et dans leurs cellules respectives, Jack et ses compagnons d'infortune se précipitèrent aux lucarnes.

— Je connais ces canons, murmura Jack en contemplant le fort criblé de boulets où les soldats couraient en tous sens. C'est le *Black Pearl* !

— Le *Black Pearl* ? fit l'un des prisonniers. Je connais sa légende. Il bombarde navires et villes depuis près de dix ans, sans jamais laisser de survivants.

— Pas de survivants ? interrogea Jack avec un petit sourire. Comment les légendes prendraient-elles forme, dans ce cas-là ?

Le brouillard se dissipait autour du *Black Pearl* dont les sabords crachaient le feu. À chaque coup de canon porté sur la ville, des rues entières, des bâtiments et des quais explosaient en mille morceaux. Ceux des habitants de Port Royal qui ne succombaient pas sous ce bombardement meurtrier et impitoyable s'enfuyaient, terrorisés. Puis du brouillard et de la fumée surgirent des chaloupes chargées de pirates. Tous plus terribles et effrayants les uns que les autres, grimaçants, poussant des cris de déments, le visage déformé par un rictus féroce, couverts de tatouages de sauvages... La simple vue de ces forbans vêtus d'habits disparates volés sur leurs malheureuses victimes aurait suffi à faire fuir les plus braves. Brandissant torches, pistolets et sabres, les yeux révulsés, la horde sanguinaire et barbare se déversa sur le rivage. Deux d'entre eux s'arrêtèrent, le temps que l'un rafistole de la pointe de son couteau un œil de bois qu'il remit dans son orbite, avant de s'élancer avec des ricanements de hyènes.

Sans pitié, la bande s'empara rapidement de la ville, envahissant les rues, jetant des bombes, allumant des incendies et égorgeant le moindre pauvre diable qui n'avait pu s'enfuir à temps. Hommes, femmes, enfants, nul n'était épargné.

Sur les remparts, le commodore Norrington organisait précipitamment la défense.

— Visez les gueules des canons ! ordonna-t-il aux canonniers. Tirez en batterie, de la proue à la poupe ! Monsieur Stevens, d'autres cartouches ! Gouverneur, barricadez-vous dans mon bureau !

— Juste ciel ! répondit le gouverneur.

— C'est un ordre, gouverneur.

Will Turner s'arma de tout ce qu'il pouvait emporter. Sabres, couteaux, et une petite hache. Le jeune et impétueux forgeron s'élança courageusement dans la rue. Une femme qui fuyait à toutes jambes un pirate le croisa en hurlant. Il arrêta l'homme d'un coup de hache en pleine poitrine et continua son chemin. Partout, ce n'étaient que cris de terreur des victimes et vociférations des flibustiers. Dans le crépitement des flammes et le fracas des maisons qui s'écroulaient, essuyant la poussière et la suie de son visage, Will leva les yeux vers la demeure du gouverneur.

Là-haut, dans le clair de lune, il aperçut les silhouettes des pirates qui se précipitaient sur la résidence et enfonçaient les grilles. « Élisabeth ! » songea-t-il. Mais avant qu'il ait pu agir, des pirates l'attaquèrent par-derrière.

# 7

Entendant des hurlements et des pas dans le parc de la résidence, Élisabeth courut à la fenêtre. De son balcon, elle baissa les yeux et vit sur les allées du parc une bande de pirates armés jusqu'aux dents et menés par deux brutes qui brandissaient le poing. Elle sortit précipitamment de sa chambre et arriva en haut de l'escalier au moment où les forbans tambourinaient à la porte. Impassible, le majordome s'avança pour ouvrir.

— Non ! s'écria Élisabeth, les mains crispées sur la balustrade.

Hélas, il était trop tard pour l'avertir ! Le domestique ouvrit et se trouva nez à nez avec le canon d'un pistolet.

— Salut, bonhomme ! fit l'homme avant de tirer.

Élisabeth faillit s'évanouir en entendant la détonation. Elle porta une main à sa bouche et étouffa un cri horrifié tandis que le majordome s'étalait de tout son long. La bande s'engouffra dans le hall et se dispersa pour piller la splendide résidence. Les deux répugnants pirates qui les menaient, Pintel et Ragetti, s'immobilisèrent dans l'entrée. Le plus grand, Ragetti, était maigre et borgne, avec des cheveux filasse, et son œil de bois grinçait à la moindre de ses grimaces. Pintel était presque chauve, avec de longues mèches aussi grises et crasseuses que sa courte barbe. L'un et l'autre étaient dépoitraillés, vêtus de guenilles et armés d'un coutelas et d'un pistolet qui étincelaient.

Pintel, son arme encore fumante, leva vers Élisabeth un visage inquiétant.

— Là-haut ! cria Ragetti en brandissant sa torche.

Terrifiée, la jeune fille courut dans sa chambre et s'enferma pendant que les pirates se lançaient à sa poursuite.

— Mademoiselle ! lui cria sa femme de chambre qui s'y était déjà réfugiée. Ils sont venus vous kidnapper !

— Quoi ? s'étrangla Élisabeth.

— Vous êtes la fille du gouverneur !

— Par ici ! Enfoncez la porte ! cria une voix dans le couloir.

Ses deux poursuivants commencèrent à tambouriner sur le battant qui trembla.

— Écoute, dit Élisabeth. Ils ne t'ont pas vue. Cache-toi ! Et à la première occasion, cours jusqu'au fort !

Élisabeth s'empara de la bassinoire encore remplie de charbons ardents et accueillit Pintel d'un coup en plein visage quand il fit irruption dans la pièce. Il tituba et recula en portant la main à son nez brûlé.

— Je te tiens ! cria Ragetti en s'emparant du manche de la bassinoire que levait Élisabeth.

Sans répondre, elle tira sur le crochet de la bassinoire et les braises se répandirent sur la tête du pirate qui se mit à pousser des cris d'orfraie.

— C'est chaud ! Je brûle ! glapit-il en essayant de se débarrasser de la poussière brûlante qui menaçait de mettre le feu à ses cheveux.

— Amène-toi, lui dit son compagnon.

La jeune fille s'enfuit dans l'escalier pendant que la femme de chambre troussait ses jupons et s'enfuyait de son côté.

Pendant ce temps, les autres pirates mettaient la résidence à sac, décrochant les tableaux et entassant argenterie, bijoux et objets précieux.

Les pirates sortirent de la chambre en fureur et la virent tenter de s'échapper. Aussitôt, Ragetti enjamba la balustrade et sauta pour l'arrêter pendant que Pintel dévalait les marches quatre à quatre. Ragetti atterrit juste devant elle, cheveux encore fumants, et poussa un grondement terrifiant. Elle était prise au piège !

Soudain, le mur de la maison explosa sous le choc d'un boulet de canon qui venait de l'éventrer. Avec un sifflement strident, le boulet traversa l'entrée et faucha de plein fouet un pirate chargé de butin. Le grand lustre en bronze de l'entrée s'écrasa sur le sol, obligeant les pirates à se mettre à l'abri.

Élisabeth en profita pour s'échapper. Elle se réfugia dans la salle à manger à toutes jambes et bloqua la porte en coinçant les clenches avec un chandelier en argent. « Si seulement je pouvais trouver une arme », songea-t-elle en balayant la pièce d'un regard désespéré. C'était une demeure aristocratique, et en dehors des riches tentures, des vases en porcelaine de Chine, des sculptures, tapis et tableaux, il n'y avait rien pour se défendre. Elle tenta vainement de prendre sur le mur au-dessus de la cheminée de marbre l'un des deux sabres entrecroisés sur les armoiries de la maison, mais ils étaient trop bien accrochés. Certaine que les pirates allaient enfoncer les portes d'un moment à l'autre, elle alla se terrer précipitamment dans une armoire à vaisselle.

Elle retint son souffle et frémit en entendant les deux hommes entrer dans la pièce. À la lueur de leurs torches, Pintel et Ragetti parcoururent la pièce d'un regard circulaire.

— On sait très bien que tu es là, poupée. Amène-toi ! Et on te promet qu'on ne te fera pas de mal, dit Pintel en faisant un clin d'œil à son compagnon encore fumant. On va te trouver, poupée, continua-t-il. Tu as quelque chose qui nous appartient et qui nous appelle. L'or nous appelle, gronda-t-il en fixant les portes du placard.

— L'or nous appelle, répéta Ragetti avec gourmandise.

Élisabeth se recroquevilla entre les étagères chargées de linge et baissa les yeux sur le médaillon qu'elle portait autour du cou. Un filet de lumière passant entre les portes le fit scintiller un instant, puis disparut. Élisabeth leva les yeux pour voir ce qui cachait la lumière et se trouva nez à nez avec Pintel, qui sourit en découvrant ses chicots gâtés.

— Tu es là, ma petite...

Les deux pirates ouvrirent tout grand les portes.

— Pourparlers ! s'écria Élisabeth en se plaquant contre les étagères chargées de vaisselle, tandis que les deux pirates menaçants entraient dans le placard.

— Quoi ? fit Pintel, interloqué.

— J'invoque le droit de pourparlers, reprit précipitamment Élisabeth. Selon le Code de la Confrérie, établie par les pirates Morgan et Bartholomew, vous devez me conduire à votre capitaine.

— Oui, fit Pintel. Je connais le Code.

— Si un adversaire veut des pourparlers, vous devez l'épargner jusqu'à ce que sa demande soit satisfaite, continua Élisabeth.

— Au diable, le Code ! s'écria Ragetti en brandissant son épée.

— Elle veut qu'on la conduise au capitaine, gronda Pintel. Et elle ira sans faire d'histoires, acheva-t-il avec un sourire mauvais en pointant son pistolet sur la jeune fille. Nous devons respecter le Code.

# 8

Pendant ce temps, le sac de la ville continuait. Les hordes de pirates sanguinaires, tous plus féroces les uns que les autres, enfonçaient les portes des maisons et les incendiaient, tandis que les boulets s'abattaient sur les murs.

Armé de sa seule hache, Will se battait toujours. Cette fois, un colosse l'avait pris à la gorge et collait son visage grimaçant sur le sien en brandissant une hache.

— Dis-moi au revoir ! fit le pirate.

Au même instant, un boulet décrocha l'énorme enseigne d'une auberge qui tomba d'un seul coup et terrassa le colosse en le projetant contre les vitres.

— Au revoir ! répondit Will, amusé.

Il allait de nouveau s'élancer quand il aperçut soudain dans une rue Pintel et Ragetti qui entraînaient Élisabeth vers le port.

— Will ! l'implora-t-elle.

— Élisabeth ! s'écria-t-il.

Au même instant, un homme lui assena un coup de chandelier sur la tête. Will s'effondra et perdit connaissance.

« La journée s'annonce bien », songeait Jack Sparrow dans sa cellule. La prison s'effondrait petit à petit autour de lui à chaque nouveau coup de canon du *Black Pearl* et Jack se savait à chaque instant plus près de la liberté.

Mais si les boulets criblaient la prison, aucun ne vint percer la cellule de Jack.

— Je compatis, mon ami, dit l'un des prisonniers de la geôle voisine avant de s'enfuir en ricanant avec ses compagnons dans les décombres. Ce n'est vraiment pas ton jour de chance.

Jack fut bien forcé d'en convenir tandis qu'ils descendaient le long des rochers vers la liberté. Il resta seul dans sa cellule. La lune commençait à s'élever au-dessus du brouillard et les canons du *Black Pearl* tiraient dans une autre direction.

Jack laissa échapper un long soupir, puis il aperçut dans les décombres le chien qui se terrait sous un banc. Il avait toujours les clés dans la gueule.

« Oh, et puis après tout », se dit Jack en ramassant dans la cellule voisine le vieil os.

— Approche, le chien ! Il n'y a plus que toi et moi, maintenant. Toi et le vieux Jack. Allez ! Viens mon chien, approche ! Viens chercher le nonos.

À sa grande surprise, l'animal se leva et s'approcha.

— C'est ça, c'est bien, approche... Encore un peu... C'est bien... C'est bien, le chien...

Les clés étaient presque à portée de main. Mais le chien semblait inquiet. Il se mit à geindre, puis il s'immobilisa.

— Dépêche-toi, sac à puces ! Espèce de bâtard gâleux ! grinça Jack.

Au même instant, la porte de la prison s'ouvrit et le chien décampa.

— Ce n'est rien, ce n'est rien ! cria Jack. Non ! Je ne voulais pas dire ça, je regrette !

Mais il était trop tard : le chien s'était enfui. Deux pirates du *Black Pearl* arrivèrent au pied de l'escalier après avoir abattu un garde.

— Hé, c'est pas l'armurerie, fit le premier.

— Tiens, tiens... Regarde un peu qui est là, Greedy, dit l'autre en rengainant son sabre. Le capitaine Jack Sparrow.

Son compagnon s'approcha des barreaux et cracha. Jack fit une moue dégoûtée.

— La dernière fois que je t'ai vu, dit l'homme, tu étais tout seul sur une île perdue en plein océan. Tu disparaissais à l'horizon. Et voilà un nouveau revers de fortune ?

Les deux hommes ricanèrent.

— Souciez-vous de votre propre fortune, mes amis, grinça Jack. Le grand brasier de l'enfer est réservé aux traîtres... et aux mutins !

Furieux de sa réponse, l'un des pirates passa le bras par les barreaux et le saisit à la gorge. Jack suffoqua et tenta de se libérer. Mais en baissant les yeux, il vit que ce n'était pas du tout un bras qu'il tenait. Au clair de lune, il s'aperçut qu'il avait les os d'un squelette entre les mains.

— Il y a donc une malédiction, déclara Jack. C'est intéressant !

— Tu ne sais rien de l'enfer, dit l'homme en le repoussant.

Et sur ces mots, ils tournèrent les talons et abandonnèrent Jack à son sort.

— Vraiment très intéressant, fit-il pensivement en contemplant l'os du chien qu'il tenait encore à la main.

# 9

Dans le fracas des coups de canon, une chaloupe débordante de butin glissait sur les eaux du port. Élisabeth était assise à l'avant, terrifiée, tandis que les pirates ramaient vers l'énorme coque sombre de leur vaisseau.

Alors qu'ils s'en approchaient, Élisabeth distingua la figure de proue finement sculptée : c'était une femme ailée, au visage raviné par les embruns et la suie, qui tenait dans sa main tendue un petit oiseau. Au-dessus d'elle, dans les lambeaux de brouillard s'étendaient des mètres et des mètres de toile noire déchiquetée. Elle était sous les voiles du *Black Pearl*. Elle baissa la tête, angoissée.

On hissa la chaloupe. De la fumée flottait sur le pont éclairé par des lanternes et par les flammes de l'incendie qui ravageait la ville. L'équipage fêtait sa victoire en chargeant les sacs de butin. Élisabeth vit que ces hommes provenaient des quatre coins du monde. Il y avait de tout : des borgnes, des chauves, des tignasses hirsutes ou nouées de tresses. Plusieurs portaient des foulards sur la tête et d'énormes boucles d'oreilles luisantes. Certains avaient des gilets de soie et des capes de brocart, sans doute pillés sur un infortuné vaisseau qui pourrissait désormais au fond de l'océan. Tous ces hommes tannés par le soleil, toutes ces brutes plus hideuses les unes que les autres n'avaient d'yeux que pour elle. Sur le gaillard d'avant, dans la pénombre d'une voile, apparut une silhouette sombre coiffée d'un chapeau à plume. Un petit singe habillé en pirate sauta des gréements et vint se percher sur son épaule. C'était le capitaine du *Black Pearl*, le célèbre et légendaire Barbossa.

Un colosse noir au corps recouvert de tatouages et de scarifications s'approcha, un énorme anneau d'argent à l'oreille.

— Je ne savais pas qu'on embarquerait des captifs, dit-il.

— Elle a invoqué le droit de pourparlers avec le capitaine Barbossa, annonça Pintel en la poussant sur le pont.

— Je suis venue négocier..., invoqua Élisabeth.

D'un revers de main, le grand noir lui assena une gifle qui la fit taire.

— Tu auras la parole quand on te la donnera, siffla-t-il d'un ton menaçant.

— Et toi, Bosun, tu ne lèveras pas la main sur ceux qui sont sous la protection des pourparlers, gronda le capitaine en lui saisissant le poignet.

Les pirates se turent. Même les coupe-jarrets avaient un Code de l'honneur. Le droit de pourparlers protégeait tout prisonnier tant qu'il n'avait pu avoir audience avec le capitaine.

— À vos ordres, capitaine, dit le colosse en s'éloignant.

— Toutes mes excuses, mademoiselle, sourit mielleusement l'homme au chapeau en toisant cette jeune fille en peignoir qui osait lui demander une audience.

— Capitaine Barbossa, je suis venue négocier la cessation des hostilités contre Port Royal, déclara Élisabeth, en s'efforçant de paraître assurée.

Le capitaine Barbossa sourit comme un père qu'amuse son enfant.

— Oh, il y avait là des tas de mots très savants, mademoiselle, alors que nous ne sommes rien que d'humbles pirates. Que voulez-vous réellement ?

— Je veux que vous partiez et ne reveniez jamais, répondit Élisabeth d'un ton ferme.

L'équipage se mit à rire.

— Il ne me sied guère d'accéder à votre requête,

répondit Barbossa avec un sourire narquois. Cela veut dire non, ajouta-t-il devant la mine déconfite de la jeune femme.

— À votre aise, rétorqua Élisabeth en courant au bastingage et en brandissant le médaillon par-dessus bord. Je le laisse tomber !

L'équipage se tut aussitôt. À la lueur des flammes, le médaillon scintillait.

— Les cales sont bourrées de brocaille et il nous faudrait ce petit bibelot clinquant ? interrogea Barbossa. Pourquoi ? cria-t-il avec un regard flamboyant.

— Je sais que c'est ce que vous cherchez, dit-elle. Je reconnais ce vaisseau. Je l'ai vu il y a huit ans en venant d'Angleterre !

— Vous m'en direz tant, fit le capitaine, qui semblait se soucier comme d'une guigne de ce qu'elle racontait, tandis que le petit singe piaillait comme s'il se moquait d'elle.

— Parfait, dit Élisabeth en lançant le médaillon en l'air. Eh bien, puisqu'il ne vaut rien, je suppose que ce n'est pas la peine de m'en encombrer !

Elle laissa filer la chaîne entre ses doigts.

— Non ! cria Barbossa alors que tous se précipitaient vers Élisabeth.

Elle rattrapa le médaillon par la chaîne avec un sourire de triomphe. Voyant se peindre sur les visages un mélange d'inquiétude et de convoitise, elle comprit qu'ils s'étaient trahis. Le médaillon était bien plus important qu'on ne voulait le lui laisser croire.

— Alors..., fit Barbossa en s'avançant et en la dévisageant longuement avec un sourire. Vous avez un nom, ma jolie ? demanda-t-il.

Élisabeth réfléchit rapidement. Comme elle craignait que la situation ne se gâte s'ils apprenaient qu'elle était la fille du gouverneur, elle inventa :

— Élisabeth. Élisabeth Turner. (Le pirate la regarda avec méfiance.) Je suis une domestique de la maison du gouverneur.

— Mademoiselle Turner ! répéta alors Barbossa d'un air très intéressé, en balayant l'assemblée du regard.

Les pirates murmurèrent entre eux. La nouvelle semblait les ravir au plus haut point.

— Bill le Bottier, fit Pintel à Ragetti, qui prit un air entendu.

— Et comment une servante acquiert-elle semblable médaille ? demanda Barbossa. Souvenir familial, par exemple ? ironisa-t-il.

— Sachez seulement que je ne l'ai pas volée, répondit Élisabeth, froissée.

— Parfait. Remettez-la-moi et je ferai voile loin de votre ville, dit-il en tendant ses doigts crochus. Sans retour.

Après un moment d'hésitation, Élisabeth déposa le médaillon dans la paume ouverte du capitaine. Il le confia aussitôt au petit singe qui sauta immédiatement dans les cordages.

— Notre marché ? s'enquit Élisabeth avec inquiétude.

Barbossa sourit, tourna les talons et fit signe à Bosun de cesser le feu.

— Faites taire les canons et arrimez-les ! cria celui-ci. Rappelez les hommes, hissez le drapeau, parés à quitter le port.

Élisabeth fut soulagée d'entendre les coups de canon cesser. Puis elle se rendit compte que le vaisseau allait partir.

— Attendez ! dit-elle en courant derrière Barbossa. Vous devez me ramener à terre. Conformément au Code de la Confrérie...

Le capitaine Barbossa tourna les talons.

— Premièrement, répondit-il d'un ton péremptoire, votre débarquement ne faisait partie ni de notre négociation ni de nos arrangements, je n'ai donc pas d'obligation. Deuxièmement, si vous étiez un pirate, j'appliquerais le Code des pirates, mais ce n'est pas le cas. Et troisièmement, dit-il avec un sourire où brillaient des dents en or et en argent, le Code en question est plus une sorte de guide général qu'un véritable règlement. Bienvenue à bord du *Black Pearl*, mademoiselle Turner ! s'écria-t-il tandis que Pintel et Ragetti s'emparaient d'elle sans ménagements.

# 10

Une fois que le feu eut cessé, le brouillard se leva lentement, révélant un port rempli d'épaves fumantes qui sombraient. Alors que les habitants débarrassaient les décombres, Will Turner se releva péniblement en se frottant le crâne et en contemplant ce spectacle de désolation. Dans les rues, des soldats emportaient les cadavres et les blessés. Sur la rade où l'aube se levait, fumaient encore les épaves de navires incendiés. Mais il n'y avait plus une seule trace du *Black Pearl*. Will se mit à courir vers Fort Charles avec une seule pensée : Élisabeth.

— Ils l'ont enlevée ! hurla-t-il en faisant irruption dans le bureau du commodore Norrington. Ils ont enlevé Élisabeth !

Norrington et le gouverneur Swann levèrent les yeux de la carte des Caraïbes étalée sur la table. Puis Norrington se tourna vers l'un de ses gardes.

— Monsieur Murtogg, faites sortir cet importun de mon bureau.

Murtogg empoigna Will par le bras, mais celui-ci se dégagea.

— Mais il faut les poursuivre ! Il faut la sauver !

— Par quoi proposez-vous qu'on commence ? demanda le gouverneur, désemparé. Si vous avez quelque information concernant ma fille, veuillez nous en faire part.

Will baissa la tête.

— Ce Jack Sparrow, dit l'un des soldats qui montait la garde devant l'*Intercepteur*. Il nous a parlé du *Black Pearl*.

— « Mentionné » serait plus exact, corrigea l'autre.

— Demandez-lui où il est ! dit Will, sachant qu'ils perdaient un temps précieux. Faites-lui une offre ! Il peut nous y conduire.

— Non, dit Norrington qui continuait d'examiner les cartes pour calculer leur route. Les pirates qui ont envahi le fort ont laissé Sparrow dans sa cellule. Par conséquent, ce ne sont pas ses alliés. Gouverneur, nous estimerons leur cap et nous lancerons une escadre à la prochaine marée...

Will s'impatienta et planta sa hache dans la table.

— Ce n'est pas suffisant ! s'emporta-t-il.

Norrington le regarda avec agacement.

— Monsieur Turner, dit-il en arrachant la hache plantée dans la carte, vous n'êtes pas un militaire, ni un marin. Vous êtes un forgeron. Vous n'avez aucune utilité ici. Et ce n'est pas le moment de foncer tête baissée. Surtout ne commettez pas l'erreur de croire que vous êtes le seul homme à vous soucier d'Élisabeth, ajouta-t-il à mi-voix en lui rendant sa hache.

Will quitta le bureau d'un pas furieux et décida d'aller à la prison parler en personne à Jack Sparrow.

Livré à lui-même, Jack tentait de forcer la serrure de sa cellule avec le seul outil qu'il avait à sa disposition : l'os.

— Ouvre-toi, je t'en prie, grinçait-il quand des pas le firent sursauter.

Prestement, il abandonna l'os et courut s'allonger dans la paille du cachot. Il faisait semblant de dormir au moment où Will apparut au bas de l'escalier.

— Hé, toi ! Sparrow ! dit-il en courant jusqu'à sa cellule.

— Oui ? fit Jack en faisant semblant d'être tiré du sommeil du juste.

— Tu sembles bien connaître ce vaisseau... le *Black Pearl* ?

— On m'en a parlé, répondit Jack d'une voix ensommeillée sans se relever.

— Où jette-t-il l'ancre ? demanda Will.

— Où est-ce qu'il jette l'ancre ? répéta Jack en faisant l'étonné. On ne te l'a jamais raconté ? poursuivit-il d'un ton las. Le capitaine Barbossa et sa troupe de mécréants mouillent sur l'effrayante île de la Muerta. C'est une île totalement introuvable, excepté, ajouta-t-il en se redressant, par ceux qui savent déjà où elle se trouve.

— Le navire est bien réel, insista Will. Par conséquent, on doit pouvoir trouver un port d'attache. Où est-ce ?

— Pourquoi me le demander ? fit Jack en s'examinant distraitement les ongles.

— Parce que tu es un pirate.

— Et tu veux devenir pirate toi-même, c'est ça ? minauda Jack.

— Jamais ! s'indigna Will, le visage collé aux barreaux.

Jack se laissa retomber dans la paille avec lassitude.

— Ils ont enlevé Mlle Swann, dit Will en serrant les poings.

— Ah, mais alors, tu avais vraiment trouvé une fille, sourit Jack en se redressant, hilare. Je vois. Eh bien, si tu veux tester ta bravoure, courir à son secours et conquérir la belle de ton cœur, ironisa-t-il, il faudra le faire tout seul, l'ami. Je n'y vois aucun profit pour moi.

— Je pourrais te faire sortir d'ici, proposa Will.

— Et comment ? s'amusa Jack. La clé est partie en courant.

— J'ai aidé à forger ces grilles. Ce sont de simples gonds à demi-cylindre. Avec le levier approprié et l'application d'une force adéquate, dit-il, joignant le geste à la parole en s'emparant d'un banc pour le coincer sous les barreaux, la porte se soulèvera. Jack le regarda faire, nonchalamment appuyé sur un coude.

— Comment tu t'appelles ? demanda-t-il, soudain très intéressé.

— Will Turner.

— Diminutif de William, j'imagine ? Prénom royal. Sans doute le même que ton père, c'est ça ? le sonda-t-il.

— Oui, répondit Will, sans méfiance, ne comprenant pas où Jack voulait en venir.

— Hum, fit pensivement le pirate. Eh bien, monsieur Turner, j'ai changé d'avis, dit-il en se relevant. Si tu me fais évader, je te jure, sur les tourments de la mort, que je te conduirai au *Black Pearl*. Et à ta demoiselle en détresse. Marché conclu ? demanda-t-il en tendant la main entre les barreaux.

— Conclu ! dit Will en la serrant.

— Sors-moi de là !

Will n'eut pas besoin d'un grand effort pour

peser sur le banc et soulever la grille qui s'écroula aussitôt.

— Vite ! dit-il, on a dû nous entendre.

— Pas sans mes effets ! répondit Jack en s'emparant de son épée, de sa redingote et de son précieux tricorne pendus au mur du couloir.

— Pourquoi prendre ce pistolet ? Tu as déjà eu l'occasion de me tuer avec, mais tu n'as pas voulu t'en servir.

— Es-tu en train de me dire que c'était une erreur ? répliqua Jack en braquant de nouveau son pistolet sur Will.

« Décidément, cela commence à devenir une habitude », songea Will.

— Quand on n'a qu'une balle, mieux vaut attendre le moment opportun, expliqua le pirate. Et il n'est pas arrivé. Pas encore.

Un peu plus tard, Jack et Will prenaient discrètement le chemin des quais et allaient se tapir derrière un pont. L'*Intrépide* était encore à l'ancre dans le port.

— Nous allons voler ce bateau ? demanda Will, stupéfait, en désignant le navire.

— Le RÉQUISITIONNER, corrigea sentencieusement Jack sans quitter des yeux l'*Intrépide*. Nous allons RÉQUISITIONNER ce BÂTIMENT. C'est un terme de marine. (Il se retourna vers Will.) Une question concernant tes motivations... avant de se lancer pour rien. Jusqu'où es-tu prêt à aller pour sauver cette fille ?

— Je mourrais pour elle, répondit Will en serrant les dents.

— Tant mieux ! conclut benoîtement Jack. Me voilà rassuré.

Jack l'entraîna vers le rivage où ils se faufilèrent discrètement sous une chaloupe retournée. Puis le pirate lui ordonna de se redresser et tous deux marchèrent vers l'eau en zigzaguant sur la grève comme des crabes.

— Ou c'est de la folie, ou c'est du génie, dit Will alors qu'ils pataugeaient dans l'eau.

— Ce qui est étonnant, répondit nonchalamment Jack, c'est que souvent, ces deux qualités vont ensemble.

Ils avaient attaché des sacs de sable autour de la chaloupe pour l'alourdir et pouvaient ainsi respirer en toute sécurité l'air emprisonné sous la coque comme dans une cloche. Ils se rapprochèrent du bateau. Le brouhaha de l'équipage cessa aussitôt quand Jack et Will enjambèrent le bastingage de l'*Intrépide*.

— Que tout le monde garde son calme, annonça Jack en descendant majestueusement les marches du gaillard et en brandissant un pistolet. Nous nous emparons de ce navire !

— Oui ! renchérit Will en moulinant son sabre. Restez où vous êtes !

La douzaine d'hommes les regardèrent et tous se mirent à rire.

— Deux hommes ne suffisent pas à manœuvrer ce bâtiment, déclara le lieutenant Gillette. Jamais vous ne sortirez de cette baie !

Mais cet avertissement ne découragea pas Jack.

— Fiston, répondit-il en souriant et en posant le canon de son pistolet sous son nez. Je suis le capitaine Jack Sparrow... Ça te va ?

Et sur ces mots, il leur fit signe de tous embarquer dans une chaloupe.

Pendant ce temps, à bord du vaisseau de Norrington, l'*Intercepteur*, l'équipage chargeait le matériel et se préparait à mettre les voiles. Le commodore s'apprêtait à se lancer à la poursuite du *Black Pearl*. Sur le quai, il examinait le manifeste quand son lieutenant s'approcha de lui.

— Commodore ! l'appela-t-il.

Norrington releva la tête et suivit son regard. Il sortit sa longue-vue. Au loin approchait une chaloupe où le lieutenant Gillette se dressait en faisant de grands gestes.

— Commodore ! criait-il. Ils nous ont volé le navire !

Norrington braqua sa longue-vue vers le quai que son lieutenant pointait du doigt. Mais oui, le vaisseau quittait le port !

— Sparrow et Turner se sont emparés de l'*Intrépide* ! continuait Gillette.

C'était pourtant vrai ! Il reconnut sur le pont Will et Jack qui se débattaient avec les cordages et le gouvernail. L'*Intrépide* était entre leurs mains !

— Téméraire, ce Will Turner, grinça Norrington. Trop téméraire. Et ce Jack Sparrow est décidément le pirate le plus pitoyable que j'aie jamais vu, ajouta-t-il en baissant sa longue-vue.

# 11

Norrington était amusé ! Jack Sparrow essayait de réquisitionner l'*Intrépide* ! Le commodore savait que l'*Intercepteur* était plus rapide, et qu'avec seulement deux hommes pour le manœuvrer, l'*Intrépide* serait rapidement rattrapé. Il donna des ordres à son équipage qui mit toute la toile.

— Ils arrivent ! cria Will à Jack en montant sur le gaillard.

Alors que l'*Intercepteur* abordait sa proie, Norrington vit que le pont était totalement désert.

— Fouillez toutes les cabines, le moindre recoin, jusqu'à fond de cale ! ordonna-t-il à ses hommes qui montaient à l'abordage de l'*Intrépide*.

Du coup, l'*Intercepteur* était abandonné, à l'exception d'une sentinelle. Vifs comme l'éclair, Jack et Will montèrent à bord sans se faire voir. L'*Intercepteur* était à eux !

— Tu sais nager ? demanda Jack à la sentinelle en l'empoignant par le cou.

— Comme un poisson, avertit l'homme.

— Tant mieux, dit Jack en le balançant par-dessus bord.

Jack et Will larguèrent prestement les amarres, balancèrent la passerelle d'un coup de pied et hissèrent les voiles.

— Remontez à bord de l'*Intercepteur* ! cria Norrington. Exécution !

Hélas, il était déjà trop tard. Impuissant, Norrington vit l'*Intercepteur* s'éloigner : Jack filait déjà à la poursuite du *Black Pearl.*

— Merci, commodore, de nous avoir permis de prendre la mer ! cria-t-il depuis le gouvernail en lui faisant une révérence moqueuse. Nous aurions eu du mal à y arriver tout seuls !

Les soldats de Norrington ouvrirent le feu, mais ce fut en vain : l'*Intercepteur* était déjà loin.

— Mettons les voiles et sortons de ce pétrin ! grinça Norrington.

— Avec ce vent arrière, nous n'arriverons jamais à les rattraper, objecta son second.

— Je ne cherche pas à les rattraper. Je veux les maintenir à portée de tir.

— Canonniers ! À vos pièces ! cria le second. Parés à faire feu ! Voilà que nous visons nos propres navires, dit-il à Norrington.

— Je préfère encore savoir notre navire au fond de l'océan qu'entre les mains de ce maudit pirate, répondit le commodore qui ne pouvait plus contenir sa fureur.

— Commodore ! dit l'homme de quart. Il a saboté la chaîne du gouvernail.

Pendant ce temps, l'*Intercepteur* filait droit sur la chaloupe où avaient été forcés de monter Gillette et ses hommes.

— Virez de bord ! Virez de bord ! cria le lieutenant alors que la proue menaçante fonçait sur eux. Abandonnez la chaloupe !

Piteusement, les hommes furent contraints de se jeter à la mer tandis que la chaloupe finissait fracassée. Norrington baissa la tête en poussant un soupir excédé.

— C'est sûrement le meilleur pirate que j'aie jamais vu, sourit moqueusement le second pendant que le commodore contemplait cette scène lamentable avec irritation.

— Il semblerait, en effet, répondit-il rageusement.

À bord de l'*Intercepteur* qui voguait fièrement vers le large, toutes voiles dehors et pavillon claquant dans le vent, l'heure était aux confidences.

— J'ai grandi en Angleterre, racontait Will en affûtant une épée. Ma mère m'a élevé toute seule. Après sa mort, je suis venu ici pour chercher mon père.

— Tu m'en diras tant, fit Jack, occupé à régler la voilure.

— Mon père, Bill Turner, continua Will en le suivant sur le pont. Dans la prison, ce n'est qu'en apprenant comment je m'appelais que tu as accepté de m'aider. Comme c'était ce que je voulais, je n'ai pas insisté. Mais je ne suis pas simple d'esprit. (Pendant ce temps, Jack continuait de s'affairer.) Tu as connu mon père ?

Jack poussa un soupir et se redressa.

— Je l'ai connu. Peu d'entre nous le connaissaient sous le nom de William Turner. La plupart l'appelaient seulement le Bottier, ou Bill le Bottier.

— Bill le Bottier ? répéta Will, perplexe.

— Un homme bien, poursuivit Jack en retournant au gouvernail qu'il avait maintenu au cap grâce à une corde. Un bon pirate ! Incroyable ce que tu lui ressembles.

— Non, c'est faux ! s'indigna Will. Il était dans la marine marchande ! Un homme admirable, qui respectait l'ordre.

Jack leva les yeux au ciel. Décidément, ce pauvre garçon était d'une confondante naïveté.

— Mais oui ! Rien qu'un maudit pirate, un vrai rufian, ajouta-t-il.

— Mon père n'était pas un pirate ! répéta Will en dégainant son épée,

— Range ton épée, fiston, répondit Jack sans se retourner. Ça ne vaut pas le coup, je te battrais encore.

— Tu ne m'as pas battu. Tu as bafoué les règles d'engagement. En combat loyal, je t'aurais tué.

— Et tu crois que ça me donne envie de me battre à la loyale ? demanda Jack d'un air goguenard.

Et d'un geste vif, il tourna soudain le gouvernail. La bôme vira brusquement et heurta Will qui s'y cramponna et se retrouva suspendu au-dessus des flots.

Jack dégaina son épée et s'approcha du bord du navire.

— Comme tu n'as rien d'autre à faire que de rester là, écoute-moi bien, dit-il en brandissant son épée comme un maître d'école qui fait la leçon. Voilà les deux seules règles qui comptent vraiment : être à la hauteur, ou ne pas être à la hauteur, dit-il en retournant auprès du gouvernail. Par exemple : tu peux accepter que ton père ait été un pirate et un homme bien, ou tu ne peux pas. Mais tu as la piraterie dans le sang, mon gars, et un jour, il faudra bien que tu t'y fasses. (Will l'écouta sans répondre, ébahi.) Moi, par exemple, je peux te laisser te noyer, poursuivit-il avec désinvolture. Mais je ne pourrais jamais amener ce bateau à Tortuga par mes propres moyens. Compris ? Alors...

Il fit de nouveau virer le gouvernail et ramena à bord Will, qui s'affala sur le pont, et lui pointa son épée sous la gorge.

— Est-ce que tu peux naviguer sous le commandement d'un pirate ? (Il fit sauter l'épée dans sa main et la lui tendit, poignée en avant.) Ou pas ?

— Tortuga ? répéta Will en prenant l'arme.

— Tortuga, répondit Jack en souriant.

Défendue par des rochers déchiquetés et de redoutables écueils où se brisaient les lames, Tortuga, l'une des îles les plus inhospitalières de toutes les Caraïbes, était le repaire de la pire engeance que les Indes occidentales aient jamais porté en leur sein. Flibustiers, pirates, voleurs, catins, éclopés, ivrognes et assassins : l'île accueillait tous les réprouvés et tous les coupe-jarrets ; ceux qui vivaient sans foi ni loi venaient dans ce lieu crasseux et sordide où les marées avaient apporté toute la lie des Caraïbes. Ce n'étaient qu'auberges, tavernes et hôtels aussi borgnes que leurs occupants. Là ne régnaient que rixes et beuveries, bagarres et débauches, tout ce qui pouvait s'acheter était à vendre, du moment que l'on avait de quoi payer. Et en ce lieu où le vice ne s'embarrassait pas des apparences de la vertu, on était bien peu regardant de la provenance des espèces, pourvu qu'elles soient sonnantes et trébuchantes. Là, on réglait ses dettes rubis sur l'ongle et ses comptes au couteau dans des bouges où flottait l'odeur du mauvais rhum, du stupre et du tabac.

Et c'est dans ce port abrité dans une anse que Jack et Will abordèrent à la tombée de la nuit, sous un ciel aussi noir que ses meurtrières falaises.

— Et avant toute chose, dit Jack qui se sentait chez lui dans ces rues mal famées remplies de cris et de coups de mousquet, triste est la vie de celui qui n'a jamais humé le doux et enivrant parfum de Tortuga. Pas vrai ? fit-il en attrapant au vol une splendide canne en ébène à pommeau d'argent. Qu'est-ce que tu en dis ?

— Je dis qu'on va empester, répondit Will alors qu'ils s'arrêtaient sous un empilement de barils où un ivrogne, perché tout en haut, se renversait un pichet de rhum sur la tête.

— Je vais te dire, Will. Si toutes les villes du monde ressemblaient à celle-là, aucun homme ne se sentirait plus mal aimé.

Au même instant, une très belle jeune femme rousse en robe écarlate se précipita vers le pirate.

— Scarlett ! s'exclama Jack en ouvrant les bras.

Elle lui flanqua une gifle et tourna les talons.

— Je ne suis pas sûr que je la mérite, dit Jack d'un ton de reproche.

Will haussa un sourcil, mais ne pipa mot.

Une jeune femme blonde et lourdement fardée arriva à la hauteur de Jack.

— Giselle ! s'exclama-t-il avec un grand sourire.

— C'est qui, celle-là ? fit la jeune femme.

Et avant qu'il ait pu répondre, elle lui balança elle aussi une gifle et poursuivit son chemin.

— Je l'avais peut-être méritée, celle-là, dit Jack en se frottant le visage.

Inquiet pour l'avenir de Jack, Will se demanda combien de femmes il pouvait bien y avoir dans cette ville.

— Nous devrions quitter ce trou infâme le plus vite possible, dit-il alors qu'ils continuaient leur chemin dans les rues en évitant tantôt les bagarres, tantôt les tas d'immondices. Avec un équipage !

— Ah, oui, c'est vrai, fit distraitement Jack. Il se trouve que je connais un homme qui connaît les meilleurs marins de Tortuga, expliqua-t-il en entrant dans une taverne et en lançant sa canne à Will d'un geste désinvolte.

Ne sachant qu'en faire, Will la confia à un ivrogne près de l'entrée qui ne trouva rien de mieux que de s'en servir pour assommer le premier venu.

— Plus vite nous aurons trouvé notre équipage et nous partirons, mieux ce sera, dit le pirate. Et voici l'endroit où nous allons trouver notre maître de quart ! dit-il en désignant une taverne appelée *La Fiancée Fidèle.*

Will regarda l'enseigne qui représentait une jeune

femme avec un bouquet de fleurs dans ses mains menottées.

— Par ici, dit Jack en l'entraînant à l'arrière de la taverne.

Vautré dans la boue en compagnie de deux cochons, ils trouvèrent Joshaeme Gibbs. « Ivre comme toujours », songea Jack en lui jetant un seau d'eau au visage.

— Crève donc, espèce de charogne, idiot du village ! brailla Gibbs en sortant un couteau. (Il ouvrit les yeux et vit Jack.) Oh, par ma barbe ! Jack ! Vous savez que c'est pas conseillé de réveiller un ami ? Ça porte malheur !

— Heureusement, j'ai appris à conjurer le sort, répondit Jack en s'agenouillant auprès de lui. L'homme qui réveille doit offrir un verre à l'homme qui dormait. Et l'homme qui dormait doit le boire en écoutant la proposition de l'homme qui l'a réveillé, ajouta-t-il avec un clin d'œil.

Le regard de l'homme s'éclaira.

— Ouais... Ça devrait marcher, dit-il en tendant la main.

Jack aida son vieil ami à se relever pendant que Will lui balançait un autre seau d'eau.

— Tu es malade, toi ! J'étais déjà réveillé ! beugla-t-il.

— C'était pour l'odeur, dit Will pendant que Jack entraînait Gibbs dans la taverne enfumée dont la moitié des clients cuvaient leur gnôle tandis que les autres se battaient entre eux ou poursuivaient les serveuses dodues.

À la lueur des chandelles de suif, les chaises et les tabourets volaient et l'on avait peine à s'entendre.

— Ouvre l'œil, mon gars, dit Jack à Will en le postant auprès d'un pilier.

Jack alla rejoindre Gibbs assis dans un coin sombre de *La Fiancée Fidèle* pendant que Will faisait le guet. Leur table était éclairée par une seule chandelle, et ils se penchaient l'un vers l'autre pour rester discrets.

— Un seul verre ! prévint le pirate en déposant devant lui une chope de rhum.

— Je vais le faire durer, alors, répondit Gibbs. Alors, en quoi il consiste, ce nouveau projet ?

— Je me lance à la poursuite du *Black Pearl*, chuchota Jack.

Gibbs faillit s'étrangler avec sa chope de rhum et le dévisagea en écarquillant des yeux terrifiés.

— Je sais déjà où il va, ajouta Jack. Et je vais m'en emparer.

— Jack, fit Gibbs en secouant la tête, c'est de la folie furieuse. Enfin, vous connaissez aussi bien que moi les histoires qui entourent le *Black Pearl* !

— C'est pour ça que je sais ce que mijote Barbossa. Je manque seulement de matelots.

— D'après ce qu'on dit de ce vieux Barbossa, il

n'aime pas trop les têtes brûlées et je le vois mal marchander avec vous, dit Gibbs.

— Eh bien, dans ce cas, ça tombe bien, je ne suis pas une tête brûlée, dit Jack en levant sa chope.

Gibbs n'était pas convaincu.

— Prouvez-moi le contraire, alors. Qu'est-ce qui vous fait croire que Barbossa va vous abandonner son navire ?

— Il suffit d'avoir en poche un argument convaincant, répondit Jack en désignant Will, qui ne pouvait les entendre.

— Le gosse ?

— Ce petit est le rejeton de Bill Turner, alias le Bottier. C'est son fils unique, chuchota Jack. Tu as compris ?

Gibbs considéra Will, qui repoussait difficilement les avances d'une grosse femme très insistante, et plissa les paupières.

— Vous m'en direz tant, fit-il. Vous me parlez d'argument ! Moi je dis que le vent est en train de tourner. Je vais vous trouver des matelots ! Il y a pas mal de marins sur ce rocher qui sont aussi cinglés que vous ! s'anima-t-il.

— Et moi, je l'espère sincèrement, répondit Jack. On se remet en chasse !

— Et on fait main basse ! dit Gibbs en trinquant.

Et sur ces paroles, ils reposèrent bruyamment leurs chopes sur la table. En entendant le bruit, Will sursauta et, croyant que la situation allait mal tourner, dégaina son épée, renversa une table d'un coup de pied et toisa l'assistance avec bravoure, prêt à en découdre. Jack et Gibbs considérèrent la scène, perplexes.

— Il est un peu pénible, ce gosse, non ? fit Gibbs.

— Tu n'as pas idée, soupira Jack en secouant la tête.

# 12

Sur une mer argentée par les rayons de la pleine lune, le *Black Pearl* voguait, ses voiles noires et déchiquetées comme des ailes de chauve-souris claquant dans la brise nocturne.

Enfermée dans une cabine, Élisabeth sursauta en voyant deux pirates entrer. C'étaient ceux qui l'avaient enlevée : Pintel et son compagnon Ragetti, le borgne à l'œil de bois.

— Vous allez dîner avec le capitaine. Et il vous ordonne de porter ceci, dit Pintel en lui présentant une robe de soie couleur lie-de-vin.

— Veuillez répondre au capitaine qu'il ne me sied guère d'accéder à sa requête, rétorqua Élisabeth avec un sourire sarcastique, ravie d'avoir l'occasion de rendre la monnaie de sa pièce à Barbossa.

— Il a dit que vous répondriez ça, ricana Pintel en découvrant ses dents noirâtres. Et aussi que dans ce cas, vous iriez dîner avec l'équipage. Et complètement nue !

Ragetti gloussa en faisant rouler son œil de bois dans son orbite.

Élisabeth lui arracha la robe des mains.

— Bien, fit Pintel.

Ils sortirent pendant qu'elle se changeait. Elle examinait la robe quand elle entendit un bruit. Elle balaya la pièce du regard, intriguée. Que mijotaient donc encore ces deux-là dans le couloir ?

— Laisse-moi voir ! Laisse-moi voir ! dit Pintel en poussant son compagnon.

— Qu'est-ce que tu vois ?

— Je ne vois rien ! se plaignit Ragetti.

Trop pressé, Ragetti qui avait collé son œil de bois devant le trou ne risquait pas de voir grand-chose. Et c'était d'autant plus dommage pour lui qu'Élisabeth venait de découvrir dans le lambris le trou par lequel ces impudents pirates l'épiaient.

— Imbécile ! répondit Pintel.

La jeune fille prit une épingle à cheveux, l'enfonça dans le trou et sentit qu'elle avait touché quelque chose de dur.

— Aïe ! mon œil ! hurla Ragetti.

L'épingle avait arraché son œil de bois et l'avait envoyé rouler sur le pont.

— Rattrapez-le ! Rattrapez-le ! cria-t-il en courant derrière à quatre pattes.

L'œil vint s'arrêter sous la botte de Bosun.

— Si tu y tiens, je serai ravi de te le reclouer en place, dit celui-ci.

— Ça ira, monsieur, dit Ragetti en levant vers lui son orbite vide. Mais au lieu de le lui laisser reprendre, Bosun envoya l'œil rouler d'un coup de pied, tandis qu'arrivaient les hommes chargés de plateaux pour le dîner du capitaine.

Dans la cabine de Barbossa, les marins avaient préparé une table somptueuse, avec couverts et chandeliers en argent, belles bougies de cire blanche, serviettes de drap fin, et disposaient sur la lourde table d'acajou des mets raffinés sur de grands plats ciselés : cochon de lait entier rôti, volailles, poissons fraîchement pêchés, opulentes corbeilles de fruits. Barbossa fit son entrée et contempla Élisabeth qui attendait timidement dans un coin.

— Servante ou non, cette robe vous va splendidement, dit-il.

— Puis-je savoir ce qu'il est advenu de sa propriétaire ? demanda Élisabeth.

— Ne parlons pas de cela, éluda le capitaine. Je vous en prie, enchaîna-t-il en s'approchant de la table et en l'aidant à s'asseoir.

Il se pencha sur son épaule et aboya :

— Mangez !

Élisabeth chipota dans son assiette du bout de sa fourchette, tandis que le capitaine suivait le moindre de ses gestes avec des regards gourmands.

— Faisons fi des convenances, il n'y a personne à impressionner, dit Barbossa. Vous devez avoir faim, ajouta-t-il en lui désignant avec gourmandise les mets disposés sur la table. Je vous en prie, servez-vous.

Élisabeth mourait de faim. Sans plus de façons, elle arracha une énorme cuisse d'oie et mordit dedans à pleines dents, puis elle dévora un morceau de pain.

— Goûtez au vin, souffla le capitaine avec un enthousiasme exagéré. (Sans la quitter des yeux, il lui tendit une coupe d'argent dont elle s'empara avidement.) Et une de ces pommes vous rafraîchirait, proposa-t-il en la lui présentant avec un sourire encourageant.

Dans le silence à peine troublé par le grincement du navire, Élisabeth jeta soudain le morceau de pain. Brusquement, elle trouvait très suspect l'empressement du capitaine à la faire ainsi manger et à la regarder sans rien goûter lui-même. Même le singe la regardait faire sans tenter de grappiller la moindre miette.

— Elle est empoisonnée ! s'inquiéta-t-elle, paniquée, songeant aux contes de son enfance où de méchantes sorcières abusaient d'un fruit aussi appétissant que mortel les jeunes et jolies princesses.

Pour toute réponse, Barbossa eut un petit rire sinistre. Oh, oui, il aurait bien mangé s'il avait pu, mais il savait que, tout comme ses hommes, il ne pouvait y goûter.

— Je serais mal avisé de vous tuer, mademoiselle.

— Alors, relâchez-moi ! Vous avez le médaillon, je n'ai pas la moindre valeur pour vous.

Il sortit le médaillon en or de la poche de son gilet et le laissa se balancer au bout de ses doigts aux ongles sales et crochus.

— Vous ne savez pas ce que c'est, n'est-ce pas ?

— C'est un médaillon de pirate, répondit Élisabeth comme si c'était une évidence.

— C'est un bijou aztèque en or, souffla-t-il d'un ton plein de révérence. L'un des huit cent quatre-vingt-deux joyaux similaires livrés dans un coffre de granit à Cortés lui-même. Pour échapper au massacre. Le prix du sang, mademoiselle Turner, pour assouvir la fureur de l'armée espagnole... Mais Cortés était cupide et insatiable. Les dieux païens lancèrent alors sur cet or une terrible malédiction. Tout mortel qui osera soustraire une seule pièce de ce coffre de pierre sera puni pour l'éternité.

— Je ne crois plus à ces histoires de fantômes, capitaine Barbossa, dit Élisabeth.

— Oui ! C'est exactement ce que je me suis dit quand on nous a raconté cette légende ! répondit

Barbossa en se levant. Un coffre sur une île de mort que ne peuvent trouver que ceux qui savent déjà où elle est... continua-t-il en venant se placer derrière la chaise de la jeune fille. Mais on l'a trouvé, dit-il en se penchant et en approchant son répugnant visage tout près du sien. Le coffre nous attendait, chuchota-t-il. Rempli d'or. Et nous avons tout volé. Nous l'avons dépensé, marchandé, nous avons tout dilapidé en nourriture, boissons et plaisantes compagnies. Mais plus nous le semions aux quatre vents, plus nous comprenions qu'en fait, notre soif n'était pas satisfaite et que la nourriture devenait cendres dans notre bouche. Et la plus aimable compagnie du monde ne soulageait nul désir. Nous sommes des maudits, mademoiselle Turner, annonça-t-il d'un ton théâtral. La cupidité nous aveuglait autrefois et maintenant, elle nous consume à jamais !

Le petit singe s'agita sur son perchoir et poussa des cris comme s'il comprenait l'horrible sort dont tous les occupants de ce navire étaient les victimes. Barbossa posa une main consolatrice sur l'animal. Élisabeth profita de ce moment d'inattention pour prendre discrètement un couteau sur la table et le dissimuler sous sa serviette.

— Mais il existe néanmoins un moyen de conjurer le sort, poursuivit-il en donnant le médaillon au petit singe qui vint se jucher sur son épaule. Toutes les pièces d'or aztèque disséminées dans le monde doivent être réunies, et le sang versé en offrande.

Le singe sauta à terre et décampa. Élisabeth et Barbossa le suivirent du regard.

— Grâce à vous, reprit-il, nous avons la dernière pièce.

— Et le sang versé en offrande ? demanda Élisabeth, de plus en plus inquiète.

— C'est pour cela que vous tuer ne rime à rien, sourit malicieusement le capitaine. Pour l'instant. Une pomme ? proposa-t-il avec un sourire désarmant.

Élisabeth resta ébahie. Mortifiée, elle se rendit soudain compte que c'était son sang qu'il réclamait.

Furieuse, elle fit voler la pomme d'un revers de main et se leva d'un bond en brandissant le couteau. Sans se laisser impressionner, Barbossa se jeta sur elle. Elle courut dans la cabine, cherchant à lui échapper, mais il parvint à s'emparer d'elle. Se retrouvant acculée contre la paroi, Élisabeth plongea le couteau dans sa poitrine. Le capitaine considéra la blessure sans émotion puis, au grand étonnement de la jeune fille, il arracha la lame sanglante et la brandit devant elle.

— Je me demande ce que vous comptiez faire après m'avoir assassiné ! dit-il.

Terrifiée, Élisabeth s'enfuit de la cabine et gagna le pont. À la lumière de la lune, elle vit soudain l'équipage du *Black Pearl* et se figea. Les pirates se trouvaient à leurs postes, brossant le pont, enroulant des cordages ou hissant des voiles. Ils chantaient une vieille chanson de marins tout en travaillant, mais sous les rayons de la lune, Élisabeth ne voyait que des os et des squelettes grimaçants qui la dévisageaient de leurs orbites vides. Horrifiée, elle se mit à courir, poursuivie par ces monstres d'outre-tombe qui semblaient surgis de l'enfer, mais partout où elle se tournait, elle ne voyait que ces créatures effrayantes qui ricanaient, ravies de la terrifier ainsi. Terrorisée, elle retourna se réfugier dans la cabine où était resté le capitaine, qui, à l'abri des rayons de la lune, avait encore l'air humain.

— Regardez ! s'exclama-t-il en l'empoignant et en la retournant de force vers le pont. L'éclat de la lune nous révèle tels que nous sommes !

Le singe, lui aussi un squelette, poussa un cri et sauta sur l'épaule du capitaine en brandissant le médaillon.

— Nous ne faisons pas partie du monde des vivants, poursuivit Barbossa tandis que deux squelettes jouaient un air. Et c'est pourquoi nous ne pouvons mourir ! Mais nous ne sommes pas morts pour autant. (Il la retourna et colla son visage contre le sien.) Depuis trop longtemps, mon corps brûle d'une soif que je ne puis étancher. Depuis trop longtemps, je meurs de faim, sans pouvoir mourir. Je ne peux rien ressentir... Ni le vent sur mon visage ni les embruns de l'océan, gronda-t-il d'une voix suppliante. Ni la chaleur de la chevelure d'une femme.

Il tendit la main vers Élisabeth qui recula sur le pont baigné par le clair de lune. Et, sous ses yeux horrifiés, elle vit la main éclairée par la lune se changer lentement en squelette. Barbossa continua d'avancer et ce fut son visage qui laissa alors la place à un crâne décharné. Il sortit une bouteille de vin d'un casier et la déboucha avec les dents avant de la lever comme pour boire à la santé d'Élisabeth.

— Commencez à croire aux histoires de fantômes, mademoiselle Turner ! lui conseilla-t-il en buvant au goulot, tandis que le vin jaillissait entre ses côtes. Parce que vous en vivez une !

Terrorisée, Élisabeth s'enfuit précipitamment tandis que Barbossa brisait rageusement contre la porte la bouteille qui n'avait pu étancher sa soif. Puis il referma la porte et se retourna vers ses hommes en éclatant d'un rire diabolique auquel ils se joignirent.

— Qu'est-ce que vous regardez ? hurla-t-il soudain. Tout le monde à son poste !

Les hommes obéirent et retournèrent à leur tâche. Prostrée dans un coin de la cabine, les jambes repliées sous son menton, Élisabeth, désemparée, n'osait même plus penser au sort funeste qui l'attendait en compagnie de ces monstres grotesques.

# 13

Au matin, Gibbs avait recruté tout ce que Tortuga comptait de voyous déguenillés afin de les soumettre au verdict de Jack.

— Un plaisir pour les yeux, capitaine. Tous de bons et fidèles loups de mer ! Ils valent tous leur pesant de gros sel. Et tous cinglés, en plus !

Jack les passa en revue, une banane encore verte à la main comme s'il s'était agi d'un pistolet. C'était un équipage bien disparate. Il y en avait de tous les âges et de toutes les tailles, jusqu'à un nain à l'œil féroce, pas plus grand qu'un baril de poudre. Certains avaient l'air de n'avoir connu que la poisse depuis bien longtemps.

— Alors, c'est ça, ton équipage vigoureux ? demanda Will, consterné.

Jack ne répondit pas. Il s'arrêta devant un homme aux yeux brillants avec un gros perroquet jaune et bleu perché sur son épaule.

— Toi, marin, commença-t-il.

— Cotton, monsieur, lui souffla Gibbs.

— Monsieur Cotton, reprit Jack d'un ton péremptoire. Avez-vous la force morale d'obéir aux ordres et de rester stoïque face au danger et à une mort certaine ?

Le vieil homme à la barbe grisonnante et au crâne recouvert d'un foulard qui avait dû être bleu continua de regarder droit devant lui sans ciller.

— Monsieur Cotton ! s'écria Jack. Répondez-moi !

— Cotton est muet, monsieur. Le pauvre diable a eu la langue coupée, dit Gibbs. (L'homme ouvrit la bouche et Jack fit une grimace horrifiée.) Alors il a appris à son perroquet à parler à sa place, continua Gibbs d'un ton enjoué. Dieu seul sait comment, soupira-t-il.

— Perroquet de M. Cotton, reprit Jack après réflexion, car après tout, il en avait vu d'autres. Même question.

— Vent dans les voiles ! piailla le perroquet.

— En fait, on suppose que... ça veut dire oui, traduisit Gibbs.

— Mais, évidemment, répondit Jack sans se laisser démonter. Satisfait ? demanda-t-il à Will, de plus en plus effaré.

— Tu m'as prouvé que ce sont des malades ! répliqua-t-il.

— Et comment on va en tirer profit ? interrogea soudain une voix un peu plus loin.

Jack continua son chemin et s'arrêta devant un marin qui baissait la tête et dont le visage était caché par le large rebord de son chapeau orné de coquillages. Jack ôta délicatement le chapeau et découvrit le visage d'une belle quarteronne aux lèvres pincées.

— AnaMaria ! s'exclama-t-il avec un grand sourire.

Pour toute réponse, celle-ci lui flanqua en plein visage une gifle qui fit voler ses colifichets.

— Je suppose que tu ne la méritais pas non plus, fit observer Will.

— Non, je la méritais, celle-là, répondit Jack.

— Tu m'as volé mon bateau ! hurla la jeune femme.

— Non, je l'ai... commença Jack, qu'une autre gifle fit aussitôt taire. Emprunté, rectifia-t-il. Emprunté sans ta permission, appuya-t-il. Mais j'avais l'intention de te le rapporter très prochainement, ajouta-t-il avec une courbette.

— Je l'attends encore ! rétorqua AnaMaria.

— Je t'en donnerai un autre, dit-il avec un grand sourire enjôleur.

— J'y compte bien, répondit-elle en pointant un index menaçant sur son nez.

Jack brandit sa banane entre ses doigts bagués et recula d'un pas.

— Et un beaucoup mieux, intervint Will.

— Et un beaucoup mieux, répéta triomphalement Jack.

— Celui-là, dit Will en désignant l'*Intercepteur*.

— Lequel ? interrogea Jack.

— Celui-là, répéta Will.

Tous se tournèrent vers la mer où l'*Intercepteur* avait jeté l'ancre à quelques encablures. Jack le foudroya du regard.

— Celui-là ? Bon, d'accord, celui-là, concéda-t-il. Ça te va ?

— Ouais ! cria AnaMaria.

— Ouais ! renchérirent les autres en se précipitant vers les chaloupes.

— Non, non, non, il ne faut pas faire ça, intervint Gibbs. Ça porte malheur d'amener une femme à bord, Jack.

— Ce serait bien pire de ne pas l'avoir, répondit Jack avec un roulement d'yeux désespéré, banane toujours en main.

# 14

Au loin sur la mer des Caraïbes, le tonnerre grondait. Pris dans la tempête, l'*Intercepteur* roulait et tanguait sous les énormes nuages noirs. Régulièrement, sur le pont, déferlaient d'énormes vagues balayant les hommes qui peinaient à la manœuvre, tandis qu'une pluie incessante tombait en rafales et que les éclairs déchiraient le ciel.

— Comment on peut faire voile vers une île que personne ne peut trouver ? cria Will, ruisselant, à son compagnon tout en tirant un cordage. Et avec un compas hors d'usage !

— Je sais, cria Gibbs pour couvrir le fracas des vagues et du tonnerre. Le compas n'indique pas le nord. Mais ce n'est pas vraiment le nord qu'on cherche !

À la barre, Jack examina son compas et hocha la tête. Tout allait bien. Il le regarda de nouveau ; en effet, il n'indiquait pas le nord, mais pointait toujours vers l'île de la Muerta, port où il pensait trouver le *Black Pearl*.

Le vaisseau tressautait sur les vagues dans la bourrasque, toutes ses voiles blanches tendues, mais Jack manœuvrait le gouvernail de main de maître. Gibbs vint le rejoindre en gravissant péniblement les marches du gaillard d'arrière tant le navire était secoué par la houle.

— Il faut réduire la voilure, monsieur ! cria-t-il entre deux rafales de pluie, craignant que les voiles ne se déchirent.

— Elles tiendront encore un peu, répondit Jack alors que l'orage prenait de l'ampleur.

Le vent redoubla en rugissant dans la mâture. Jack regarda son compas, puis la mer, et sourit.

— Qu'est-ce que vous avez en tête pour être d'aussi bonne humeur, capitaine ? cria Gibbs pardessus les rafales.

— Nous les rattrapons, répondit Jack.

Pendant ce temps, toujours prisonnière dans sa somptueuse cabine sur le *Black Pearl*, Élisabeth contemplait tristement le morne paysage désolé et déchiqueté de l'île de la Muerta à travers les vitres que cinglait la pluie. Soudain, Pintel et Ragetti entrèrent avec deux camarades.

— En avant toute, poupée ! dit Pintel, qui tenait une corde.

Ils l'entraînèrent sur le pont et entreprirent de la ligoter pendant que Ragetti la narguait en se curant les ongles avec son couteau. Après quoi, Barbossa lui attacha son médaillon au cou. Et cela fait, ils embarquèrent dans les chaloupes pour gagner le rivage, Barbossa en tête, toujours accompagné de son sinistre et malfaisant petit singe qui ne cessait de pousser des cris.

À travers le brouillard, elle aperçut une sombre grotte marine devant eux. Les quatre chaloupes s'engouffrèrent à l'intérieur et disparurent dans les ténèbres. Ils étaient arrivés dans leur repaire secret de la redoutable île de la Muerta, aride et noyée dans de perpétuels brouillards, ainsi nommée en raison de sa forme : en effet, si elle avait jamais figuré sur une carte, on aurait pu voir que cette île battue par les vagues, où presque personne ne pouvait aborder, avait la forme d'une tête de mort surgissant de la mer et contemplant le ciel de ses orbites noires. Et c'était l'une de ses narines qui formait l'entrée de la grotte des pirates.

# 15

— Les morts ne racontent pas d'histoires ! caqueta le perroquet de Cotton alors que l'*Intercepteur* glissait lentement dans le brouillard qui entourait l'île.

Tout l'équipage, appuyé au bastingage, contemplait avec angoisse le funeste spectacle : ils étaient arrivés dans le cimetière des innombrables navires qui s'étaient abîmés sur les récifs entourant l'île de la Muerta. Partout, tout autour d'eux, dans un silence glaçant, ce n'étaient qu'épaves noircies et béantes, dressant vers le ciel gris leurs squelettes décharnés et mâts brisés qui surgissaient d'une eau noire grouillant de requins assoiffés de sang.

— Ça flanque la chair de poule, tous ces marins

honnêtes qui ont laissé leur vie dans cette passe, dit Gibbs.

Il y eut un grondement sourd lorsqu'un mât racla la coque, menaçant de faire sombrer l'*Intercepteur*. Heureusement, Jack était à la barre. Il referma son compas d'un geste vif et se concentra sur la navigation entre les épaves. Il procéda à quelques petites corrections et le raclement cessa. Gibbs quitta le bastingage et Will le suivit, tandis que le navire longeait les carcasses grisâtres des vaisseaux échoués.

— Comment Jack est-il en possession de ce compas ? demanda Will à mi-voix.

— Je ne savais pas grand-chose de Jack Sparrow avant qu'il débarque à Tortuga avec le projet de trouver le trésor de l'île de la Muerta. À l'époque, je ne le connaissais pas, il était capitaine du *Black Pearl*.

— Quoi ? demanda Will, étonné d'apprendre que le navire avait été autrefois la propriété de Jack Sparrow. Jamais il n'a parlé de cela !

Gibbs but une rasade de gnôle de la gourde qui ne le quittait jamais depuis toutes ces années.

— Il est très discret depuis quelque temps, expliqua Gibbs. La leçon a été dure à apprendre. Trois jours après le début de l'aventure, le second vient le voir et lui dit : « Comme on doit tout partager, il faut me dire aussi où le trésor se trouve »... Alors Jack le met au courant, et... cette nuit-là, il y a eu une mutinerie. Ils ont abandonné Jack sur une île déserte pour le laisser mourir. Après que la fournaise lui eut fait perdre la tête.

— Ah, fit Will. Voilà donc la raison de tous ces...

Il mima les contorsions et les grands roulements d'yeux dont Jack était coutumier.

— La raison n'a rien à voir avec ça. Tu sais, Will, quand on abandonne un pirate ainsi, on lui laisse un pistolet avec une seule balle, une seule. C'est pas très utile pour aller à la chasse ou tenter de sauver sa peau. Mais au bout de trois semaines, quand tu as le ventre vide et que tu crèves de soif, ce pistolet, tu commences à l'aimer, continua Gibbs en portant l'index à sa tempe pour joindre le geste à la parole. Mais Jack s'est échappé de l'île ! s'exclama-t-il. Et il a toujours cette unique balle. Il ne s'en servira jamais, sauf sur un seul marin. Son second, le chef des mutins...

— Barbossa ! dit Will, qui venait de comprendre.

— Oui, lui-même.

— Mais comment Jack a-t-il pu s'échapper de l'île ? demanda Will.

— Il a fait la planche, à quelques encablures, et il est resté là trois jours et trois nuits, le temps que la plupart des créatures de la mer se soient habituées à sa présence. Et le quatrième matin, il s'est amarré à un couple de tortues et les a ficelées pour se faire un radeau.

— Il a ficelé un couple de tortues ? répéta Will, incrédule.

— Oui, lui assura le vieux marin. Des tortues de mer.

— Avec quoi il a fabriqué la ficelle ? demanda Will qui n'y croyait toujours pas.

Gibbs ne trouva rien à répondre. Ils se retournèrent et virent Jack qui les observait depuis un moment.

— Des poils humains, dit Jack en roulant des yeux. Ceux de mon dos. Allez, on jette l'ancre, s'écria-t-il pour l'équipage.

— Parés au mouillage ! crièrent les hommes.

— Le jeune monsieur Turner et moi allons à terre, annonça-t-il.

— Parés à jeter l'ancre, cria AnaMaria.

Gibbs se pencha vers Jack.

— Et si les choses tournaient mal ? demanda-t-il à voix basse.

— Applique le Code, dit Jack avec un clin d'œil entendu.

— Ah oui, le Code, répéta Gibbs, tandis que Will les regardait s'éloigner avec méfiance.

# 16

Pendant ce temps, dans la grotte, les pirates étaient arrivés au bout du long chenal et débarquaient dans une caverne. Son petit singe sur l'épaule, Barbossa sauta sur la rive, tandis que ses hommes déchargeaient les caisses et les coffres de butin dont leurs barques débordaient. À la lueur de leurs torches, les pirates emmenaient en ricanant par des tunnels tortueux connus d'eux seuls Élisabeth toujours ligotée.

Ils parvinrent à une grande salle où étaient amoncelées quantité de trésors. Élisabeth n'en crut pas ses yeux : des coffres débordant de pierres précieuses, de perles et d'objets de valeur scintillaient de mille feux. Au milieu d'un petit lac, un rocher se dressait, croulant de bijoux et de vaisselle d'or et d'argent.

Au sommet, sous une ouverture de la voûte, trônait un énorme coffre de granit sculpté de masques aztèques : le sinistre et célèbre coffre de Cortés !

Élisabeth le contempla d'un regard horrifié tandis que les hommes déversaient tout autour d'elle des sacs remplis de butin.

— Dix ans à amasser ce magot, se félicita Pintel qui transportait avec Ragetti un lourd coffre de bois.

— Et on va enfin pouvoir le dépenser, dit son compagnon en renversant le coffre. Il s'en échappa une robe et une ombrelle qu'ils ramassèrent.

— Quand la malédiction sera levée, on sera riches, tu verras, l'ami, lui assura Pintel, et tu pourras t'acheter un vrai œil de verre qui tient bien en place. Ce sera autre chose !

— Celui-là me fait mal, c'est insupportable, pleurnicha Ragetti, l'ombrelle ouverte posée sur l'épaule.

— Arrête de frotter ton œil, le réprimanda Pintel. Ça grince !

Bosun, le colosse tatoué, les regarda avec consternation. Ces deux-là étaient vraiment les pirates les plus stupides de tout l'équipage !

Jack et Will montèrent dans une chaloupe et s'approchèrent du *Black Pearl*.

— Elle est là ? demanda Will au pirate qui avait sorti sa longue-vue et scrutait le pont du navire.

— Non.

— Où est-elle, alors ? demanda Will.

— Ça a commencé, répondit Jack d'un ton désolé en abaissant sa longue-vue.

À l'entrée de la grotte, Jack ramait dans les eaux calmes, tandis que Will éclairait le chemin avec une lanterne accrochée au bout d'une perche. L'air était humide et suffocant. Sur un côté, Will aperçut les débris du squelette d'un homme, une épée enfoncée dans le dos.

Alors qu'ils passaient devant le pauvre diable, Will posa une question à Jack.

— Qu'est-ce que c'est, le Code que Gibbs doit appliquer, si cela tourne mal ?

— Le Code des pirates, dit Jack sans cesser de ramer. Tout homme qui ne reste pas à sa place reste sur place.

Tout le long du chenal, les corniches rocheuses étaient jonchées des squelettes de ceux qui avaient vainement tenté d'atteindre le trésor tant convoité. Ils y avaient laissé leur vie et avaient servi de nourriture aux crabes affamés.

— Pas de héros parmi les voleurs, c'est ça ?

— Tu as un point de vue tellement noir sur les pirates que tu m'as l'air bien parti pour en devenir un, observa gravement Jack. Tu as fait évader un prisonnier, lui rappela-t-il judicieusement, réquisitionné un vaisseau de la Marine royale, vogué avec des boucaniers au large de Tortuga...

Brusquement, plusieurs petits cercles brillants se mirent à scintiller au fond de l'eau peu profonde, de plus en plus nombreux. Will se pencha et vit des milliers de pièces d'or qui réfléchissaient la lumière de la lanterne ; elles provenaient toutes des trésors que Barbossa avait rapportés dans la grotte.

— Et tu es totalement obsédé par les trésors, conclut Jack en se penchant à son tour.

— C'est complètement faux, dit Will alors qu'ils parvenaient sans bruit à l'endroit où les pirates avaient amarré leurs chaloupes. Je ne suis pas obsédé par les trésors.

Will tira leur embarcation au sec. Sans répondre, Jack en sauta et l'entraîna le long d'un petit sentier qui grimpait.

— Tous les trésors ne sont pas d'argent et d'or, l'ami, dit le pirate quand ils furent parvenus en haut.

Il lui fit signe de le rejoindre jusqu'à une crevasse dans la paroi et Will comprit ce qu'il voulait dire en apercevant Élisabeth. Prudemment, ils regardèrent à l'intérieur de l'immense caverne. Elle était entièrement remplie du trésor le plus extraordinaire qui soit et dont le plus fortuné des souverains aurait été jaloux.

À la lueur des torches des pirates étincelaient des lingots d'or et d'argent des fabuleuses mines du

Pérou, des coffrets en or sertis de diamants, des bagues, bracelets et broches aux joyaux flamboyants, des rubis, saphirs et émeraudes de toutes tailles, de longs colliers d'énormes perles, de turquoises des Indes et de tourmaline, des cascades de soieries chatoyantes et de splendides brocarts, et des tas de pièces, ducats, souverains et écus d'or pillés sur les riches galions espagnols. Et il y avait encore des statues païennes dérobées aux Incas, des chandeliers et des lustres de cristal et d'argent volés sur les navires marchands de Sa Majesté, et d'innombrables plats et coupes précieuses. Au centre de la grotte, les pirates continuaient de déverser des quantités d'or et d'argent autour d'Élisabeth, qui se tenait auprès d'un coffre en pierre aztèque avec Barbossa.

— Messieurs, l'heure est venue ! braillait celui-ci en brandissant le poing. Notre salut est proche ! Notre tourment va prendre fin !

Les pirates poussèrent des vivats.

— Élisabeth ! chuchota Will.

— Depuis dix ans, on nous met à l'épreuve, continuait Barbossa. Et chaque homme ici présent a prouvé sa vaillance une centaine de fois. Et au moins une autre centaine !

Les pirates levèrent leurs torches dont la lumière fit scintiller de plus belle l'immense trésor.

— J'ai souffert le calvaire ! geignit Ragetti.

— Et notre punition, tous autant que nous

sommes, a dépassé de loin notre crime ! martela Barbossa. Et le voilà !

À ces mots, d'un coup de pied, il repoussa le couvercle du coffre de granit, découvrant sous les yeux stupéfaits d'Élisabeth un énorme tas de pièces d'or dans lesquelles il plongea la main.

— Le maudit trésor de Cortés en personne, conclut-il. Et chacune des pièces qui a été égarée y a été rendue ! Excepté celle-ci ! s'écria-t-il en désignant le médaillon que portait la jeune fille.

Les hommes poussèrent un rugissement de triomphe.

Will, horrifié, voulut se précipiter au secours de sa bien-aimée, mais le pirate s'y opposa très fermement.

— Il va falloir attendre le moment opportun ! chuchota-t-il, avant de quitter leur cachette et de redescendre.

— Ce sera quand ? demanda Will. Quand tu en tireras le meilleur profit ?

Jack s'immobilisa tout net et ouvrit de grands yeux.

— Je peux te poser une question ? demanda-t-il en venant coller son nez sous le sien. T'ai-je déjà donné une raison de te défier de moi ? Rends-nous service. Je sais que c'est difficile pour toi, mais je t'en prie, reste là ! Et tâche de ne rien faire de... stupide, ajouta-t-il avec un petit sourire entendu.

Dans la grotte, Barbossa continuait sa harangue.

— Qui parmi nous a offert son sang en sacrifice aux dieux des païens ? interrogea-t-il. (Les hommes répondirent en chœur en levant leurs torches.) Et qui ne l'a pas encore offert, mes frères ?

— Elle ! rugirent les pirates en tendant leurs coutelas vers Élisabeth, qui se recroquevilla, terrifiée.

— Savez-vous ce que je commencerai par faire, une fois la malédiction levée ? continua Barbossa tandis que Jack se faufilait plus près. Déguster tout un cageot de pommes, gronda-t-il en s'approchant d'Élisabeth.

Il la força sans ménagements à s'agenouiller et à poser sa tête sur le rebord du coffre ouvert.

Il s'empara du couteau rituel en ivoire qui reposait sur les pièces et le brandit tandis que ses hommes scandaient.

— Ce qui commence dans le sang doit finir dans le sang, annonça-t-il.

Jack se retourna en entendant de pas derrière lui. Will n'était pas de tempérament patient. La vie d'Élisabeth était en jeu. Sans crier gare, le jeune homme l'assomma d'un coup de pagaie.

— Désolé, Jack, mais tu ne pourras pas te servir de moi, dit-il.

Le singe leva subitement le nez et tourna la tête alors que le capitaine Barbossa entaillait de son couteau la paume d'Élisabeth qui poussa un cri, plaça le médaillon dessus et lui referma la main.

— C'est tout ? demanda-t-elle.

— Pas de gaspillage, répondit Barbossa en souriant.

Sur ces mots, il reprit le médaillon ensanglanté et le laissa tomber dans le coffre de pierre tandis que les pirates scandaient toujours. Son couteau toujours à la main, il s'écarta du coffre. Les pirates se turent et se tendirent, impatients de voir ce qui allait se passer quand la malédiction serait levée. Un sourire extatique aux lèvres, Barbossa ferma les yeux comme un saint qui attend une révélation. Pendant ce temps, Will se faufilait à l'autre bout de la caverne.

— Ça a marché ? demanda l'un des hommes au bout d'un moment.

— Je ne me sens pas très différent, dit Ragetti en examinant sa poitrine décharnée.

— Comment savoir ? interrogea Pintel.

Barbossa leva les yeux au ciel, sortit son pistolet et lui tira une balle en pleine poitrine. L'équipage fut cruellement déçu en voyant que Pintel ne s'écroulait pas.

— Tu n'es pas mort ! s'exclama un borgne.

— Non, répondit Pintel, soulagé. Il a tiré sur moi ! se plaignit-il en désignant Barbossa.

— Ça n'a pas marché, s'indigna un autre homme. La malédiction est toujours sur nous !

Barbossa était furieux. Il examina la lame du couteau qui portait pourtant encore des traces de sang. Furieux, il se tourna vers Élisabeth et l'empoigna.

— Toi, la domestique ! Ton père, comment il s'appelle ? C'est bien William Turner ?

— Non, répondit Élisabeth avec un sourire de triomphe.

— Où est son enfant ? demanda-t-il en la secouant de plus belle. L'enfant qui est venu d'Angleterre il y a huit ans, celui qui a dans ses veines le sang de William Turner ? Où est-il ? gronda-t-il en ramassant le médaillon ensanglanté et en le lui agitant sous le nez.

Élisabeth se contenta de sourire d'un air de défi. Excédé, Barbossa lui assena une telle gifle qu'elle tomba du tas de bijoux et resta allongée, évanouie. Les pirates se mirent à pousser des cris.

— Vous deux, cria Bosun en désignant Pintel et son compagnon borgne, vous avez fait erreur sur la personne !

— Non ! Elle avait le médaillon et elle est du bon âge ! Et elle a dit s'appeler Turner ! Vous l'avez bien entendue ! plaida Ragetti. Elle a dû nous mentir !

Pendant ce temps, Will avait traversé sans un bruit le petit lac et avait rejoint Élisabeth. Elle se réveilla lorsqu'il lui posa une main sur la bouche en lui faisant signe de se taire et de le suivre dans l'eau. Élisabeth se releva discrètement, puis elle ramassa le médaillon qui était tombé avec elle.

— Sois maudit, on est venus pour rien ! cria un homme à Barbossa.

— Je ne veux ni accusation ni conjectures de

gens de votre sorte, maître Twigg, répliqua Barbossa, furieux.

— Comment lui en vouloir ? Toutes les décisions que tu as prises n'ont fait qu'aggraver la situation, dit un troisième.

— C'est toi qui as envoyé le Bottier par le fond, reprocha un homme à Barbossa.

Les hurlements redoublèrent et tous les pirates se dressèrent.

— Et c'est toi qui nous as amenés ici la première fois, dit Bosun en tirant son épée et en s'apprêtant à gravir le trésor.

— Bande de lâches ! s'écria Barbossa en dégainant la sienne. Si l'un de vous ose me défier, qu'il parle ! les menaça-t-il en faisant tournoyer sa lame qui siffla dans les airs.

— Moi, je dis qu'il faut trancher la gorge de cette fille ! Qu'on la saigne comme un porc, proposa un homme. Juste au cas où...

— Oui ! Oui ! s'écrièrent tous les autres.

Le singe avait vu Will et Élisabeth s'enfuir. Ses cris résonnèrent dans la caverne tandis qu'il désignait les fuyards. Barbossa se retourna, baissa les yeux et vit qu'Élisabeth avait disparu avec le médaillon.

— Le médaillon ! s'écria-t-il, en proie à la fureur. Elle nous l'a volé ! Poursuivez-la ! Rattrapez-la, bande d'incapables !

Les pirates se précipitèrent vers leurs canots, mais là aussi, une bien mauvaise surprise les attendait !

— Les rames ont disparu ! s'exclamèrent les hommes.

— Retrouvez-les ! cria Bosun.

Dans la mêlée, encore étourdi par son coup sur le crâne, Jack Sparrow fit son apparition, tenant toujours la rame avec laquelle Will l'avait frappé.

— Toi ! dit Ragetti en le reconnaissant.

— Mais tu devrais être mort depuis longtemps ! gronda Pintel.

— Je ne suis pas mort ? demanda Jack en titubant parmi les trésors, tricorne de travers.

Il s'apprêta à faire demi-tour d'un pas incertain, mais il se retrouva nez à nez avec d'autres pirates qui dégainèrent leurs épées et leurs pistolets. Il était pris entre deux haies de pistolets et de sabres. Jack se ressaisit.

— Pour..., commença-t-il d'une voix si pâteuse que personne ne comprit. Pour... dire... Pour... chanter... Poupée ?

Décidément, ce coup sur la tête lui avait joué des tours !

— Pourparlers ? finit par suggérer Ragetti.

— Oui, voilà ! Pourparlers, clama Jack.

— Pourparlers ? répéta Pintel. Au diable les misérables têtes d'œuf qui ont inventé les pourparlers !

Jack posa une main rassurante sur le canon du pistolet du pirate et l'abaissa prudemment.

Au même instant, le capitaine Barbossa fendit le groupe, s'avança vers Jack et le toisa. Tous se turent.

— Par l'enfer, comment as-tu réussi à quitter cette île ? demanda le capitaine.

— Quand tu m'as voué à la mort, sur cette île maudite, ce pâté de sable, répondit Jack en souriant, nonchalamment appuyé sur sa rame, tu as oublié un truc primordial, camarade.

Barbossa le regarda sans comprendre.

— Je suis le capitaine Jack Sparrow, acheva Jack avec un grand sourire triomphal, comme si c'était une évidence qui expliquait tout.

— Ne compte pas sur moi pour faire la même erreur aujourd'hui, répondit Barbossa d'un ton menaçant en s'avançant vers lui. (Il se retourna et s'adressa à ses hommes.) Les gars, vous vous souvenez tous du capitaine Jack Sparrow ? (Tout le monde opina.) Tuez-le ! ordonna-t-il avant de tourner les talons.

Pistolets et fusils se relevèrent en cliquetant, tous braqués sur Jack, quand celui-ci, sans se départir de son calme, s'adressa à Barbossa.

— Dis-moi, le sang de la fille n'a rien donné, n'est-ce pas ?

Barbossa s'immobilisa. Puis il fit volte-face.

— Ne tirez pas ! dit-il.

Tous baissèrent leurs armes et Pintel, déçu, fit une

grimace rageuse. Barbossa revint sur ses pas et hocha la tête.

— Tu sais où est l'enfant qu'on cherche, n'est-ce pas ?

— Je sais où est l'enfant que tu cherches, acquiesça Jack.

# 17

Will jeta les derniers avirons des pirates à la mer et aida Élisabeth, trempée et échevelée, à monter à bord de l'*Intercepteur*.

— Oh, je n'en peux plus des pirates, fit Élisabeth, consternée, en se retrouvant face à face avec l'équipage plus que pittoresque qu'avait recruté Jack et qui attendait sur le pont.

— Bienvenue à bord de l'*Intercepteur*, mademoiselle Élisabeth, l'accueillit Gibbs en se détachant du groupe.

— Monsieur Gibbs ? demanda-t-elle, stupéfaite.

— Hé, petit, où est Jack ? demanda Gibbs.

— Jack ? répéta Élisabeth en tournant vers Will un regard accusateur. Jack Sparrow ?

Will ne répondit pas et Élisabeth étouffa un cri en se rendant compte qu'elle n'avait pas été sauvée par Will tout seul, mais aussi par Jack Sparrow, le redoutable pirate.

— Laissé sur place, répondit laconiquement Will en entraînant la jeune fille.

Gibbs et ses hommes échangèrent un regard lugubre.

— On applique le Code ! cria Gibbs, les dents serrées.

— Levez l'ancre, larguez les voiles, ordonna Ana-Maria tandis que Gibbs contemplait l'île d'un regard impuissant. Et que ça saute, moussaillons !

L'*Intercepteur* fit voile vers le large.

Dans la cabine éclairée par des bougies, Élisabeth était en train de panser sa main blessée sous le regard bienveillant de Will.

— Quel genre d'homme échange une vie humaine contre un navire ? demanda-t-elle rageusement.

— Un pirate, répondit-il. Attendez, ajouta-t-il en prenant sa main dans les siennes. (Élisabeth releva la tête, surprise.) Laissez-moi faire.

— Merci, dit Élisabeth.

— Vous dites que vous vous êtes présentée sous mon nom à Barbossa, dit-il alors qu'il la soignait tendrement. Pourquoi ? demanda-t-il en relevant la tête et en plongeant son regard dans le sien.

Élisabeth le fixa sans répondre, puis elle baissa les yeux.

— Je n'en sais rien, dit-elle finalement.

Un geste un peu brusque de Will lui arracha un petit cri de douleur.

— Excusez-moi, dit le jeune homme en souriant. Des mains de forgeron... Elles sont un peu rudes.

— Non ! le reprit Élisabeth. Enfin, je veux dire, si, c'est vrai, ajouta-t-elle précipitamment. Mais... ne vous arrêtez pas, acheva-t-elle dans un souffle alors qu'il finissait de nouer le linge.

Leurs regards se croisèrent. Elle approcha son visage du sien.

— Élisabeth, souffla Will en posant sa main sur sa joue et en s'apprêtant à l'embrasser.

Elle retint sa main, puis lentement, elle la fit glisser sur sa poitrine. Will la contempla, interdit. Élisabeth souleva le médaillon qu'elle portait à son cou et le lui montra. Intrigué, Will considéra sans comprendre le bijou qui scintillait à la lueur dorée des chandelles.

— C'est à vous, lui dit-elle en arrachant la chaîne d'un geste sec et en le déposant dans sa main.

Le visage de Will s'éclaira.

— J'ai cru l'avoir perdu le jour où on m'a sauvé, dit-il. C'était un présent de mon père, continua-t-il en contemplant entre ses doigts le crâne ricanant. Il me l'avait envoyé.

Élisabeth l'écoutait sans répondre, refusant d'interrompre le flot de ses souvenirs.

— Pourquoi me l'avez-vous pris ? demanda soudain Will en relevant la tête, une expression peinée sur son visage.

— Parce que j'avais peur que vous ne soyez un pirate, répondit Élisabeth, gênée, les yeux embués de larmes. Cela aurait été épouvantable, vous comprenez, mon père ne vous aurait jamais...

— Il ne leur fallait pas votre sang, dit soudain Will qui venait de comprendre. Il leur fallait le sang de mon père. Mon sang ! (Il referma la main sur le médaillon et crispa le poing.) Le sang d'un pirate !

— Je m'en veux tellement, je vous en prie, pardonnez-moi, dit Élisabeth.

Sans répondre, Will posa violemment le médaillon sur la table. Désemparée, Élisabeth se leva et sortit. Resté seul, Will contempla pensivement le bijou maudit qui luisait sur la table.

À bord du *Black Pearl*, Jack faisait les cent pas dans la cabine en réfléchissant à la situation, tandis que le petit singe piaillait sur son perchoir. Le capitaine Barbossa, assis à sa table, fusillait du regard cet homme qu'il haïssait.

— Et tu espères que je vais rester là sur une plage, avec le seul nom de ce gamin et ta parole que c'est celui que je cherche. Tu te figures peut-être que je vais te regarder t'éloigner sur mon navire sans dire un mot ? ricana le pirate.

— Non, se récria Jack, théâtral, en continuant de tourner lentement et en faisant de grands gestes pour appuyer ses paroles. Je crois plutôt que je vais te laisser seul sur une plage, sans le moindre nom, que tu me verras m'éloigner sur mon bâtiment et que je te hurlerai le nom une fois au large, acheva-t-il en posant les deux mains sur la table et en plongeant son regard dans le sien. Ça te va ?

Barbossa le considéra d'un regard pensif.

— Mais ce sera le même problème, je me retrouverai sur une plage, avec un simple nom et ta parole d'honneur que c'est celui que je cherche, répondit le capitaine.

— Oui, mais de nous deux, fit Jack en se penchant pour choisir négligemment une pomme dans la coupe qui trônait au milieu de la table, il se trouve que je suis le seul à n'avoir pas commis de mutinerie. Par conséquent, ma parole vaut sûrement mieux que la tienne. Cela dit, continua-t-il en s'asseyant et en posant les pieds sur la table, je devrais sans doute te remercier, parce qu'en fait, si tu ne m'avais pas trahi et abandonné à la mort, je me serais retrouvé avec une part égale de cette malédiction. (Et il ponctua ses paroles en mordant à pleines dents dans la pomme.) La vie est bien faite, non ? interrogea-t-il avec un petit sourire narquois.

Barbossa fit une moue pincée en fixant la pomme avec envie. Jack la lui tendit pour le narguer. Au même moment, Bosun entra dans la cabine.

— Capitaine, nous arrivons en vue de l'*Intercepteur*, dit-il.

Le singe bondit d'un seul coup et fit sursauter Jack qui le suivit du regard avec une grimace dégoûtée.

Sa pomme toujours à la main, Jack suivit Barbossa qui montait sur le pont et alla se poster sur le bastingage pour évaluer la situation. Il craignait que cela ne tourne mal pour l'*Intercepteur* s'il devait affronter le *Black Pearl*. Il monta quatre à quatre les marches du gaillard d'avant où Barbossa avait déjà déplié sa longue-vue et la braquait sur sa proie.

— Ça m'a donné une bonne idée, Barbossa, dit Jack en se plantant devant la longue-vue. Pourquoi on ne hisserait pas le drapeau blanc ? (Intéressé, Barbossa baissa sa longue-vue.) Je me précipite sur l'*Intercepteur*, continua Jack avec de grands gestes. Et je négocie le retour de ton médaillon, hein ? Qu'est-ce que tu dis de ça ?

— Tu n'as rien compris, Jack, dit Barbossa. C'est exactement cette attitude qui t'a coûté le *Black Pearl* ! C'est plus facile de fouiller les gens quand on les a tués ! conclut-il avec un regard flamboyant. Qu'on le mette aux fers à fond de cale ! ordonna-t-il en repliant sa longue-vue d'un geste sec.

Bosun posa une main impérieuse sur l'épaule de

Jack, qui n'eut que le temps de poser sa pomme dans la main de Barbossa avant de se laisser entraîner sans ménagements. Barbossa regarda longuement le fruit, puis il le jeta rageusement à la mer et alla prendre la barre du vaisseau.

Sur le pont de l'*Intercepteur*, Gibbs vit que le *Black Pearl* gagnait inexorablement du terrain.

— Sortez toute la toile ! cria-t-il. Je veux toutes les voiles dehors ! Il faut tirer le maximum de profit de ce vent arrière.

Obéissant aux ordres, tout l'équipage se mit à grimper dans les cordages.

— Que se passe-t-il ? demanda Élisabeth en entendant le remue-ménage sur le pont.

— C'est le *Black Pearl* ! cria AnaMaria qui tenait le gouvernail. Il gagne sur nous !

Élisabeth courut au bastingage et aperçut le *Black Pearl* qui les talonnait.

— Mais nous avons le vaisseau le plus rapide des Caraïbes, dit-elle en rejoignant Gibbs sur le gaillard d'arrière.

— Va leur dire ça ! rétorqua AnaMaria.

— Notre ligne de flottaison est basse, reprit Élisabeth en s'approchant d'elle. Nous pourrions essayer de les semer sur les hauts-fonds !

Gibbs suivit son bras tendu et aperçut non loin une bande plus claire qui indiquait des eaux peu profondes. Son visage s'éclaira.

— Pas besoin d'aller bien loin, dit-il à AnaMaria. Du moment qu'on va assez loin !

— Allégez le navire ! cria AnaMaria tout en changeant le cap dans l'espoir de prendre de la vitesse et de distancer leur poursuivant. De la proue à la poupe.

— Tout ce qu'on peut balancer à l'eau, cria Gibbs, balancez-le !

Au fond de la cale du *Black Pearl*, tandis que Bosun ouvrait la porte d'une cage et y poussait Jack, celui-ci se disait que, décidément, il passait dernièrement beaucoup trop de temps à son goût derrière des barreaux de fer.

— J'ai l'impression qu'il y a une voie d'eau, se plaignit-il au colosse qui s'éloignait sans lui prêter la moindre attention.

Resté seul, il s'approcha de la paroi et découvrit en effet un petit trou dans les planches auquel il colla son œil. Il vit flotter sur la mer caisses et tonneaux. L'équipage de l'*Intercepteur* était en train de balancer par-dessus bord tout ce qu'il pouvait trouver, jusqu'aux boulets. Sur le pont du *Black Pearl*, Barbossa donnait ses ordres tandis que son petit singe piaillait.

— Hissez les voiles et sortez les canons ! cria-t-il à l'équipage. Qu'on donne de la toile ! En route ! Sors les avirons, l'ami, ajouta-t-il pour Bosun qui venait de le rejoindre.

Les sabords du *Black Pearl* se soulevèrent et laissèrent pointer la gueule menaçante des canons, pendant que le pavillon noir était hissé au grand mât.

Will remontait sur le pont alors que l'équipage continuait de délester le navire de tout ce qu'il pouvait trouver. Il se hissa sur le plat-bord et vit de petits clapets se lever sur les flancs du *Black Pearl* et de grosses rames en sortir. Les pirates ramaient en cadence et le navire allait de plus en plus vite.

— On aura besoin de ça ! dit-il en posant le pied sur un canon qu'un des marins s'apprêtait à pousser à la mer.

Les deux navires n'étaient plus qu'à quelques encablures l'un de l'autre. Élisabeth étouffa un cri en voyant leurs poursuivants les rattraper inexorablement.

— C'était un bon plan, lui dit AnaMaria d'un ton méprisant. Jusqu'à maintenant !

— Gibbs ! cria Will en accourant. Il faut qu'on se défende. Il faut qu'on se batte ! Chargez les canons !

— Avec quoi ? demanda AnaMaria.

— N'importe quoi ! Ce que vous voudrez ! Tout ce que nous n'avons pas jeté par-dessus bord !

Gibbs le regarda d'un air désespéré, puis il s'ébranla et se tourna vers l'équipage.

— Chargez les canons ! cria-t-il. Et s'il n'y a plus

de boulets, mettez-y des clous et des herminettes ! Dépêchez-vous.

Will et Élisabeth échangèrent un regard complice.

— Oulala, piailla le perroquet de Cotton.

Dans la cale, les hommes étaient déjà en train de bourrer les canons jusqu'à la gueule avec tout ce qu'ils pouvaient trouver : clous, argenterie, et jusqu'à des débris de verre ! Au passage, l'un d'eux arracha sa précieuse gourde à Gibbs qui avait eu l'imprudence de la sortir, et la fourra dans un canon.

Barbossa savait que l'*Intercepteur* ne pourrait les atteindre que si le *Black Pearl* se présentait de flanc. Aussi resta-t-il derrière.

— Le *Pearl* va lofer sur bâbord ! cria Gibbs. Il va nous balayer sans qu'on puisse l'atteindre.

Élisabeth, voyant le problème, eut soudain une idée.

— Jetez l'ancre du côté droit ! cria-t-elle à Ana-Maria. À tribord ! C'est clair ?

— Ce serait un élément de surprise, intervint Will.

— Vous êtes folle, ma belle ! répliqua AnaMaria. Et tu es fou aussi, dit-elle à Gibbs.

Mais Gibbs avait compris.

— Aussi fou que Jack ! Jetez l'ancre à tribord, les gars ! cria-t-il à l'équipage. Exécution ! ajouta-t-il en voyant que personne ne réagissait, sinon, c'est vous qu'on charge dans les canons !

L'ancre éclaboussa l'eau, toucha le fond et se prit dans un récif. La chaîne se tendit et, tandis que tout le monde se cramponnait et que tout se renversait, l'*Intercepteur* vira brutalement de bord, pour se positionner parallèlement au *Black Pearl*. Sur le pont du vaisseau pirate, Barbossa observait la manœuvre, intrigué, tout en caressant son petit singe.

— Lâchez tout ! ordonna Élisabeth.

AnaMaria lâcha le gouvernail qui se mit à tourner.

— Ils virent de bord ! cria Barbossa, comprenant le stratagème. Barre à bâbord ! Rentrez les avirons à tribord !

— Barre à bâbord ! Avirons à tribord ! relaya Bosun tandis que deux hommes se cramponnaient au gouvernail pour virer.

Dans la cale, Jack fut projeté contre la paroi par la brusque secousse. Il courut coller l'œil à l'ouverture : les deux navires étaient maintenant bord contre bord et chacun se préparait à l'assaut.

— Gardez le cap ! lança Will à Gibbs.

En face, les pirates enragés poussaient des cris en passant la tête par les sabords au-dessus des canons et brandissaient le poing d'un air menaçant. Les deux équipages se défièrent.

— Maintenant ! cria Will.

— Feu à volonté ! commanda Élisabeth.

Barbossa leva son coutelas et donna le même ordre. Les deux vaisseaux ouvrirent le feu. Un instant plus tard, la bataille faisait rage et les deux navires étaient criblés de projectiles et noyés dans un nuage de fumée, tandis que crépitaient des coups de feu de toutes parts.

Dans l'entrepont du *Black Pearl*, Pintel vit une cuiller se ficher dans un poteau au-dessus de sa tête. Puis il aperçut Ragetti avec une fourchette plantée dans son œil de bois ! Celui-ci tira sur la fourchette et s'arracha l'œil. Ils échangèrent un regard et secouèrent la tête.

Au-dessous, la porte de la cale fut brisée par une charge.

— Arrêtez de percer des trous dans mon bâtiment ! s'indigna Jack en sortant.

Il trouva alors dans l'eau la gourde de Gibbs, la déboucha et voulut avaler une rasade. Comme toujours, la chance était avec lui : elle était vide. Il allait la jeter quand il vit que la porte de sa cellule avait elle aussi été fracassée.

— Il serait temps de trouver une autre idée, ma fille ! cria Gibbs à Élisabeth.

— À votre tour, répondit-elle en armant son mousquet.

— Qu'est-ce qu'on pourrait trouver à offrir à l'enfer ?

— Pourquoi pas elle ? suggéra AnaMaria en braquant son pistolet sur la tempe d'Élisabeth.

— Ce n'est pas elle qu'ils veulent, intervint Will.

— Le médaillon ! s'écria Élisabeth en baissant les yeux sur son corsage et en s'apercevant qu'elle ne l'avait plus. Je l'ai perdu !

Sans plus attendre, Will courut vers le pont inférieur. En bas, tout était inondé et les meubles renversés.

Sur le *Black Pearl*, Pintel et Ragetti en étaient à charger les canons avec des boulets de forçats.

— Amenez vos couleurs, bande de vermines, vous n'avez aucune chance ! cria Barbossa à l'*Intercepteur*, tandis que son singe terrifié par le vacarme se cramponnait à son épaule. Messieurs ! Tous à vos grappins ! Préparez-vous pour l'abordage !

Au même instant, un boulet secoua l'*Intercepteur*. Sous le choc, Will fut projeté contre la paroi de la cabine et des hommes furent délogés de leurs perchoirs dans les cordages. Médusés, les pirates virent le grand mât de l'*Intercepteur* venir s'abattre sur le pont du *Black Pearl* juste à côté de Barbossa. Celui-ci ne broncha pas.

Dans la cabine, Will se releva péniblement. Une voie d'eau s'était ouverte et il se retrouvait sous un déluge.

— Pistolets et sabres d'abordage ! brailla Barbossa. Vous deux ! À la réserve de poudre ! Et surtout, apportez-moi le médaillon, s'étrangla-t-il, rouge de fureur.

— À l'aide ! À l'aide ! criait Will, prisonnier des décombres de la cabine.

Pendant ce temps, les pirates continuaient de déferler sur le pont de l'*Intercepteur* et les deux adversaires échangeaient toujours coups de feu et de canon. Les deux hommes envoyés par Barbossa sautèrent au fond de la cale et commencèrent à vider des barillets de poudre en ricanant.

Sur le *Black Pearl*, Jack venait d'émerger sur le pont alors que la bataille faisait rage. Le singe fila sur le mât abattu, suivi d'une horde de pirates qui s'élançaient suspendus à des cordages.

L'un d'eux manqua son coup. Jack attrapa la corde alors qu'il s'écrasait dans la mer.

— Je te remercie, l'ami, dit-il très courtoisement.

C'est alors que Jack vit Gibbs pris entre deux feux. Il s'élança et terrassa le premier attaquant, puis le second.

— Jack, tu es en vie ! cria Gibbs à son vieil ami tandis que celui-ci se laissait tomber sur le pont.

— Complètement à sec, répondit Jack en lui tendant sa gourde.

# 18

Sous le pont de l'*Intercepteur*, Will tentait toujours de dégager la porte bloquée par une poutre brisée par un coup de canon. L'eau montait rapidement et la situation devenait dramatique. Il poussait de toutes ses forces quand un piaillement lui fit tourner la tête. C'était le singe maudit qui, médaillon à la main, s'échappait par un trou de la cloison.

Sur le pont, Élisabeth en était réduite à assommer ses adversaires avec un morceau de bois. Soudain, elle se trouva face à un homme qui brandissait un sabre et crut sa dernière heure venue. L'homme allait abattre sa lame quand une main lui saisit le poignet de justesse. C'était Jack.

— Ça, ce n'est pas très galant, dit-il au pirate interloqué.

Élisabeth profita de la surprise de l'homme pour lui assener un coup de son arme improvisée qui l'envoya valser par-dessus bord dans la mer déjà rougie par le sang des cadavres. Jack attira Élisabeth à l'abri et s'accroupit avec elle.

— Où est le médaillon ? demanda-t-il.

— Misérable ! répondit-elle en voulant lui donner une gifle qu'il esquiva prestement.

— Ah, fit Jack en regardant pensivement la main bandée. Où est ce cher William ?

— Will, murmura Élisabeth en se dégageant et en se précipitant vers la soute. Will ! cria-t-elle en se penchant sur la grille.

— Élisabeth ! répondit William, suspendu à une poutre pour pouvoir respirer.

Élisabeth tenta de soulever la grille, mais elle était trop lourde.

— Je ne peux pas ! C'est coincé ! cria-t-elle.

Au même instant, deux hommes s'emparèrent d'elle.

— Toi, viens par là !

— Élisabeth ! cria Will, impuissant.

Tandis que les deux hommes entraînaient la jeune fille sur le pont, le singe passa en courant entre les jambes de Jack, qui vit qu'il tenait le médaillon.

— Le macaque ! s'écria-t-il en s'élançant à sa poursuite sur le mât brisé reliant les deux navires.

Il allait lui arracher le médaillon quand une main s'en empara avant lui.

— Merci du fond du cœur, Jack, dit Barbossa avec un déplaisant sourire.

— Mais de rien, répondit Jack, pincé.

— Pas toi, dit Barbossa. C'est le singe qu'on a appelé Jack !

Tout était apparemment perdu. Les pirates de Barbossa s'étaient emparés de l'*Intercepteur*, qui sombrait rapidement. Barbossa brandit le médaillon.

— Messieurs, nous renouons avec l'espérance ! Le trophée est à nous ! cria-t-il à ses hommes qui poussèrent des vivats.

L'eau atteignait presque le haut de la cabine. Will inspira une bonne goulée d'air et plongea.

De l'autre côté, dans la soute, les deux pirates mettaient en ricanant le feu à la traînée de poudre qu'ils avaient répandue jusqu'à la réserve.

Depuis le pont du *Black Pearl* qui s'éloignait, Barbossa contemplait avec satisfaction l'*Intercepteur* démâté, tout en caressant le médaillon qu'il serrait entre ses doigts crasseux. Pintel et Ragetti avaient amené sans ménagements l'équipage de Jack à bord du *Black Pearl* et les avait attachés au grand mât.

— Le premier d'entre vous qui ose penser au mot « pourparlers », dit Pintel en pointant son pistolet sur eux, je me fais des jarretelles avec ses tripes !

Soudain une énorme explosion retentit sur l'*Intercepteur*, projetant des débris sur le pont du *Black Pearl* et surprenant tout le monde. Élisabeth profita de cette diversion pour se libérer et courut au bastingage.

— Will ! murmura-t-elle, désemparée. Sale pirate ! cria-t-elle en se précipitant sur Barbossa et en le noyant sous un déluge de gifles.

— Heureux de vous revoir, mademoiselle ! grimaça le pirate en lui saisissant les poignets. Vous avez abusé de notre hospitalité la nuit dernière, il est bien normal que vous nous rendiez la pareille, grinça-t-il avant de la jeter à ses hommes.

Une dizaine de pirates ricanants s'emparèrent d'Élisabeth qui se débattit en poussant des cris.

Au même instant, sur le bastingage, trempé, se dressa Will, sain et sauf.

— Barbossa ! s'écria-t-il.

— Will ! fit Élisabeth, le visage illuminé de joie.

Will sauta sur le pont et s'empara d'un pistolet posé sur un tonneau.

— Vous allez la libérer, exigea-t-il en le braquant sur Barbossa.

— Mais qu'as-tu donc en tête, petit ? répondit Barbossa en s'avançant vers lui sans s'émouvoir.

— Je vous dis de la libérer, répéta Will.

— Oui, mais tu n'as qu'une seule balle, continua

Barbossa en collant presque son nez sur le canon... Tu sembles oublier que nous ne pouvons pas mourir, triompha-t-il.

— Je t'en prie, ne fais pas de bêtises, le supplia Jack en joignant les mains.

Will resta un instant sans répondre, puis il courut se percher de nouveau sur le bastingage.

— Vous ne pouvez pas. Moi si, dit-il en pointant le canon de son arme sous son menton.

— Non ! s'écria Élisabeth en cherchant à se dégager.

Un murmure de surprise parcourut les pirates.

— ... De bêtise dans ce genre-là, fit Jack en prenant un air dépité.

— Qui es-tu donc ? demanda Barbossa, interloqué.

— Personne, c'est personne, intervint Jack d'un air dégagé. Un lointain cousin germain, neveu d'une tante au deuxième degré. Comme chanteur, il est divin, il faut l'entendre. Un eunuque, ajouta-t-il sur le ton de la confidence.

— Je m'appelle Will Turner, annonça Will. Mon père était Bill Turner le Bottier. Son sang coule dans mes veines !

Tous les pirates le considérèrent avec surprise. Seul Jack secoua la tête, consterné.

— C'est le portrait craché de ce vieux bottier de Bill ! Il est revenu nous hanter ! dit Ragetti.

— Et vous avez ma parole, dit Will en armant le

pistolet. Faites ce que je vous dis, sinon, j'appuie sur la détente et je vais le rejoindre au fond de la mer !

— Quelles sont vos revendications, monsieur Turner ? demanda Barbossa d'un ton las, sachant que si Will mettait sa menace à exécution, ils seraient maudits pour l'éternité.

— Libérez Élisabeth ! répondit Will.

— Oui, celle-là, nous la connaissons. Y a-t-il autre chose ?

Will n'avait pas réfléchi à ce point. Jack lui fit un signe éloquent.

— Et l'équipage, ajouta Will. Qu'on ne leur fasse aucun mal ! Acceptez ! exigea-t-il en se penchant au-dessus des vagues.

Jack insista en le fixant droit dans les yeux. Barbossa réfléchissait.

— C'est d'accord, dit-il en s'approchant avec un sourire qui découvrit ses dents gâtées. Vous avez ma parole de bandit gentleman.

— On ne peut pas s'y fier ! cria Élisabeth.

— Fiez-vous à ça, en tout cas, siffla Barbossa entre ses dents. Si vous appuyez sur la détente, la fille sera la première à souffrir... et la dernière à mourir !

Will baissa lentement son arme. Les pirates se précipitèrent sur lui.

Un peu plus tard, alors que le *Black Pearl* croisait à petite distance d'un minuscule îlot où ne poussaient que des palmiers, Élisabeth était sur la fameuse et funeste planche des pirates, poussée par les épées d'une horde sanguinaire.

— Vous m'avez menti, sale pirate ! s'écria Will en tentant de se dégager. Vous aviez promis de la libérer.

— Comment oses-tu offenser mon honneur, petit ? s'indigna Barbossa en le toisant d'un air majestueux. J'ai accepté de la libérer, mais toi tu as oublié de spécifier comment, où et quand ! ricana-t-il.

Consterné, Jack vit les pirates bâillonner Will et l'entraîner.

— Pourtant, quel dommage de perdre pareille merveille, pas vrai, mes enfants ? ironisa Barbossa en désignant Élisabeth. Alors je vais récupérer cette robe avant que vous ne nous quittiez, ricana-t-il.

Indignée, Élisabeth le fusilla du regard et entreprit de déboutonner sa robe.

— Je t'ai toujours eu à la bonne, tenta Jack avec l'un des deux pirates qui le tenaient fermement.

Pour toute réponse, l'homme se contenta de grogner d'un air mauvais. Jack fit une moue déçue. Élisabeth avait achevé de défaire sa robe et la jeta rageusement à Barbossa sous les rires et les huées des pirates.

— Aussi sombre que votre cœur ! lança-t-elle, méprisante.

— Elle est encore chaude, camarades, ricana Barbossa en caressant l'étoffe d'un air égrillard avant de la lancer parmi ses hommes. Allez, saute ! cria-t-il à la jeune fille qui s'avançait vers son destin, vêtue de son seul corset et d'un long jupon.

Le singe joignit ses piaillements au chœur des quolibets.

— Avance ! brailla Pintel en agitant son sabre.

Élisabeth se retourna pour jeter un dernier regard à Will, qui la dévisageait, impuissant.

— C'est trop long, protesta Bosun en donnant un coup de pied à la cale qui retenait la planche.

Déséquilibrée, Élisabeth vacilla, puis elle tomba dans le vide sous les cris de triomphe de l'équipage impitoyable. Will ferma les yeux, anéanti, tandis que Jack se joignait aux rires des pirates. Mais sa joie fut de courte durée, car ses gardiens le poussèrent rudement vers Barbossa. Jack fit une grimace, craignant le pire. Il avait raison : menotté, il était le prochain à devoir s'avancer sur la planche.

— J'espérais vraiment qu'on avait dépassé tout ça, dit-il à Barbossa avec un petit sourire enjôleur.

— Jack... Jack, fit le capitaine en posant sur son épaule un bras paternel. N'as-tu rien remarqué ? dit-il en désignant du menton la langue de sable hérissée de palmiers. C'est le misérable îlot dont nous t'avons fait gouverneur lors de notre dernier voyage.

Jack y jeta un coup d'œil et se retourna.

— J'avais remarqué, fit-il observer sentencieusement en roulant des yeux.

— Tu vas peut-être mettre au point une autre évasion miraculeuse et inespérée ? continua Barbossa, moqueur, tout en faisant mine de le serrer tendrement contre lui. Mais j'en doute, conclut-il en le repoussant et en dégainant son sabre, rejoint par ses hommes. En avant toute !

— L'autre fois, tu m'as laissé un pistolet avec une balle, objecta Jack d'un ton de reproche contrit, avant de franchir le dernier pas qui allait lui faire rejoindre les requins

— Par ma barbe, mais c'est vrai ! s'exclama Barbossa en rengainant son sabre. Où est le pistolet de ce vieux Jack ? Apportez-le-moi !

Un homme vint apporter le ceinturon avec l'épée et l'arme.

— Et, vu que nous sommes deux, ajouta Jack en se retournant sur la planche face aux épées tendues, un gentilhomme nous laisserait une paire de pistolets.

— Je t'offre un seul pistolet comme avant. À toi de prouver que tu es un gentilhomme en tuant la donzelle, répliqua Barbossa avec un clin d'œil, avant de te laisser mourir de faim !

Et sur ces mots, il jeta à la mer le ceinturon et les pirates éclatèrent de rire. Jack le regarda sombrer en roulant de grands yeux horrifiés, puis sans plus attendre, il plongea. Il nagea péniblement jusqu'aux rochers dans l'eau peu profonde et récupéra son bien le plus précieux.

# 19

Élisabeth avait nagé jusqu'à l'îlot et remontait haletante sur le rivage, quand elle fut rejointe par Jack, essoufflé, ses armes à la main. Ils se retournèrent et contemplèrent la mer. Le *Black Pearl* s'éloignait rapidement, toutes voiles dehors.

— C'est la deuxième fois que je vois ce pourri mettre les voiles avec mon bâtiment ! cracha-t-il, indigné.

Jack s'assit et entreprit de nettoyer méticuleusement son pistolet. Pendant ce temps, Élisabeth troussa son jupon et partit le long du rivage explorer l'île. Il ne lui fallut guère de temps pour s'apercevoir qu'elle était revenue sur ses propres traces. Décidément, c'était vraiment un très petit îlot !

— Elle n'est pas bien grande, hein ? fit Jack qui continuait de nettoyer son arme.

— Si vous avez l'intention de me tuer, dit Élisabeth, soyez assez aimable de le faire sans tarder.

— Y a-t-il un problème, mademoiselle Swann ? demanda Jack en posant son arme sur son genou.

— Vous étiez prêt à dire toute la vérité sur Will à Barbossa en échange d'un bateau, l'accusa-t-elle.

— Un bateau nous serait bien utile, répondit Jack sans se démonter. Le fait est que je n'allais pas parler de votre fichu Will à Barbossa. Car tant qu'il n'était pas au courant, j'avais de quoi marchander – ce qui n'est plus le cas. Et tout cela grâce à votre fichu imbécile de Will.

— Ah, fit Élisabeth, prise de court.

— Oui, « ah », répéta Jack, moqueur.

— Il a tout de même risqué sa vie pour nous sauver ! contra-t-elle.

Jack éclata de rire, tourna les talons et s'en alla à grandes enjambées.

— Il faut qu'on essaie de le sauver ! cria Élisabeth en courant après lui.

— Allez-y, répondit Jack en lui faisant signe de décamper. Vous me raconterez.

Et sur ces mots, il s'enfonça à grands pas décidés à l'intérieur de l'île, suivi d'Élisabeth qui peinait à le rattraper.

— Mais vous avez déjà été abandonné sur cette île, non ? Nous pourrions nous échapper par les mêmes moyens ! s'écria-t-elle.

Jack fit volte-face, le regard flamboyant.

— À quoi bon ? Et pour quoi faire, jeune fille ? répondit-il, agacé. Le *Black Pearl* est loin. Et... à moins d'avoir un gouvernail et des voiles sous votre jupon – ce qui m'étonnerait, précisa-t-il d'un air pénétré – le jeune monsieur Turner sera mort bien avant que vous ne le retrouviez.

Et sur ce, il tourna les talons et reprit sa marche, avisa un arbre et en cogna délicatement le tronc en approchant son oreille de l'écorce.

— Mais vous êtes le capitaine Jack Sparrow ! insista Élisabeth en le rejoignant. (Sans l'écouter, Jack se colla à l'arbre, puis s'en éloigna en faisant de grandes enjambées qu'il compta soigneusement.) Vous avez disparu sous les yeux de sept agents de la Compagnie des Indes, autrefois ! (Jack se mit à sautiller sur place dans le sable et les herbes sèches sans se soucier d'elle.) Vous avez mis à sac le port de Nassau sans tirer un seul coup de feu. (Excédée, Élisabeth se planta devant lui.) Oui ou non, êtes-vous ce pirate dont parlent les livres ? (Jack ne répondit pas. Élisabeth le regarda droit dans les yeux.) Comment vous êtes-vous échappé l'autre fois ?

— L'autre fois, commença Jack après une hésitation, je ne suis resté que trois jours sur cette petite île, ça vous va ? L'autre fois, reprit-il en se baissant et en soulevant un caillebotis dissimulé sous le sable, les trafiquants qui cachaient leur rhum sur cette plage sont arrivés, dit-il en découvrant quelques marches qu'il commença aussitôt à descendre. J'ai marchandé mon billet de sortie. Hum... On dirait bien qu'il y a longtemps qu'ils ont fermé boutique, marmonna-t-il en remuant des bouteilles sous le regard médusé d'Élisabeth. Et ça, conclut-il en brandissant deux flacons de rhum trouble et en se hissant dehors, c'est sûrement grâce à vous et à votre fichu commodore Norrington.

— Il n'y a rien d'autre à dire, hein ? s'emporta Élisabeth. Voilà donc le secret de la grande aventure du célèbre Jack Sparrow ! ironisa-t-elle, amère. (Jack la regarda sans rien dire.) Vous avez passé trois jours allongé sur une plage à boire du rhum, grinça-t-elle.

Jack fronça les sourcils et sembla réfléchir, puis il agita les deux flacons de rhum et lui fit un grand sourire.

— Bienvenue aux Caraïbes, mon ange ! s'exclama-t-il triomphalement avant de la planter là.

— Alors, insista-t-elle en le rejoignant. Les autres histoires sont-elles vraies, au moins ?

— Vraies ?

En guise d'explication, Jack retroussa sa manche et lui montra son avant-bras tatoué et flétri de la marque infamante du P. Puis il retroussa l'autre et découvrit son bras couturé de cicatrices.

Élisabeth recula, impressionnée. Sans un mot, Jack ouvrit sa chemise et elle vit deux cicatrices de balles sur sa poitrine.

— Vous voyez bien ? ironisa-t-il en s'asseyant lourdement sur la plage. Rien n'est vrai. Nous avons un mois, peut-être plus. Gardez un œil à l'horizon et nous aurons des chances, conclut-il en buvant une rasade de rhum.

— Et Will ? Nous devons faire quelque chose, plaida la jeune fille.

— Vous avez absolument raison, dit Jack en rebouchant sa bouteille et en la faisant rouler vers elle. Bonne chance à toi, Will Turner ! conclut-il en débouchant l'autre flacon.

Résignée, Élisabeth déboucha la sienne, vint s'asseoir à côté de Jack et fredonna avec résignation.

*Trinquons, mes jolis, yo ho...*

— Qu'avez-vous dit, Élisabeth ?

— Mademoiselle Swann, je vous prie. (Jack fit une grimace moqueuse devant la dérisoire remarque de la jeune fille. Comprenant le ridicule de la situation, elle se reprit :) Rien. C'est une chanson que j'ai apprise quand j'étais petite, quand mon rêve était de rencontrer un pirate, sourit-elle.

— Allez-y, chantez-la, l'encouragea Jack.

— Non.

— Allons, enfin, on a tout le temps !

— Non ! Il faudrait que je boive bien plus que cela.

— Vraiment beaucoup plus ? demanda Jack.

Un peu plus tard, la nuit était tombée, et Jack avait allumé un feu sur la grève. Après quelques gorgées de rhum, l'un et l'autre étaient de fort belle humeur et dansaient autour des flammes qui pétillaient dans le ciel nocturne. Élisabeth et Jack beuglaient à qui mieux mieux en agitant leurs bouteilles.

*On kidnappe, on détruit sans s'poser d'questions*
*Trinquons, mes jolis, yo ho...*

*Nous sommes les pirates, les forbans*
*Trinquons, mes jolis, yo ho...*
*Yo ho, yo ho, la vie d'pirate pour moi,*

*Yo ho, yo ho, la vie d'pirate pour moi...*

*On rançonne, on ravage, on pille, on vole*
*Trinquons, mes jolis, yo ho...*

— J'adore cette chanson ! s'exclama Jack en prenant Élisabeth par le bras et en faisant virevolter la jeune femme qui, très gaie, riait aux éclats.

Canailles ! Brigands ! s'écria-t-il d'une voix avinée, le regard trouble. Oups ! hoqueta-t-il.

Il n'acheva pas et se laissa tomber dans le sable tandis qu'Élisabeth riait toujours. Jack se releva.

— Quand je récupérerai le *Pearl*, je l'apprendrai à tout l'équipage, dit-il d'une voix de plus en plus pâteuse. Et on la chantera tout le temps ! s'enthousiasma-t-il.

— Et vous serez enfin le pirate le plus impitoyable de tout l'empire d'Espagne, renchérit Élisabeth.

— Euh... Seulement l'empire d'Espagne ? gargouilla Jack en roulant des yeux, vexé et surpris. Je serai le roi de l'océan, grasseya-t-il en se reprenant. Le roi... du monde ! s'anima-t-il en tendant le bras vaguement vers nulle part. On ira partout où on aura envie d'aller, continua-t-il en allant s'asseoir avec Élisabeth. Un bateau, c'est ça, vous savez, expliqua-t-il doctement. Ce n'est pas qu'une quille, une coque, un pont et des voiles, ça ils l'ont tous. Mais un vrai navire, prononça-t-il d'un ton pénétré, comme le *Black Pearl*, en réalité, c'est la liberté, conclut-il avec un geste théâtral d'ivrogne.

— Du rhum ! fit Élisabeth en brandissant son flacon et en se blottissant contre lui, l'air tout aussi éméchée que Jack. Ce doit être épouvantable pour vous d'être prisonnier sur cette île.

Jack roula des yeux effarés, puis il se ressaisit.

— Oh... oui ! dit-il en posant délicatement doigt

après doigt sa main baguée sur l'épaule de la jeune fille. Mais la compagnie est infiniment meilleure que la dernière fois et... (Surprise, Élisabeth tourna la tête et vit cette main qui se cramponnait à elle.) la vue absolument imprenable.

— Monsieur Sparrow ! s'écria-t-elle, indignée en brandissant sa bouteille. Je n'ai pas l'impression d'avoir encore bu assez de rhum pour tolérer un tel discours !

— Je vois où vous voulez en venir, ma colombe, répondit Jack en plissant les paupières, un index levé.

Il lissa ses moustaches en croc et lui fit une œillade incendiaire.

— À la liberté ! s'écria Élisabeth en levant sa bouteille.

— Et au *Black Pearl* ! renchérit Jack en trinquant avec son flacon avant de le vider d'un trait et de s'écrouler ivre mort sous le regard réprobateur d'Élisabeth, qui avait astucieusement fait semblant de boire et de se griser pendant toute la soirée.

Jack se réveilla le lendemain matin avec une terrible migraine. Il se rassit lentement en fredonnant des bribes de la chanson de la veille et se frotta le crâne. Brusquement, il sentit de la fumée. Il jeta un regard autour de lui. Toute l'île était en feu et Élisabeth s'occupait de verser du rhum dans les flammes.

— Non ! Il ne faut pas ! Arrêtez ! Mais qu'est-ce que vous faites ! cria-t-il en sautant sur ses pieds. Vous avez brûlé nos provisions, l'ombrage, le rhum ! Pourquoi ?

— Oui, répondit Élisabeth sans le regarder. Plus de rhum !

— Pourquoi on n'a plus de rhum ? se désola Jack en écartant les bras, désemparé.

— D'abord, parce que c'est une boisson indigne qui fait de l'homme le plus respectable un fripon de la pire espèce, rétorqua Élisabeth avec un regard accusateur. Ensuite, cette fumée noire monte à plus de trois cents mètres... On peut le voir à deux cents lieues à la ronde. Et je sais que toute la Marine royale me cherche en ce moment... Croyez-vous qu'il y ait réellement le moindre risque qu'elle leur échappe ? aboya-t-elle.

— Mais pourquoi on n'a plus de rhum ? insista Jack, au bord du désespoir.

— Attendez, capitaine Sparrow, dit Élisabeth en s'asseyant posément sur le sable. Accordez-moi une heure, ou même deux, et vous verrez apparaître des voiles blanches à l'horizon.

Jack, qui était maintenant fou de rage, tira son pistolet de son ceinturon et serra le poing. Puis il le rengaina et partit en courant.

Arrivé en haut d'une dune, il contempla la mer un moment en secouant la tête.

— Jack, ça a dû être épouvantable d'être prisonnier ici, minauda-t-il en maugréant. Eh bien ça l'est, en tout cas, maintenant, trépigna-t-il en direction de la pointe d'où s'élevait une épaisse fumée.

Soudain, il s'arrêta en apercevant un navire mouillé à quelque distance du rivage et une chaloupe qui approchait. « Impossible ! » se dit-il. Et pourtant, c'était bien l'*Intrépide* qui mettait le cap sur l'île. On avait aperçu leur signal de détresse et on venait sauver Élisabeth.

— Après ça, elle va être invivable, maugréa-t-il.

# 20

Une fois de plus, Jack se retrouvait sur le pont de l'*Intrépide*, et de nouveau, Norrington s'apprêtait à l'envoyer à fond de cale. Pendant ce temps, Élisabeth se chamaillait avec son père.

— Mais il faut sauver Will ! s'indignait-elle.

— Non, répondit-il en tentant de l'apaiser. Tu es en sécurité, maintenant. Nous allons retourner à Port Royal immédiatement. Pas courir après une bande de pirates.

— Cela revient à le condamner à mort ! cria Élisabeth en le poursuivant sur le pont.

— J'avoue que son sort est très regrettable,

répondit son père. Tout comme l'était sa décision de s'enrôler dans la piraterie.

Élisabeth le dévisagea et refusa d'en croire ses oreilles. Comment ? Cet homme d'ordinaire si bon et si attentionné, ce gouverneur qui se montrait si dur et se drapait dignement dans son élégant habit de brocart vert pâle, c'était donc son père ?

— Afin de me sauver, d'empêcher que ces fripouilles me fassent du mal, plaida-t-elle, partagée entre les larmes et la colère.

— Si je puis me permettre de glisser un simple avis professionnel..., fit Jack en s'avançant vers le gouverneur et Norrington, qui leva les yeux au ciel. Le *Black Pearl* donnait de la gîte jusqu'au dalot après la bataille ; je serais très étonné qu'il puisse maintenir l'allure, confia-t-il d'un air entendu. (Norrington le regarda d'un air las.) Et réfléchissez, continua Jack. *Le Black Pearl*, la dernière véritable menace pirate des Caraïbes, mon bon ami, sourit-il. Comment laisser passer une chance pareille ? dit-il en baissant la voix et en lui faisant un clin d'œil complice.

— En n'oubliant pas que je suis au service des autres, monsieur Sparrow, et pas uniquement au mien, répondit Norrington qui n'avait pas l'intention de se laisser fléchir aussi facilement par les simagrées de Jack, qu'il n'avait que trop vues.

Sur ces mots, il tourna les talons. Élisabeth vit

bien que le commodore Norrington n'était pas plus convaincu que son père et se lança derrière lui.

— Commodore, je vous supplie de le faire ! Pour moi ! En cadeau de mariage, ajouta-t-elle en désespoir de cause.

Norrington s'arrêta à mi-marche et se retourna, stupéfait.

— Oh, Élisabeth ! s'étonna son père avec un sourire ravi. Tu acceptes donc la demande du commodore ?

— Je l'accepte, répondit la jeune fille en fixant Norrington au fond des yeux.

— Un mariage ! s'enthousiasma Jack en se précipitant sur l'un des soldats comme s'il allait l'embrasser. J'adore les mariages ! Tournée générale ! s'écria-t-il, alors qu'Élisabeth se sentait près de défaillir en entrevoyant la conséquence de sa promesse.

Norrington le fusilla du regard.

— Je sais, fit Jack en tendant ses mains aux menottes d'un air penaud. Qu'on le mette aux fers, c'est ça ?

— Monsieur Sparrow, commença Norrington en descendant majestueusement les marches, les mains derrière le dos comme à son habitude. Vous allez accompagner ces braves gens à la barre et leur fournir les coordonnées de l'île de la Muerta. (Élisabeth le fixa, certaine de connaître la suite. Cet homme était décidément si prévisible.) Et vous passerez le reste du voyage à appliquer au pied de la lettre l'expression « muet comme une tombe ». (Jack fit un petit sourire obséquieux.) J'espère me faire bien comprendre, termina sèchement le commodore.

— C'est extrêmement... clair, répliqua insolemment Jack.

Son sourire disparut aussitôt quand les deux gardes le saisirent sous les bras pour l'entraîner manu militari vers le poste du gouvernail.

— Commodore, je doute de la sagesse de cet acte, intervint le gouverneur.

— Avec tout le respect qui vous est dû, le coupa Norrington, M. Turner est un sujet de la Couronne britannique, et donc, il est sous ma protection.

— Bien entendu, convint le gouverneur.

Il jeta un regard gêné à Élisabeth.

— Prenez soin d'elle, ajouta-t-il avant de s'éclipser.

— Élisabeth ? dit Norrington en lui tendant son bras.

Après une hésitation, Élisabeth vint le prendre et Norrington l'entraîna un peu plus loin sur le pont d'un pas pensif.

— Je crains que votre réponse n'ait été... (Il contempla l'horizon, cherchant ses mots.)... véritablement sincère.

— Je n'accorde pas ma parole avec légèreté, répondit-elle.

— Je comprends. Cependant, où est le mal à vouloir une réponse inconditionnelle ? insista-t-il.

Élisabeth eut un petit rire peiné.

— Ce n'est pas une condition, répondit-elle. C'est une requête. Votre réponse ne changera pas la mienne. (Norrington la regarda, surpris.) Vous êtes un homme de bien, James, sourit-elle.

— Eh bien..., commença le commodore, rassuré, en lui rendant son sourire. Très bien. Parfait.

Ils échangèrent un regard gêné.

Au même instant, à bord du *Black Pearl*, Pintel et Ragetti étaient en train de laver le plancher de la cale sous les yeux de l'équipage de Jack, entassé dans une cellule.

— Mille sabords ! caqueta le perroquet.

— Cotton dit que tu n'as pas terminé, ricana Gibbs.

Pour toute réponse, Pintel le menaça de sa serpillière qui dégoulinait d'une eau brunâtre.

— Vous connaissiez William Turner ? demanda Will, qui était enfermé dans une autre cellule.

Pintel soupira et fixa sur lui son regard de brute.

— Ce vieux Bill le Bottier ? Ouais, évidemment que je le connaissais. Il n'arrivait pas à digérer ce qu'on avait fait à Jack Sparrow, la mutinerie et tout ça. Il disait que c'était contraire à ce fichu Code, cracha-t-il, méprisant, à Will qui restait suspendu à ses lèvres. C'est pour ça qu'il t'a envoyé l'une des pièces du trésor, figure-toi. Il disait qu'on avait mérité d'être maudits... Et qu'on avait mérité de le rester.

— Un vrai malfaisant, intervint Ragetti.

— Un homme bien, coupa Gibbs accroché à ses barreaux.

— Et comme tu peux l'imaginer, continua Pintel adossé au mât, c'est le genre de chose qui ne plaît pas au capitaine.

Ragetti fit entendre son petit ricanement de fouine.

— Ah ça oui, c'est sûr, renchérit-il en agitant son balai. Ça, ça lui plaît pas, alors... Dis ce que Barbossa a fait, pressa-t-il son compagnon.

— C'est moi qui raconte l'histoire ! aboya Pintel. (Ragetti baissa la tête, penaud.) Alors, soupira Pintel, c'est là que le capitaine, il a arrimé un canon aux bottes de ce vieux Bottier de Bill, et la dernière fois qu'on a vu Bill Turner, continua-t-il, théâtral, il plongeait dans les eaux ténébreuses des bas-fonds pour saluer ce vieux Neptune. L'ennui, c'est qu'on n'a su qu'après qu'il nous fallait son sang pour conjurer le sort, acheva-t-il d'un ton guilleret.

— C'est ce qu'on appelle l'ironie du sort, fit observer Ragetti en roulant son œil de bois.

Les deux hommes furent secoués par le rire. Mais l'arrivée de Barbossa accompagné de Bosun et de son second les força à reprendre leur sérieux.

— Amenez-le ! ordonna le capitaine en leur jetant un trousseau de clés.

# 21

La nuit était tombée.

Sur le pont de l'*Intrépide*, Élisabeth, revêtue par souci de décence d'un uniforme rouge des soldats de la Marine royale, rejoignit Jack qui contemplait le large.

— Vous ne lui avez pas parlé de la malédiction, dit-elle en promenant ses mains distraitement sur le bastingage.

— Vous non plus, il me semble avoir remarqué, fit observer Jack. Pour la même raison, j'imagine.

— Il n'aurait pas accepté de prendre le risque, se justifia Élisabeth.

— J'aurais pu le saouler, suggéra Jack. (Élisabeth

lui jeta un regard noir.) Ne vous méprenez pas, mon ange. J'admire ceux qui sont prêts à faire tout ce qui est nécessaire.

— Vous êtes un petit malin, Jack, sourit-elle. Mais je ne vous fais pas entièrement confiance.

— Alors nous sommes deux, très chère, répondit Jack.

Au même instant, le commodore vint chercher le pirate. Une mission de la plus haute importance les attendait, mais pour cela, il était nécessaire qu'il rende à Jack son indispensable compas.

— Suivez-moi, dit-il en la lui jetant.

Une fois dans la chaloupe, le commodore Norrington baissa sa longue-vue. Les ponts du *Black Pearl* étaient déserts.

— Cette situation ne me dit rien qui vaille, dit-il à Jack. Toute tentative d'assaut pourrait s'avérer être une embuscade.

— Sauf si c'est vous qui la tendez, répondit Jack, qui, sous les yeux médusés de ses gardes, avait familièrement posé une main sur l'épaule du commodore. Il faut que j'aille convaincre Barbossa d'envoyer ses marins dans leurs petites barques... Vous et vos camarades, vous retournez sur l'*Intrépide* et vous les pulvérisez avec vos petits canons, d'accord ? demanda-t-il, omettant judicieusement de préciser que la malédiction rendait les hommes de Barbossa immortels. Qu'est-ce que vous avez à perdre ?

— En tout cas, rien que je puisse amèrement regretter, répondit Norrington sans se retourner, tout en repoussant du bout du canon de son pistolet la main de Jack.

— Cela dit, pour être tout à fait franc avec vous, concéda Jack, provoquant un sourire sarcastique chez son interlocuteur, il y a un petit risque pour tous ceux qui resteront à bord de l'*Intrépide*, ce qui inclut la future madame commodore.

Un instant plus tard, sur le pont de l'*Intrépide*, Élisabeth se débattait tandis que deux gardes tentaient de l'entraîner.

— C'est pour votre sécurité ! expliqua le lieutenant en second.

— Je me fiche des ordres du commodore, répliqua Élisabeth en s'agitant de plus belle. Il faut que je les prévienne ! Les pirates ! Les pirates sont maudits ! On ne peut pas les tuer, acheva-t-elle alors qu'on la jetait dans une cabine.

— Ne vous en faites pas, tenta de l'apaiser le lieutenant. Il a été informé de cela, lui dit-il du ton qu'on prend pour parler à une enfant un peu fantasque. Une petite sirène a fait plouf ! et lui a raconté toute l'histoire, ironisa-t-il.

Et sur ces paroles, il eut un petit rire et referma les doubles portes. Élisabeth se jeta contre le battant.

— Tout cela, c'est la faute de Jack Sparrow ! cria-t-elle en tambourinant sur les vitres dépolies. Oh ! soupira-t-elle, excédée.

Pendant ce temps, Jack, ravi de son petit stratagème, ramait en souriant sur un petit canot et s'engouffrait à l'intérieur de la grotte des pirates.

Non loin de là, Barbossa, accompagné de ses hommes, entraînait Will ligoté dans les tréfonds de la caverne, entre les monceaux de trésor amassés depuis des années.

— Faut pas te faire de bile, dit Pintel à Will, c'est juste une piqûre au doigt, quelques gouttes de sang.

— Faut pas qu'on se goure, cette fois, intervint un pirate au rictus féroce. C'est qu'une moitié de Turner. Faut le vider de son sang ! cracha-t-il en poussant Will.

— Il devrait peut-être se faire de la bile, finalement, dit Pintel à Ragetti qui ricana.

# 22

Les pirates étaient une fois de plus parvenus dans le saint des saints de leur sinistre repaire débordant d'or et de pierres précieuses. À nouveau, Barbossa se jucha au sommet du tas où trônait le coffre de granit aztèque. Deux hommes amenèrent Will, le médaillon autour du cou, et le forcèrent à s'incliner au-dessus du tas de pièces scintillantes, tandis que les pirates scandaient leurs cris en agitant torches et pistolets. Barbossa ramassa le couteau rituel du sacrifice et le brandit. Dans la foule hurlante, une silhouette improbable se faufilait entre les hommes extatiques en s'excusant poliment.

— Excusez-moi. Pardonnez-moi ! Je vous demande pardon.

C'était bien entendu Jack Sparrow, égal à lui-même.

— Ce qui commence dans le sang, entonna Barbossa, les yeux levés au ciel et les bras écartés, doit finir dans...

Il n'acheva pas. Au-dessous de lui, Jack, arrivé au premier rang, lui faisait de petits signes en sautillant.

— Jack ! s'exclama à mi-voix Will en redressant la tête.

— C'est impossible, murmura Barbossa, stupéfait.

— Non, corrigea Jack. Improbable.

— Où est Élisabeth ? demanda Will en se relevant tout à fait malgré les efforts de ses gardes.

— Elle est saine et sauve, comme je te l'ai promis, glissa Jack. Et elle est prête à épouser Norrington, comme elle a promis, ajouta-t-il. Et toi, tu vas mourir pour elle, comme tu l'as promis. Nous sommes tous des hommes d'honneur, tu vois ? fit-il avec une désarmante ingénuité. Excepté Élisabeth, qui est en fait... une femme ! corrigea-t-il après coup.

— La ferme ! Ce sera toi le suivant ! cria Barbossa en pointant son couteau sur Jack.

Jack recula d'un pas en faisant mine d'être effarouché. Barbossa fit signe à ses hommes de remettre

Will en position et posa sa lame sur la gorge de sa victime.

— Je ne crois pas que tu veuilles faire ça, l'ami, le défia calmement Jack.

— Détrompe-toi, j'en ai l'intention, grinça Barbossa avec une grimace mauvaise.

— Ton compte est bon, déclara Jack d'un air dégagé.

Barbossa leva les yeux au ciel et se sentit obligé de demander malgré lui :

— Et pourquoi ne devrais-je pas faire ça ?

— Eh bien, parce que..., commença Jack en s'avançant. (Bosun voulut le retenir par l'épaule, mais Jack lui assena une petite claque agacée sur la main.) Parce que l'*Intrépide*, fierté de la Marine royale, est là-bas, acheva-t-il en désignant l'extérieur de la grotte. À quelques encablures, et qu'il n'attend que toi.

Un murmure effaré parcourut l'assistance. Barbossa considéra Jack sans un mot.

Dehors, de part et d'autre de la grotte, des chaloupes chargées de soldats de Sa Majesté étaient à l'affût.

— Et on fait quoi, là ? demanda un soldat à un autre.

— Les pirates se ramènent, et au dépourvu, au débotté, on les surprend par un feu croisé, et on les envoie dire bonjour au diable, répondit son compagnon.

— Je sais pourquoi on est ici, reprit le premier avec un soupir excédé. Ce que je demande, c'est pourquoi on n'est pas en train de faire ce que M. Sparrow a dit qu'on devrait faire. Avec les canons et tout ça !

— Justement, intervint Norrington avec un sourire finaud, parce que c'est Sparrow qui nous l'a dit.

Les deux hommes en restèrent le bec cloué.

— Il aurait pas dit la vérité ? interrogea le second.

Pendant ce temps, dans la grotte, Jack continuait ses tractations.

— Attends, écoute-moi l'ami, apaisa-t-il Barbossa. Tu ordonnes à tes hommes de ramer vers l'*Intrépide* et de faire leur boulot de pirates.

— Ouais, ouais ! s'écrièrent les forbans, surexcités.

— Et, poursuivit Jack, voyant qu'il avait capté l'attention de Barbossa, aussi sec, illico presto, tu te retrouves avec un deuxième navire. Les premiers de ta flotte personnelle. Tu prendras le plus grand comme vaisseau amiral et tu auras bien raison. Mais que faire du *Black Pearl* ? demanda-t-il triomphalement. (La question resta en suspens. Barbossa continuait de le fixer.) Nomme-moi capitaine. Je voguerai sous tes couleurs et je te laisserai dix pour cent de mes rapines, et tu pourras te présenter comme... le commodore... Barbossa ! conclut-il avec un geste théâtral. Ça te va ?

— Et je suppose qu'en échange, tu vas me demander d'épargner ce morveux ? interrogea Barbossa qui flairait anguille sous roche.

— Non, non, non, non ! Pas du tout ! Je t'en prie, tue ce morveux, se récria Jack. Mais pas tout de suite. Lever une malédiction est une chose que l'on ne doit faire qu'au bon moment.

Will le dévisagea. Barbossa cherchait encore à comprendre.

— Par exemple, continua Jack en ramassant une poignée de pièces dans le coffre, après avoir tué les hommes de Norrington... Les avoir tués... jusqu'au... dernier, expliqua-t-il en laissant nonchalamment tomber une pièce sur le tas pour ponctuer chaque mot.

Son raisonnement était lumineux : si la malédiction était levée, Barbossa et son équipage redeviendraient des hommes mortels... Le genre que le commodore Norrington et la Marine royale n'auraient aucune peine à tuer. Mais s'ils prenaient l'*Intrépide* à l'abordage tels qu'ils étaient encore, ils pourraient s'approprier ce vaisseau en plus du *Black Pearl* !

Barbossa était resté les yeux fixés sur ceux de Jack. Subrepticement, avec un geste digne d'un prestidigitateur, celui-ci escamota la dernière des pièces qu'il avait ramassées.

— Tu prépares cela depuis le premier jour ! s'indigna Will. Depuis que tu sais comment je m'appelle !

— Oui ! répondit Jack en ouvrant de grands yeux.

Will le fusilla du regard.

— Je veux cinquante pour cent de ton butin, dit Barbossa en décroisant les bras.

— Quinze, contra Jack.

— Quarante.

— Vingt-cinq, répondit Jack. Et je t'offre un chapeau.

Barbossa leva les yeux vers son couvre-chef mité.

— Un chapeau énorme, roucoula Jack, séducteur. Commodore !

Lorsqu'il entendit ce titre ronflant, le visage de Barbossa s'éclaira.

— Marché conclu, se réjouit-il en lui serrant la main.

— À vos chaloupes, camarades ! s'écria Jack, jovial. (Barbossa le toisa, outré.) Je te demande pardon, se corrigea Jack en baissant les bras. C'est toi qui commandes, ajouta-t-il avec une petite révérence.

Barbossa jeta un dernier regard à Will. Il utiliserait son sang plus tard, quand Norrington et ses hommes seraient morts et ne présenteraient plus aucun danger. Il jeta un regard de triomphe à son équipage.

— Messieurs ! brailla Barbossa. Allez-y à pied !

La troupe hurlante s'ébranla, ravie d'avoir une nouvelle occasion de faire un carnage. Au passage, Bosun tendit à Ragetti et Pintel des ombrelles et des robes.

— Pas en chaloupe ? s'étonna Jack. Pas vers les bateaux ?

Sans répondre, Barbossa s'éloigna derrière ses hommes. Parvenus à l'endroit où ils avaient laissé leurs embarcations, ils descendirent lentement dans l'eau, comme une armée de morts-vivants, pour gagner la sortie de la grotte baignée par le clair de lune.

# 23

Dehors, devant la caverne, sur les eaux calmes scintillant sous la lune, le commodore Norrington et ses hommes attendaient toujours dans leurs chaloupes, avec l'intention d'attaquer par surprise les pirates quand ils sortiraient.

Les marins ne remarquèrent pas les vaguelettes qui ridaient l'eau. Les pirates sortaient bien de la caverne, oui, mais pas dans des canots, éparpillant dans toutes les directions les poissons effrayés par ces silhouettes sombres. Sous le clair de lune qui filtrait jusqu'au fond, c'étaient des squelettes, armes à la main, qui marchaient au fond de la mer, reprenant de temps en temps forme humaine lorsqu'ils passaient sans un bruit sous l'ombre des chaloupes de Norrington, une armée surnaturelle qui s'apprêtait à gagner à son insu l'*Intrépide*.

Le silence fut troublé par un brusque bruit de rames. Tous les marins levèrent leurs pistolets en voyant un canot sortir lentement de la caverne. Norrington regarda les deux silhouettes et ordonna à ses hommes de ne pas tirer. Il n'en croyait pas ses yeux : c'étaient deux femmes !

— Hé, hé, hé ! ricana Ragetti en s'éventant coquettement, costumé en femme sous son ombrelle, tandis que Pintel ramait, pareillement déguisé. On fait exactement la même chose que ce que les Grecs ont fait à Troie ! Sauf qu'ils étaient dans un cheval. Pas dans des robes, acheva-t-il piteusement. Un cheval de bois.

Pintel leva les yeux au ciel sous sa coiffe de femme de chambre et soupira, fatigué des bavardages de son compagnon.

Pendant ce temps, les pirates étaient parvenus sous l'*Intrépide* et commençaient à grimper le long de la corde des amarres.

Sur le pont, le gouverneur Swann arriva devant la porte de la cabine où était enfermée sa fille.

— Laissez-moi, je vous prie, dit-il au garde qui s'éclipsa. Élisabeth ! appela-t-il. (Ne recevant aucune réponse, il frappa.) Je tenais à ce que tu saches que... je pense que tu as pris une excellente décision, aujourd'hui. Si tu savais comme je suis fier de toi, continua-t-il en s'asseyant sur un banc à côté de la porte.

Pendant ce temps, dans la cabine à peine éclairée par quelques chandelles, Élisabeth s'affairait.

— Mais tu sais, continua de radoter le gouverneur, une décision, si on la prend pour de mauvaises raisons, peut être une mauvaise décision...

À l'autre bout du pont, les soldats continuaient leur ronde sans se douter que l'équipage de Barbossa commençait à enjamber le bastingage de l'*Intrépide*.

— Élisabeth ? interrogea le gouverneur. Tu es là ? Est-ce que tu m'as seulement écouté, Élisabeth ?

Il se leva et ouvrit la porte. La cabine était vide. Il courut à la fenêtre, trop tard pour voir sa fille s'enfuir avec une chaloupe dans la nuit. Découvrant l'échelle de draps noués dont elle s'était servie pour descendre par la fenêtre, il leva les yeux au ciel.

— Élisabeth... Qu'as-tu encore fait ? se lamenta-t-il.

Sans un bruit, l'armée de squelettes se faufilait sur le navire, étranglant ou égorgeant les soldats les uns après les autres. Telle une marée de spectres, ils déferlaient sur le pont, glissaient le long des cordages, semant des victimes à chaque pas.

— Youhou !

À bord du canot, Ragetti ne se lassait pas de lancer des petits cris à l'adresse des hommes de Norrington dans leurs chaloupes.

— Arrête ça, gronda sous son ombrelle Pintel, dont la tignasse hirsute dépassait de sa grotesque coiffe jaune bordée de dentelle. Je me sens déjà assez ridicule !

— Je te trouve chouette, moi, dit Ragetti.

Furieux, Pintel lâcha rames et ombrelle pour étriper son compagnon qui perdit la sienne.

— Tu me trouves chouette, hein ? brailla-t-il en le secouant, sans se rendre compte qu'ils étaient maintenant découverts et que la lune les faisait paraître tels qu'ils étaient : des squelettes !

Sur l'*Intrépide*, l'agitation avait attiré l'attention de l'homme de quart.

— Lieutenant ! fit-il en désignant la barque qui approchait.

Le lieutenant Gillette sortit sa longue-vue et la déplia. Il aperçut les deux femmes sortir de la grotte. Puis il vit l'une d'elles baisser son ombrelle dans le clair de lune. C'étaient deux squelettes habillés en femmes, et l'un d'eux lui fit une œillade enjôleuse de son œil de bois !

Comprenant qu'ils étaient découverts, l'un des pirates leva son pistolet et fit sauter le chapeau du second de Norrington. Gillette étouffa un cri en voyant les squelettes, qui avaient silencieusement pris le navire à l'abordage, descendre des gréements comme des araignées et envahir le gaillard d'arrière. L'attaque de l'*Intrépide* avait commencé !

Alerté par le soudain vacarme de cris et de coups de feu, le gouverneur sortit de la cabine juste à temps pour voir s'effondrer à ses pieds un soldat qu'un squelette embrochait au bout d'une baïonnette. Effaré, il se réfugia précipitamment dans la cabine et referma la porte.

Dans la grotte, Jack était en train d'examiner minutieusement les trésors d'un œil connaisseur. Derrière lui, Will attendait sous bonne garde que son sort soit réglé.

— Je dois l'avouer, Jack, je pensais bien te connaître, dit soudain Barbossa, assis sur un tas d'or. Mais il s'avère que tu es un homme très imprévisible.

— Moi ? fit mine de s'étonner Jack en cessant un instant d'admirer une lourde statuette d'or pur. Moi, je suis malhonnête. Et on sait qu'un homme malhonnête le restera quoi qu'il arrive, conclut-il en balançant la statue sans plus de façons, avant de se lancer dans l'un de ses grands raisonnements. Honnêtement, continua-t-il en passant derrière un homme qui s'amusait à faire des ricochets dans l'eau avec des ducats d'or, ce sont les hommes honnêtes dont il faut se méfier, parce qu'on ne peut jamais prévoir à quel moment ils feront un truc incroyablement... stupide.

Will ne le quittait pas des yeux, cherchant à

comprendre où le pirate voulait en venir. Au même instant, d'une pirouette, Jack arracha le sabre de l'homme, et d'un coup de pied bien placé l'envoya culbuter dans le petit lac. Puis il lança le sabre à Will sous les yeux stupéfaits de Barbossa qui n'avait pas eu le temps de se ressaisir.

Will renversa d'un coup d'épaule Bosun qui se précipitait sur lui, tandis que Jack dégainait à son tour son épée et se jetait sur Barbossa. Tous deux croisèrent le fer, glissant sur les pièces d'or scintillantes qui jonchaient le sol de la caverne. Le bruit des lames qui s'entrechoquaient résonnait dans la grotte.

Pendant ce temps, un autre homme se ruait sur Will qui se retourna à la dernière seconde et présenta à sa lame la corde qui lui liait les poignets et qui la trancha tout net. Libéré, il ramassa l'épée et affronta ses trois adversaires à la fois.

Barbossa s'était réfugié au sommet du tas d'or où trônait le coffre. D'un coup d'épée, Jack coupa le plumet de son chapeau et éclata de rire. Furieux, Barbossa poussa un cri de rage et s'élança sur lui. De temps en temps, les adversaires de Will et de Jack passaient dans les rayons de lune qui filtraient par un orifice dans le plafond de la grotte et se retrouvaient changés en squelettes.

— Cette île n'est sur aucune carte, lança Barbossa à Jack en croisant le fer. Et elle est remplie de monstres !

De son côté, Élisabeth était parvenue au *Black Pearl* et grimpait silencieusement le long du flanc du vaisseau. Par l'un des sabords, elle aperçut deux pirates assis devant une table improvisée avec quelques planches posées sur un affût de canon. Ils attendaient que Barbossa revienne avec ses hommes à bord et leur annonce la bonne nouvelle : la malédiction était levée et ils étaient enfin redevenus capables de se nourrir comme des êtres normaux !

— Qu'est-ce que tu mangerais en premier ? demanda l'un à son compagnon en contemplant les plats et les flacons disposés sur la table. Autant se décider tout de suite ! ricana-t-il. Histoire d'être vraiment prêt le moment venu !

— Du gâteau ! répondit l'autre en contemplant avec convoitise une splendide pâtisserie qui trônait devant eux.

— Moi aussi, c'est du gâteau que je voulais ! protesta le premier, prêt à se battre.

Furieux, son compagnon sortit son couteau et le planta violemment au milieu de la table.

Ravie de les laisser à une querelle qui détournait leur attention, Élisabeth poursuivit son ascension.

— Tu coupes, dit le marin. Je choisis.

Pendant ce temps, Élisabeth était parvenue sur le pont qu'elle balaya du regard. Le *Black Pearl* était désert. La voie était libre. Elle enjamba le bastingage et regarda autour d'elle.

Soudain, le squelette du petit singe jaillit de la pénombre en poussant un piaillement terrifiant qui aurait glacé les sangs de n'importe qui. Mais Élisabeth n'était pas n'importe qui. Elle ne se laissa pas impressionner et le regarda droit dans les yeux. Le singe se recroquevilla, interloqué, tandis qu'elle empoignait par la peau du cou cet animal insupportable qui n'avait cessé de l'empoisonner depuis qu'elle avait été faite prisonnière.

Un instant plus tard, l'animal atterrissait sur le canon devant les deux pirates toujours occupés à contempler leur futur repas.

— Qu'est-ce que c'est ? demanda l'un en voyant le singe pousser un dernier geignement et glisser dans la mer.

Les deux marins se précipitèrent au sabord. Au-dessus d'eux, Élisabeth penchée sur le bastingage, les aperçut et étouffa un cri. Les deux hommes se retournèrent et la virent à leur tour. Elle n'eut que le temps de descendre prestement l'escalier du pont inférieur, se réfugiant dans un couloir juste au moment où les deux hommes montaient, en brandissant leurs sabres et en poussant des cris de rage.

À fond de cale, entendant les pas précipités sur les marches, Gibbs fit signe à ses compagnons qui bavardaient de se taire et tendit l'oreille.

Soudain, une silhouette svelte en uniforme de la Marine royale fit irruption au bas du petit escalier.

— C'est Élisabeth ! s'exclama Gibbs.

Pintel et Ragetti venaient d'arriver à leur tour sur l'*Intrépide*, où la bataille faisait toujours rage. Sur le pont, les hommes succombaient sous les coups des pirates invincibles. Un homme qui s'écroula eut encore la force de se redresser et de sonner désespérément la cloche de quart avant qu'un pirate vienne l'achever d'un coup d'épée en plein cœur.

Les cris et les coups de feu alertèrent Norrington. Il se retourna et vit s'élever des nuages de fumées de son bâtiment.

— Ils ont un problème ! s'écria-t-il. Cap sur le navire !

Aussitôt, les marins s'emparèrent des avirons et souquèrent de toutes leurs forces en direction de l'*Intrépide* dont s'emparaient les fantomatiques squelettes.

À bord, Pintel et Ragetti, qui avaient recouvré forme humaine à l'abri de la pénombre de la cale, s'échinaient à pousser les canons dans leurs sabords. Et soudain, dans un grondement de tonnerre, un boulet vint s'abattre dans l'eau juste devant la chaloupe de Norrington. D'autres le suivirent : le commodore était maintenant sous le feu de son propre navire !

Le gouverneur Swann, toujours tapi dans la cabine, regardait subrepticement à travers les vitres le massacre qui se déroulait sur le pont. C'était incroyable : les assaillants semblaient invincibles et restaient debout, une épée à travers le corps ou criblés de balles. Un soldat vint s'écraser contre la porte, terrassé, et le gouverneur vit son visage déformé glisser contre le carreau. Soudain, une face effrayante au rictus grimaçant se plaqua contre la porte. Affolé, le gouverneur recula à quatre pattes en poussant un hurlement de terreur. Des mains squelettiques et des bras décharnés vêtus de guenilles et de lambeaux fracassèrent les vitres, cherchant à s'emparer de lui. L'une d'elles lui arracha sa perruque. Recouvrant ses esprits devant cette atteinte à son honneur, le gouverneur résista et tira de son côté, arc-bouté contre les montants du chambranle, puis il saisit un maillet et, d'un coup sec, brisa les os de son adversaire, récupérant enfin son couvre-chef et sa dignité.

# 24

Dans la grotte, fins bretteurs, Will et Jack se battaient toujours sur une corniche, dans la pénombre d'une saillie rocheuse d'où tombaient des stalactites. Barbossa, profitant d'un instant d'inattention de Jack, lui assena en pleine face un coup de pied qui le fit tomber à la renverse. Jack était encore à terre quand il vit Barbossa jeter son sabre avec mépris.

— Tu ne peux pas me battre, Jack ! dit-il en écartant les bras d'un geste las.

Sans répondre, Jack se releva et lui enfonça son sabre en pleine poitrine jusqu'à la garde. Barbossa regarda la lame, puis il leva les yeux au ciel et poussa un long soupir fatigué. Puis, avant que Jack ait eu le temps de réagir, il arracha l'arme à deux mains et la planta dans le ventre de Jack qui poussa un cri de surprise et de douleur. Juché sur un rocher, Barbossa contempla avec satisfaction l'expression de Jack. Celui-ci recula en titubant, lentement, jusqu'à arriver sous l'orifice de la voûte, et lorsque les rayons de la lune l'atteignirent, il se changea sous les yeux stupéfaits de Barbossa... en squelette, le sabre toujours planté dans le ventre !

Jack se redressa, leva une main dans la lumière et la contempla pensivement.

— Très intéressant..., fit-il.

À l'autre bout de la caverne, Will venait d'achever son adversaire en lui enfonçant un vase en or sur la tête et en le projetant dans l'eau. Il leva les yeux et vit l'étrange spectacle d'un squelette vêtu comme Jack, qui faisait jouer entre ses mains la pièce d'or qu'il avait subtilisée dans le coffre, un sourire narquois sur son visage décharné.

— Je n'ai pas pu résister, l'ami, dit-il à Barbossa qui restait pétrifié.

Le chef des pirates poussa un cri de rage, ramassa d'une main son épée et de l'autre une poignée de ducats qu'il jeta au visage de Jack, et se précipita sur lui en hurlant.

En bas, un pirate qui s'était relevé se précipita à son tour sur Will.

Dehors, les chaloupes avançaient avec peine entre

les gerbes d'eau des boulets tirés par les canons de l'*Intrépide*. Sur le navire de Norrington, la bataille continuait, et le gouverneur se débattait à coups de maillet contre le morceau de squelette qui continuait de gigoter sur le tapis. Il finit par le ramasser et, évitant soigneusement les doigts crochus qui cherchaient à le griffer, l'enferma dans un tiroir et s'écroula, soulagé. Mais il n'était pas au bout de ses peines : le bras, qui n'appréciait pas d'être ainsi enfermé, secouait la commode en tout sens comme si elle avait été animée d'une vie propre, et le gouverneur avait bien du mal à la maintenir.

Dans la caverne au trésor, le combat semblait ne devoir jamais finir. Will était épuisé : à peine avait-il abattu l'un de ses adversaires qu'un autre se relevait et se jetait sur lui. Jack et Barbossa n'étaient pas mieux lotis, étant l'un comme l'autre invincibles. Le pirate para une énième botte de Jack et, déséquilibré, s'affala sur le tas d'or.

— Et maintenant, Jack Sparrow, dit-il avec une rage désabusée, sommes-nous deux immortels condamnés à un combat épique, jusqu'aux trompettes célestes du Jugement dernier ? Hein ?

— Tu peux aussi te rendre, répliqua Jack.

Piqué, Barbossa se releva et reprit l'assaut. Après quelques passes, Barbossa lui assena un coup de poing, Jack faillit tomber à la renverse et préféra prendre ses jambes à son cou.

À bord du *Black Pearl*, les deux marins qui poursuivaient Élisabeth arpentaient prudemment le pont, armés l'un d'une masse et l'autre d'un grappin. Leur proie restait introuvable. Ils se penchèrent par-dessus le bastingage, au cas où elle se serait réfugiée le long de la coque, mais ce fut ce qui causa leur perte : ils se retournèrent trop tard pour voir la chaloupe suspendue à ses cordes tomber sur eux de tout son poids et les précipiter à la mer. Les captifs qui leur avaient habilement tendu ce piège sortirent de l'ombre, précédés par Élisabeth, et poussèrent un cri de victoire.

— Tout le monde avec moi ! s'écria-t-elle triomphalement en se précipitant vers la chaloupe pour la mettre à la mer. Will est encore dans la caverne et nous devons le sauver ! Parés ? Oh, hisse !

C'est alors qu'elle s'aperçut qu'elle était toute seule à la manœuvre. Elle se retourna et vit que tous les autres la regardaient sans bouger le petit doigt. Elle les regarda, décontenancée.

— Je ne peux rien faire toute seule, venez m'aider ! cria-t-elle.

— Crôôô ! fit le perroquet de Cotton. Le calme après la tempête !

— Cotton a raison, fit observer Gibbs avec un grand sourire. Nous avons le *Black Pearl* !

— Que va devenir Jack ? demanda-t-elle. Vous abandonnez votre ami ?

— Jack nous doit ce navire, dit un autre membre de l'équipage d'un ton sévère.

— On applique le Code, ajouta Gibbs.

— Le Code ? répéta Élisabeth, incrédule. (Elle se rappela la fameuse phrase de Jack : « Tout homme qui ne reste pas à sa place reste sur place. ») Mais vous êtes des pirates ! reprit-elle, scandalisée. Oubliez le Code et au diable les règlements ! Ce n'est rien de plus qu'une sorte de guide, en fait !

Mais l'équipage n'en démordit pas et Élisabeth se retrouva toute seule à ramer dans sa chaloupe pour retourner à l'île de la Muerta.

— Maudits pirates, maugréa-t-elle, courbée sur ses avirons.

Sur l'*Intrépide*, les soldats de Sa Majesté succombaient sous le nombre. Soudain, Ragetti avisa son compagnon et lui désigna la baie.

— Hé, c'est normal que le bateau s'en aille ? demanda-t-il.

— Ils nous volent notre navire ! s'écria Pintel.

— Maudits pirates ! s'indigna Ragetti.

Entre-temps, les chaloupes de Norrington étaient arrivées au flanc du vaisseau.

— Montez à bord ! ordonna le commodore à ses hommes qui lancèrent des grappins et grimpèrent à l'abordage.

Toujours vêtus de leurs robes, Pintel et Ragetti brandirent leurs sabres tandis que Norrington tirait son premier coup de feu, sans savoir qu'il se battait contre des adversaires immortels.

— En avant ! hurla Pintel.

Les pirates se précipitèrent sur les nouveaux arrivants qui se battaient comme des lions, mais la lutte était bien inégale.

Dans la mêlée, Ragetti prit un coup de poulie qui ne lui était pas destiné et en perdit son œil de bois. Il se lança à quatre pattes pour récupérer le précieux objet qui roulait entre les jambes des combattants.

Dans la caverne, ignorant que son vaisseau bien-aimé s'éloignait, Jack continuait de se battre.

— Je vais t'apprendre ce que c'est que de souffrir, beugla l'adversaire de Will qui était tombé après avoir été déséquilibré par l'explosion d'une bombe.

— Vous aimez souffrir ? demanda une voix. (Le pirate se retourna et vit une femme vêtue de l'uniforme rouge de la Marine royale.) Essayez de porter un corset, lui conseilla-t-elle en lui assenant un coup à pleine volée avec une énorme lance d'apparat en bronze doré, avant de la tendre à Will pour l'aider à se relever.

Les deux jeunes gens se sourirent tendrement. Les cris de Jack et Barbossa les firent se retourner.

— De quel côté est Jack ? demanda Élisabeth.

— Ça dépend des moments, répondit Will.

Tous deux se précipitèrent sur les trois autres pirates en se servant de la lance comme d'un bélier et les embrochèrent d'un seul coup. Les trois pirates se retrouvèrent réduits à l'impuissance. D'un geste vif, Will alluma une bombe, la fourra sous les côtes d'un des pirates et poussa la brochette dans l'ombre. L'homme voulut récupérer la bombe, mais comme il était redevenu humain à l'abri des rayons de lune, elle était solidement calée dans son estomac.

— C'est de la triche ! se plaignit-il en ouvrant de grands yeux.

Ce furent ses dernières paroles. Les trois pirates explosèrent et les débris furent projetés aux quatre coins de la grotte pendant que Will et Élisabeth s'enfuyaient.

Profitant de la diversion causée par l'explosion, Jack glissa la pièce aztèque dans sa main et, d'un geste vif, s'entailla la paume avec son épée, repoussa Barbossa et lança la pièce vers le coffre. Une main la rattrapa au vol, tandis que le chef des pirates dégainait son pistolet pour le braquer sur Élisabeth qui arrivait au même instant sur la rive. Tous s'immobilisèrent.

Le coup de feu résonna dans la grotte. Élisabeth étouffa un cri. Barbossa se retourna, surpris. C'était Jack qui avait tiré. Sur lui.

— Dix ans que tu traînes ce pistolet et tu gâches ta seule balle, lui ironisa Barbossa.

— Il ne l'a pas gâchée, dit Will.

Barbossa se retourna. Le jeune homme était perché sur le rocher, une main tendue au-dessus du coffre ouvert où rutilait l'or maudit des Aztèques. Dans l'autre, il tenait le couteau rituel dont la lame dégouttait encore du sang de l'entaille qu'il venait de se faire à la paume. Lentement, il ouvrit la main. Dans le silence, deux pièces tachées de sang en tombèrent et tintèrent en rejoignant leurs semblables.

Barbossa baissa la tête et écarta les pans de son gilet brodé. Sa chemise crasseuse était percée du trou noir laissé par la balle de Jack. Une tache de sang sombre apparut et imbiba lentement le tissu. Barbossa releva la tête, incrédule, tandis que Jack baissait le bras qui tenait son pistolet encore fumant.

— J'ai froid, murmura Barbossa d'une voix faible. Si froid...

Son regard se troubla et il s'écroula de tout son long dans le tas de pièces d'or, laissant échapper de ses doigts crochus la pomme qu'il n'avait pas lâchée et qu'il ne goûterait jamais.

Au même instant, sur l'*Intrépide*, les pirates retrouvaient soudain forme humaine et s'écroulaient les uns après les autres. Dans la cabine, le gouverneur s'étonna de ne plus sentir la commode danser sous lui. Il ouvrit le tiroir, étouffa un cri en portant une main à sa bouche et referma le tiroir, au bord de la nausée.

Sur le pont, interloqués, les pirates survivants se regardaient et contemplaient la lune. Puis, comprenant, un à un, ils lâchèrent leurs armes. Ragetti profita de ce calme pour ramasser son œil de bois et le remettre en place après l'avoir épousseté. Il se releva et se retrouva nez à nez avec les baïonnettes des soldats.

— Pourparlers ? hasarda Pintel avec un sourire forcé.

— Ce navire est à nous, mes amis, dit le commodore Norrington, son épée encore ensanglantée à la main.

Les soldats poussèrent un cri de victoire.

— Par tous les saints, dit le gouverneur en sortant enfin de sa cabine, rassuré, pour se joindre à l'enthousiasme général et en profiter pour narguer impunément ces pirates désormais réduits à l'impuissance.

Dans la caverne, Élisabeth contemplait pensivement l'amoncellement de joyaux où gisait le cadavre de Barbossa. Will vint la rejoindre et elle se retourna. Les deux jeunes gens se dévisagèrent, incapables de prononcer un seul mot. Un fracas les fit sursauter. Jack était en train de faire le tri dans les trésors qu'il balançait les uns après les autres avec agacement.

— Nous devrions retourner sur l'*Intrépide*, dit enfin Élisabeth pour briser ce silence gêné.

— Votre fiancé aimerait vous savoir saine et sauve, répondit Will après une hésitation. Élisabeth hocha la tête et se détourna en ravalant ses larmes.

Jack, qui avait fait son choix, arriva derrière Will, une couronne resplendissante de pierreries posée de travers sur son crâne, un gobelet d'or à la main, une besace débordante sous le bras, et plus de colliers de perles au cou qu'aucune princesse n'en avait jamais portés en même temps.

— Si tu voulais attendre le bon moment pour lui parler, commença-t-il, c'était là.

Et sur ces mots, il planta Will en lançant :

— Est-ce que tu peux avoir l'extrême obligeance de me raccompagner sur mon navire ?

Élisabeth, Jack et Will montèrent dans une chaloupe et se mirent en route. Mais quand ils atteignirent l'entrée de la caverne, Jack s'aperçut que le navire avait disparu. Il scruta l'horizon en vain.

— Je suis navrée, Jack, tenta de le consoler Élisabeth, tandis qu'il contemplait d'un air désolé la mer vide d'où avait disparu ce *Black Pearl* qu'il désirait tant.

— Ils ont fait ce qu'ils croyaient devoir faire, répondit Jack, fataliste et conscient qu'il allait bientôt rencontrer le bourreau de Fort Charles. On ne peut pas en demander plus que ça.

# 25

Les roulements des tambours résonnèrent entre les murailles du Fort Charles. Un splendide soleil brillait dans le ciel, et ma foi, c'était une bien belle journée pour mourir. La chance de Jack avait finalement semblé lui faire défaut : impassible, le pirate, les mains liées devant lui, attendait sur le gibet devant le nœud coulant.

— Jack Sparrow..., commença un officier de justice en déroulant un parchemin.

Au pied de la potence, la foule des habitants de Port Royal, rassemblée pour assister à l'exécution, mit ses mains en visière pour mieux voir le plus terrible pirate que les Caraïbes avaient jamais connu.

Sur les marches, derrière les spectateurs, avaient pris place comme il se devait les officiers, ainsi que le gouverneur Swann en grande tenue, le commodore Norrington en uniforme d'apparat, et Élisabeth, vêtue d'une élégante robe crème à ramages lie-de-vin et coiffée d'un petit chapeau fleuri. Tous observaient la scène d'un air grave.

— CAPITAINE..., corrigea à mi-voix Jack, agacé, en levant les yeux au ciel. CA-PI-TAINE Jack Sparrow !

— ... La cour proclame qu'on vous a inculpé, jugé et condamné, pour avoir sciemment commis des crimes contre la Couronne.

Un homme drapé d'une cape rouge et portant un chapeau orné d'une splendide plume et au rebord baissé sur les yeux se faufila dans la foule. C'était Will Turner.

— ... Lesdits crimes étant divers et nombreux, continuait l'officier, et de sinistre nature. Les plus insignes d'entre eux étant cités ci-après : piraterie, contrebande...

Tandis que l'homme énumérait les chefs d'accusation, chacun ponctué d'un roulement de tambour, Élisabeth secouait la tête, impuissante.

— C'est injuste, s'indigna-t-elle.

— Le commodore Norrington y est tenu par la loi, lui fit observer sentencieusement son père en évitant son regard, tandis qu'Élisabeth le foudroyait. Comme nous le sommes tous.

Certes, Jack avait risqué sa vie pour la sauver, et l'avait risquée de nouveau pour sauver l'équipage de Sa Majesté. Mais aux yeux de son père, la loi était la loi, et aux yeux de la Couronne, Jack l'avait enfreinte. Norrington se contenta de baisser la tête.

— ... Et également pour s'être fait passer pour un officier de la Marine anglaise, pour un officier de la Marine royale espagnole, continuait l'officier judiciaire, et pour un ecclésiastique de l'église d'Angleterre.

— Ah oui, fit Jack, ravi de ce souvenir.

— ... avoir arboré des pavillons de complaisance...

Jack fit un petit signe amical au bourreau barbu et ventripotent vêtu d'un gilet de cuir et coiffé d'une cagoule qui attendait à côté de lui.

— ... enlèvements, pillages, braconnages, brigandages, poursuivait l'officier.

Un oiseau jaune et bleu apparut brusquement dans le ciel en caquetant. Ceux qui avaient fréquenté les hommes de Jack auraient reconnu immédiatement le perroquet de Cotton, qui alla se poser au sommet de la perche où flottait l'étendard de la flotte de Sa Majesté. Et une fois installé, il se soulagea généreusement sur l'épaule du porte-drapeau.

Agacé, le soldat secoua la perche pour déloger l'oiseau.

— Mais non, voyons, dit son compagnon. Ça porte chance.

Et, ravi de sa méchante blague, il leva à son tour le nez vers le drapeau, comme pour remercier l'oiseau de son mauvais tour, et eut droit à un second service.

— ... maraudes, dépravation, déprédations et troubles de l'ordre public, énumérait toujours l'officier.

Will leva les yeux vers l'oiseau. C'était un signal. Il fit un petit signe discret à Jack et s'éclipsa discrètement pour gagner les marches où attendaient Norrington, le gouverneur et Élisabeth.

— ... Et pour ces crimes, vous avez été condamné à être, ce jour, pendu haut et court jusqu'à ce que mort s'ensuive. Puisse Dieu avoir pitié de votre âme, acheva enfin l'officier.

— Gouverneur Swann, salua Will. Commodore... Élisabeth. (La jeune fille baissa timidement les yeux vers lui.) J'aurais dû vous le dire chaque jour, depuis le premier jour. (Élisabeth sentit les larmes lui monter aux yeux.) Je vous aime.

Stupéfaits, le commodore et le gouverneur se tournèrent vers la jeune fille. Élisabeth fixa sans répondre Will, qui tourna les talons, s'élança et se perdit de nouveau dans la foule.

Rassuré, le gouverneur reprit sa posture officielle.

Les roulements des tambours se firent continus, annonçant le moment capital. Le bourreau passa la corde autour du cou de Jack qui se laissa faire en souriant.

Le perroquet s'envola brusquement, attirant l'attention d'Élisabeth, tandis que Will fendait la foule en direction de l'échafaud.

— Fusiliers ! commanda Norrington tandis qu'Élisabeth étouffait un cri.

— Je ne peux plus respirer, fit-elle en papillonnant des paupières.

Et sur ces mots, elle défaillit et se laissa choir.

Norrington et le gouverneur se retournèrent.

— Élisabeth ! s'écria son père en ôtant son tricorne emplumé pour l'éventer.

Pendant ce temps, Will dégainait son épée et bousculait l'assistance. Alors que le gouverneur continuait de tenter de ranimer sa fille, celle-ci rouvrit brusquement les yeux et poussa un petit cri. Le bourreau tira sur le levier déclenchant la trappe et Jack tomba dans le vide en serrant les dents.

Au même instant, Will lança son épée qui alla se ficher sous la plate-forme. Jack atterrit de justesse sur la lame, tandis que Will se précipitait sur le gibet et que le bourreau s'apprêtait à achever sa sinistre besogne en levant sa hache. Will dégaina sa seconde épée et dévia le coup. Les deux hommes se mirent à lutter tandis que Jack s'efforçait de garder son équilibre précaire sur la lame en roulant des yeux effarés.

Les cris redoublèrent dans la foule alors que les fusiliers accouraient à la rescousse, Norrington à leur tête. Le bourreau parvint à désarmer Will, mais son coup de hache, emporté par son élan, coupa malencontreusement – mais heureusement pour un certain Jack en bien mauvaise posture – la corde qui retenait le pendu. Jack s'affala sous l'échafaud au moment où Will se jetait sur le bourreau et le précipitait dans la foule, où il s'effondra sur Norrington et une demi-douzaine de ses hommes.

Jack en profita pour cisailler ses liens sur la lame de l'épée, sortit de sous l'échafaud au moment où Will en sautait, et lui lança la corde au bout de laquelle il avait failli connaître ses derniers instants.

Ensemble, les deux hommes s'élancèrent, la corde tendue entre eux, pour cueillir trois soldats qui se jetaient sur eux et les culbuter. Trois autres connurent le même sort sur les marches, et les deux suivants tâtèrent du poing de Will, qui valait bien sa lame. Puis les deux complices coururent jusqu'au parapet et, acculés, se réfugièrent derrière un pilier, et là... Une vingtaine de fusils, baïonnettes au canon, les accueillirent.

Norrington s'approcha, ivre de rage, et pointa son épée sur la gorge de Will, pendant que Jack restait prudemment derrière son compagnon.

— Je me doutais bien que nous aurions à souffrir une tentative d'évasion intempestive, dit-il froidement, tandis que Jack repoussait délicatement les baïonnettes un peu trop proches de lui à son goût. Mais pas de votre part.

— En regagnant Port Royal, je vous ai accordé

ma clémence, ajouta gravement le gouverneur en les rejoignant. Et c'est ainsi que vous me remerciez ? En vous associant à cet homme ? C'est un pirate ! s'indigna-t-il.

— Et un homme de bien, répondit Will en lâchant enfin son arme. (Derrière lui, Jack se rengorgea et se tourna vers les soldats en se frappant la poitrine de l'index pour qu'aucune méprise ne soit possible : c'était bien de lui qu'il était question !) Si aujourd'hui, au lieu d'une seule, le bourreau reçoit deux paires de bottes grâce à moi, qu'il en soit ainsi. Au moins, je mourrai la conscience tranquille.

Élisabeth, qui ne perdait pas une miette de cet échange, regarda son père, qui restait impassible.

— Vous oubliez votre place, Turner, grinça Norrington, les dents serrées, avec un regard mauvais.

— Elle est ici, répliqua Will d'un ton de défi. Entre vous... et Jack !

N'y tenant plus, Élisabeth prit son courage à deux mains et s'avança pour se placer à côté du jeune homme en lui prenant la main.

— Comme la mienne.

— Élisabeth..., fit Norrington qui n'en croyait ni ses yeux ni ses oreilles.

— Baissez tous vos armes, ordonna le gouverneur, affolé. Par tous les saints ! Baissez vos armes !

Lentement, les soldats obéirent.

— C'est donc vers cet homme, commença le

commodore d'une voix tremblante, que balance votre cœur.

— En effet, répondit Élisabeth avec aplomb.

Norrington baissa la tête. Jack leva les yeux et aperçut de nouveau le perroquet bleu et jaune qui quittait le rempart où il s'était perché.

— Bien, fit-il soudain d'un air terriblement occupé en quittant sa place pour venir se planter aux côtés des deux tourtereaux. Je dois dire que tout cela me semble très plaisant. (Il s'avança en se dandinant jusque sous le nez du gouverneur qui fronça le nez, incommodé.) Je crois qu'on a fait des progrès... spectaculaires, hein ? spirituels ? œcuméniques ? grammaticaux ? (Il laissa le gouverneur et alla tambouriner de l'index sur la poitrine galonnée de Norrington.) Et je veux que tu saches que je t'ai toujours soutenu, l'ami, déclara-t-il le plus sérieusement du monde. Ce n'est pas une blague, ajouta-t-il en reculant.

Il s'apprêtait à partir, quand il s'arrêta auprès du couple.

— Élisabeth... Ça n'aurait jamais marché entre nous, chérie. (Élisabeth le regarda, interloquée.) J'en suis navré, poursuivit Jack en secouant la tête d'un air désolé. (Il avança encore de quelques pas vers les remparts, puis il se retourna.) Will ? Le chapeau... (Will le regarda sans comprendre.) Magnifique ! lança-t-il avant de sauter d'un pas léger les quelques marches menant aux créneaux, tandis que

Norrington et ses soldats se précipitaient, effarés. Mes amis ! annonça-t-il avec un geste théâtral, une main appuyée sur un pilier. Que ce jour reste dans vos mémoires comme celui où vous avez FAILLI me...

Et il n'eut pas le temps d'achever, ni Norrington de le rattraper : en reculant, il trébucha sur le créneau et tomba à la renverse du haut des remparts. Tous se précipitèrent et se penchèrent pour voir Jack Sparrow disparaître dans les flots une centaine de pieds plus bas.

— Quel idiot ! ironisa le lieutenant Gillette. Il ne pourra pas échapper à la corde.

Au même instant, Jack ressortit entre les vagues et recracha une goulée d'eau.

— Bateau en vue ! cria une sentinelle du haut des murailles.

Jack se retourna en souriant. Sortant de derrière les falaises venait d'apparaître le *Black Pearl*, toutes voiles au vent. Sans plus attendre, il nagea vers le bateau.

— Vous avez un plan ? demanda Gillette à Norrington. (Celui-ci ne répondit pas.) Commodore ?

Le gouverneur vint à son secours :

— Peut-être, déclara-t-il, que dans les rares occasions où la poursuite d'une juste cause impose un acte de piraterie, la piraterie elle-même peut devenir une juste cause...

Le commodore hocha la tête avec un sourire forcé et contempla le large.

— Monsieur Turner ? appela-t-il.

Élisabeth et Will, qui étaient tous les deux de l'autre côté du pilier, tressaillirent. La jeune fille leva vers lui un regard angoissé.

— Je vais assumer les conséquences de mes actes, lui dit Will avant de descendre les quelques marches pour rejoindre Norrington.

Le commodore dégaina son épée.

— C'est une épée magnifique, observa-t-il en examinant la lame que Will lui avait forgée peu de temps auparavant. Je souhaite que l'homme qui l'a forgée fasse preuve d'autant de précision et de dévouement dans tous les aspects de sa vie. Tous mes compliments.

— Merci, répondit simplement Will.

Le commodore hocha la tête et tourna les talons, suivi de ses hommes, puis il se ravisa.

— Oh, mademoiselle Swann, l'appela-t-il. Je vous souhaite à tous deux beaucoup de bonheur.

Émue par cette générosité que dissimulait une façade si sévère, Élisabeth le remercia d'un sourire.

— Commodore ! l'appela Gillette du haut des marches. Que devient Sparrow ? Devons-nous préparer l'*Intrépide* ?

— Je crois que nous pouvons nous permettre de lui laisser une journée d'avance, répondit Norrington, magnanime.

Et sur ces mots, il quitta les remparts, suivi de ses hommes, laissant Gillette perplexe.

— Alors ? demanda le gouverneur, bon enfant, à Élisabeth. C'est là le chemin que tu as choisi ? (Pour toute réponse, Élisabeth dévora Will du regard.) Après tout, sourit son père, c'est un forgeron...

— Non, dit langoureusement Élisabeth sans quitter son amoureux du regard. (Doucement, elle ôta à Will son chapeau.) C'est un pirate ! sourit-elle.

Le gouverneur, sentant que sa présence n'était plus nécessaire, s'éclipsa discrètement avec un sourire bienveillant, tandis qu'Élisabeth embrassait fougueusement celui qu'elle aimait depuis ce jour de brouillard où son père le lui avait confié.

Au large des falaises de Port Royal, les marins du *Black Pearl* lancèrent à la mer une corde que Jack attrapa et que tous tirèrent pour le hisser jusque dans la voilure. Il retomba dans une gerbe d'éclaboussures sur le pont, où Gibbs vint l'accueillir avec un sourire rayonnant.

— Je croyais t'avoir demandé d'appliquer le Code ! lui reprocha Jack d'un air excédé.

— Mais on s'est dit que c'était rien d'autre qu'une sorte de... de guide, en fait, répondit Gibbs tandis que l'équipage les rejoignait.

Gibbs tendit la main à Jack et l'aida à se relever. Cotton lui rendit son précieux tricorne de cuir.

— Ah, merci, dit cérémonieusement Jack en s'en coiffant.

— Capitaine Sparrow, le héla AnaMaria depuis le gouvernail. (Jack se retourna.) Le *Black Pearl* est à vous, dit-elle en descendant et en drapant sa chère redingote sur ses épaules.

En souriant, Jack se dandina jusqu'à la barre et la caressa amoureusement. Soudain, il fronça les sourcils et jeta autour de lui des regards soupçonneux.

— Au travail, tas de chiens galeux ! brailla-t-il.

Les hommes s'ébranlèrent et coururent à leur poste.

— En avant, toutes voiles dehors ! beugla Jack en reprenant le gouvernail. En route, murmura-t-il en souriant, le regard perdu vers le large. Offrez-moi cet horizon.

Doucement, il sortit son précieux compas et le consulta en fredonnant :

*Yo ho, yo ho, trinquons mes jolis...*

Livre II

# Le secret du coffre maudit

# 1

La nuit teintait de noir les eaux saphir de la mer des Caraïbes. À moins d'une encablure de la côte, luisant dans la clarté lunaire, un étrange navire se balançait doucement, semblant attendre quelque chose ou quelqu'un...

Ses voiles claquaient doucement sous la brise tiède et ses câbles grinçaient. Plus d'un malchanceux équipage s'était signé de terreur en le voyant surgir du brouillard, lors de nuits de pleine lune, brandissant haut et fier ses voiles noires et déchiquetées, telles les ailes d'un oiseau de proie.

Seul réveillé sur le pont éclairé par une unique lanterne, un homme d'une cinquantaine d'années, immobile et massif, au visage encadré de longs favoris, scrutait l'obscurité d'un regard calme et déterminé en écoutant ces bruits qui berçaient chacune de ses nuits. Bateau et équipage attendaient leur capitaine, le célèbre Jack Sparrow.

Jack Sparrow était le pirate le plus rusé qui ait jamais sillonné la mer des Caraïbes. Il était aussi le plus enjoué, appliquant au pied de la lettre cette devise des pirates : « Une vie courte et joyeuse », qu'ils n'avaient en général aucun mal à observer, surtout en ce qui concernait la première partie de la proposition.

Le capitaine Jack Sparrow se trouvait à terre depuis un certain temps déjà, pour une affaire mystérieuse dont l'équipage du *Black Pearl* ignorait totalement les tenants et les aboutissants. Ils supposaient qu'il s'agissait d'un trésor, d'un butin à conquérir – puisque telle était la raison d'être de leur profession – mais en fait, ils n'en savaient rien et Gibbs, qui connaissait bien son capitaine, ne se sentait pas tout à fait à son aise. Il lui semblait que quelque chose préoccupait Jack depuis quelque temps. Il avait même cru lire de l'inquiétude dans ses yeux, lui qui pourtant n'avait jamais peur de rien. Comme si un fantôme était à ses trousses... Malgré cela, l'équipage du *Black Pearl* – comme tout digne équipage de ce temps-là – faisait une entière confiance à son capitaine. Ce n'était pas une confiance aveugle puisqu'ils l'avaient élu pour ses qualités de chef avisé.

Certes, le capitaine (comme le cuisinier et le chirurgien) recevait une demi-part de butin en plus que le reste de ses hommes, mais il combattait toujours à leurs côtés, et sa table était ouverte à tous, le principe d'égalité allant même jusqu'à permettre à un pirate de lui demander de lui céder son plat, s'il jugeait que son capitaine avait été mieux servi que lui. Et surtout, en dehors des abordages où il donnait seul les ordres, toutes les autres décisions étaient prises collectivement lors d'assemblées générales. Les règles de partage de butin, les principes de vie commune et les procédures de pourparlers étaient écrits noir sur blanc dans un Code de conduite établi par les pirates Morgan et Bartholomew, que les hommes juraient sur la Bible ou sur une hache de respecter : c'était ce qu'on appelait la chasse-partie. On y prévoyait même des indemnités en cas de dommage corporel : cent écus pour un œil perdu, deux cents pour une jambe !

Pour tromper son attente, Gibbs se mit à chanter. C'était une de ces chansons de pirates que les hommes entonnaient pour se donner du cœur, quand ils avaient trop faim, trop soif, ou que leur dure vie les accablait, comme il arrivait parfois... Sa voix au timbre grave se perdait dans les ténèbres :

*Quinze hommes sur le coffre d'un homme mort*
*Yo ho ho*
*Et une bouteille de rhum !*

Cela faisait une dizaine d'années que Gibbs était le maître d'équipage du *Black Pearl*. Il avait eu auparavant le même grade dans la Marine royale anglaise, puis il s'était produit comme un tournant dans sa carrière, cas assez exceptionnel pour un officier. En effet, c'était plutôt les simples matelots qui fuyaient ces bagnes flottants où, seuls maîtres à bord, le capitaine et son second n'avaient que mépris pour leur équipage, qui n'était pour eux que de la chair à canon. Des autres, la boisson et le diable se sont chargés...

*Yo ho ho*
*Et une bouteille de rhum !*

Comme pour illustrer sa chanson, Gibbs porta la bouteille à ses lèvres et en avala une goulée. Puis, d'une démarche titubante, il rejoignit le bastingage en évitant tant bien que mal les membres d'équipage, endormis ou ivres morts, qui jonchaient le pont du *Pearl*. Rejetant sa tête en arrière, Gibbs reprit une lampée de ce bon rhum, denrée de première nécessité pour un pirate. Son regard se leva vers le ciel. Un vol de corbeaux tournoyait audessus du grand mât, comme pour rivaliser avec les voiles luisantes du navire. Il les vit soudain se disperser et partir à tire-d'aile rejoindre une escadrille de corbeaux qui se dirigeait vers la côte.

Gibbs les regarda se poser sur la haute muraille de pierre qui dominait la falaise abrupte. C'était la muraille d'une prison, celle où s'était laissé enfermer Jack, et d'où il sortirait peut-être cette nuit...

Gibbs avait confiance. Jack était un habitué des prisons. Celle de Port Royal, sur l'île de la Jamaïque, n'avait plus de secret pour lui. En grand connaisseur, Jack savait que chaque prison a sa faille. Celle de Port Royal avait son chien, qui gardait le trousseau de clefs des cellules dans sa gueule et qu'il ne lâchait jamais... sauf si on faisait preuve d'une extrême habileté. La prison de l'îlot où moisissait en ce moment Jack avait, elle aussi, son talon d'Achille. Paradoxalement, celui-ci résidait dans le sinistre fait que quiconque avait le malheur d'y entrer n'en ressortait que les pieds devant...

Gibbs se mit à considérer pensivement les corbeaux qui, maintenant, tournaient en cercle au-dessus des créneaux de la prison. Allait-il voir son capitaine s'élever dans le ciel en s'accrochant à leurs pattes ? Rien n'était impossible à Jack Sparrow. Ne s'était-il pas échappé de cette île où Barbossa et ses mutins l'avaient abandonné après lui avoir volé le *Black Pearl*, en se servant comme d'un radeau de tortues de mer, qu'il avait assemblées avec des cordages tressés avec les poils de son dos ? Si Gibbs avait déserté pour se faire pirate, c'était certes pour l'aventure, la solidarité, le gain... Oui, mais pas seulement. Vivre aux côtés de Jack Sparrow était une surprise de chaque instant.

Le maître d'équipage n'était pas le seul à entendre les cris sinistres des corbeaux. En ce moment même, un nouveau prisonnier, couvert de chaînes, faisait son entrée dans la forteresse de pierre. Il était traîné par deux gardes, que ses gémissements de douleur laissaient insensibles. Le pauvre homme tentait de résister mais à chacun de ses efforts, les fers lui entaillaient un peu plus profondément la chair. Dans l'humidité du cachot, celle-ci aurait bien du mal à cicatriser.

Mais cet infortuné captif, qui aurait préféré ne jamais entrer là, ne savait pas qu'il devait surtout craindre d'en sortir. La seule sortie était à l'autre bout : la falaise. Il n'y avait pas d'autre issue. Et pas de parachute non plus. Quant aux pattes des corbeaux, seul un Jack Sparrow pouvait prétendre à ce genre d'exploit...

Cette nuit-là, six candidats attendaient leur sortie, allongés dans leurs cercueils. Ils n'étaient pas tous morts de la veille, loin de là. Il y en avait même un qui pourrissait depuis des mois, avec cette patience infinie que l'on acquiert quand on a l'éternité devant soi. Portant des lampes tempête, une douzaine de gardiens soulevèrent les cercueils, les posèrent sur un chariot de bois puis, empruntant le chemin de garde, ils s'approchèrent du bord de la muraille. En bas, la mer semblait gronder avec une impatience féroce. Les cercueils furent brièvement déposés sur le rempart pour une rapide oraison funèbre, puis les caisses et leurs occupants furent précipités du haut du mur, d'où ils s'abîmèrent dans un éclaboussement retentissant.

Gibbs se signa respectueusement. Depuis qu'il attendait Jack, c'était la première fois qu'il assistait à la sortie des prisonniers.

Après s'être enfoncés dans l'eau, les cercueils remontèrent à la surface et se mirent à flotter en s'éloignant de la rive : flottille cauchemardesque en partance pour l'enfer... Deux des boîtes en sapin qui s'étaient enfoncées plus profondément que les autres coulèrent lentement dans la mer noire. Si on en croyait la légende, ils rejoindraient Davy Jones, le Vieux de la mer, diable des profondeurs, qui recueillait les noyés.

C'est alors que l'un des corbeaux quitta son perchoir sur le mur de la prison et, piquant dans le vide, plongea vers l'un des cercueils sur lequel il se posa.

Il commença à en frapper le couvercle de son bec avec un rythme régulier. Que voulait donc ce corbeau déplumé à cet humble cercueil ? Y avait-il dedans pitance dont il voulait se repaître ? Toujours est-il qu'il tapait et tapait sans se lasser. Ses coups réguliers se mêlaient aux croassements, au clapotis des vagues, et au claquement du vent dans les voiles du *Black Pearl*...

Gibbs trouvait que le manège de ce corbeau était extrêmement irritant et il n'était pas le seul. L'individu enfermé entre ces quatre planches était bien de cet avis. À tel point que, soudain, un coup de feu partit de l'intérieur du cercueil, envoyant le corbeau voler dans un nuage de plumes noires. Un bras sortit de l'orifice percé dans le bois, une main tâtonna au-dehors, trouva le loquet et l'ouvrit. Alors, le couvercle se rabattit et le capitaine Jack Sparrow jaillit du cercueil comme un diable à ressort.

# 2

Le capitaine était revêtu de son costume habituel : des vêtements bien patinés par le temps, des bottes hautes avec rabat, qui lui montaient jusqu'aux genoux, et son fameux bandana rouge, orné de pendeloques et de médailles, d'où s'échappaient des mèches de cheveux noirs tressés de perles. Comme tout marin, sa denture n'était pas des plus brillantes, quoique dans la lumière de la lune, ses dents en or étincellent d'un éclat indéniable.

Jack n'avait pas l'air le moins du monde troublé de se trouver dans un cercueil, en pleine nuit, sur la mer. Il respirait à pleins poumons ce bon air du large, dont il avait été privé depuis trop longtemps.

Soudain, ses yeux s'écarquillèrent, comme s'il se souvenait de quelque chose, et il se mit à fouiller frénétiquement son cercueil. Son angoisse semblait à son comble, jusqu'à ce qu'il mît la main sur ce qu'il cherchait. Une expression d'intense soulagement détendit ses traits. Son chapeau ! Il avait tellement eu peur de l'avoir perdu...

Satisfait, Jack se le remit coquettement sur la tête, bien à sa place, un peu de biais, mais pas trop, avec juste ce qu'il fallait d'angle avantageux. Le pirate respirait à nouveau à son aise. Non loin de là, il apercevait son cher *Black Pearl*, dont la proue sculptée représentait une femme tenant un oiseau. Jack portait sur le bras gauche un tatouage qui lui répondait : un oiseau volant dans le soleil, au-dessus des flots. C'était cela que lui procurait un navire de la trempe du *Black Pearl* : un profond sentiment de liberté. Jack était prêt à faire des séjours en prison, si c'était le prix à payer pour pouvoir voguer à bord de son navire, avec un abordage de temps en temps pour se ravitailler et avoir de quoi se distraire lors des escales à Tortuga. Le capitaine se lissa pensivement la moustache puis, frappé d'une idée, il se pencha sur l'intérieur de son cercueil. Après s'être signé religieusement, il se mit à le fouiller une nouvelle fois.

— Désolé, camarade, s'excusa-t-il avec un sourire sardonique. Nécessité fait loi !

Ayant prononcé ces bonnes paroles, Jack se mit

à tirer énergiquement sur quelque chose qui semblait lui opposer une certaine résistance. Il tira, secoua, tira encore et, tout à coup, clac, le fémur de la personne qui occupait officiellement le cercueil se détacha. Quelques lambeaux de muscle desséchés adhéraient encore à l'os, ce qui n'était pas sans rappeler à Jack les morts-vivants de l'équipage du traître Barbossa.

Le capitaine brandit l'objet avec satisfaction. C'était long et solide et, surtout, c'était mieux que rien. Plongeant son aviron improvisé dans l'eau, il commença à ramer. Enveloppé par l'obscurité de la nuit, son navire semblait l'attendre sur l'onde tranquille. Mais, tout en ramant, Jack jetait des regards inquiets autour de lui en se demandant si ces eaux étaient vraiment si tranquilles que ça...

Sur le pont du *Black Pearl*, l'équipage, alerté par Gibbs qui venait d'apercevoir une silhouette coiffée d'un tricorne, fut rapidement sur le pied de guerre. D'autres lanternes furent allumées, ainsi que quelques flambeaux, qui donnèrent au *Black Pearl* l'air de sortir tout droit de l'enfer. Gibbs commençait à distinguer nettement son capitaine, en train de ramer dans un... cercueil, à l'aide d'un... fémur. Il n'était pas plus étonné que cela.

— Alors, ça ne s'est pas passé comme prévu ? lança-t-il quand Jack arriva en bas de la coque.

— Je reconnais qu'il s'est produit certaines

complications, répondit le capitaine en lançant le fémur, devenu inutile, par-dessus bord. Mais j'ai découvert que, si on sait demander, on trouve toujours quelqu'un pour nous donner un coup de pouce. Ou de main. Disons plutôt… de jambe !

Deux marins s'approchèrent du bastingage. Ils répondaient aux noms de Marty et de Leech. À l'aide d'une corde, ils aidèrent Jack à grimper à bord. Marty était un vieux loup de mer, bas sur pattes et trapu. Quant à Leech, avec ses yeux fous et son aspect effrayant, il était loin d'être le compagnon que Jack préférait.

Cotton s'avança à son tour, son perroquet perché sur l'épaule. Ce vieux marin au visage buriné, coiffé de son éternel bandana bleu qui le protégeait des éclats de bois quand les boulets de canon pleuvaient lors des abordages, avait eu jadis la langue coupée, ce qui n'était pas très commode pour parler. Couper la langue, les oreilles ou le nez des prisonniers était une pratique fort courante à l'époque. Mais Cotton avait trouvé la solution : son perroquet parlait à sa place.

— Je ne suis pas de cet avis, répondit Gibbs en secouant la tête. Il vaut mieux ne compter sur personne. Et la meilleure façon de ne jamais se tromper est de considérer que tous les hommes sont des coquins !

— Je dois admettre, monsieur Gibbs, que, dans

la plupart des cas, votre façon de voir fait gagner du temps, approuva Jack avec un soupir ostensible.

Le capitaine se disait au fond de lui que c'est ce que les autres devraient faire à son égard, s'ils étaient malins. Comme il aimait à le répéter, on pouvait toujours faire confiance à la malhonnêteté d'un malhonnête.

Il suivit un instant des yeux son embarcation de fortune qui dérivait déjà vers d'autres destinations puis, sans s'occuper de personne, il s'éloigna vers le château avant. Tout en marchant, il déroulait une bande de tissu qu'il avait cachée dans sa manche. C'était pour se procurer ce petit morceau de toile que Jack avait séjourné dans cette prison. Une fois n'est pas coutume, il s'y était rendu volontairement, ce qui n'était pas très compliqué, car s'il y avait bien un endroit au monde où Jack était accueilli à bras ouverts, c'était dans ce genre d'établissement. Il se trouvait que l'un des bagnards de cette forteresse possédait un document de première importance, et c'était ce document que Jack examinait à présent avec attention. Mais Leech eut tôt fait de rattraper le capitaine. Comme tous les hommes à bord, il brûlait d'avoir des nouvelles du nouveau trésor dont Jack avait trouvé la piste.

Celui-ci s'arrêta, exhibant fièrement sa trouvaille.

— C'est ça que tu es allé chercher ? lui demanda l'autre d'un air peu enthousiaste.

Mais Jack n'était pas pressé de dire à son équipage tout ce qu'il savait.

— Oui, fit-il laconiquement, mais je n'ai pas encore eu le temps d'estimer précisément ce qu'on peut en tirer.

C'est alors qu'à ce moment-là, un petit singe se lança du gréement du bateau et atterrit devant Jack en poussant des piaillements assourdissants. Rapide comme l'éclair, il se saisit du rouleau de toile, qu'il emporta avec lui dans les haubans.

Jack leva son pistolet. Il eut une grimace de dégoût. L'animal venait de passer dans un rayon de lune, révélant du même coup sa vraie nature. En effet, bien que vivant, le macaque était en état de décomposition avancée. Son nez était réduit à deux trous, des squames se détachaient de son menton, des duvets de poils étaient collés sur son crâne blanc et, malgré la jaquette en velours qu'il portait pardessus sa chemise blanche, il semblait fait de viande séchée et d'os. Pour tout dire, c'était un mort-vivant, le dernier représentant de la bande de Barbossa, son précédent maître. Tous les membres de l'équipage maudit avaient été délivrés de leur sort, quand la dernière pièce du trésor aztèque avait été restituée. Tous, sauf un, ce macaque, qui avait cru judicieux de dérober une des pièces du coffre, juste avant de quitter l'île. Par sa faute, toutes les prises que les pirates amassaient dans cette grotte depuis des années avaient été englouties par les flots.

À présent, presque tous ces marins maudits étaient morts – vraiment morts –, puisque la malédiction avait été levée au moment précis où certains se prenaient un sabre en travers du corps, une balle dans la tête ou le cœur, tel Barbossa, tué par Jack en personne. Les deux seuls survivants croupissaient dans la prison de Port Royal. Quant à cet affreux macaque, pour ne rien arranger, son défunt maître lui avait donné le nom de Jack, histoire d'humilier encore plus celui qu'il avait condamné à une mort certaine...

Pour toutes ces raisons et d'autres encore, Jack haïssait l'animal, qui le lui rendait bien. Il dégaina son pistolet, mit le singe maudit en joue, puis appuya sur la détente. Mais le chien de l'arme cliqua dans le vide : la charge avait déjà servi sur le corbeau de malheur, tout à l'heure. Se saisissant aussitôt d'un pistolet à la ceinture d'un de ses hommes, Jack tira à nouveau. Cette fois, il fit mouche. Touché, le singe laissa échapper la pièce de toile mais, l'instant d'après, il recommençait à grimper en grimaçant et en ricanant de triomphe.

— Vous savez pourtant que ça ne sert à rien, dit Gibbs au capitaine en désignant le pistolet.

Jack haussa les épaules.

— Ça m'entraîne à tirer.

Il soupira.

— Pourquoi diable fallait-il que ce macaque

dépourvu d'entrailles survive à l'île de la Muerta ? grommela-t-il.

Marty, qui s'était précipité pour rattraper le bout de tissu avant qu'il ne soit emporté par le vent, se mit à l'examiner d'un air sceptique. Les autres membres d'équipage l'avaient rejoint. Le pirate tournait et retournait entre ses doigts le bout de tissu, sur lequel on pouvait voir un dessin fort curieux.

— C'est une... clef ? demanda-t-il en faisant un petit clin d'œil complice à Jack.

— Mieux que ça, répondit Jack en dressant l'index d'un air professoral. C'est le dessin d'une clef.

Tous les regards se firent perplexes. Comme un seul homme, l'équipage se tourna vers Gibbs, dont il espérait une explication. En tant que second, celui-ci avait un rôle de contre-pouvoir sur le bateau. Lui aussi était élu. Lui aussi recevait une part et demie de butin. Après s'être éclairci la gorge, il prit la parole au nom de tout l'équipage.

— Mon capitaine, dit-il, je crois que l'équipage, dont je fais aussi partie, s'attendait à ce que vous rapportiez quelque chose d'un peu plus... concret. Après tout ce que nous avons enduré... L'île de la Muerta, où les choses n'ont pas si bien tourné que ça...

— Simple et regrettable caprice de la fortune ! commenta Jack, qui gardait plutôt un bon souvenir de cette île, où il avait vaincu Barbossa, avant de récupérer le *Black Pearl*.

Entre les deux, il y avait eu, certes, un épisode moins glorieux, où il avait failli finir au bout d'une corde, mais l'important, n'est-ce pas, était d'avoir récupéré le *Black Pearl*...

— ... et puis après tous ces mois passés à fuir avec les Anglais à nos trousses ! continua Gibbs. Quand je pense à ce fichu Norrington, qui nous a poursuivis sur les sept mers... Je me demande encore comment on a fait pour lui échapper.

— Contingence inévitable dans une vie de boucanier, répondit Jack en balayant la plainte d'un revers de la main.

Mais Gibbs n'en avait pas encore fini :

— Des hommes nous ont quittés à chaque escale et il nous semble, à nous autres qui sommes toujours là, que depuis que vous avez échappé à la potence, nous n'avons pu exercer notre bonne et honnête piraterie.

Jack se tourna vers son équipage, prêt à affronter les critiques.

— Est-ce là aussi votre opinion ? demanda-t-il. Trouvez-vous que votre capitaine sert mal vos intérêts ?

À ces mots, tous les hommes se mirent à se dandiner d'un air gêné. Aucun n'osait prendre la parole. Jusqu'à ce qu'une voix de crécelle s'élève : celle du perroquet de Cotton.

— Abandonnez le navire ! cria-t-il.

Jack dégaina sur-le-champ.

— Qu'a dit ce cacatoès ?

— Le perroquet de Cotton ne parle pas en notre nom à tous, intervint précipitamment Leech. Son opinion ne regarde que lui. Personnellement, nous trouvons que vous vous en sortez très bien.

— Abandonnez le navire ! cria le perroquet un peu plus fort.

Jack s'apprêtait à liquider l'animal mais, finalement, se ravisant, il remit son arme au fourreau. Ce séjour en prison l'avait rendu un peu irritable. Et s'il n'y avait eu que cela...

— Je constate avec plaisir qu'il y a au moins parmi vous un... homme qui dit ce qu'il pense, déclara-t-il en regardant le perroquet. Je vous remercie, monsieur.

Il replaça son tricorne sur sa tête. Maintenant, il fallait passer aux choses sérieuses. Il était temps de poser les vraies questions.

Tous les hommes regardèrent leur capitaine, pleins d'espoir. Ils éprouvaient un désir forcené de se remplir les poches, afin d'aller les vider ensuite à Tortuga.

— Messieurs, commença Jack, je vous écoute, dites-moi donc : à quoi servent les clefs ?

Les membres d'équipage échangèrent des regards troubles et inquiets. Avec leurs vêtements déchirés, sales et décolorés par le sel, ils n'avaient pas fière allure. L'un avait une jambe de bois, l'autre un œil de verre, et tous avaient les dents abîmées et des ecchymoses partout. Il était temps qu'ils se retapent un peu.

— Elles servent à ouvrir les serrures ? avança Leech avec des yeux brillants.

Jack eut une mimique d'approbation.

— Très bien ! Mais encore ?

— Eh bien, continua Gibbs qui imaginait des coffres remplis d'or, quel que soit le contenant, à l'intérieur il y a quelque chose de précieux. Par conséquent, nous partons chercher ce que cette clef ouvre !

Jack secoua la tête.

— Non. Si nous n'avons pas la clef, nous ne pouvons pas ouvrir ce que ladite clef doit ouvrir. À quoi nous servirait-il donc de trouver ce qui doit être ouvert, si nous n'avons pas d'abord la clef qui permet de l'ouvrir ? Dites-le-moi franchement, bande de calmars d'eau douce !

L'équipage s'agita de plus belle. Mais plus les hommes réfléchissaient, plus tout s'embrouillait dans leur esprit. Seuls, Gibbs et Marty étaient sur la voie d'un début de raisonnement.

— Si je comprends bien, fit le maître d'équipage, nous allons chercher cette clef.

Jack soupira. Bon, il allait le dire autrement...

— À quoi bon avoir une clef si nous n'avons rien

à lui donner à ouvrir ? reprit-il. S'il vous plaît, faites un effort pour suivre !

Ces mots eurent un effet magique sur les hommes, qui prirent l'air soudain tout à fait rassuré. Du moment que Jack comprenait, c'était le principal. C'est pour ça qu'il était le chef.

— Ah, ainsi donc nous avons un point de départ ? fit observer un des hommes avec un regain d'optimisme.

— Voilà ! Tu dis bien ! approuva Jack. Nous avons un point de départ !

Sur ces mots, il se détourna, sortit son compas et l'ouvrit. C'était le même compas qui l'avait conduit à l'île de la Muerta. Jack considéra attentivement l'aiguille aimantée, au centre du cadran de la petite boîte, puis il secoua l'instrument. Toujours aussi perplexe, il l'inclina légèrement, le leva à la hauteur de ses yeux, se pencha de côté puis, soudain, il tendit son bras dans une direction qui semblait relever du hasard le plus absolu.

— On va... par là ! commanda-t-il.

— Mon capitaine ? réagit Gibbs, étonné.

— Je préciserai notre route plus tard, indiqua Jack en leur faisant signe de rejoindre leurs postes.

Mais l'équipage ne bougeait pas. Ce comportement ne ressemblait pas au capitaine Jack Sparrow, qui savait toujours où il allait et ce qu'il fallait faire.

— Maintenant, du nerf, tas de chiens galeux !

gronda Jack. Au boulot ! Hissez haut les voiles ! Envoyez toute la toile !

Et, cette fois, il se dirigea d'un pas ferme et décidé vers sa cabine. Parvenu à la porte, le capitaine se retourna. Le « tas de chiens galeux » était toujours là, immobile, à le regarder. Jack avait eu beau employer son expression la plus affectueuse pour les désigner, cela ne suffisait pas à les rassurer.

— Vous savez ce que vous avez à faire ? lança-t-il avec impatience. Alors, qu'est-ce que vous attendez ?

Et, ouvrant la porte de sa cabine, Jack la claqua derrière lui.

En maugréant, chacun rejoignit son poste pour se préparer à la manœuvre. Marty se glissa vers Gibbs, l'air soucieux.

— Vous ne trouvez pas que, depuis quelque temps, le capitaine est un peu... bizarre ?

Gibbs hocha la tête en soupirant.

— C'est un fait. On dirait que quelque chose le taraude et que ce n'est pas lui qui commande. Je ne pensais pas que cela arriverait un jour à Jack Sparrow...

# 3

Tandis que l'équipage de Jack s'interrogeait sur son comportement encore plus étrange que d'habitude, une femme, que le capitaine connaissait bien, était en pleurs.

Revêtue d'une magnifique robe de mariée en mousseline de soie, que son père avait fait venir spécialement de Londres, elle se tenait dans le jardin qui entourait une petite chapelle, située au bord de la mer, un peu à l'écart du bourg de Port Royal. Un autel avait été dressé en vue d'une célébration en plein air, mais même le prêtre n'était pas là. L'orage tropical qui s'était abattu sur la pointe ouest de l'île de la Jamaïque avait-il donc fait fuir tout le monde ?

Élisabeth Swann – car c'était elle – lâcha son ombrelle et se laissa tomber sur l'herbe. Sur ses joues, ses larmes se mêlaient à la pluie. Des mèches de cheveux mouillés, échappées de son chignon défait, cachaient son visage. Les palmiers ployaient sous la force de l'orage qui se déchaînait, tandis que des trombes d'eau noyaient tous les préparatifs de la noce. Tout autour d'Élisabeth et de l'autel, c'était un désordre de pots de fleurs cassés et de chaises renversées... Et toujours pas de fiancé.

Lentement, la jeune femme se releva et, se tenant la tête dans les mains, entra dans la chapelle pour se mettre à l'abri, en espérant que quelqu'un vienne enfin.

Élisabeth n'espérait pas en vain. Quelqu'un allait bien venir. Ceux qui se préparaient à la rejoindre sur le lieu de la cérémonie étaient même assez nombreux. L'un d'eux, qui répondait au nom de Lord Cutler Beckett, était arrivé une heure plus tôt dans la rade, à bord d'un bâtiment de la Marine royale anglaise, en même temps que d'autres bâtiments semblables, remplis de soldats.

Serré dans son uniforme blanc, il avait traversé la baie, monté sur son cheval que l'on avait fait descendre dans une des chaloupes. L'homme était flanqué de son assistant, Mercer, un homme parfaitement ordinaire mais qui lui était dévoué corps et âme. Une fois à terre, les soldats avaient fait résonner rythmiquement leurs bottes sur le pavé de la ville et l'escorte s'était arrêtée devant une porte, au-dessus de laquelle était accrochée l'enseigne d'un forgeron armurier répondant au nom de M. Brown. Beckett et son fidèle Mercer avaient attendu dehors, pendant que, enfonçant la porte, les soldats s'étaient rués à l'intérieur de l'atelier. Après avoir capturé et menotté leur homme – non sans mal – ils étaient repartis et le bruit de leurs bottes s'éloignait maintenant en direction de la chapelle, où Élisabeth attendait désespérément son fiancé.

À présent, la jeune femme n'entendait plus ni la pluie qui tambourinait sur les vitraux de la chapelle où elle s'était agenouillée, ni le vent qui mugissait dans la charpente. Toutes sortes d'hypothèses s'échafaudaient dans son esprit, dont aucune ne lui paraissait plausible. Qu'est-ce qui avait bien pu retarder Will ? Il n'était pas homme à avoir peur d'un orage ! Et impossible de croire qu'il ait dû honorer une commande de dernière minute. Serait-ce que quelqu'un l'empêchait de venir ? Mais qui donc pouvait lui vouloir du mal, au point de lui refuser le droit de se marier ? Will était aimé de tous les habitants du port, et si le visage de Jack Sparrow flottait dans un coin de la tête d'Élisabeth, ce n'était pas, évidemment, parce que le capitaine aurait pu contrecarrer son mariage, mais à cause de toutes les aventures qu'ils avaient partagées. Jamais Jack ne leur ferait de mal. Cela faisait d'ailleurs presque un an que l'on n'avait plus entendu parler de lui...

C'est alors qu'Élisabeth se redressa en entendant des talons frapper les dalles. Elle n'était plus seule dans la chapelle ! Faisant volte-face, la future mariée agrandit les yeux de stupeur. Ce n'étaient pas des invités endimanchés qui venaient d'entrer dans l'édifice religieux, mais des soldats armés. Ils entourèrent Élisabeth et, au signal de Beckett, ils la soulevèrent dans leurs bras en ignorant ses cris et l'emmenèrent vers la sortie.

Ce fut à ce moment précis que le père d'Élisabeth arriva sous le porche de l'église, un peu essoufflé. L'orage avait affolé les chevaux de sa calèche et il avait perdu du temps à les calmer. Le tricorne orné de plumes du gouverneur était posé de travers sur sa tête, son jabot de dentelle était froissé, et même sa longue perruque bouclée semblait un peu en désordre. Il remettait de l'ordre dans sa tenue, quand il découvrit un détachement de soldats massés devant l'entrée de l'église. Au milieu d'eux se trouvait son futur gendre, en costume de marié, mais enchaîné comme un forçat. Swann n'avait pas eu le temps de se remettre de sa surprise qu'il vit arriver à son tour sa fille, aux mains des soldats.

— Will ! cria Élisabeth. Que se passe-t-il ?

Will dut lutter contre ses gardes pour se tourner vers sa fiancée.

— Je ne sais pas, dit-il, en regardant avec tristesse

la belle robe froissée d'Élisabeth. Ces messieurs se sont présentés sans être invités chez M. Brown et ils m'ont fait prisonnier...

Il soupira. Quelque chose lui disait que ce n'était pas encore aujourd'hui qu'il se marierait. Mais, pour être honnête, le jeune homme était habitué à attendre sa future femme, Élisabeth. Il était amoureux d'elle depuis que la jeune fille et son père, le gouverneur de Port Royal, l'avaient trouvé sur la mer, dérivant au large sur une épave, quand il n'avait que dix ans. Pendant des années, il l'avait attendue patiemment, espérant qu'elle finirait par l'aimer, elle aussi. Et c'est ce qui était finalement arrivé. Bien que promise au commodore Norrington, un beau parti digne de son rang – et qui plus est, de belle prestance –, Élisabeth avait préféré le simple forgeron, qui n'avait pas son pareil, il est vrai, pour fabriquer des épées comme pour les manier. Et puis, qui pouvait avoir un regard plus tendre que Will ? Qui avait le cœur plus pur, plus loyal ? Mais il semblait bien qu'une fois encore, hélas, les deux amoureux seraient arrachés l'un à l'autre.

Mais même là, couvert de chaînes, Will ne pouvait s'empêcher de s'abandonner à ses sentiments.

— Tu es très belle, dit-il doucement à Élisabeth.

Celle-ci sourit.

— Tu sais qu'un fiancé ne doit pas voir sa future

femme dans sa robe de mariée avant le jour de leur mariage ? Ça porte malheur...

— Alors voilà qui explique les invités imprévus ! répondit Will en montrant du menton le détachement de fusiliers, en pantalons blancs et jaquettes rouges, qui les entouraient en faisant semblant de ne pas écouter.

Leur tendre conciliabule fut interrompu par la voix du père d'Élisabeth, invectivant Beckett.

— Vous ! tonnait le gouverneur. Dites à vos hommes de se retirer, d'ôter sur-le-champ ces chaînes à votre prisonnier et de relâcher ma fille.

Mais Cutler Beckett ne bougea pas d'un pouce.

— Gouverneur Swann, répliqua-t-il avec désinvolture. Toutes mes excuses pour m'être invité à cette fête. Cette jeune fille n'est tout de même pas votre petite Élisabeth ?

— C'est bien ma fille ! gronda le gouverneur.

— Alors si c'est elle, enchaîna Beckett d'un air satisfait, le jeune homme est donc bien William Turner. Leur couple a défrayé la chronique, il y a quelques mois, si je ne m'abuse...

Le gouverneur Swann regarda avec attention le visage de l'homme.

— Cutler Beckett ? demanda-t-il, interdit.

La dernière fois qu'il l'avait vu, le personnage qui lui faisait face était un modeste grouillot dans un obscur bureau de la Compagnie des Indes.

— Désormais, c'est Lord Beckett, rectifia l'homme.

— Lord ou pas Lord, de quel droit arrêtez-vous cet homme ? reprit Swann avec fureur.

— Par le droit qui m'est conféré par la couronne royale d'Angleterre. Par décret et en tant que directeur de la Compagnie des Indes, j'ai reçu pouvoir d'exception pour débarrasser la mer des pirates. Il n'est que temps de civiliser la région !

L'homme adressa un petit signe de la main à son assistant, qui lui tendit une liasse de documents officiels.

— Vous pouvez vérifier que ces papiers sont en règle, dit-il en remettant au gouverneur quelques-uns de ces documents.

Au fur et à mesure que le père d'Élisabeth lisait, son visage se décomposait. Ce n'était pas le nom de William Turner qui était inscrit sur le papier qu'il avait entre les mains...

— Mais c'est un mandat d'arrêt pour ma fille ! s'exclama-t-il, incrédule.

— Ah vraiment ? fit Beckett en prenant l'air étonné. Veuillez m'excuser. Passez-lui les menottes ! ordonna-t-il sur-le-champ en désignant Élisabeth.

— De quoi nous accuse-t-on ? cria Élisabeth en se débattant.

Mais Beckett ignora la jeune femme, comme si,

désormais, elle n'était plus qu'un gibier de potence. Il réexamina sa liasse de documents.

— Ah, s'exclama-t-il avec un grand sourire, voilà le document qui concerne M. Turner ! Et j'en ai aussi un pour un certain James Norrington. Vous ne sauriez pas où il se trouve, par hasard ?

— Le commodore Norrington a rendu son commandement il y a plusieurs mois, répliqua le gouverneur Swann d'un ton glacial.

Élisabeth se pinça les lèvres. Elle avait été fiancée jadis à Norrington, bien qu'elle ne l'eût jamais aimé. En fait, Élisabeth commençait à deviner de quoi il retournait. Il semblait bien que le passé les rattrapait... Il y avait quelques mois de cela, elle avait été kidnappée par Barbossa et ses hommes et, pour la sauver de ce pirate maudit, Will avait fait évader Jack Sparrow de prison. Les deux hommes s'étaient lancés alors à sa recherche et Élisabeth devait la vie sauve autant à Will qu'à Jack. Bien sûr, Jack Sparrow était un pirate, mais il était aussi un homme de cœur. D'ailleurs, peut-être Élisabeth était-elle devenue elle-même un peu pirate, le jour où elle avait suspendu la fameuse médaille du trésor aztèque autour de son cou... Finalement, c'était Will qui s'était retrouvé entre les mains de Barbossa et, de désespoir, elle avait accepté de se fiancer à Norrington, en échange de son aide pour tenter de rejoindre le jeune homme et le délivrer. Au bout du compte, Jack s'était retrouvé sur la potence, dont il n'avait réchappé qu'à la dernière seconde, grâce à Will. Quant à Élisabeth, elle ne pouvait nier qu'elle avait apporté sa petite contribution en faisant semblant de s'évanouir au moment opportun... Toujours est-il que ce jour-là, Norrington avait perdu son prisonnier et sa fiancée. En bon gentleman anglais, il avait accepté sa double défaite avec élégance et, de plus, n'ayant pas oublié que le pirate avait sauvé la vie d'Élisabeth à deux reprises, il avait accordé à Jack Sparrow une journée d'avance dans sa fuite. C'était un acte noble mais, malheureusement, on l'avait reproché au commodore, qui s'était vu retirer son commandement. Le lendemain de ces événements, il avait quitté Port Royal et personne ne savait depuis ce qu'il était devenu.

— Vous n'avez pas répondu à ma question, reprit Beckett avec hauteur. Je vous ai demandé où se trouvait Norrington.

— Nous ne l'avons pas vu depuis qu'il a pris la mer, intervint Will. Mais vous-même, ajouta-t-il d'un ton sec, pourquoi ne répondez-vous pas à Élisabeth, quand elle vous parle ?

— Nous sommes des sujets britanniques sous l'autorité du gouverneur royal de Port Royal et nous exigeons de connaître les accusations portées contre nous ! renchérit Élisabeth.

Beckett considéra ses prisonniers avec une petite moue condescendante. Quand il se mit à parler, il avait l'air ravi de ce qu'il leur annonçait :

— Vous êtes accusés d'avoir conspiré à organiser l'évasion illicite d'un prisonnier condamné à mort, dit-il. En conséquence de quoi, vous êtes, vous aussi, condamnés à mort... Peut-être vous souvenez-vous d'un certain pirate connu, je crois, sous le nom de Jack Sparrow ?

Will et Élisabeth échangèrent un regard.

— Capitaine Jack Sparrow, rectifièrent-ils en chœur.

— Capitaine Jack Sparrow ! C'est bien cela. Je me disais aussi que vous deviez le connaître...

Et d'un mouvement de tête, il fit signe à ses hommes d'embarquer les prisonniers.

# 4

La nuit recouvrait le *Black Pearl* et la mer des Caraïbes. Seul dans sa cabine, le capitaine tenait son compas ouvert dans sa main. Jack n'aimait décidément pas ce qu'il y voyait. Il referma l'instrument, le secoua, l'ouvrit à nouveau – lentement, en fermant à demi les yeux – mais hélas, le compas ne voulait rien savoir. Bien sûr, ce compas spécial n'avait jamais indiqué le nord, à la différence de tous les autres compas dont c'est normalement la fonction, mais le pirate n'avait pas besoin qu'on lui indique le nord. Ni aucun autre point cardinal, d'ailleurs.

Il poussa un soupir. Sur la table devant laquelle

il était assis, était étalée une grande carte de navigation. Celle-ci portait plusieurs itinéraires, tous barrés. Le capitaine constatait qu'il n'était pas facile de tracer sa route, quand on ne sait pas où aller. Il tendit la main vers son compas à pointe sèche et son rapporteur pour faire un nouvel essai quand, après avoir haussé les épaules, il se saisit plutôt de sa bouteille de rhum.

Son regard tomba sur le P qui était marqué au fer rouge sur son avant-bras. Ce P d'infamie, qui le désignait comme pirate, était un souvenir cuisant laissé à Jack par la Compagnie des Indes. Non pas que Jack était honteux d'être pirate, mais être marqué ainsi comme du bétail ne convenait pas à sa nature éprise de liberté. Cette répugnante Compagnie des Indes se croyait tout permis. Ce n'était pourtant qu'une guilde de marchands. Qu'ils soient hollandais, français – et surtout britanniques, à présent –, ils exploitaient le Nouveau Monde, sur les traces des Espagnols qui avaient pillé sans vergogne les trésors des Aztèques et des Incas, non sans avoir au passage presque entièrement anéanti la population indigène des Indiens Arawaks. N'ayant plus personne pour travailler dans leurs champs de coton et leurs forêts, les colonisateurs avaient alors mis en place un système triangulaire de traite d'esclaves, que ces négriers allaient acheter sur les côtes africaines en échange d'articles de pacotille, pour les importer ensuite comme main-d'œuvre dans leurs colonies, avant de rapporter en Europe les produits de cette exploitation. Mais il commençait à circuler comme un vent de révolte au sein de ces populations d'esclaves noirs et il n'était pas rare que la puissante magie des sorciers vaudou leur vienne en aide.

Jack porta le goulot à sa bouche, puis il suspendit son geste, interdit. La bouteille était vide !

— Pourquoi n'y a-t-il jamais de rhum ? s'écria-t-il, furieux.

Se soulevant de sa chaise, il se leva, puis se rassit aussitôt, incapable de tenir sur ses jambes.

— Ah, c'est pour ça ! dit-il en comprenant qu'il avait tout bu.

Comme il y avait urgence, Jack se remit sur ses pieds et, s'appuyant aux murs de sa cabine, se dirigea vers la porte. La nuit noire enveloppait le pont dans un silence presque total. Jack jeta un coup d'œil alentour.

La mer était vide. Ni côte ni bateau en vue. En titubant, il se dirigea vers une écoutille qui permettait d'accéder au pont inférieur.

— On garde le cap, mon capitaine ? l'interpella Leech en plaisantant.

— On ne dévie pas d'un pouce ! assura Jack en se dirigeant d'un pas chaloupé vers la cale. Après avoir trébuché contre chaque marche en manquant à chaque fois de tomber, Jack parvint enfin au pont inférieur. Les hommes qui n'étaient pas de quart ronflaient bruyamment dans leurs hamacs. À l'arrivée de Jack, des poulets, qui se trouvaient dans une cage derrière l'écoutille, se mirent à caqueter frénétiquement. Comme tout bâtiment à cette époque, le *Black Pearl* emportait à son bord un coq et son harem de poules, de manière à avoir un peu de volaille et des œufs frais pendant les traversées. Il faut dire que l'ordinaire n'était pas fameux et qu'en fait de volaille, il fallait se contenter le plus souvent de tortues. D'une surprenante agilité dans l'eau, celles-ci n'étaient plus à terre que de grosses bêtes pataudes, de sorte que, une fois retournées, il ne restait plus aux marins qu'à les embarquer sur leurs navires, où elles pouvaient survivre assez longtemps, pattes en l'air, avant de figurer au menu. Mais, la plupart du temps, le cuisinier ne servait ni tortue ni œuf ni poulet à l'équipage : c'étaient de biscuits durs comme du bois et grouillants de vers, dont il fallait essayer de se régaler. Les hommes les mangeaient souvent dans le noir pour ne pas les voir s'agiter.

Le capitaine leva son pistolet et les poulets se turent immédiatement.

— Je vois que vous m'avez compris, leur dit-il, avant de continuer son chemin. En se tenant aux poutres de la charpente, le capitaine avança d'un pas mal assuré vers la réserve de rhum, située à l'arrière de la cuisine. Un sourcil levé, il vérifia les rayonnages. Ils étaient tous vides ! Non, pas tous...

Jack aperçut soudain avec soulagement une bouteille sur une des planches du bas. Il la saisit, avant de la relâcher avec un petit mouvement de recul. La bouteille était complètement recouverte de bernicles, ces petits coquillages qui obligent les marins à nettoyer régulièrement les coques des bateaux. C'était bizarre et répugnant, mais comme il avait vraiment trop soif, Jack arracha finalement la bouteille de l'étagère. Il la secoua. Quelque chose n'était pas normal. Le capitaine déboucha la bouteille, regarda à l'intérieur, puis la retourna. Du sable en sortit alors et se répandit sur le sol... Avant même que Jack ait eu le temps de pousser le moindre juron, une voix sortit de l'ombre :

— Ton temps est presque écoulé, Jack !

Le capitaine se retourna lentement. Dirigeant le rayon de sa lanterne vers la silhouette tapie dans l'ombre, il sursauta. En face de lui se trouvait un être qui semblait avoir quitté le genre humain pour rejoindre celui des créatures marines. Comme la bouteille, son corps était colonisé par les bernicles. Des étoiles de mer glissaient le long de ses joues et de son cou, tandis que des crabes allaient et venaient le long de ses bras...

Sortant de l'ombre, il s'avança vers Jack. Alors, Jack reconnut ces yeux. Il reconnaissait aussi cette voix, un peu rocailleuse.

— Bill Turner ? fit-il, incrédule. Bill le Bottier ?

L'homme acquiesça.

— Tu y es, Jack Sparrow. T'as l'air en forme, dis donc !

Jack contempla le monstrueux matelot. Il aurait aimé pouvoir lui retourner le compliment, mais il n'y parvint pas. Au lieu de quoi, il demanda :

— Est-ce que je rêve ?

— Non, répondit Bill laconiquement.

Jack haussa les épaules.

— Je me disais bien... Si c'était un rêve, il y aurait du rhum !

Le visiteur lui sourit largement et, avançant un bras, il lui tendit une bouteille. Jack hésita. Les mains de Bill étaient également incrustées de bernicles.

Mais, nécessité faisant loi, d'un geste vif le capitaine se saisit de la bouteille. Il en renifla le contenu. C'était bien du rhum, il n'y avait pas de doute. Portant la bouteille à sa bouche, il en but une bonne rasade avec satisfaction.

— Je vois que tu as récupéré le *Black Pearl*, fit brusquement Bill le Bottier.

Jack regarda son vieux compagnon de mer, incapable de se concentrer sur ce qu'il disait. Il était fasciné par ce grouillement de vie marine sur son corps. Le capitaine avait une expression sur le bout de la langue pour caractériser ce qu'il voyait, une expression qui sortit finalement de sa bouche.

— Plateau de fruits de mer ! dit-il soudain à voix basse dans sa moustache.

Puis il se reprit, un peu gêné.

— Quelqu'un m'a un peu aidé pour récupérer le *Pearl*, dit-il. Ton fils.

La stupéfaction la plus complète se peignit sur le visage de Bill.

— William ? dit-il. Il s'est décidé à se faire pirate ?

Jack acquiesça de la tête.

— À condition de ne pas être trop rigoureux sur la définition du mot pirate ! Il y a un trait d'honnêteté malsaine en lui.

— C'est une bonne chose, répondit Bill. Bien que je n'en aie aucun mérite... Il a été élevé par sa mère en Angleterre.

Le pirate sombra dans le silence. Jack le regardait, impatient d'en arriver au fait.

— Et à quoi donc dois-je le plaisir de ton apparition aussi soudaine et agréable qu'un furoncle sur le nez ?

— Davy Jones, répondit seulement Bill Turner. Il m'envoie en émissaire.

Jack ravala sa salive. C'était exactement à ce genre de tuile qu'il s'attendait.

— Ah, dit-il, il t'a donc enrôlé de force !

— Non, opposa Bill. C'était de mon plein gré. Au fait, Jack, je voulais te dire, je m'excuse pour le rôle que j'ai joué dans la mutinerie contre toi. Je n'étais pas d'accord. C'était contraire au Code...

Écartant le sujet de la main, Jack prit une autre goulée de rhum. Bill faisait partie de l'équipage du *Black Pearl* quand Barbossa avait déclenché la mutinerie. Tout l'équipage avait décidé de le suivre et d'en faire son capitaine et Jack avait donc été abandonné à une mort certaine sur un îlot inhabité.

— Après cela, tout est allé de travers, continua Bill. Furieux après moi, Barbossa m'a arrimé un canon aux pieds et ils m'ont expédié au fond de l'océan. L'ennui, c'est qu'il leur fallait mon sang pour conjurer le sort qui pesait sur eux. Ils y ont pensé trop tard. De sorte qu'ils sont restés maudits et moi avec, condamné à la nuit éternelle des profondeurs, écrasé par le poids de l'eau, incapable de mourir...

Jack frissonna malgré lui.

— Je ne pouvais que penser, reprit le monstrueux marin. Et la principale chose à laquelle je pensais était que, si j'avais le plus mince espoir d'échapper à ce supplice, je m'en saisirais. Quel qu'en soit le prix.

— Voilà bien un souhait de nature à intéresser Davy Jones, commenta Jack, qui connaissait le bonhomme.

— C'est bien ce qui se produisit, admit Bill d'un ton piteux. Davy Jones vint me voir et me fit une offre. Si je l'acceptais, je passerais cent ans à son service, et j'obtiendrais après cela le repos de la mort.

Jack haussa les épaules.

— C'est tout de même étonnant ce qu'un homme est capable de faire pour différer son Jugement dernier ! soupira-t-il.

Bill regarda son ancien capitaine droit dans les yeux.

— Mais toi aussi, Jack, tu as conclu un accord avec lui ! Davy Jones a remonté le *Pearl* de l'abîme pour toi, et pendant treize ans tu en as été le capitaine...

— Si on veut être tout à fait précis..., commença à objecter Jack.

Mais Bill l'arrêta.

— Cette fois, tu ne te tireras pas d'affaire avec des mots.

Le pirate attrapa un crabe qui lui courait sur le bras et l'écrasa, avant de se le fourrer dans la bouche.

— Ce qui vaut pour moi s'applique aussi à toi, Jack, reprit-il. Tu n'es désormais plus rien d'autre qu'une âme. Une pauvre âme, liée par contrat au service de Davy Jones pour le restant de ta vie.

Mais Jack n'avait aucune intention de ressembler un jour au vieux Bill.

— Le *Hollandais Volant* a déjà un capitaine, essaya-t-il de finasser. C'est Davy Jones lui-même. Donc, on n'a pas besoin de moi.

Bill laissa échapper un petit gloussement. Il n'en attendait pas moins de la part de Jack. Le capitaine Jack Sparrow ne s'avouait jamais battu.

En soupirant, il hocha la tête.

— Le châtiment t'attend, Jack. Le Léviathan de Davy Jones te trouvera bien et il engloutira le *Pearl* dans les profondeurs... et toi avec.

Jack s'éclaircit la gorge.

— Et aurais-tu par hasard une petite idée de la date précise à laquelle Jones a l'intention de lâcher son terrible toutou ? demanda-t-il.

— Je te l'ai dit, Jack, fit Bill. Ton temps est compté...

Et, sur ces mots, l'envoyé de Davy Jones tendit le doigt en direction de la main de Jack. Celui-ci recula, mais c'était trop tard. Au creux de sa paume était apparue une tache noire, qui s'élargissait à toute vitesse. Le capitaine ne pouvait plus en détacher ses yeux. La terrible tache noire ! Il était maintenant un homme marqué par son destin.

— La question n'est plus de savoir quand la bête partira pour se saisir de toi, reprit Bill. Elle est de savoir combien de temps elle va mettre maintenant pour te trouver.

Quand Jack leva enfin ses yeux de la tache, Bill avait disparu. Seule restait la bouteille de rhum, posée à côté de lui. Le capitaine referma son poing et, négligeant la bouteille, il partit en courant. Il ne titubait plus du tout.

Dans le dortoir, les marins dormaient toujours à poings fermés.

— Tous sur le pont ! hurla-t-il. Secouez-vous la carcasse ! Je veux que ça bouge là-dedans ! Et que ça saute !

Tandis que les pirates, tout hébétés, se traînaient à leurs postes, Jack monta quatre à quatre sur le pont.

— Hissez la toile ! ordonna-t-il. Hissez-la haut ! Courez, matelots, volez, comme si le diable en personne était après nous !

Pendant que l'équipage s'agitait en tout sens, Jack s'enveloppa la main d'un linge pour couvrir sa tache. Gibbs trouva peu après le capitaine caché derrière le grand mât.

— Quel cap prenons-nous ? lui demanda-t-il.

— La terre !

— Quel port ?

— Je n'ai pas dit un port, j'ai dit la terre. N'importe quelle terre !

Jack – le singe – choisit ce moment-là pour sauter du gréement et se laisser tomber sur l'épaule de Jack en hurlant. Il donna traîtreusement un coup de patte dans le chapeau du capitaine, qui s'envola en tournoyant et tomba par-dessus bord. Le singe remonta aussitôt dans le gréement en ricanant. Comme la vengeance était bonne !

— Le chapeau de Jack ! cria Gibbs.

Le second savait à quel point son capitaine y tenait.

— Virez de bord ! ordonna-t-il.

— Non ! coupa Jack. Laissez mon chapeau là où il est.

Gibbs tourna lentement la tête. Il n'en croyait pas ses oreilles. Même le singe avait l'air stupéfait. Ainsi que tout l'équipage. Chacun savait ce que le chapeau représentait pour le capitaine. Ils n'arrivaient pas à croire qu'il ne voulait même pas tenter de le récupérer.

— Retournez à vos postes, messieurs ! commanda Gibbs en obéissant à l'ordre du capitaine.

Sans mot dire, l'équipage se remit au travail. Gibbs rejoignit Jack, qui s'était éloigné pour s'accouder au bastingage, d'où il surveillait avec inquiétude l'eau noire et mouvante.

— Pour l'amour de dieu, Jack, qui... ?

— Chuuuut ! Il pourrait vous entendre ! gémit le capitaine.

— ... qui est à nos trousses ? interrogea Gibbs à voix basse.

Jack répondit dans un chuchotement presque inaudible :

— Une chose abominable...

Gibbs regarda Jack avec anxiété, tandis que les yeux fous du capitaine tentaient de sonder les vagues noires qui se soulevaient dangereusement. Le chapeau de Jack s'éloignait lentement, passant d'une crête à l'autre...

# 5

Le jour s'était levé. Le légendaire tricorne du capitaine Jack Sparrow flottait, soulevé par la houle, en tournant lentement sur lui-même. Il se rapprochait de la coque d'un petit navire de pêche, qui croisait non loin de l'île de la Jamaïque. Soudain, un harpon jaillit du bateau et accrocha le rebord du chapeau.

Lentement, le marin ramena sa prise vers lui. C'était un homme de petite taille, dont la silhouette produisait un contraste frappant avec celle de son inséparable compagnon, deux fois plus grand et plus maigre que lui.

Très content de sa trouvaille, il essora soigneusement le chapeau et, tandis que son compagnon s'approchait avec curiosité, il l'essaya en se haussant coquettement de toute sa petite taille.

Le résultat ne se fit pas attendre. L'autre trouvait le chapeau également à son goût. D'un geste rapide, il le fit sauter de la tête de son compagnon, ce qui n'était pas un grand exploit, car ladite tête lui arrivait à la hauteur du nombril. Le petit se mit à protester, mais le grand lui donna alors une tape sur son crâne. L'autre le regarda, furibond. Comment osait-il ? Tout à leur dispute, les hommes ne s'apercevaient pas que, à quelque distance du bateau, les algues se soulevaient bizarrement. Elles étaient même sacrément soulevées, comme si quelque chose d'énorme était en train de glisser juste sous la surface de l'eau. Ce quelque chose se dirigeait à toute vitesse vers le bateau.

Montant de la quille, un craquement sinistre se produisit. Le navire vibra. Les deux marins pêcheurs se mirent à tituber, peinant à garder leur équilibre. Mais dès qu'ils le retrouvèrent, ils se remirent alors le plus tranquillement du monde à se chamailler.

C'est alors que le grand craquement se répéta. Mais, pas plus que la première fois, les deux hommes ne réagirent. Le marin qui avait frappé l'autre avait l'air tout penaud. Il le savait, pourtant, qu'on ne doit jamais frapper un plus petit que soi ! Il voulut lui redonner son chapeau, pour se faire pardonner, mais... trop tard. L'autre, vexé, ne voulait plus du chapeau et il le relança aussi sec à son compagnon. Il y eut un troisième gros craquement, auquel s'ajouta, cette fois, le bruit du bois qui se fendait.

À présent, les deux compagnons se renvoyaient le chapeau, comme une balle. Il y eut un dernier craquement, suivi d'un énorme éclaboussement et, d'un seul coup, le navire entier fut aspiré sous la surface. Il disparut en produisant un immense geyser qui retomba en pluie avec des débris de bois et des lambeaux de toile. En un clin d'œil, l'eau était redevenue calme et le bateau de pêche avait disparu.

Non loin de là, au siège de la Compagnie des Indes, à Port Royal, Will Turner faisait son entrée, encadré par deux gardes, dans le bureau de Lord Beckett. Celui-ci était occupé à tisonner le feu avec une badine en laiton. Il ne réagit pas à l'arrivée de Will.

Au garde-à-vous, les deux sentinelles attendirent, surveillant leur prisonnier.

Will balaya la pièce du regard. Le bureau de Lord Beckett était somptueusement meublé, avec de grandes portes-fenêtres qui donnaient sur une immense terrasse, par lesquelles le soleil entrait à flots.

Mais l'attention de Will fut surtout attirée par un gigantesque planisphère qui avait été peint sur un mur entier de la pièce. On pouvait y remarquer certaines zones blanches, qui correspondaient aux régions encore inexplorées.

Beckett se retourna enfin et fit quelques pas, en laissant l'extrémité de sa badine rougir dans les braises de la cheminée.

— Ce n'est plus nécessaire, dit-il aux deux gardes en montrant les poignets de Will.

Les gardes libérèrent leur prisonnier et, sur l'ordre de Beckett, ils se retirèrent. Will comprit que ce qui allait être dit dans ce bureau n'était pas destiné à tomber dans toutes les oreilles. Les deux hommes se dévisagèrent. Ils avaient à peu près le même âge, mais la perruque poudrée de Beckett marquait son appartenance aux puissants de ce monde. Will sentait très fortement que l'homme aimait les honneurs et qu'il était prêt à tout pour s'élever. Il avança d'un pas vers le bureau.

— Comptez-vous libérer également Élisabeth ? lança-t-il.

Un sourire narquois se mit à flotter sur les lèvres du directeur de la Compagnie.

— Cela ne dépend que de vous, dit-il.

— Vraiment ? Alors s'il en est ainsi, je vous demande de la libérer !

Beckett se mit à rire.

— Permettez-moi d'être plus précis : « dépendre » veut dire « être dépendant ». La libération de votre fiancée est entièrement dépendante de vous. De votre conduite... La Compagnie des

Indes orientales a besoin de vos services, ajouta-t-il après une pause.

Will laissa passer quelques instants à son tour.

— Et puis-je savoir ce que fait la Compagnie des Indes orientales dans les Caraïbes ? demanda-t-il. Nous ne sommes pas en Orient, si je ne m'abuse, mais dans les Indes occidentales...

En guise de réponse, Beckett désigna la fresque sur le mur.

— Il ne serait pas dans l'intérêt de l'Empire britannique de se laisser gêner par des privilèges locaux, dit-il. La Couronne étend son influence dans le monde entier. Indes occidentales ou Indes orientales : qu'importe ! Nous n'allons pas nous arrêter à ces distinctions. Après tout, vous avez beau vous appeler Turner, vous ne faites pas que tourner les choses dans la vie, pas vrai ?

— Je n'ai pas non plus de goût pour tourner autour du pot, répondit Will d'un ton sec.

Beckett enchaîna aussitôt :

— Nous aimerions que vous nous représentiez dans une transaction avec notre ami commun, le capitaine Sparrow, dit-il.

— Notre ami commun ? répéta Will, sans comprendre.

En guise de réponse, Beckett retira sa badine du feu et en souleva l'extrémité rougeoyante, de manière à faire voir à Will la lettre P qui y était gravée en relief.

— Lui et moi, nous nous sommes frottés à certaines affaires communes dans le passé, dit-il. Chacun de nous y a laissé sa marque sur l'autre. Jack Sparrow est gravé dans ma mémoire... Il tendait ostensiblement vers Will l'extrémité de sa badine, comme s'il voulait le menacer.

— Quelle sorte de transaction me demandez-vous de conduire ? demanda le jeune homme.

Beckett reposa sa badine.

— Par votre faute, dit-il, Jack Sparrow court à nouveau. Ce que je vous demande est de le rejoindre et de récupérer un certain objet qui se trouve en sa possession.

— Récupérer ? releva Will. Et comment ? À la pointe du sabre ? Pourquoi Jack me remettrait-il cet objet ?

Beckett sourit d'un air rusé.

— C'est un marché, dit-il. À notre bénéfice mutuel.

Tout en parlant, il se dirigeait vers un petit coffre. Il en retira une liasse de documents, d'aspect très officiel. En s'approchant, Will vit qu'ils portaient le paraphe du roi d'Angleterre.

— Ce sont des lettres de course, l'informa Beckett. En échange dudit objet, vous en offrirez une à Jack Sparrow, ce qui lui garantit la prescription complète pour tous ses crimes passés. Il sera libre de naviguer où bon lui semble : un corsaire au service de l'Angleterre.

Will regardait les lettres en hochant la tête.

— J'ai certaines raisons de douter que Jack se sente libre en étant au service de quelqu'un, dit-il.

— La liberté ! s'exclama Beckett avec mépris.

Il sortit sur la terrasse, où Will le suivit. Les deux hommes s'approchèrent de la balustrade. La terrasse donnait directement sur les quais du port. Beckett se mit à observer avec intérêt la scène qui se déroulait à leurs pieds. Des hommes étaient en train de décharger d'un cargo une énorme horloge publique.

Le directeur de la Compagnie des Indes se tourna vers Will.

— Jack Sparrow appartient à une espèce en voie de disparition, dit-il. Le monde rétrécit. Regardez la carte sur le mur, continua-t-il en se retournant vers son bureau, bientôt vous n'y verrez plus de zones blanches ! Ce jour-là, Jack devra trouver sa place dans l'ordre nouveau du monde. Ou disparaître...

Il regarda Will dans les yeux.

— Votre situation n'est guère différente, dit-il. Votre fiancée et vous-même êtes en mauvaise posture. Les crimes que l'on vous reproche finiront par vous conduire jusqu'à la corde du bourreau, sur le quai de la Mort, à Londres. Cela devrait suffire à vous motiver pour que vous convainquiez le capitaine Sparrow d'accepter notre offre, n'est-ce pas ? Sommes-nous d'accord, monsieur Turner ?

Will se pinça les lèvres. Il était curieux de savoir ce que Beckett voulait prendre à un homme qu'il considérait comme appartenant à la lie de la société.

— Ainsi, vous aurez à la fois Jack... et le *Black Pearl*, dit-il.

Beckett eut l'air surpris.

— Le *Black Pearl* ?

— C'est bien ce que vous souhaitez, n'est-ce pas ?

— Un navire ? Fort peu, monsieur Turner. Nous ne manquons pas de navires. Non, ce n'est pas cela... Ce qui m'intéresse est beaucoup plus petit et beaucoup plus précieux. Le capitaine Sparrow le garde sur lui en permanence. C'est un compas. Vous l'avez sûrement vu...

Will se raidit, n'en croyant pas ses oreilles.

— Ah ah, fit Beckett, d'un ton sifflant, je vois que vous savez de quoi je parle ! Rapportez-moi ce compas ou l'affaire ne se fera pas, ajouta-t-il d'un ton définitif.

Et il lui donna congé d'un geste de la main.

Will Turner sortit en bourrasque du bureau de Beckett. Il se sentait complètement chamboulé. Cet infâme intrigant voulait s'approprier le compas de Jack. Will ignorait où Jack avait pu se procurer son compas, mais ce qu'il savait, c'est que ce n'était pas un objet ordinaire..., pas plus que le capitaine Jack Sparrow n'était un homme ordinaire. C'était grâce à son talent qu'il avait déniché cet objet fabuleux. Et le médiocre Beckett voulait se l'approprier !

« Pour en faire quoi ? » se demandait Will. Il l'ignorait. Il ignorait d'ailleurs comment fonctionnait exactement cet objet. Il en avait découvert l'importance en naviguant avec Jack, à la recherche de l'île de la Muerta. Cette île ne figurait sur aucune carte, on ne pouvait la trouver que si on y était déjà allé. Jack n'y était jamais allé et pourtant, il l'avait trouvée sans aucune peine, en suivant les indications du compas, en pleine nuit et dans un brouillard épais. Will avançait à grands pas, au rythme de ses pensées. L'ambition de Beckett était à la mesure de celle de la Compagnie des Indes, qui ne semblait ne plus connaître de limites. Tout était permis, y compris de remettre à Jack Sparrow une lettre de course, qui ferait de lui un corsaire, autrement dit un pirate officiel au service de l'Angleterre.

L'hypocrisie de tout ce système écœurait le jeune homme. La lettre de course avait été inventée par le roi Henri III d'Angleterre, en 1243. C'était un mandat délivré officiellement par un prince ou un gouvernement, pour permettre à un capitaine et à son équipage de pourchasser les navires ennemis, qu'ils soient de guerre ou de commerce. En échange, le corsaire gardait pour lui une partie des cargaisons capturées. C'était une façon peu onéreuse de se constituer une flotte de guerre.

Plus tard, ce système avait été imité par les

Anglais, les Français et les Hollandais, pour contrecarrer l'hégémonie de l'Empire espagnol dans la mer des Caraïbes. Il faut dire que la découverte de l'Amérique par Christophe Colomb, en 1492, avait rapporté à l'Espagne d'immenses richesses qui avaient excité la jalousie et la convoitise de ses voisins. Les lettres de course permettaient à ces nations de prélever leur part sur le pillage de l'Amérique, ainsi que de prendre pied sur ces lointaines contrées, en utilisant les services de hors-la-loi pour attaquer les galions espagnols. Mais désormais, l'Angleterre était devenue dominante dans cette région et c'était la raison pour laquelle, sans doute, la couronne entendait débarrasser ses eaux des pirates qui, comme Jack, n'obéissaient qu'à leurs propres lois..., en attendant d'éliminer les corsaires opérant pour elle quand ils deviendraient gênants. Dans les faits – et Will en avait bien conscience – une lettre de course était une véritable licence de piraterie, qui couvrait tous les forfaits. Beckett avait beau clamer haut et fort qu'il voulait débarrasser les Caraïbes de ses flibustiers, il n'hésitait pas, pour servir ses ambitions personnelles, à proposer à Jack Sparrow de continuer à exercer son activité... en toute légalité.

Will soupira. Il était arrivé devant la prison de Port Royal, où était enfermée sa pauvre Élisabeth. Aussi bien, la décision du jeune homme était prise. Il connaissait ses priorités : en l'occurrence, il fallait d'abord sauver Élisabeth de la potence. Il n'avait donc pas le choix : Jack devait lui remettre son compas.

Marchant toujours à grandes enjambées, Will franchit les grilles de la prison. Il passa en trombe devant les gardes à vestes rouges, trop stupéfaits pour réagir, puis il descendit des marches jusqu'au corridor de pierre où donnaient les cellules. Le cœur de Will se serra. Sa belle Élisabeth dans ces cachots sordides ! Il s'en voulait presque d'avoir sauvé Jack de la potence.

Mais un autre visiteur avait emboîté le pas à Will : c'était le père d'Élisabeth, qui avait vu le jeune homme entrer, alors qu'il se tenait posté devant la prison.

Soudain, Will aperçut la prisonnière. Élisabeth était assise au fond de sa cellule, toujours vêtue de sa robe de mariée. En voyant Will, elle bondit jusqu'à la grille et tendit les mains vers lui à travers les barreaux.

— Vous là, vous n'avez pas le droit d'être ici ! bondit le garde en dégainant son épée, tandis qu'il lui barrait le passage.

Mais le gouverneur Swann, qui arrivait à son tour, s'interposa.

— Quant à moi, je crois qu'il a le droit d'être là, dit-il tranquillement.

Le garde marqua un temps de surprise, puis il

examina l'homme richement vêtu qui s'adressait à lui :

— Monsieur Swann ! s'écria-t-il.

— Gouverneur Swann, corrigea le père d'Élisabeth. Je ne porte pas cette perruque pour me tenir chaud à la tête, vous savez...

Swann regarda l'homme dans les yeux.

— Carruthers, n'est-ce pas ? Êtes-vous satisfait de votre emploi, monsieur Carruthers ?

— Oui, monsieur, je vous remercie, répondit le garde en changeant de ton. Surtout quand les familles viennent visiter les prisonniers.

— Très bien, félicita Swann.

Pendant ce bref échange de civilités, Will s'était précipité vers Élisabeth et, serrant les mains de sa fiancée dans les siennes, il lui racontait comment et pourquoi Beckett l'avait fait sortir de prison.

Swann, placé discrètement en retrait, écoutait la conversation. Sa fille adorée s'était mise dans de sales draps et il ne savait pas comment la sortir de là. Le gouverneur ne pouvait s'empêcher de penser que tout aurait été plus simple si elle avait épousé Norrington. Le commodore était un homme respectable : même Élisabeth le reconnaissait. Hélas, depuis son plus jeune âge, sa fille était attirée par les aventures... et les aventuriers. Le gouverneur laissa échapper un sourire indulgent. Cela ne l'empêchait pas d'être fou de sa fille, aussi belle que courageuse... Lors de cette funeste nuit au cours de laquelle les pirates de Barbossa avaient attaqué Port Royal et l'avaient kidnappée, c'était à son sang-froid et à son astuce qu'elle avait dû de garder la vie sauve et d'épargner à la ville d'être complètement détruite. Élisabeth écarquillait les yeux, stupéfaite par les révélations de Will.

— Le compas de Jack ! Mais pourquoi diable Beckett le voudrait-il ?

— Je ne sais pas vraiment, répondit Will. Cet instrument n'est pas ordinaire. Je crois qu'il indique la direction où se trouve l'île de la Muerta. Ce que je dois faire, c'est trouver Jack et le convaincre de me le donner. En échange, l'accusation lancée contre nous deux sera abandonnée.

Swann s'avança vers sa fille.

— Moi, je crois plutôt que nous devons ne compter que sur nous-mêmes pour te faire libérer !

— Est-ce à dire que vous n'avez pas confiance en Jack ? se récria vivement Will. Ou en moi ?

— Ce n'est pas parce que vous êtes prêts à risquer votre vie pour sauver Sparrow, que lui est prêt à faire de même pour qui que ce soit, rétorqua Swann.

Il jeta un coup d'œil autour de lui.

— Où est passé ce chien stupide avec ses clefs ?

Élisabeth pressa les mains de Will.

— J'ai confiance en toi, l'assura-t-elle d'une voix vibrante. En toi et en Jack. C'est de Beckett dont je me méfie. Cette histoire de compas ne me dit rien qui vaille...

Will s'approcha aussi près qu'il le pouvait de la prisonnière.

— Ah, si je n'avais pas libéré Jack ! fit-il d'un air de regret.

— Ne dis pas cela. Tu as fait ce qu'il fallait faire.

— Je ne me doutais pas que tu en subirais les conséquences.

— Je les accepte avec joie. Tu peux retrouver Jack. Tu vas le retrouver. Et il reviendra avec toi, je le sais.

La confiance qu'Élisabeth avait en lui alla droit au cœur de Will. Il se sentit soudain l'énergie de tout réussir. À travers les barreaux, les deux amoureux mêlèrent leurs doigts.

— Comment comptes-tu t'y prendre ? murmura Élisabeth.

— Tortuga. Je commencerai par là. Et je n'arrêterai pas de chercher jusqu'à ce que je le trouve. Puis, je reviendrai ici et je t'épouserai !

— Avec une belle cérémonie ? demanda Élisabeth d'un ton câlin.

— Avec empressement. Si tu veux toujours de moi.

— S'il n'y avait pas ces barreaux, je serais déjà à toi...

Swann se racla la gorge. Mais les deux tourtereaux étaient seuls au monde. Will embrassa sa fiancée sur les doigts.

— Je t'attendrai, dit Élisabeth.

Will sourit.

— On n'a pas trop le choix, n'est-ce pas ? Veille au grain et prends garde à toi ! Il partit, sous le regard chaviré d'Élisabeth. Swann contemplait sa fille, l'air soucieux.

# 6

Will commença sa recherche sur-le-champ. Il était décidé à fouiller chaque île des Caraïbes, s'il le fallait. Il devait trouver Jack.

Tortuga se trouvait au nord de l'île de la Jamaïque, en face des îles Bahamas, entre Cuba et Saint-Domingue. Plutôt que gagner sa destination d'une seule traite, Will décida de faire escale sur les petites îles qui se trouvaient sur sa route. Si Jack avait été vu dans les parages, il était inutile d'aller jusqu'à cette île qui était un véritable coupe-gorge.

Sur le premier de ces îlots, alors qu'il remontait le quai, il demanda au premier homme rencontré s'il savait où se cachait Jack.

— Le capitaine Jack Sparrow ? lui répondit le marin. Il me doit quatre doublons. Mais j'ai entendu dire qu'il était mort !

Will n'apprit rien de plus sur cette île. Sur la suivante, il pénétra dans une taverne. C'était un endroit idéal pour obtenir ce genre de renseignements. Et, en effet, l'une des serveuses avait quelque chose à dire :

— Il est parti à Madagascar avec une créole, assura-t-elle, avant d'ajouter avec un clin d'œil : elle était deux fois plus jeune et deux fois plus grande que lui.

Le jour suivant, sur une autre île, un officier de quart sur un navire raconta à Will une tout autre histoire, qu'il conclut ainsi :

— Et il a été jugé, condamné et prêt à être pendu. Mais il a réussi à s'évader de Port Royal. Envolé, aussi vrai que je vous le dis, en s'accrochant à deux perroquets et en sautant d'une falaise ! Mon cousin l'a vu de ses propres yeux...

Lors d'une autre escale avant Tortuga, Will recueillit les confidences d'un pêcheur à moitié aveugle :

— J'ai entendu parler de Singapour, dit-il en hochant la tête avec un sourire édenté. Aussi sûr que la marée va revenir, Jack refera surface à Singapour ! Complètement saoul, comme d'habitude, et avec un grand sourire. Vous verrez...

Will soupira. Il avait entendu mille récits différents et également fantaisistes au sujet de l'endroit où Jack Sparrow pouvait se trouver. Une chose était sûre, c'est que sa légende courait aussi vite que lui. Il lui restait une dernière chance de découvrir la vérité – là où, étrangement, la vérité avait rarement cours – à Tortuga.

Tortuga était connue pour être un des repaires du capitaine Jack Sparrow. C'était d'ailleurs le lieu de rendez-vous de tous les vagabonds, les chasseurs, les trafiquants, et les aventuriers de toutes sortes. Et un réservoir inépuisable de talents pour la piraterie. En fait, cette terre de vingt kilomètres de large semblait avoir été prédestinée pour cet usage. Tandis que, sur la côte nord – que l'on nommait « côte de fer » – se dressaient des montagnes inaccessibles qui plongeaient à pic dans la mer, le sud offrait aux navires une anse parfaitement abritée. Aussi, Tortuga présentait un avantage stratégique décisif : elle était située en face de Cuba, passage obligé des galions espagnols venant de La Havane. Les pirates étaient donc aux premières loges pour guetter les navires égarés ou ceux qui, chargés d'or, s'échouaient lors des tempêtes.

Tandis que la puanteur de Tortuga remplissait ses narines, Will se dirigea vers *La Fiancée Fidèle*, l'auberge où il était venu, jadis, avec Jack. L'enseigne de cette taverne représentait une jeune fille avec un bouquet de fleurs qu'elle tenait dans ses mains menottées. Mais Will n'eut même pas besoin d'entrer. Il reconnaissait la jeune femme rousse, en robe rouge, qui sortait de la taverne en titubant. C'était l'une des nombreuses bonnes amies de Jack. Son nom – si sa mémoire était bonne – était Scarlett. Will hésitait un peu à lui demander si elle avait vu Jack récemment. En effet, le capitaine avait des rapports assez tumultueux avec les femmes, ce dont témoignait le nombre impressionnant de gifles qu'il recevait. Nombre de ses conquêtes avaient, en effet, tout lieu de se plaindre de lui : quand le capitaine ne les trompait pas, il volait leur bateau.

Will s'éclaircit la voix et, armé de son plus beau sourire, interrogea Scarlett. Les yeux de la jeune femme se mirent à lancer des éclairs.

— Cela fait bien un mois que je ne l'ai pas vu ! répondit-elle sèchement. Quand tu le trouveras, donne-lui donc ce message de ma part...

Et, sur ces mots, elle leva la main et gifla Will, avant de tourner les talons et de s'éloigner dignement.

Le découragement envahit Will. Ainsi, Jack n'était pas à Tortuga. Mais où pouvait-il donc bien être ? Il ne pouvait pas fouiller toutes les îles des Caraïbes, quand même : il y en avait des centaines !

Alors que le jeune homme regagnait sa goélette, il aperçut sur la plage un pêcheur de crevettes qui poussait son filet et il décida de tenter une fois encore sa chance. D'ailleurs, il n'y avait rien d'autre à faire que cela : interroger tous ceux qu'il rencontrait dans l'espoir d'apprendre enfin quelque chose de vraiment intéressant.

— Je ne sais pas trop pour ce qui est de Jack Sparrow, lui répondit le pêcheur en remontant ses filets, mais il y a une île qui se trouve juste au sud des détroits, où je négocie des épices en échange de délicieuses viandes de porc sauvage, fumé par les boucaniers. J'ai vu là-bas un navire avec des voiles noires...

Un navire avec des voiles noires : c'était le *Black Pearl*, à n'en pas douter !

En échange de quelques pièces, Will persuada l'homme de le conduire jusqu'à cette île, qui faisait partie de la poussière d'îlots entourant Tortuga.

Arrivé aux abords de leur destination, le pêcheur de crevettes lui fit un signe de tête. Et Will le vit alors de ses propres yeux : le *Black Pearl*, tiré à sec sur la plage !

Will fronça les sourcils : pourquoi donc Jack avait-il sorti son navire de l'eau ? Ce n'était pas pour une opération de carénage, puisque le *Black Pearl* n'était même pas couché sur le côté... Qu'importe ! Will reprenait espoir. Tandis qu'il contemplait la paradisiaque plage de sable fin léchée par les eaux turquoise, le pêcheur fit signe à un homme qui ramait dans sa chaloupe, non loin du bateau.

— Mon frère va te conduire à terre, dit-il.

Will comprit tout de suite qu'il ne s'agissait pas d'un frère de sang. « Les Frères de la Côte » : tel était le nom que se donnaient entre eux les flibustiers, les boucaniers et les bûcherons. L'homme qui s'approchait dans sa chaloupe était sans doute un boucanier : un de ces chasseurs qui vivaient du commerce de la viande et des peaux des vaches et des cochons sauvages. Une profession qu'ils abandonnaient parfois momentanément pour donner un petit coup de main à leurs amis les pirates. Personne ne connaissait mieux ces îles que ces hommes, qui avaient trouvé refuge à Tortuga et aux alentours, après avoir été chassés par les Espagnols de l'île d'Hispaniola. Dans cette communauté formée par les « Frères de la Côte », la règle suprême était la solidarité.

Après un court conciliabule entre les deux hommes, Will se retrouva sur la petite embarcation à rames. Le boucanier n'avait pas un aspect très engageant. C'était un homme aux yeux exorbités, avec une expression perpétuellement terrorisée. Il s'approchait de la plage où se trouvait le *Black Pearl* quand, soudain, il immobilisa son bateau, les yeux fixés sur l'île. Will le regarda, intrigué. Le visage de l'homme était empreint d'une profonde frayeur, mais Will n'en conçut pas d'inquiétude, car cela semblait être un état permanent chez lui.

— Qu'est-ce qui ne va pas ? l'interrogea Will. La plage est juste là. Pourquoi vous arrêtez-vous ?

— Fin du voyage. Tout le monde descend ! grogna le boucanier.

Et, sur ces mots, il tira sur une rame, faisant faire demi-tour à son embarcation. Will n'avait pas le choix : il plongea.

En quelques brassées, il arriva sur la plage. Dégoulinant d'eau, il marcha en direction du *Black Pearl*. Rien ne bougeait sur le pont de l'énorme vaisseau.

C'est alors qu'il aperçut les restes d'un feu de camp. Touchant les cendres, il constata qu'elles étaient encore tièdes. Jack devait être tout près.

— Jack ! appela-t-il. Jack Sparrow ! Monsieur Gibbs ! Est-ce que vous m'entendez ?

Il continua à avancer, jusqu'à atteindre l'ombre de l'immense navire.

— Marty ? Cotton ?

Mais le *Black Pearl* était silencieux et désert. Will l'examina avec attention. Rien ne semblait anormal. Il se tourna alors vers la jungle épaisse, qui commençait immédiatement en haut de la plage. Soudain, un cri perça le silence, faisant sursauter Will.

— Ne me mangez pas !

Il y eut un battement d'ailes et le perroquet de Cotton se posa alors sur une souche d'arbre en inclinant la tête vers le nouveau venu.

— Ah, ça fait du bien de voir un visage connu ! s'écria Will, un sourire jusqu'aux oreilles.

— Non, ne me mangez pas, ne me mangez pas ! répondit le perroquet..

— Je ne vais pas te manger. Peux-tu me dire ce

qui s'est passé ici ? Je crois bien que non, évidemment... Tu n'es qu'un perroquet.

Will examina l'enchevêtrement de bambous, de fougères géantes et d'arbres gigantesques recouverts de lianes, dans lequel il allait devoir s'enfoncer pour rechercher les pirates. Le cri lointain d'un oiseau parvint à ses oreilles. Le bavardage d'un troupeau de singes... Will avança d'un pas. Si le perroquet était là, Cotton ne devait pas se trouver bien loin. Mais, sautant de sa souche, le volatile se posa devant lui, comme s'il voulait lui barrer la route.

— Ne me mangez pas ! répéta-t-il.

— Je n'ai même pas faim, fit Will, tout en cherchant du regard comment il pourrait franchir la barrière de végétation.

— NE ME MANGEZ PAS ! cria le perroquet encore plus fort.

Will prêta de nouveau attention à l'oiseau.

— Écoute, petit, tu n'es rien d'autre qu'un peu de plumes et d'os et tu dois avoir le même goût que du pigeon.

Le perroquet se tut.

— Excuse-moi, dit Will, pris de remords. C'était une phrase malheureuse. Écoute... Si quelqu'un vient, dis-lui que Will Turner s'est enfoncé dans la jungle à la recherche de Jack Sparrow. Tu as compris ?

Will soupira. « Je suis en train de parler à un perroquet », se dit-il.

— Bien compris, monsieur, répondit le perroquet en hochant la tête.

Will resta un instant incrédule, puis il sourit, tira son sabre et commença à s'enfoncer à travers le taillis à grands coups de lame.

Comme il fendait une immense feuille de bananier, il vit soudain une petite flasque rouge sur le sol.

Il la reconnut. Cette flasque appartenait à Gibbs.

— Gibbs... ! appela Will doucement.

C'est alors qu'en se baissant pour ramasser la flasque il remarqua un filet, dont les mailles étaient constituées de lianes tressées. Il était invisible dans la végétation qui recouvrait le sol. Prudemment, Will écarta les feuilles et découvrit bientôt un fil tressé attaché à la flasque. Il sourit, comprenant que les pirates avaient placé là un piège. Le mécanisme en était simple. Voyant la flasque, l'imprudent promeneur se penchait pour la ramasser, il trébuchait alors sur le fil qui le faisait tomber sur le filet et le piège se déclenchait.

Heureusement, Will l'avait vu à temps. Mettant la flasque dans sa poche, il suivit avec précaution la cordelette, qui le conduisit jusqu'à un arbre.

À l'insu de Will, deux yeux apparurent dans le feuillage, juste en face de lui. L'homme, parfaitement dissimulé, sourit à Will, mais celui-ci ne pouvait toujours pas le voir. Tendant le bras, le guetteur tira alors un coup sec sur la corde pour actionner le piège. Le filet se releva d'un seul coup et, avant qu'il ne réalise ce qui lui arrivait, Will fut arraché de terre et se retrouva la tête en bas, en train de se balancer.

Will se traita d'imbécile pour ne pas avoir compris que les pirates n'auraient jamais utilisé la flasque de Gibbs pour tendre un piège. Entendant des pas fouler la végétation derrière lui, il tourna la tête. Un groupe de guerriers indigènes venait vers lui. Will tressaillit. Il n'avait jamais vu des êtres à l'aspect aussi féroce. Leurs corps presque entièrement nus étaient couverts de peintures de guerre et incisés de scarifications, et leurs visages, également peints, étaient ornés de pointes de fer qui leur transperçaient le nez, les joues ou le menton. Jusqu'à leurs dents qui étaient limées en biseau, sans doute pour mieux mordre leur nourriture... C'étaient des hommes qui, apparemment, n'avaient pas peur de souffrir ni de faire souffrir. Will remarqua aussi qu'ils portaient sur eux ce qui semblait bien être les vêtements de leurs précédentes victimes : chapeaux, gilets, colliers, ceintures. Il comprenait maintenant pourquoi le boucanier avait l'air si effrayé. Will regrettait amèrement de ne pas avoir fait confiance à cet homme qui devait connaître la région comme sa poche...

Au signal de l'un des leurs, les guerriers se précipitèrent sur leur prisonnier en brandissant leurs javelots.

Will para un coup de lance avec son bras et, en

s'appuyant sur le tronc de l'arbre, il se propulsa vers eux, para un autre coup de lance, et parvint à en renverser plusieurs à terre.

— Allons, à qui le tour ? cria-t-il. J'ai tout mon temps !

Un guerrier se détacha du groupe. Son aspect était particulièrement effrayant, avec ses oreilles à moitié mangées et les traces de morsure que l'on distinguait sur son corps.

— À qui le tour ? continua Will. Je vous attends !

Le guerrier considéra Will et, levant sa sarbacane, il souffla dedans. Will se sentit devenir tout mou. Le dard était entré dans son cou. Alors, le guerrier coupa la corde du filet et fit tomber son gibier par terre. Will fut détaché, soulevé et emporté, complètement inerte.

# 7

Pendant ce temps, dans sa cellule humide de Port Royal, Élisabeth était condamnée à attendre. Les rayons de lune entraient par la petite fenêtre de son cachot, en projetant des ombres sur les murs. La jeune femme était épuisée et venait juste de fermer les yeux, quand une voix surgit de l'obscurité.

— Viens vite !

C'était la voix de son père. Le gouverneur Swann sortit de l'ombre.

— Silence, ma chérie, ne fais pas de bruit !

À sa grande stupeur, Élisabeth constata que la porte de sa cellule était ouverte.

— Dépêche-toi...

Élisabeth ne se le fit pas dire deux fois. Elle se précipita pour sortir. Le gouverneur adressa un signe de tête au garde, avant de prendre le bras de sa fille pour l'entraîner à toute allure. Ils parcoururent à grandes enjambées les couloirs de la prison jusqu'à la sortie.

— Que se passe-t-il ? demanda Élisabeth, quand ils débouchèrent enfin à l'air libre. À demi cachée dans l'ombre à l'angle de la rue, elle distingua une calèche tout attelée, dont le cocher attendait ses passagers.

— Il y a encore des hommes qui me sont fidèles ici, chuchota le gouverneur. Un bateau nous attend. Tout est arrangé pour ton retour en Angleterre.

Élisabeth se figea.

— Non. Je refuse de rentrer en Angleterre !

Mais le gouverneur entraîna doucement sa fille par le bras pour qu'elle se remette en marche.

— Nous gardons notre crédit auprès du Roi, lui dit-il d'un ton apaisant. Je lui fais passer une lettre qui l'informera de ce qui se passe ici. Là-bas, tu seras en sécurité.

— Mais Will est parti à la recherche de Jack ! se récria Élisabeth.

— Nous ne pouvons pas compter sur Will Turner, répondit le gouverneur d'un air navré.

— Il vaut beaucoup mieux que tu ne le penses, fit Élisabeth, la gorge serrée.

— J'en pense beaucoup de bien, répliqua le gouverneur avec sincérité, mais, je t'en prie, ma chérie, il n'est plus temps d'être naïf !

Tout en parlant, ils étaient arrivés à la porte de la calèche. Swann tira un pistolet de sa ceinture. Élisabeth considéra l'arme avec surprise.

— Le Roi n'a signé qu'une grâce, reprit le gouverneur. Une seule. Et elle a été promise à Sparrow. Même si Will revient...

Il secoua la tête, incapable de poursuivre. Il était évident que, si Will revenait, il ne sauverait pas sa peau ni celle d'Élisabeth. Beckett ne renoncerait jamais au plaisir de voir se balancer les amoureux au bout d'une corde. Son acharnement allait au-delà de ce qu'exigeait sa mission.

— Ne me demande pas de te regarder monter à l'échafaud ! dit-il. C'est hors de question.

Il lui ouvrit la porte de la calèche.

— Et tu veux que je parte seule, après ce que tu viens de me dire ? se récria Élisabeth.

Le gouverneur regarda sa fille avec des yeux voilés de larmes.

— Je dois rester, dit-il. Beckett a peur de mes amitiés à la cour. Peut-être... peut-être pourrai-je obtenir que Will soit jugé régulièrement, s'il revient.

Élisabeth eut un mouvement d'impatience.

— Il n'est plus temps d'être naïf. Même si Will est jugé régulièrement, il sera pendu !

Swann se tut. Il était bien obligé de reconnaître que sa fille avait raison. Ils se regardèrent un long moment. Au fond des yeux d'Élisabeth se lisait une détermination farouche. Et, petit à petit, le gouverneur en prenait son parti.

— Donc... tu n'as plus rien à faire ici, conclut-il en hochant la tête.

Alors, sans ajouter un mot, il la poussa dans la calèche. Élisabeth resta interdite, son pistolet à la main, tandis que son père refermait la porte. Le gouverneur se détourna pour ne pas la voir partir. Il se demandait bien ce qu'elle allait faire...

Donnant des jambes, le gouverneur fit alors galoper son cheval jusqu'aux docks, où il avait donné l'ordre au cocher de le rejoindre en empruntant un chemin différent. La route lui parut interminable.

La calèche arriva sur les lieux peu de temps après Swann. Le cocher s'arrêta sur le quai, mais le gouverneur lui fit signe de rester sur son siège. Dans l'ombre, se tenaient deux hommes en train de discuter, leur visage se touchant presque. L'un d'eux portait un tricorne de capitaine. Le gouverneur connaissait son identité, mais qui donc était l'homme avec lequel il parlait ? Peut-être le maître d'équipage du bateau...

Guidant son cheval, le gouverneur s'approcha de la calèche.

— Ne sors pas ! cria-t-il.

Puis, sautant à terre, il se hâta vers les deux hommes.

— Capitaine Hawkings ? appela-t-il.

Mais Hawkings ne répondit pas. L'autre personnage s'écarta de lui et le capitaine s'affaissa alors en avant, sa tunique couverte de sang. Le gouverneur comprit soudain qu'il était déjà mort quand il l'avait cru en grande conversation. Son assassin le soutenait devant lui pour lui donner le change.

— Bien le bonsoir, gouverneur ! dit l'homme en essuyant lentement avec un mouchoir le sang qui tachait son couteau.

Swann eut un sursaut de surprise. Il reconnaissait cet homme. C'était Mercer, l'adjoint de Beckett.

— Quelle pitié ! fit Mercer en regardant le cadavre.

Se tournant vers Swann, il lui tendit une lettre, tachée de sang, qui portait le sceau du gouverneur. Celui-ci était brisé.

— Il avait ça sur lui, poursuivit négligemment l'homme de main de Beckett. Une lettre de votre main, à remettre au Roi. Tssss... on ne peut vraiment faire confiance à personne ! ajouta-t-il en secouant la tête d'un air profondément hypocrite.

Soudain, Swann se rua vers la calèche. Son cœur battait douloureusement dans sa poitrine. Il espérait avoir bien compris le dernier regard qu'Élisabeth lui avait adressé...

— Élisabeth ? appela-t-il.

Mais, d'un coup de sifflet, Mercer fit surgir une troupe de soldats qui entoura le gouverneur.

— Qu'on s'empare de lui ! ordonna-t-il.

En quelques instants, malgré ses protestations, le gouverneur fut réduit à l'impuissance. Mercer sourit. Il s'approcha de la calèche, dont il ouvrit brutalement la porte. Mais l'homme blêmit. La calèche était vide...

— Où est-elle passée ? hurla-t-il avec fureur.

— Qui ça ? répondit Swann, qui rayonnait de soulagement.

Mercer plaqua le vieil homme contre la calèche.

— Je parle d'Élisabeth !

— Elle a toujours eu un caractère un peu fantaisiste, répondit le gouverneur d'un ton innocent. Sans relever la provocation, Mercer ordonna qu'on lui mette les fers et, se saisissant violemment lui-même de la chaîne, il entraîna son prisonnier sans ménagements.

# 8

La nuit était encore noire quand Lord Beckett pénétra dans son bureau, au premier étage du bâtiment de la Compagnie des Indes. Il était assez satisfait. Les derniers événements ne s'étaient, certes, pas déroulés tout à fait comme prévu – puisqu'Élisabeth avait filé – mais elle ne présentait pas grand danger et surtout il avait évité le pire en interceptant la lettre que cet insupportable gouverneur voulait transmettre au Roi.

Le directeur de la Compagnie des Indes tenait à la main la lettre en question, tachée du sang du malheureux Hawkings. Il l'avait déjà lue une dizaine de fois en sentant sa haine croître à mesure. Mais désormais, ce dangereux gouverneur était sous les verrous, à sa merci. La menace avait changé de camp...

Après avoir hésité une seconde, Beckett mit la lettre dans sa poche. Puis il alluma sa lampe à pétrole. Dans la lumière, le directeur de la Compagnie des Indes remarqua immédiatement que le casier qui contenait les lettres de course était vide. Il sentit aussi qu'il n'était pas seul...

— Il ne fait pas de doute que vous avez compris que la loyauté n'a plus cours dans le royaume, déclara-t-il sans se retourner. Contrairement à ce que votre père s'imagine encore...

Élisabeth sortit de l'ombre. Son cœur battait la chamade. La chance avait été avec elle jusque-là, mais il allait falloir jouer serré.

— Alors qu'est-ce qui a cours désormais ? demanda-t-elle.

— Ce qui a cours désormais, c'est l'argent, ricana Beckett. Et les affaires !

— Dans ces conditions, répliqua Élisabeth, nous devons pouvoir nous entendre. Je suis venue négocier.

— J'écoute, dit Beckett en faisant volte-face.

Tirant le pistolet de son père, Élisabeth mit l'homme en joue.

— J'écoute attentivement, précisa-t-il.

Élisabeth luttait pour empêcher ses mains de trembler. Dire qu'elle portait encore la robe de mariée dans laquelle elle aurait dû épouser l'homme de sa vie, et qu'au lieu de fêter ses noces elle se retrouvait en train de tenir un pistolet. Quel gâchis !

— Vous n'avez pas déclenché l'alarme, fit-elle remarquer en dissimulant le mieux possible son inquiétude.

— Il me semble que je peux gérer seul cette situation, répondit Beckett avec une désinvolture affectée.

— Éloignez-vous du bureau ! commanda Élisabeth.

Beckett s'exécuta. Tenant toujours l'homme en joue, Élisabeth abattit sur le bureau les lettres de course qu'elle avait dérobées quelques minutes plus tôt.

— Voici donc ces fameuses lettres de course, dit-elle. Une grâce complète pour tous les crimes commis ou non. Signées du Roi, mais... vierges.

Beckett sourit, sans montrer sa peur.

— Et elles sont sans valeur, tant qu'elles ne portent pas mon sceau et ma signature.

Élisabeth lui rendit son sourire.

— Et pourquoi croyez-vous que je suis ici ?

Beckett toisa la jeune femme d'un air condescendant.

— Et que pensez-vous avoir à m'offrir, jeune personne ?

— Un renseignement utile. Vous avez envoyé Will chercher le compas qui appartient à Jack

Sparrow. Je peux vous dire qu'il ne vous portera pas chance...

— Veuillez vous expliquer !

Élisabeth abaissa le canon de son pistolet.

— Je suis allée à l'île de la Muerta, dit-elle. Et j'ai vu le coffre de mes yeux. Il y a une chose que vous devriez savoir. Les dieux païens crient vengeance quand on vient les troubler...

Beckett eut un petit gloussement.

— Ah, je vois ! Vous croyez que le compas n'indique que la direction de l'île de la Muerta. Et ainsi donc, par un souci de ma personne qui me va droit au cœur, vous voudriez me protéger d'une destinée fatale. Je crains que vous ne vous trompiez, mademoiselle Swann. Je ne m'intéresse pas à l'or maudit des Aztèques. Mes aspirations ne sont pas vulgaires à ce point...

Lord Beckett se dirigea vers l'immense planisphère, qu'il comptait bien compléter au fur et à mesure de l'avancée de la colonisation britannique. Les parties qui étaient encore en blanc représentaient certaines régions de l'Amérique du Nord, de l'Afrique et de l'Australie.

— Il y a plus intéressant à découvrir qu'un simple trésor, dit-il en montrant les zones à l'état d'esquisse. La conquête des terres passe par la conquête des mers ! ajouta-t-il de manière sibylline.

Élisabeth médita quelques instants ces paroles, puis elle avança d'un pas et, armant son pistolet, l'abaissa sur la tempe de Lord Beckett. Celui-ci s'arrêta soudain de rire.

— Avant d'appeler à l'aide, dit sèchement Élisabeth, tenez compte du fait que vous m'avez dérobé ma nuit de noces.

Sous la menace de son arme, elle l'obligea à s'asseoir sur la chaise, devant le bureau, sur lequel se trouvaient les lettres de course.

Beckett soupira, puis s'assit. Tirant un bâton de cire à cacheter, il le chauffa au-dessus d'une bougie et en fit tomber quelques gouttes sur l'une des lettres.

— Est-ce un mariage interrompu ou l'intervention du Destin ? lança-t-il avec ironie.

Élisabeth serra les lèvres, soudain inquiète. Que voulait dire cet homme ? Suggérait-il qu'elle ne se marierait jamais avec Will ?

Elle approcha le canon plus près de la tempe de Beckett. Au contact de l'acier froid de l'arme, celui-ci se mit à songer avec angoisse à la lettre couverte de sang qu'il avait dans sa poche. Élisabeth Swann ignorait ce qui s'était passé sur les docks de Port Royal. Elle ne savait pas que son père était en prison. Et il valait mieux qu'elle continue de l'ignorer. Cette jeune femme était une vraie tête brûlée.

Avec la bague qui portait son monogramme, Beckett imprima son sceau dans la cire.

— Vous vous donnez beaucoup de mal pour sauver la tête de Sparrow ! fit-il remarquer.

— Cette lettre n'est pas pour Jack, répliqua vertement Élisabeth.

La réflexion de cet homme était désobligeante. C'était Will qu'elle aimait, pas Jack, même si elle éprouvait beaucoup d'affection pour lui. Quand, la veille, dans la prison, Will lui avait parlé de ces lettres avec lesquelles Beckett espérait acheter le capitaine, elle s'était dit qu'elle aurait préféré y lire le nom de Will Turner.

Élisabeth tendit sa main libre et Beckett lui remit alors une lettre cachetée, mais toujours vierge. Sans cesser de tenir l'homme en joue, elle gagna la terrasse et, reprenant le chemin par lequel elle était venue, disparut dans l'ombre.

Becket arriva à temps à sa suite pour voir la robe de mariée s'évanouir dans la nuit, tel un fantôme blanc. Il contempla la sentinelle, sur son tabouret, qui dormait à poings fermés. L'homme alluma un cigare. Tandis que les volutes de fumée s'élevaient doucement dans l'air, il regarda pensivement la nuit. Le vent caressait les étoiles qui scintillaient dans le grand ciel limpide. Et, à ses pieds, miroitaient les eaux tièdes du port, où se balançait un gros navire marchand. Quel calme ! Quelle sérénité !

Beckett sourit. Il s'en était bien tiré. Cette femme aurait été capable de le tuer. Quant au compas, il trouverait bien un autre moyen de le récupérer. D'ailleurs, à bien y réfléchir, Élisabeth Swann avait raison de ne pas se comporter en jeune fille de bonne famille. Surtout avec un père qui l'aimait plus que tout... Beckett contempla son cigare, sourit encore. Puis, il frappa d'un coup de pied la sentinelle endormie, qui tomba de son tabouret.

Le lendemain matin, l'*Edinburgh Trader*, le vaisseau marchand que Beckett avait remarqué dans le clair-obscur de la nuit, appareilla de Port Royal aux premières heures du jour. Tandis qu'il gagnait le large, un marin aperçut soudain sur le pont un tas de chiffons d'aspect très inhabituel. Il s'approcha et, du bout des doigts, tâta le vêtement avec horreur. C'était bien ce qu'il avait cru voir : une robe de mariée !

Tournant la tête, il vit le quartier-maître et l'intendant qui s'approchaient, les yeux écarquillés, eux aussi. Le capitaine Bellamy, qui était occupé à dessiner sa route dans sa cabine, entendit soudain les exclamations que poussaient les deux hommes. Il monta immédiatement sur le pont. Un spectacle incongru l'attendait : son quartier-maître et son intendant en train de se disputer une robe de mariée, chacun la tirant de son côté.

Le capitaine gloussa de rire.

— Si vous en avez tellement envie tous les deux, il faudra que vous acceptiez de la partager et de la porter à tour de rôle !

L'intendant rougit jusqu'au bout de ses oreilles.

— Il ne s'agit pas de cela, monsieur. Le navire est hanté !

Le regard du capitaine se perdit sur les eaux tranquilles et transparentes, où se reflétait un ciel d'une limpidité parfaite.

— Vraiment ? Hanté ? Là, maintenant, en plein jour ?

— C'est bien cela, monsieur, acquiesça le quartier-maître. Il y a une présence féminine parmi nous. Nous la sentons tous.

L'équipage, qui s'était rassemblé petit à petit autour de la robe, se mit à marmonner avec inquiétude.

— C'est le fantôme d'une dame, fiancée et veuve avant ses noces, voilà ce que je crois ! déclara un marin en crachant par terre. Un fantôme errant à la recherche de son mari disparu en mer !

Le maître-coq hocha la tête d'un air entendu.

— Elle était sûrement vierge et cela n'annonce rien de bon.

L'intendant tira fermement la robe vers lui.

— Nous devons la jeter par-dessus bord et prier pour que l'esprit la suive ! s'exclama-t-il. Sans quoi, ce navire connaîtra les eaux glacées des abysses avant quinze jours. Souvenez-vous de mes paroles !

Mais le quartier-maître tira la robe à son tour.

— Que dis-tu ? Lancer cette robe par-dessus bord ? Pour déclencher la colère de l'esprit ? Tu n'y songes pas !

— Assez ! fit le capitaine Bellamy en séparant les deux hommes.

Prenant l'objet du délit, il l'examina de plus près.

— Messieurs, il me semble que cela signifie simplement que nous avons une passagère clandestine. Apparemment, il s'agit d'une jeune femme.

Le capitaine passa délicatement la main sur l'étoffe, appréciant sa qualité. C'était un vêtement magnifique.

— Que chacun reprenne son travail ! déclara-t-il finalement. Et s'il y a bien un passager clandestin et que ce soit une femme – qui plus est –, je ne vois pas très bien comment elle pourrait nous quitter sans que nous la remarquions. Pas vrai ?

Les hommes se mirent à hocher la tête, comme plongés dans une profonde réflexion. Le capitaine les regardait en souriant. Soudain, il se mit à rire avec indulgence.

— Bon, allez... Puisque vous en mourez d'envie... Mettez-vous à sa recherche !

Il n'eut pas besoin de le répéter deux fois : tous les hommes se dispersèrent avec empressement pour fouiller tout le navire. Tous, sauf un, qui avait continué à repeindre tranquillement le bastingage pendant toute la durée de l'incident. L'homme souriait sous la casquette qui lui descendait très bas sur les yeux.

Mais, en fait, ce n'était pas un homme. C'était Élisabeth, méconnaissable dans ses vêtements de matelot. Le monde de la mer était un réservoir inépuisable de superstitions et la jeune femme comptait bien s'en servir à ses fins. Reposant son pinceau dans le pot, elle se joignit aux recherches.

# 9

Loin, bien loin de Tortuga où Élisabeth pensait rejoindre son fiancé, Will ouvrit les yeux. Il regarda autour de lui d'un air effaré. Que faisait-il donc dans ce village de huttes, entouré d'hommes à demi nus et couverts de peintures de guerre ?

Puis, tout lui revint. Will avala sa salive avec difficulté. Il avait les mains ligotées très serrées et également des entraves aux jambes, un peu plus lâches, de manière à ce qu'il puisse marcher. Avant que Will ait eu le temps de tenter quoi que ce soit, on le mit debout, puis l'un des sauvages le poussa pour le faire avancer.

Tandis qu'on le traînait dans le village, le jeune

homme avait des doutes de plus en plus affreux. Ce village était constitué de huttes, faites de longues branches souples, avec des ouvertures auxquelles les indigènes avaient donné la forme d'inquiétants visages. Mais ce n'était pas ça qui était le plus inquiétant. Ce que Will remarquait avec une horreur grandissante, c'est que le moindre objet dans ce village était fait en os... en os humains. Ceux-ci avaient servi pour fabriquer des totems, aussi bien que des tables, des échelles, des étagères, des barrières ou même des parasols. Et toute la vaisselle et la batterie de cuisine étaient faites de crânes pour les récipients, de clavicules pour les couverts et de vertèbres comme gobelets. On aurait dit que, dans cet îlot perdu, l'os était une matière première que l'on extrayait de carrières. Mais les carrières d'os humains – de crânes, de tibias, de colonnes vertébrales – cela n'existe pas. Ou alors, on appelle ça des cimetières...

Will tourna la tête. Un petit garçon venait de sortir de sa hutte pour le regarder passer. Le prisonnier essaya d'accrocher son regard, mais l'enfant demeura de marbre, si ce n'est qu'il se passa la langue sur les lèvres, comme s'il se léchait les babines.

Will avala de nouveau sa salive. Des cannibales... Ces gens étaient des cannibales ! Comment ne l'avait-il pas compris plus tôt ?

Alors qu'il cherchait désespérément un moyen de

s'enfuir, le cortège se trouva soudain bloqué par un attroupement. Les sauvages s'écartèrent et, à quelques pas devant lui, Will aperçut un immense trône, décoré d'une guirlande de têtes de mort, sur lequel était assis dignement le chef de la tribu.

D'abord, Will ne put en croire ses yeux. Puis, il sourit : un sourire radieux. Celui qui se tenait là, assis sur le trône, en grande tenue de cérémonie, n'était autre que Jack Sparrow ! Une main habile avait artistement peint sous chacun de ses yeux d'autres yeux, parfaitement imités. Avec ses regards multiples, le capitaine Jack Sparrow était impressionnant. Un vrai chef !

— Jack ! s'écria Will. Honnêtement, je peux dire que je suis bien content de te voir !

Il s'élança vers le capitaine, mais les cannibales l'arrêtèrent. Jack n'avait pas prononcé un mot. Il renvoyait à Will un regard totalement dépourvu d'intérêt, comme s'il ne l'avait jamais vu de sa vie.

Les cannibales poussèrent leur prisonnier vers le trône pour présenter fièrement leur prise à leur roi.

Jack regarda Will, puis il secoua la tête d'un air déçu et se mit à parler aux cannibales dans une langue étrange, faite de grognements, de clics produits avec la langue et de claquements de mâchoire.

— Jack ? Jack, c'est moi, Will Turner ! cria-t-il, aux abois. Mais dis-leur donc de me détacher !

Jack descendit de son trône avec majesté, puis se mit en devoir d'examiner Will. Il lui pinça le gras du bras, l'examina sur toutes les coutures puis, pointant son doigt vers le bas-ventre du prisonnier, il hocha la tête. À la stupéfaction de celui qu'on examinait ainsi comme du bétail, le capitaine mima alors le geste de donner un petit coup de ciseau, comme s'il voulait dire que seul ce morceau méritait d'être dégusté. Les cannibales eurent l'air profondément déçu.

— Jack, écoute ! essaya encore Will désespérément. Ton compas : c'est tout ce dont j'ai besoin. Élisabeth est en danger ! Nous avons été arrêtés parce que nous t'avons aidé. Elle risque la potence !

Montrant du doigt la jambe de Will, l'un des guerriers se mit à se frotter le ventre d'un air affamé. Il semblait trouver que ce morceau ferait un excellent repas. Son voisin – le guerrier qui avait décoché tout à l'heure sa flèche de curare sur Will – l'approuva en faisant le geste de trancher la gorge du prisonnier.

Jack eut un geste d'apaisement en direction de ses sujets. Ils avaient l'air tellement affamé !

— Il sera encore meilleur après s'être reposé un peu, dit-il dans la langue à clics que parlaient les cannibales. Viande trop énervée devient nerveuse !

La tribu manifesta bruyamment sa joie et, sur ces bonnes paroles, Jack fit un grand geste de la main pour signifier qu'on emmène le prisonnier.

— Non ! hurla Will, tandis que les guerriers se saisissaient de lui. Jack, que leur as-tu dit ?

Une fois de plus, Jack ne lui répondit pas. Il remonta sur son trône, le regard lointain. Mais, tandis que les cannibales s'éloignaient en traînant leur prisonnier, ses yeux roulèrent dans leurs orbites pour essayer d'attirer l'attention de Will.

— Tire-moi de là ! couina-t-il du coin de la bouche dans un murmure presque inaudible.

Will fronça les sourcils. Il lisait une véritable panique dans le regard de Jack. Pourtant, il était leur chef ! Qu'est-ce que cela voulait dire ?

Les questions que se posait Will trouvèrent bientôt une réponse. Traîné par les sauvages, le jeune homme fut amené jusqu'à un profond cratère naturel, dans lequel les cannibales avaient suspendu deux cages. Ces cages étaient du bel ouvrage et le forgeron habile qu'était Will ne put s'empêcher brièvement de les admirer. En se servant uniquement d'os longs – tibias, humérus et fémurs – liés par des lanières de peau humaine, les cannibales avaient façonné des cages parfaitement sphériques. Un système de cordes les maintenait au-dessus du vide, à peu près aux deux tiers du fond et à bonne distance des parois, de sorte qu'il était impossible de trouver une prise pour s'échapper du trou.

Ce qui restait de l'équipage du *Black Pearl* était enfermé dans ces cages. Avant d'avoir eu le temps de réagir, Will fut précipité à son tour dans l'une d'elles.

— Ah, Will, il ne fallait pas te donner la peine de venir ! plaisanta Gibbs en guise de bienvenue.

Malgré son ton joyeux, le maître d'équipage avait l'air mal en point. Son regard brûlait de fièvre. Will lui tendit la flasque qu'il avait trouvée par terre. Gibbs la porta aussitôt à sa bouche. Hélas, elle était vide. De toute façon il avait plus besoin d'eau que de rhum… Will regarda les prisonniers. Il essayait de mettre un nom sur chacun de leurs visages. Presque un an avait passé depuis la dernière fois qu'il les avait vus. Gibbs partageait sa cage avec Cotton et Marty, ainsi qu'avec trois hommes que Will ne connaissait que de vue. Et l'autre cage contenait Leech et cinq autres membres d'équipage que Will n'avait jamais rencontrés. Ils avaient tous l'air de mourir de soif.

— Mais pourquoi diable Jack vous traite-t-il ainsi ? s'écria-t-il, indigné. Il est leur chef, n'est-ce pas ?

Gibbs soupira d'un air navré.

— En vérité, dit-il, les Pelegostos l'ont choisi pour être leur chef, mais à la condition qu'il se comporte en chef, ce qui signifie qu'il ne peut rien faire d'autre que ce qu'ils pensent qu'un chef doit faire…

— Il est leur prisonnier, alors ? se récria Will.

Gibbs grimaça.

— C'est même encore pire. Pour essayer de nous sortir de ce pétrin, Jack a joué tellement bien le rôle de Dieu vivant arrivé par la mer comme Neptune, que les Pelegostos l'ont vraiment cru. Ils veulent lui rendre le service de le libérer de sa prison de chair...

Gibbs se tut. Il préférait ne pas dire à Will pourquoi ils avaient échoué ici. C'était la première terre qu'ils avaient aperçue. Gibbs avait mentionné le nom de Neptune à Will, mais c'était plutôt celui de Davy Jones qu'il aurait fallu évoquer...

Will observait le maître d'équipage. Il lui cachait quelque chose, il le sentait. Le jeune homme repensa au *Black Pearl*, à sec sur la plage. On avait l'impression que Jack avait ralenti son navire trop tard, tellement il était pressé de toucher terre. Mais qu'aurait-il donc eu à faire sur cet îlot perdu ? Tout cela était vraiment bizarre...

— Ils le feront rôtir et ils le mangeront ! confirma Gibbs. Ce doit être une croyance religieuse très ancrée. À moins qu'ils aient juste horriblement faim...

Ce fut à ce moment-là que Will réalisa que l'équipage du *Black Pearl* n'était pas au complet. Un certain nombre d'hommes manquait.

— Où sont les autres ? demanda-t-il.

Gibbs regarda un long moment le jeune homme sans parvenir à répondre.

— Ces cages-ci n'ont été construites qu'après notre arrivée, dit-il finalement.

Les yeux de Will s'agrandirent d'horreur, tandis qu'il regardait à nouveau ces cages. S'apercevant que sa main était posée sur un tibia, il la retira, comme si celui-ci lui avait brûlé les doigts. Les hommes qui manquaient n’étaient pas dans les cages. Ils étaient les cages...

— La fête commencera au coucher du soleil, dit-il en regardant Will. Et quand les tam-tams se tairont, la vie de Jack prendra fin...

# 10

Quelques heures plus tard, une petite embarcation montrait le bout de son mât, non loin de l'île des Cannibales. Elle était vraiment très petite. En fait, c'était plutôt une caisse à savon. Deux hommes se trouvaient à son bord, dont les silhouettes caractéristiques se détachaient sur le soleil couchant.

Ces silhouettes appartenaient à deux pirates, Pintel et Ragetti. L'un était grand et maigre, l'autre petit et gros.

Mis à part leurs différences physiques, il y avait entre eux comme un air de ressemblance qui tenait sans doute à leurs regards, qui n'avaient rien de rassurant. Pintel, le gros, avait en effet le blanc de l'œil presque jaune et son regard vitreux lui donnait un air vraiment méchant. De plus, il était édenté et chauve, à part quelques filaments de cheveux gras qui lui pendaient dans le cou. Encore que, en matière de cou, il n'en était guère pourvu, avec sa grosse tête qui semblait directement posée sur ses épaules, comme celle d'un taureau.

Son inséparable compagnon et âme damnée, Ragetti, pouvait avoir un aspect plus séduisant que lui, au premier abord – malgré son air un peu demeuré –, mais dès qu'il souriait, on se rendait compte qu'il était complètement fou. Son unique œil s'allumait en effet d'une lueur démente, et même l'autre globe semblait briller aussi, bien qu'il fût en bois. Peut-être parce qu'il imitait très bien l'aspect d'un vrai œil globuleux.

Les deux hommes étaient vêtus d'un costume rayé de bagnard, sur lequel ils avaient enfilé ce qu'ils avaient pu récupérer de leurs propres vêtements : bandes de tissu bariolées en guise de ceintures, vestes en guenilles et chemises à carreaux déchirées. N'importe qui aurait deviné au premier coup d'œil qu'il s'agissait de pirates évadés...

Ce duo de branquignols était tout ce qui restait de l'équipage de Barbossa. Depuis qu'ils avaient retrouvé leur simple corps de mortel, ils étaient enfermés à la prison de Port Royal, connue pour son célèbre chien, qui gardait en permanence dans sa gueule le trousseau de clefs des cellules.

Mais, désormais, les prisonniers de Port Royal ne pourraient plus essayer d'attirer ledit chien vers les barreaux, car celui-ci était aussi du voyage. Assis entre les deux pirates, il tenait toujours son trousseau de clefs entre les mâchoires.

— Et moi je te dis que c'est la Divine Providence qui nous a fait sortir de prison ! déclara soudain Ragetti, qui tenait un livre ouvert sur ses genoux.

— Et moi je te réponds que c'est moi qu'ai été malin, pas la Providence, répliqua Pintel, tout en ramant.

À ces mots, le chien leva la tête en remuant la queue. Pintel lui tapota le crâne.

— J'ai pas raison, mon toutou ?

Ragetti se redressa.

— Et comment que tu sais si c'est pas la Divine Providence qui t'a rendu malin ? insista-t-il. Et puis d'abord, ajouta-t-il en passant du coq à l'âne, c'est pas vrai que je suis en train de voler un bateau. C'est pas comme si c'était un vrai bateau, d'abord.

La caisse à savon s'approchait de plus en plus de la petite île, dont les pirates n'apercevaient que d'immenses falaises abruptes. Malgré leur air bête et leur vue basse, les deux hommes n'étaient pas si idiots que ça. Ils faisaient un petit tour de l'endroit avant de débarquer, histoire de voir où ils allaient mettre les pieds.

— C'est pas du vol, c'est de la récupération, rectifia Pintel. Et depuis quand que ça te dérangerait de voler un bateau ?

Ragetti prit un air inquiet.

— Maintenant qu'on n'est plus immortels, faut qu'on fasse attention à nos âmes, dit-il.

Il baissa les yeux vers son livre, l'air pénétré.

— Tu sais bien que tu sais pas lire, marin de petit bateau ! gronda Pintel.

— C'est la Bible, rat de cale ! riposta Ragetti, en souriant de ses dents toutes tachées et cassées. Ça va me donner un bon point si j'essaie de la lire.

Pintel lui adressa un regard furibond.

— Faire semblant de lire la Bible, c'est mentir, et ça c'est un mauvais point !

Soudain, alors que l'embarcation laissait derrière elle la pointe ouest de l'île, le pirate resta bouche bée.

— Regarde, dit-il d'un ton proche de l'extase, il est là !

Ragetti se tourna et écarquilla les yeux à son tour. C'était bien vrai, le *Black Pearl* était là, à sec sur une belle plage de sable blond ! Les deux hommes le cherchaient depuis ce qui leur semblait être une éternité. Ils avaient du mal à y croire...

Les deux pirates échangèrent un sourire radieux. Certes, ils ne faisaient plus partie de l'équipage de Jack Sparrow, puisqu'ils avaient préféré le camp de Barbossa, mais ils étaient tout prêts à retourner leur veste une fois encore. Après tout, qu'ils voguent sous le commandement d'un capitaine ou d'un autre, c'était du pareil au même pour eux. Le *Black Pearl* était leur maison.

Tout à leur allégresse, les pirates ne virent pas la grosse vague qui déferlait sur eux. La caisse à savon chavira en répandant son contenu dans l'eau. Complètement disloquée, elle fut jetée en débris sur la plage, tandis que les deux pirates se relevaient en titubant. Ils n'avaient de l'eau que jusqu'à la taille, ce qui était une chance, vu qu'ils ne savaient pas nager. Après avoir mis pied sur le sable sec, les deux rescapés restèrent un moment immobiles à contempler l'énorme coque sombre du *Black Pearl*. À leurs côtés, le chien de la prison tournait en rond sur lui-même : le malheureux avait perdu ses clefs dans la mer. Mais les deux hommes avaient d'autres chats à fouetter. Ils se demandaient pourquoi donc Jack Sparrow avait tiré son bateau hors de l'eau.

— Il est à nous ! déclara Ragetti, après mûre réflexion.

— La marée monte, approuva Pintel. Ça devrait aider.

Ce fut à ce moment-là que le battement des tambours commença à résonner à travers la jungle. Les yeux de Ragetti s'agrandirent avec inquiétude. Le pirate avait appris à se méfier des roulements de tambours. Chaque fois qu'il les avait entendus, c'est qu'une potence n'était pas loin.

— Tu sais, dit-il à son compère, on ne vole pas

ce bateau, on dira que c'est pour le sauver, pour ainsi dire...

— Je crois que tu dis vrai pour une fois, marmonna Pintel en considérant la jungle avec appréhension.

Les tam-tams battaient de plus en plus fort. En un clin d'œil, les deux hommes furent debout et se précipitèrent vers la coque du navire.

— Et je dirais en plus qu'on ferait bien de sauver ce bateau le plus vite possible, ajouta Ragetti. Maintenant que nos âmes sont devenues si fragiles...

— Amen ! répondit Pintel, qui songeait surtout à sauver sa peau.

# 11

Le grondement des tam-tams s'accélérait, pendant que les Pelegostos se préparaient pour leur grand festin. Ils avaient creusé une vaste fosse dans laquelle ils empilaient du bois, tandis que leur invité d'honneur – et plat principal –, le capitaine Jack Sparrow, hochait la tête d'un air approbateur en s'efforçant de sourire.

— Je remarque qu'il y a des femmes, mais fort peu d'enfants, observa-t-il d'un ton anodin. Comment cela se fait-il ? Les petits seraient-ils donc plus savoureux ?

Mais Jack ne reçut pas de réponse. Les cannibales étaient maintenant trop affairés à placer une grande broche au-dessus du bûcher. Le capitaine ravala sa salive, puis il avança vers la fosse à grandes enjambées.

— Ce n'est pas assez grand ! s'écria-t-il d'un air mécontent.

Toutes les têtes se tournèrent. Les Pelegostos considéraient leur chef d'un air respectueux et craintif.

Jack désigna la pile de bois en secouant la tête.

— Pas assez grande ! Encore du bois ! Je suis le chef ! Grand feu ! vociféra-t-il.

À la seconde, les cannibales lâchèrent leurs armes et s'éloignèrent en hâte. Ils devaient aller chercher assez de bois pour satisfaire leur chef. Les bras croisés sur sa poitrine et l'air courroucé, Jack les contempla jusqu'à ce que le dernier d'entre eux ait disparu. Après quoi, il détala comme une flèche.

Le capitaine courait tellement vite qu'il atteignit rapidement le bout du village. Il dépassa un dernier groupe de cases, courut encore plus vite en apercevant au loin les miroitements de la mer, quand soudain, il s'arrêta net. Un pas de plus et le capitaine faisait son dernier saut. La falaise du haut de laquelle il avait plongé après avoir évité la potence, à Port Royal, n'était rien en comparaison de celle-là. Sous les pieds de Jack, s'ouvrait un précipice de plus de trois cents mètres.

Le capitaine n'hésita pas longtemps. Faisant

demi-tour en vitesse, il repartit en direction des cases.

— Une corde, une corde, une longue corde, marmonnait-il. Ou une chaîne. Non, plutôt une corde.

Frénétiquement, il se mit à fouiller dans le fatras de têtes de morts et d'accessoires de cuisine qui se trouvaient dispersés autour des huttes. Soudain, le capitaine suspendit son geste. Il regardait avec curiosité une boîte d'épices marquée de l'insigne de la Compagnie des Indes. Il l'éleva à hauteur de ses yeux puis, haussant les épaules, s'apprêtait à la lancer au loin, quand un immense guerrier brandissant une lance fit son apparition. Manifestement, il était décidé à tuer le fuyard.

Jack recula d'un pas, puis répondit par un grand sourire à la mine effrayante du cannibale.

— Je ne suis pas en train de fuir, pas du tout ! dit-il avec claquements de langue et grognements à l'appui, en ouvrant la boîte de métal. Tu vois ? ajouta Jack.

Et, prenant une poignée d'épices, il commença à s'en frotter tout le corps.

Le capitaine se retrouva vite copieusement saupoudré d'épices et attaché à une grosse broche. Celle-ci était suspendue entre deux bâtons fourchus, au-dessus d'un énorme empilement de bois sec. Les cannibales avaient ficelé Jack comme une dinde, avant de lui enfiler la broche dans le dos, si bien que l'infortuné capitaine se retrouvait la tête en bas, le nez à quelques centimètres du bûcher d'où allaient jaillir les flammes.

À présent, les cannibales entamaient leur danse. Jack soupira en regardant ce bûcher qui, grâce à ses exhortations, était maintenant gigantesque.

— Beau travail ! dit-il en faisant un signe de tête satisfait en direction des guerriers, qui arborèrent un air très fier.

« Un peu trop beau... » ajouta-t-il pour lui-même.

Pendant ce temps, les pirates attendaient, impuissants, dans leur cage. Mais Will Turner n'était pas homme à abandonner facilement. La vie d'Élisabeth était en jeu. Il devait parvenir jusqu'à Jack, le libérer, et aller récupérer son compas.

Après avoir constaté qu'il était impossible de briser les os de leur prison – sans compter qu'il y avait un vide d'au moins vingt mètres sous eux – Will commença à se balancer d'avant en arrière pour faire bouger la cage.

Dès que celle-ci oscilla, Gibbs et les autres se joignirent à lui, sans même avoir besoin d'échanger une parole. Ce que voulait faire Will était clair et c'était une idée de génie. S'ils parvenaient à faire osciller la cage suffisamment, ils pourraient s'accrocher à la paroi du cratère, le long de laquelle couraient de belles lianes.

— Réveillez-vous ! cria Will aux occupants de la seconde cage.

Sous l'effet de la faim, de la soif et de la canicule, ceux-ci gisaient à demi inconscients. Leech fut le premier à se redresser et, l'instant d'après, tous les hommes étaient debout.

— Faites balancer votre cage, leur dit Will, il faut essayer d'atteindre la paroi !

Comprenant la stratégie de Will, Leech et ses hommes commencèrent à balancer leur cage d'avant en arrière et de plus en plus fort. Bientôt, on eût dit que les deux cages faisaient la course : c'était à celle des deux qui toucherait la paroi la première.

— Maintenant, attrapez une liane ! cria Will.

Les deux cages arrivèrent en même temps à portée de main des lianes. Les hommes s'agrippèrent avec frénésie.

— Passez vos pieds au travers des cages ! continua Will. Commencez à grimper !

Les hommes suivirent ses indications et, prenant appui sur la paroi avec leurs pieds, ils se mirent à grimper en se hissant à l'aide des lianes. Lentement, les deux cages commencèrent à progresser vers la surface.

Will commença à y croire.

— Hardi les hommes ! les encouragea-t-il. Nous ne serons pas de trop pour manœuvrer le *Black Pearl* !

C'est alors que la voix de Leech se fit entendre.

— En fait, ricana le pirate, on n'a pas besoin de tout le monde ! Six suffiraient !

Ces paroles furent suivies d'un silence glacial. Leech se rendit immédiatement compte qu'il en avait trop dit mais, en fait, cette petite phrase correspondait bien au fond de sa pensée. Le pirate songeait que, s'il réussissait à sortir sa cage de là – et pas les autres –, le *Black Pearl* serait à lui. Et il serait enfin capitaine !

Gibbs et les prisonniers de l'autre cage l'avaient bien compris. Ils comprenaient également que Leech n'hésiterait pas à les tuer pour parvenir à ses fins. C'était sans doute l'occasion qu'il attendait depuis longtemps et, profitant que le capitaine Jack Sparrow était neutralisé, il n'allait pas la laisser passer.

Chaque cage redoubla d'efforts pour atteindre le sommet. C'était vraiment devenu une course, à présent. Mais c'est alors que le cannibale qui était en faction près des prisonniers s'approcha. Tous les hommes se figèrent. Le garde s'arrêta devant les cages, qui penchaient complètement de côté. Will et Gibbs se regardèrent. Ils n'osaient même plus respirer. Le garde se pencha lui aussi de côté pendant un moment, puis il se redressa et, apparemment satisfait, il allait continuer son chemin, quand l'une des cages grinça légèrement. Les yeux de Will s'agrandirent d'horreur. Leech et ses hommes avaient repris leur progression. Ils risquaient la vie de tous pour quelques centimètres de plus... Poussant un grand cri, le garde donna l'alarme.

À quelques centaines de mètres de là, dans le village, les tambours battaient de plus en plus fort. Soudain, ils s'arrêtèrent net. Dans quelques secondes, le soleil allait franchir la ligne d'horizon. Déjà, la foule s'écartait en deux pour laisser passer le coureur qui portait la torche sacrée.

Les yeux de Jack s'agrandirent. Peinturluré de blanc et la tête coiffée de la moitié supérieure d'un crâne, l'homme avait l'air de prendre sa tâche très au sérieux. Il s'apprêtait à jeter sa torche dans le bûcher, quand un événement imprévu suspendit son geste. Le guerrier chargé de surveiller les prisonniers venait de faire irruption, en criant et en montrant la jungle du doigt. Il était facile de comprendre ce qu'il disait : les prisonniers s'échappaient. Tous les yeux se tournèrent vers Jack. « Que devaient-ils faire ? » se demandaient-ils. Même si Jack était leur dîner, il était encore leur chef !

Celui-ci se mit à gesticuler, à faire des clics, des grognements et des bruits de mastication.

— À leurs trousses ! disait-il en langage cannibale. Ne les laissez pas s'échapper !

Hochant la tête, les guerriers partirent. Tous, sauf un : le porteur de torche. Allumer le feu ou courir ? Telle était la question. Il était de son devoir de libérer son Dieu de sa prison de chair mais, d'un autre côté, c'était aussi leur Dieu qui leur ordonnait de partir. Prenant d'un seul coup sa décision, l'homme laissa tomber sa torche et partit en courant.

Jack retint son souffle. La torche enflammée roulait lentement vers le bûcher, au-dessus duquel il était suspendu. Désespérément, le capitaine se mit à se tortiller sur sa broche. Puis, une première brindille s'enflamma. Le capitaine essaya de souffler dessus, mais mal lui en prit : dans un grand crépitement, le bûcher entier s'embrasa.

# 12

La cage de Will fut la première à atteindre la surface du sol. Soudain, dans l'autre cage, on entendit un hurlement. La grosse liane que venait de saisir Leech se tordait entre ses mains. Ce n'était pas une liane, mais un serpent géant. Le cri que poussa Leech était si perçant que les pirates relâchèrent leurs lianes tous ensemble. La cage retomba d'un coup de plusieurs mètres et les cordes qui maintenaient les deux cages au-dessus de l'abîme se tendirent alors si brutalement qu'elles cassèrent net. À défaut d'être maintenue par les hommes, la cage de Leech poursuivit sa chute jusqu'au fond du gouffre, où elle s'écrasa.

Will entendit les hurlements des hommes de Leech et de ses compagnons au moment même où il parvenait à faire basculer sa cage hors du trou. Il avala sa salive. Un peu plus, ils s'écrasaient, eux aussi. Mais Will avait mieux à faire que de se préoccuper du sort de leurs camarades. Les cannibales étaient déjà là. Ils se précipitaient sur eux avec leurs javelots. Ne disposant d'aucun autre moyen de s'échapper, les prisonniers passèrent leurs jambes au travers des barreaux de la cage et se mirent à courir. Involontairement, Leech et ses hommes leur avaient sauvé la vie...

Dans le village, Jack essayait de se dépêcher, lui aussi. Le bois brûlait, il commençait à s'asphyxier et ne tiendrait pas longtemps. Est-ce que sa belle vie de pirate allait s'achever comme celle des cochons sauvages, que les Frères faisaient fumer sur leurs boucans ? Avec l'énergie du désespoir, le prisonnier gigotait comme un beau diable en espérant que la broche finirait par sortir des supports sur lesquels elle était posée. À quelques mètres de lui, un petit garçon cannibale – le même qui avait observé Will avec gourmandise à son arrivée – le regardait faire avec curiosité, tandis que le pirate toussait et crachait au-dessus des flammes. Mais, pas plus que Will, Jack n'arriva à accrocher son regard. De toute évidence, il ne considérait pas Jack comme un être humain comme lui, mais comme quelque chose d'intermédiaire entre une côtelette et un Dieu...

Soudain, Jack cogna durement le sol. Il regarda autour de lui, éberlué. Il avait réussi ! Jack ne perdit pas de temps en autocongratulations. Se recroquevillant en boule autour de sa broche, il se fit rouler hors du feu puis, se redressant comme il le pouvait, il se mit à courir aussi vite que ses pieds roussis le lui permettaient. Interloqué, le jeune cannibale le regardait s'éloigner. Pourquoi donc le chef partait-il si vite ?

Tout le monde courait dans l'île des Cannibales. Aussi bien les poursuivants que les pourchassés. Mais, bientôt, Will et ses compagnons comprirent qu'il était plus efficace de rouler. À présent, leur cage traversait à toute allure la jungle en direction de la plage, en écrasant sur son passage le matelas épais des fougères géantes. Avec habileté, Will la dirigeait en exerçant des changements d'appui, de manière à contourner les troncs massifs des bambous et des fromagers géants qui se trouvaient sur leur chemin. Emportée par sa vitesse, la cage franchissait crêtes et fossés avec facilité.

Mais, soudain, elle tomba à pic dans un fossé beaucoup plus large et plus profond que les autres et elle se brisa en mille morceaux...

Quand Will et ses compagnons relevèrent la tête, un peu sonnés, les cannibales étaient là, alignés au-dessus d'eux. Ils n'eurent que le temps de se plaquer contre la paroi pour éviter la volée de flèches qui s'abattit alors.

Les prisonniers se regardèrent : cette fois, ils étaient faits comme des rats. Mais un Dieu veillait sans doute sur les pirates car, à ce moment-là, le jeune garçon qui avait assisté à l'évasion de Jack déboula devant ses aînés. Il pointa son doigt dans la direction qu'avait prise leur Dieu vivant, en mimant avec gestes et mimiques la manière dont Jack s'était fait rebondir avec sa broche, avait atterri par terre, et s'était enfui en courant à demi plié, sa broche dans le dos.

À ce récit, les cannibales n'hésitèrent pas une seconde. Du gibier, ils en trouveraient toujours. Par contre, un Dieu qui débarquait de l'océan pour leur rendre visite, ça n'arrivait pas tous les jours. Abandonnant leurs prisonniers, ils rebroussèrent chemin pour tenter de rattraper Jack. Celui-ci venait de franchir à l'aide de sa broche le cratère où les cages étaient encore suspendues quelques minutes plus tôt. Le capitaine commençait à s'habituer à se déplacer avec sa broche et même à en tirer parti. Il faut dire que le plus dur était fait. Il avait réussi à échapper au bûcher par miracle (ou peut-être parce qu'il était un Dieu, après tout), et ce n'était pas un bâton dans le dos qui allait l'empêcher de rejoindre le *Black Pearl*. Mais, soudain, il entendit derrière lui les hurlements des cannibales à ses trousses...

De leur côté, Will et ses compagnons étaient parvenus à la plage. Ils se figèrent de stupéfaction. Eux aussi avaient droit à un miracle : la marée était haute et le *Black Pearl*, remis à flot, était prêt à appareiller.

Ils identifièrent tout de suite les responsables involontaires de leur bonne fortune : Pintel et Ragetti, qui essayaient manifestement de barboter le navire. Ragetti était sur le pont, tandis que son copain, Pintel, s'efforçait de défaire le nœud qui attachait le *Black Pearl* à un palmier. À ses côtés se trouvait le chien de la prison qui aboyait de tous ses poumons, peut-être pour rattraper le temps pendant lequel il lui avait été quasiment impossible de desserrer les dents.

— Excellent ! s'exclama Gibbs en constatant que le *Black Pearl* était prêt à hisser les voiles. Notre travail est déjà à moitié fait.

Et, sans un regard pour Pintel et Ragetti, les pirates prirent possession du bateau sur lequel chacun courut à son poste. Cotton rayonnait de joie : il avait retrouvé son perroquet, qui lui-même avait retrouvé sa place sur l'épaule de son maître.

— Qu'est-ce que tu dis de cela ? brailla Pintel. Ils débarquent sans même nous demander la permission !

— Et pas un merci ! renchérit Ragetti. Quel

culot de s'installer sur notre bateau, comme s'ils étaient chez eux !

— Au nom de tout l'équipage, merci ! leur répondit Will.

Et, écartant Pintel, il acheva de défaire le nœud d'amarrage du tronc du palmier.

— Garçons ! Parés à hisser les voiles ? appela Gibbs.

Will le rejoignit en quelques instants, suivi par Pintel et Ragetti, qui ronchonnaient.

— Et Jack ? se récria Will. Je ne partirai pas sans lui !

— Tu connais le Code ? répondit Gibbs avec gravité. « Qui n'est pas à sa place reste sur place »...

Mais, soudain, le maître d'équipage tendit le doigt vers la plage. Une expression d'horreur se peignait sur ses traits.

Will se retourna et découvrit alors un spectacle saisissant : Jack courait plié en deux sous une longue broche, une meute de guerriers à ses trousses. C'était même plus qu'une meute : c'était une véritable armée. Tout le village semblait être de la partie.

— Jack, dépêche-toi ! supplia Gibbs.

Mais Jack n'avait pas besoin qu'on le lui dise. Il n'avait peut-être jamais couru aussi vite de sa vie...

— Larguez les amarres ! commanda Gibbs.

C'est alors que le chien de la prison prit un coup de sang. Il courut à la rencontre des cannibales et, se campant solidement sur ses pattes, se mit à gronder d'un air menaçant.

— Gentil toutou ! cria Jack en le dépassant.

Faisant gicler l'eau à grandes gerbes, le capitaine parvint à la coque du navire. Il saisit la corde que Gibbs lui lançait et, en quelques secondes, en s'aidant de sa broche comme d'un piolet, il était à bord.

Les cannibales venaient d'atteindre l'eau à leur tour. Ils s'immobilisèrent en poussant des clameurs. Mais, en fait, ils avaient l'air plus étonné que fâché.

« Pourquoi pars-tu ? semblaient-ils dire à Jack. Pourquoi nous laisses-tu, ô Dieu des Pelegostos ? »

Hélas, leur Dieu repartait comme il était venu : par la mer. Ils n'avaient pas réussi à le délivrer de sa prison de chair. Ils avaient failli...

Et, tandis que les cannibales continuaient à pousser des hurlements de lamentation, le chien aboyait à s'en arracher le gosier.

Les cannibales se turent progressivement, tandis que le *Black Pearl* s'éloignait. On n'entendit plus alors que le chien qui aboyait. Il aboya et aboya, jusqu'au moment où il réalisa qu'il n'y avait plus que lui qui faisait du bruit. Face à lui, se trouvait une troupe de cannibales affamés. Se retournant vers la mer, il vit que le *Black Pearl* était parti...

Le pauvre chien se mit à gémir. Il était seul ! Il regarda alors à nouveau les cannibales et, en agitant sa queue d'un air très empressé, il sourit comme peut sourire un chien. Après quoi, il se mit à pousser des grognements, à claquer de la langue et à cliqueter des dents. Les Pelegostos le regardèrent, ébahis. Comme leur précédent Dieu, ce chien – ou ce qui semblait être un chien – savait parler leur langage...

# 13

À peine Jack se fut-il débarrassé de sa broche, qu'il courut au bastingage du bateau pour observer les remous de l'eau. Il avait réussi à échapper aux cannibales, mais ce serait peut-être pour tomber entre les mains de Davy Jones. Comment le combattre ? Il n'appartenait pas au monde des vivants et il avait des pouvoirs surnaturels. Mais Jack savait aussi que la magie des sorciers vaudou n'y était pas étrangère. Et c'était peut-être en cela qu'il y avait un espoir. Jack en connaissait un rayon en magie, à laquelle il avait souvent recours.

Sous les yeux stupéfaits de Will, le capitaine se mit alors à exécuter une espèce de danse très bizarre. Il touchait le bois du bastingage, tournait trois fois sur lui-même dans le sens inverse des aiguilles d'une montre, enchaînait par une série de contorsions – comme s'il essayait de faire sortir le diable de son corps – avant de recommencer tout depuis le début. Après avoir pratiqué ce rituel conjuratoire plusieurs fois, le capitaine sortit furtivement son compas de sa poche en le tenant près de lui et, après avoir fermé les yeux quelques instants en marmonnant des paroles incompréhensibles, il jeta un regard de biais à l'instrument.

— Quel cap, mon capitaine ?

Jack sursauta. Gibbs se tenait près de lui. Jack soupira. Son compas ne marchait toujours pas...

— Êtes-vous d'accord pour mettre la plus grande distance possible entre nous et cette île ? continua Gibbs en lui faisant un clin d'œil. Cap au large ?

— Oui à la première proposition, ainsi qu'à la seconde, répondit Jack. Mais en restant en eaux peu profondes.

— Cela me semble un peu contradictoire.

Jack fit oui de la tête.

— J'ai toute confiance dans votre science des ordres nautiques contradictoires, monsieur Gibbs. Allez où vous voudrez, sauf là où on pourrait s'attendre à nous trouver. C'est compris ?

Gibbs acquiesça, perplexe, tandis que Jack tirait de nouveau son compas de sa poche. Will s'approcha. Jack ne semblait pas dans son état normal, mais avait-il seulement un état normal ?

— Jack ?

— Pas maintenant, l'interrompit celui-ci sans même lever les yeux.

— Jack, j'ai besoin...

— Pas maintenant ! répéta sèchement le capitaine en se saisissant de son pistolet.

Il ouvrit soudain des yeux étonnés.

— Ah, c'est toi ! dit-il. Où est le singe ?

Haut dans le gréement, celui-ci poussa un cri perçant de provocation.

— Jack ! répéta Will en essayant de capter l'attention du capitaine. J'ai besoin de ton compas. Vraiment.

Jack haussa les épaules.

— C'est trop tard, fit-il en regardant une ultime fois l'instrument. Le trésor de l'île de la Muerta a été emporté par la mer. Tout ce qu'on en a récupéré, c'est ce singe plein de puces, qu'on ne peut même pas tuer !

Le capitaine marqua une pause.

— Où est ce macaque ? J'ai envie de tirer sur quelque chose.

— Jack, reprit patiemment Will. On m'a chargé de t'offrir une lettre de course. Tu sais ce que c'est ? C'est une grâce intégrale, signée par le Roi.

Le capitaine continuait à lancer des regards inquiets par-dessus le bastingage.

— Ma carrière touche à sa fin.

Gibbs observait son capitaine avec un malaise grandissant. Jack n'était plus que l'ombre de lui-même.

— Je vais dans le nid-de-pie, au cas où quelque chose voudrait venir se saisir de moi, ajouta le capitaine.

Et, après avoir pris à Gibbs la bouteille de rhum qu'il tenait à la main, il commença à gravir les degrés de corde.

— Jack..., cria Will en courant après lui, Élisabeth est en danger !

— Eh bien, répondit Jack sans prendre la peine de s'arrêter, ça te donne quelque chose à faire. Va donc sauver la belle demoiselle !

— Pourquoi crois-tu que je suis ici ? répliqua Will vertement. Ce n'est pas parce que je m'ennuyais de toi ! C'est justement pour sauver Élisabeth.

Jack s'arrêta un instant, l'air pensif.

— Ça me rappelle quelque chose, dit-il. Il me semble que t'as déjà dit ça... ça devient une habitude !

Le capitaine avait raison. La dernière fois que Will s'était trouvé en compagnie de Jack, il était déjà en train d'essayer de sauver Élisabeth.

Pour bien se faire comprendre, Jack ajouta :

— As-tu songé à la surveiller un peu mieux ? En l'enfermant quelque part, par exemple ?

— Elle est déjà enfermée. Dans une prison. Et condamnée à être pendue pour t'avoir aidé, répliqua sèchement Will.

Jack resta silencieux un moment, le temps de bien comprendre ce qu'il venait d'entendre. Mais il se contenta de hausser les épaules et reprit son ascension.

— Tôt ou tard, il faut assumer les conséquences de ses erreurs, dit-il en se hissant dans le nid-de-pie.

Mais peu après avoir prononcé ces mots, le capitaine sentit le contact froid de l'acier sur sa gorge. C'était celui du sabre de Will, qui venait de le rejoindre dans le nid-de-pie.

— Tu vas me donner ce compas, dit-il. Et plus vite que ça ! En échange, tu seras gracié et nommé corsaire au service de l'Angleterre.

Jack soupira.

— Je me demande ce que mon équipage pensera quand ils verront que tu as embroché leur capitaine bien-aimé. Celui qu'ils ont eux-mêmes choisi...

— Ils y verront un exemple qui devrait les faire réfléchir, répondit Will. Donne-moi ce compas.

— En échange de quoi ? interrogea Jack en haussant les sourcils.

— Je te l'ai dit : en échange d'une lettre de course.

Jack repoussa la lame qui entravait sa gorge.

— Ça, c'est ce que tu veux que je te prenne. Moi, je te demande ce que tu me donneras en échange...

Will réfléchit, puis il y renonça. Négocier avec Jack était un coup à devenir fou.

— Dis-moi simplement ce que tu veux. Je suis d'accord pour tout.

Un sourire commença à se dessiner sur les lèvres de Jack.

— C'est assez risqué, commença-t-il.

— J'écoute !

Jack caressa sa barbiche.

— Je te donnerai le compas, dit-il, si tu récupères pour moi... cela.

Et, fouillant dans sa poche, il en sortit son fameux petit morceau de tissu. Will regarda avec des yeux effarés le dessin de la clef sur la toile.

— Ainsi tu obtiendrais la clef d'un trésor, en plus d'une lettre de course ? s'exclama-t-il.

— Mais toi tu sauverais ton incomparable jolie demoiselle...

Will regarda le bout de tissu.

— C'est ça qui va sauver Élisabeth ? fit-il, sceptique.

Jack hocha la tête. Il se pencha alors vers Will comme s'il allait lui révéler un secret capital.

— Que sais-tu sur Davy Jones ? chuchota-t-il.

— Jamais entendu parler.

— Eh bien, mon gars, acheva Jack, si tu veux sauver Élisabeth, dis-toi qu'il te faudra rencontrer ledit personnage...

# 14

La nuit était tombée et le moment d'agir était venu pour Élisabeth. Jusque-là, tout allait bien et aucun marin n'avait remarqué qu'elle n'était pas tout à fait comme les autres. Ou plutôt si, on avait bien vu que ce jeune mousse, gentil et serviable, avait la malchance d'être muet, et comme il n'était pas très amusant de parler avec un muet, on le laissait tranquillement dans son coin.

Armée d'une canne à pêche, la jeune femme s'approcha des échelles de corde qui montaient dans la mâture et, prestement, se mit à les gravir. Elle passa juste à côté de la cabine du capitaine, d'où s'échappaient des éclats de voix échauffés, qu'elle écouta un instant.

— C'est un scandale ! se plaignait le capitaine Bellamy, penché sur les comptes de son navire. Des taxes portuaires, des droits d'amarrage, des impôts sur les marchandises, des redevances sur le tonnage, et même, que Dieu me vienne en aide, des honoraires de pilotage !

L'intendant et le quartier-maître enduraient patiemment la colère de leur patron. Les deux hommes se disaient au fond d'eux-mêmes que l'ambiance n'était pas des meilleures depuis que l'on avait trouvé cette fichue robe de mariée à bord. Malgré leurs recherches, la soi-disant passagère clandestine était demeurée introuvable et c'était très mauvais signe. L'intendant, qui n'avait cessé de répéter qu'il fallait jeter cette robe par-dessus bord, pressentait qu'une catastrophe allait s'abattre sur eux.

— Devrons-nous donc tous finir par être les esclaves de la Compagnie des Indes ? continuait Bellamy en interrogeant son intendant du regard.

— On ne peut pas faire mentir les documents de bord, monsieur, fit remarquer l'homme avec embarras.

— Eh bien si, faites-les mentir ! riposta Bellamy, hors de lui.

Le quartier-maître se décida à prendre la parole.

— Je crains bien que Tortuga ne soit le dernier

port libre dans ces parages, suggéra-t-il d'un air gêné.

Bellamy sortit véritablement de ses gonds.

— Un port de pirates, voulez-vous dire ? Est-ce bien là que vous me conseillez de faire escale ? Pardonnez-moi, monsieur, mais je suis un marin honnête. Tout au moins, relativement honnête. Je gagne ma vie de manière régulière et ma conscience me laisse dormir en paix. Je ne mange pas de ce pain-là, merci.

Il n'eut pas le loisir de poursuivre.

— Monsieur ! l'interrompit l'intendant, livide de terreur, en pointant son doigt vers le hublot.

— Quoi encore ? tonna Bellamy.

Des trois hommes, le capitaine était le seul qui tournait le dos au hublot. L'intendant tremblait si fort qu'il ne pouvait même pas répondre. Quant au quartier-maître, il était au bord de la syncope.

Le capitaine se retourna. Qu'est-ce donc qui effrayait ses hommes à ce point ? C'est alors qu'il distingua devant le hublot la fameuse robe de mariée qui flottait dans la nuit, comme une apparition surnaturelle.

Décidé à en avoir le cœur net, il se précipita sur le pont, son intendant et son quartier-maître sur les talons. Devant eux, glissant au-dessus du pont faiblement éclairé, la robe de mariée semblait animée...

Elle passa sans s'arrêter devant le cabestan, puis

s'éloigna d'un mouvement dansant vers le bastingage, s'avança un peu au-dessus des eaux sombres, avant de revenir vers les trois hommes.

Tout l'équipage était sur le pont. Bellamy s'approcha du cuisinier et d'un autre marin, qui avaient les yeux écarquillés d'horreur. C'étaient pourtant deux hommes qui avaient les pieds sur terre – si on pouvait employer cette expression sur un bateau – et qui ne se laissaient pas facilement effrayer.

— Dites-moi que vous voyez bien ce que je vois, monsieur ? demanda le cuisinier.

— En effet, je la vois aussi, répondit Bellamy, tandis qu'il suivait du regard la longue robe blanche qui filait légèrement jusqu'au beaupré, à l'extrémité du bateau.

Invisible dans le gréement, Élisabeth dirigeait sa robe comme une marionnette, au moyen d'une canne à pêche à laquelle elle avait accroché plusieurs fils. La jeune femme passait d'un cordage à l'autre en traînant sa robe derrière elle. Après l'avoir conduite près du beaupré, elle lui fit faire demi-tour jusqu'au pont, devant le capitaine. D'un mouvement brusque du bras, elle tira alors le fil attaché à l'une des manches de la robe pour la tendre vers Bellamy, comme si la mariée fantomatique désignait le capitaine. Aussitôt après, elle lui fit montrer la mer. Instantanément, l'équipage s'écarta du capitaine.

— Elle veut que vous fassiez quelque chose, bredouilla l'intendant.

— Sauter par-dessus bord ? couina le quartier-maître.

— Elle cherche plutôt à nous indiquer une direction ! le rabroua rageusement le capitaine. C'est alors qu'Élisabeth coupa les fils de sa canne et la robe s'affaissa en tas sur le pont. Le capitaine Bellamy s'en approcha prudemment. Le vêtement s'était emmêlé dans un cordage. Alors que les membres d'équipage s'approchaient à leur tour craintivement, un grand cri jaillit de leur poitrine. Un tonneau de poudre venait de s'écraser à côté d'eux, répandant son contenu sur le pont.

Soudain, une rafale de vent balaya la poudre, mais il en resta un peu de collé sur le pont, dessinant comme par magie les lettres d'un mot : Tortuga ! Le capitaine et les hommes s'accroupirent, n'en croyant pas leurs yeux.

Élisabeth attendit, le cœur battant, invisible derrière une voile. Tout à l'heure, sans qu'on la voie, elle avait tracé le nom de cette île avec de l'huile, de manière à ce que la poudre y adhère, quand elle se répandrait.

Bellamy fronça les sourcils, méfiant. N'y aurait-il pas un gigantesque canular derrière tout ça ? Il regarda au-dessus de lui, au cas où un petit plaisantin se serait caché dans la mâture. Mais non, il n'y avait rien d'autre que les voiles qui claquaient dans le vent.

Le capitaine se retourna. Son équipage le regardait, muet d'effroi, attendant qu'il réagisse promptement. Bellamy soupira. Il était clair qu'il n'avait pas le choix s'il ne voulait pas finir dans ces eaux, ainsi que la robe de mariée semblait le suggérer.

— Matelots, que diriez-vous d'un changement de destination ? lança-t-il. La prudence nous commande de mettre le cap sur Tortuga !

Tandis que l'équipage approuvait bruyamment, Élisabeth baissa sa casquette de marin sur ses yeux et sourit. Elle n'avait plus qu'à se laisser porter jusqu'à son fiancé.

# 15

Élisabeth faisait route vers Tortuga en espérant y retrouver Will, mais celui-ci en était bien loin. Le *Black Pearl* venait d'arriver à sa destination, l'île de la Brume.

Une fois le bateau au mouillage, deux chaloupes furent mises à l'eau pour gagner l'embouchure du fleuve Pantano. La nuit était très claire, ce qui allait leur faciliter la tâche. Dans la chaloupe de tête, se trouvaient Will, Ragetti et Gibbs. La seconde était occupée par Jack, Pintel et Cotton. À côté de ce dernier était posée une cage recouverte d'un grand tissu, que le marin muet surveillait de près.

Les hommes ramaient en silence. Le fleuve Pantano s'enfonçait à l'intérieur d'un bayou où, dans une chaleur étouffante, palétuviers et mangliers enchevêtrés de lianes enfonçaient leurs racines dans une eau chargée de limon jaunâtre.

Après avoir franchi un passage difficile, les deux chaloupes se retrouvèrent un peu éloignées l'une de l'autre. Will en profita pour poser à Gibbs la question dont tout l'équipage brûlait de connaître la réponse : qu'est-ce qui rendait Jack si sombre ? Pourquoi avait-il soudain peur de la mer, lui que rien ne pouvait jusque-là décider à s'en éloigner ?

Le maître d'équipage secoua la tête d'un air grave.

— Jack s'est mis à dos rien moins que Davy Jones lui-même ! dit-il. Il pense qu'il n'est en sécurité qu'à terre. S'il se risque en haute mer, il sera pris.

— Pris ? demanda Will.

— Oui.

— Pris par Davy Jones ?

Gibbs hocha encore la tête. Will le regardait, incrédule.

— Je n'aurais jamais cru qu'un type comme Jack eût peur de mourir...

— Avec Jones, ce qu'il faut craindre, ce n'est pas de mourir, répondit Gibbs, mais le châtiment qu'il vous réserve. Pense à la pire torture que tu puisses imaginer et qui dure éternellement : c'est ce qui t'attend dans le pénitencier de Davy Jones...

Pendant un moment, Will et Ragetti restèrent silencieux, méditant ces paroles.

— Mais comment Davy Jones pourrait-il prendre le capitaine ? reprit Will.

Gibbs soupira. Il fallait raconter toute l'histoire. Mais, au fond, cela le soulageait de partager son secret.

— Alors, écoute-moi bien maintenant, dit-il. Si toutefois tu accordes un peu de crédit à ce genre d'histoires... Vois-tu, il se pourrait qu'il y ait un monstre au service de Davy Jones. Une terrifiante créature des profondeurs, avec des tentacules géants qui peuvent t'arracher la tête avec leurs ventouses... Le Kraken ! ajouta Gibbs en frissonnant au seul nom de la créature infernale. On dit que ce monstre...

Gibbs s'interrompit. Ils passaient devant un vieil homme, assis devant sa hutte, un chien à ses pieds. L'homme des marais ne leur prêta aucune attention, mais Will s'aperçut que d'autres silhouettes commençaient à apparaître, ici et là, se détachant dans la lumière de torches qui s'allumaient une à une dans le bayou. Il espéra que Jack savait ce qu'il faisait en les amenant ici.

— Ce monstre peut entraîner un navire entier dans les abysses ! reprit Gibbs. Ou enlever un homme du pont d'un bateau et l'écraser sur l'eau comme une mouche. La légende dit aussi qu'il dévore les marins...

Gibbs s'interrompit encore et Will pouvait voir dans ses yeux que le vieux pirate avait vraiment peur.

Sur l'insistance de Will, il reprit son récit.

— Imagine que ta dernière impression sur cette bonne terre soit la puanteur horrible de mille cadavres pourrissants, dit-il en secouant la tête d'un air abattu. On raconte que, quand le monstre rugit, l'odeur de son haleine peut à elle seule foudroyer un équipage entier !

Les mots de Gibbs résonnaient sinistrement dans le silence, ponctué seulement par le rythme des avirons. À présent, il y avait foule autour d'eux. Sans faire le moindre bruit, glissant comme des ombres, les habitants du bayou étaient sortis de leurs demeures lacustres et s'étaient avancés dans l'eau jusqu'à la taille pour regarder passer les deux chaloupes. Il y avait des hommes, des femmes et des enfants, dont le visage prenait des reliefs effrayants dans la lumière des torches qu'ils tenaient à la main. Mais aucun d'eux ne faisait mine de leur vouloir du mal et Will comprit que c'était un lieu où les pirates avaient droit de cité. Un Norrington ou un Beckett n'auraient sans doute pas été accueillis de la même façon... Son attention revint à Gibbs.

— Je croyais que le Kraken n'était qu'une légende, dit-il. Une histoire de taverne pour vieux marin !

Gibbs lui renvoya un demi-sourire.

— Mais que sommes-nous donc, nous autres pirates, que des histoires de taverne pour vieux marins ?

Will hocha la tête, sans savoir que penser.

— Et la clef... ? demanda-t-il finalement. Ce n'est pas la clef d'un trésor, n'est-ce pas ? Elle permettrait à Jack d'échapper à son sort... ?

— C'est bien ce qu'elle va nous apprendre...

Au même moment, Will aperçut une cabane construite dans un arbre qui dépassait en hauteur tous les autres. Étagée sur plusieurs niveaux, elle accueillait le visiteur par une lanterne qui jetait une lueur blafarde sur les chaloupes. Ils étaient arrivés. Mais la question était : où étaient-ils donc arrivés ?

Chassant de la main les libellules qui vrombissaient autour de leurs têtes, les hommes ramèrent jusqu'à l'échelle de corde qui conduisait à la porte d'entrée.

Jack se mit debout et attrapa l'échelle, avant de se retourner vers ses hommes d'un air insouciant.

— Ne vous faites pas de bile, camarades ! Je m'occupe de ça moi-même.

Il commença à grimper les premiers échelons, puis s'arrêta.

— Je sais ce que j'ai à faire ! ajouta-t-il. Tia Dalma et moi, ça remonte à loin. On est comme cul et chemise !

— Je couvre tes arrières, offrit Gibbs.

— C'est pas mes arrières, c'est mes devants qui me soucient, murmura Jack.

Gibbs n'attendait que ces mots du capitaine. Il se retourna vers Will pour lui demander de garder la chaloupe.

Will acquiesça, mais lui aussi avait bien envie de rentrer dans la cabane. Et Pintel aussi. Ainsi que Ragetti et Marty. L'un après l'autre, chacun des hommes se retourna pour demander à celui qui était derrière lui de garder la chaloupe. Mais quand Cotton se retourna à son tour, il était le dernier. Ce fut donc lui qui s'y colla, après avoir passé avec précaution la cage à Marty.

Suivi par tout le reste de son équipage serré derrière lui, Jack acheva de grimper l'échelle de corde. Il entra sans frapper, certain que Tia Dalma était avertie de leur venue, peut-être avant même qu'il n'ait formé le projet de lui rendre visite...

Comme les yeux des hommes s'accoutumaient à la pénombre, ils distinguèrent petit à petit, à la lumière des multitudes de petites bougies qui parsemaient la cabane, toutes sortes de créatures étranges ou monstrueuses. Certaines étaient empaillées et pendaient des poutres. On en voyait d'autres se mouvoir lentement dans des bocaux de verre remplis d'un liquide trouble. Un vieux crocodile poussiéreux se balançait au-dessus de leur tête... Il y avait aussi, posés ou accrochés ici et là, une multitude de colliers, de ficelles de couleur et de pierres gravées de signes cabalistiques, ainsi que d'étranges poupées rudimentaires, faites de paille et de bouts de laine. Jack, dont ce n'était pas la première visite dans l'antre de la sorcière, savait que tous ces objets étaient des « Wangas », destinés à capter les esprits. Il savait aussi que ces puissances invisibles, souvent redoutables, étaient à l'œuvre à chaque instant sans qu'on le sache et qu'elles pouvaient intervenir à tout moment dans la société des hommes. Heureusement, le sorcier était capable de maîtriser ces esprits et les plier à sa volonté. Il pouvait même les enfermer dans n'importe quel objet de son choix, comme le compas de Jack. Le problème était que ces esprits étaient très susceptibles, comme tous les esprits, et c'est pour cela que, pour une raison que Jack ignorait, son compas s'était arrêté d'un seul coup de fonctionner.

Les hommes avancèrent d'un pas dans la pièce. Soudain, ils la virent. Assise à sa table, dans l'ombre, se tenait Tia Dalma. Vêtue d'une longue robe noire déchirée et couverte de bijoux et de perles, elle était penchée au-dessus d'un assemblage de pinces de crabe dont elle était en train de lire les arcanes. Soudain, elle releva la tête, comme mue par un ressort. Tous les hommes, sans exception, sursautèrent.

— Jack Sparrow ! dit-elle en se levant. J'ai toujours su que les vents te ramèneraient un jour à moi !

D'un bref signe de tête, Jack rendit son salut à la sorcière. Il n'en revenait pas. Tia Dalma était encore plus jeune que la dernière fois qu'il l'avait vue. Et elle était aussi encore plus belle. Si Élisabeth Swann était la femme la plus éblouissante que l'on pouvait trouver dans toutes les Caraïbes, cette reine vaudou en était la créature la plus envoûtante. Elle était à la fois enfantine et inquiétante, rêveuse et ombrageuse. Ses cheveux tressés de dreadlocks étaient tellement noirs qu'ils brillaient dans l'obscurité et ses yeux de velours étaient aussi vastes que ces nuits profondes, où le voyageur égaré aperçoit au loin une lueur brillante vers laquelle il va se diriger inexorablement. Malgré sa douceur, l'œil de Tia Dalma était comme cette lueur : plus vif et plus acéré que celui d'aucun pirate.

Le regard de la jeune femme quitta Jack pour aller détailler Will. Son visage s'éclaira alors d'un grand sourire de convoitise. Jack crut que ce sourire lui était destiné, puis à sa grande stupéfaction, il comprit que Tia Dalma regardait Will. Tandis que son regard plongeait dans celui du jeune homme, la sorcière leva sa main vers son visage, comme pour le caresser.

— Tu portes le sceau du Destin sur toi, William Turner, dit-elle en s'approchant de lui. Un grand Destin...

— Vous me connaissez ? demanda Will, déconcerté.

— C'est toi qui veux me connaître, répliqua-t-elle en fixant le jeune homme dans les yeux. Jack grogna.

— Nous ne sommes pas venus pour faire connaissance, dit-il. Nous sommes venus chercher de l'aide.

Et, sur ces paroles, il écarta Tia Dalma de Will.

— Je n'aurais jamais cru ça de toi ! glissa-t-il à la jeune femme en la conduisant prestement à sa table. S'intéresser aux petits jeunes ! Une femme de ton expérience ! Moi qui croyais bien te connaître...

— Pas si bien que je l'aurais espéré, répondit Tia Dalma d'un ton langoureux.

Jack roula des yeux : est-ce que c'était une invite ? Tandis que le capitaine réfléchissait très fortement à la question, Tia Dalma s'assit à sa table, non sans avoir fait signe auparavant à Will de venir se mettre à côté d'elle. Les pirates firent cercle autour d'eux.

Tia Dalma émit un petit gloussement moqueur.

— Voilà qui ne ressemble guère à Jack Sparrow de venir demander de l'aide !

— Ce n'est pas tant pour moi, répliqua vertement Jack, que pour William, afin que je puisse lui rendre service.

Tia Dalma hocha la tête en souriant.

— Ah, maintenant je reconnais mon Jack Sparrow ! Que puis-je faire pour toi ? Tu sais que je demande à être payée en retour...

— J'ai apporté de quoi payer ! annonça Jack.

Et il se tourna vers Marty, qui se tourna vers Pintel pour lui prendre des mains la cage que le pirate avait apportée. Jack la posa sur un guéridon puis, avec un grand geste digne d'un prestidigitateur, il souleva la toile qui la recouvrait. Jack – le singe – y était enfermé. La sorcière se mit à sourire. Elle pressentait que cet animal allait lui plaire.

Jack se recula un peu, puis il leva son pistolet et – non sans délectation – tira sur l'animal favori de Barbossa. Quand le nuage de fumée se dissipa, Jack – le singe – était toujours aussi vivant ou, disons plutôt, toujours aussi peu mort. Il décocha à Jack un regard furibond.

— Tu vois ? fit le pirate à la sorcière.

Jack montra l'animal qui était empaillé au plafond.

— Tu pourrais peut-être lui faire subir le même traitement qu'à ce crocodile ! suggéra-t-il d'un œil réjoui.

S'approchant de la cage, Tia Dalma l'ouvrit et l'animal en sortit comme un diable et se mit à courir en tous sens à travers la cabane. Gibbs poussa un gémissement.

— On voit que tu ne sais pas le temps que ça nous a pris pour l'attraper ! dit-il.

— Le prix est juste, fit la sorcière en ignorant la réflexion.

Son regard retourna aussitôt à Will, à qui l'intérêt de Tia Dalma pour sa personne était totalement indifférent.

Jack tira de sa poche le dessin de la clef, qu'il passa à Will pour qu'il le montre à Tia Dalma.

— Voici la chose que nous cherchons... et ce qui va avec, expliqua-t-il.

Tia Dalma eut l'air perplexe.

— Le compas que je t'avais donné quand on a fait notre échange..., il devrait pouvoir t'y conduire, non ?

— Non, répondit Jack.

Tia Dalma regarda le pirate d'un air étonné. Grâce à l'esprit qu'elle y avait enfermé, le compas qu'elle avait remis au capitaine avait le pouvoir d'indiquer la direction où se trouvait la chose ou la personne que vous désiriez le plus au monde.

— Quoi ? s'écria-t-elle d'un ton moqueur. Jack Sparrow ne sait-il donc plus ce qu'il veut ? Ou peut-être le sait-il, mais sans oser le déclarer clairement ? C'est peut-être une femme...

Jack se racla la gorge. Will le regardait d'un air perplexe. Mais, heureusement, Tia Dalma poursuivit, tout en continuant à dévorer Will du regard.

— Ta clef ouvre un coffre, dit-elle à Jack. Et c'est ce qu'il contient que tu cherches, n'est-ce pas ?

— Que contient-il donc ? intervint Gibbs avec impatience.

— De l'or ? Des bijoux ? Des objets de valeur

oubliés par leurs propriétaires ? s'écria Pintel en s'excitant.

— Rien de fâcheux, j'espère ? fit Ragetti en apercevant dans un coin une jarre remplie d'yeux humains.

— Il ne contient pas d'yeux, en tout cas, répondit d'un air amusé Tia Dalma.

# 16

La sorcière sourit aux pirates qui l'entouraient comme une bande de petits enfants. Alors, comme à une bande de petits enfants, elle commença à leur raconter une histoire.

— Vous connaissez tous Davy Jones ? Un homme de la mer, un illustre marin jusqu'à ce qu'il perde la tête à cause de cette chose qui tourmente tous les hommes.

— Qu'est-ce qui tourmente tous les hommes ? demanda Will.

Elle lui sourit.

— La mer, dit Gibbs solennellement.

Tia Dalma fit non de la tête.

— Amasser de l'argent, proposa Pintel d'un air cupide.

La sorcière fit encore non de la tête.

— La dichotomie du bien et du mal, suggéra Ragetti.

Tous ceux qui étaient présents dans la pièce regardèrent le pirate borgne et firent non de la tête.

— Une femme ! dit Jack en mettant fin au jeu.

Tia Dalma sourit à son vieil ami.

— En effet, dit-elle. Il tomba amoureux.

— Je croyais que c'était de la mer dont il était tombé amoureux ? se récria Gibbs.

— Même histoire, version différente, mais exactes toutes les deux, trancha Tia Dalma. C'était une femme aussi changeante, impitoyable et indomptable que la mer. Il ne cessa jamais de l'aimer, mais la souffrance qu'il en éprouva était telle que sa vie devint insupportable..., mais pas au point d'en mourir, tout de même.

Ils hochèrent tous la tête tristement, ne comprenant que trop bien.

— Mais que mit-il précisément dans son coffre ? demanda Will.

— Son cœur.

— Littéralement ou métaphoriquement ? interrogea Ragetti.

— Métaphoriquement, évidemment ! le rabroua Pintel. On ne peut pas mettre son cœur dans un coffre, n'est-ce pas, madame ? dit-il en se tournant d'un air inquiet vers Tia Dalma. Celle-ci soupira.

— Il se dit que ça ne valait pas la peine de se contenter des rares et petites joies que la vie peut apporter, alors il s'arracha le cœur. Puis, il l'enferma dans ce coffre pour le cacher au monde pour toujours. Quant à la clef..., il la garde avec lui sur son navire.

Will hocha la tête, comprenant enfin. La clef ouvrirait le coffre qui contenait le cœur de Jones. Il ignorait pourquoi Jack voulait ce cœur, mais sans doute le pirate avait-il conclu quelque affaire louche avec Davy Jones. Il savait que Jack était capable de s'allier avec le Diable, s'il l'estimait nécessaire. Will se souvenait encore de l'île de la Muerta, où Jack avait délibérément attiré la malédiction sur lui en subtilisant une des pièces du trésor aztèque, le temps de combattre Barbossa. Se retrouver dans la peau d'un mort-vivant ne semblait pas avoir effrayé Jack le moins du monde. Tout compte fait, Jack – le singe – et Jack – l'homme – n'étaient pas si différents l'un de l'autre et voilà peut-être pourquoi ils se détestaient tant.

— Tu as une manière bien compliquée de répondre à notre question, fit remarquer Jack à Tia Dalma.

— Ce qui est bon pour moi l'est pour toi, rétorqua Tia Dalma avec un clin d'œil.

Will regarda Jack de biais. Il commençait à entrevoir que le pirate en savait plus long sur cette affaire qu'il n'avait voulu en révéler jusqu'à présent.

— Tu étais au courant, Jack !

— Non, je... je l'ignorais, bafouilla Jack. Disons que j'ignorais où se trouvait la clef. Mais désormais nous le savons, reprit-il d'un ton suave. Alors, tout ce qui te reste à faire est de te glisser à bord du navire de Jones, le *Hollandais Volant*, de trouver la clef et de t'en emparer, après quoi je te remettrai le compas et tu n'auras plus qu'à rentrer à Port Royal pour sauver ta chérie.

Will soupira. Il n'était pas sorti de l'auberge !

Jack allait se diriger vers la porte pour partir, quand Tia Dalma le saisit par le poignet.

— Montre-moi ta main, dit-elle.

Jack se raidit.

— Devant eux ?

Sans attendre l'autorisation de Jack, elle lui enleva son faux bandage et découvrit la tache noire...

La sorcière hocha la tête gravement. Jack était un homme marqué, avec toutes les lourdes conséquences que cela impliquait.

— Ma vue est toujours aussi bonne, au cas où tu en douterais, grogna Jack. Je sais bien ce que j'ai là !

Gibbs s'approcha. En voyant la tache sur la main de Jack, ses yeux s'agrandirent. Pris de peur, le marin se mit à accomplir la même série de mouvements conjuratoires que le capitaine avait faits, tout à l'heure, sur le bateau. Pintel et Ragetti l'imitèrent aussitôt. Avoir été morts-vivants quelques années, sans pouvoir goûter la nourriture ni assouvir leur soif ni jouir de la compagnie des femmes, avait été une leçon suffisante. Désormais, ils savaient qu'il était préférable d'être tout à fait morts, plutôt qu'à moitié.

Faisant signe à Jack de l'attendre, la sorcière traversa la pièce pour se diriger vers un escalier. Les pirates s'approchèrent. Tia Dalma avait gravi l'escalier et se dirigeait vers une antique porte de bois sculptée donnant sur le palier. Elle l'ouvrit et, au moment précis où elle le fit, à la stupéfaction des pirates, le mugissement de l'océan emplit la cabane. Tous les hommes rentrèrent la tête dans leurs épaules, le visage fouetté par un vent violent qui ébouriffait leurs cheveux et faisait claquer leurs vêtements. C'était comme si, d'un seul coup, ils se retrouvaient en pleine mer ! Gibbs dut se retenir pour ne pas commander de lever les voiles... Tandis qu'ils résistaient du mieux qu'ils le pouvaient à ce vent venu de la nuit des océans, les pirates avaient les yeux rivés sur la porte par laquelle Tia Dalma avait disparu. En se tenant aux meubles, Ragetti réussit à avancer jusqu'en bas de l'escalier. Il avait trop envie de voir ce qu'il y avait dans cette mystérieuse pièce. Mais le pirate en fut pour ses frais, car celle-ci était plongée dans l'obscurité la plus complète. Avant d'être repoussé par la bourrasque, il eut le temps de remarquer une paire de bottes qui semblait attendre son propriétaire devant la porte. Jack – le singe –, devenu soudain tranquille, la regardait fixement.

Tia Dalma ressortit de la pièce au bout de quelques secondes qui parurent une éternité aux hommes. Dès qu'elle referma la porte, le mugissement de l'océan cessa et le vent tomba. La cabane retrouva instantanément son atmosphère silencieuse et feutrée, comme si tout cela n'avait été qu'un rêve ou un cauchemar...

En silence, les pirates suivirent des yeux la sorcière qui redescendait l'escalier. Tous la regardaient d'un autre œil, à présent. Cette magnifique jeune femme était bel et bien une puissante sorcière, qui leur avait fait l'éblouissante démonstration de son pouvoir. Tia Dalma parvint en bas de l'escalier. Elle tenait dans les mains un gros bocal en verre. Retrouvant petit à petit l'usage de leurs membres et de leur langue, les pirates s'approchèrent d'elle. Ce gros récipient en verre transparent les intriguait beaucoup mais, à leur grande déception, il était vide.

Comme si elle avait lu dans leurs pensées, Tia Dalma sourit et, se penchant vers le sol, elle ramassa quelques poignées de terre, qu'elle déposa dans le bocal. Puis, elle fit signe à Jack d'approcher.

— Davy Jones ne peut faire escale et mettre pied à terre que tous les dix ans, lui dit-elle en lui tendant le bocal. Sur terre, tu es à l'abri, Jack Sparrow, et c'est pourquoi tu dois toujours porter de la terre sur toi.

Jack regarda le bocal avec des yeux ronds.

— Ce n'est qu'un bocal plein de terre, dit-il.

— Oui.

— Et il peut me protéger ?

Tia Dalma tendit la main vers Jack.

— Si tu n'en veux pas, rends-le-moi...

— Non, cria Jack en le serrant sur sa poitrine.

— Alors tu vois qu'il te protège ! fit la sorcière en hochant la tête.

C'est alors que Will se décida. Pendant ces quelques secondes incroyables où ils avaient tous pu sentir dans la cabane du Génie la présence de l'océan, il avait acquis la certitude que Tia Dalma pouvait les aider. Apparemment, elle ne donnait rien pour rien, mais peut-être aurait-il droit à une faveur. Faisant face à la sorcière, il s'arma de son plus beau sourire.

— Il semble donc que nous devions trouver le *Hollandais Volant*, dit-il. Pourriez-vous nous donner une indication qui pourrait nous mettre sur la piste, madame ?

Tia Dalma lui renvoya un sourire enjôleur. Prenant le bras de Will, elle l'entraîna jusqu'à sa table de consultation, devant laquelle elle s'assit. Alors, ramassant dans ses mains les pinces de crabe, elle les jeta devant elle.

— Le sceau du Destin ! dit-elle encore en regardant le jeune homme langoureusement.

Tous les regards se portèrent sur les pinces. À la stupéfaction de tous – sauf de Tia Dalma –, celles-ci formaient un dessin précis. L'équipage était désormais en route pour la cachette de Davy Jones...

# 17

Le dessin des pinces de crabe de Tia Dalma reproduisait exactement le profil découpé d'un archipel montagneux des Caraïbes, que Jack et Gibbs connaissaient bien. Personne n'allait jamais par là, car les îlots de cet archipel étaient pelés, déserts et sans attraits, sans compter que leurs abords étaient parsemés de récifs. Mais là, il n'y avait pas le choix. Le plus dangereux, à vrai dire – surtout pour Jack – était le voyage lui-même. Le capitaine fit tout le trajet en serrant son pot de terre contre lui, et sans doute cette protection était-elle efficace, car le *Black Pearl* arriva sans encombre en vue des côtes de l'archipel. L'autre possibilité, à laquelle Jack songea un instant, était que le Kraken dormait la nuit. Mais il comprenait bien qu'il ne devait pas trop compter là-dessus.

Le capitaine trouva immédiatement ce qu'il cherchait. Il y avait là, échoué sur les récifs, un navire dont le pont sombrait dans l'eau. Le nom sur la proue n'était pas visible, mais ce renseignement était inutile. Ce bateau était le *Hollandais Volant* et que personne n'ose prétendre le contraire ! Le capitaine donna l'ordre d'amener les voiles et de les rouler. À la lumière d'une vieille lanterne à huile, Jack et Gibbs s'accoudèrent au bastingage pour contempler le vaisseau disloqué. Will les rejoignit.

— C'est ça le *Hollandais Volant* ? s'exclama-t-il avec étonnement. Il n'a pas beaucoup d'allure !

— Toi non plus ! grogna Jack d'un ton bourru. Ne le sous-estime pas.

Will se tourna vers Gibbs pour avoir son avis, mais celui-ci semblait plongé dans de profondes réflexions. Jack se tourna à son tour vers son maître d'équipage et lui adressa un regard appuyé, mais Gibbs avait déjà compris ce qu'il devait répondre.

— Il a dû être jeté sur les récifs par la tempête, dit-il d'un air convaincu.

— Je crois que tu as raison, approuva chaudement Jack. Quel est ton plan, Will ?

Celui-ci haussa les épaules.

— Ce n'est pas compliqué. Je fouille le bateau jusqu'à ce que je trouve ta maudite clef !

— Et s'il y a des hommes à bord ? interrogea Jack d'un air rusé.

— Je taille en pièces tous ceux qui se mettront en travers de mon chemin !

Jack sourit.

— Ça me plaît ! Voilà un plan simple et facile à retenir.

Sortant le morceau de tissu de sa poche, Will l'étudia un instant avant de le ranger à nouveau.

— Je t'apporte la clef et tu me donnes le compas. On est bien d'accord ?

— Parfaitement. (Jack hésita.) Et si malgré tout tu te faisais prendre, tu n'auras qu'à dire : « C'est Jack Sparrow qui m'envoie pour régler sa dette. » Ça pourrait te sauver la vie...

Apercevant du coin de l'œil Pintel qui s'approchait, Jack lui intima silence du regard. Il ne savait pas ce que Pintel avait à lui dire, mais il valait en tout cas beaucoup mieux qu'il se taise. Intrigué, Will regarda un instant Pintel qui faisait demi-tour, puis il haussa les épaules et, attrapant une lanterne, il enjamba le bastingage. Quelques instants plus tard, il était à bord de la chaloupe en train de ramer.

— Éteins les lumières, souffla Jack à Gibbs.

Une à une, les lanternes du *Black Pearl* devinrent aussi noires que ses voiles. Bientôt, le bateau fut presque invisible dans la nuit, excepté la dent en or du capitaine Jack Sparrow, qui semblait content de lui.

Will atteignit le bateau naufragé en quelques instants. Le pont se trouvait au ras de l'eau et il n'eut qu'un pas à faire pour monter à bord. Will alluma sa lanterne et il faillit alors hurler. Des corps de matelots, tous morts, jonchaient le pont. C'était une vision d'horreur. Un massacre venait d'avoir lieu ici. Will sentit ses jambes se dérober sous lui. Dans quel guêpier s'était-il fourré ? Et où était Davy Jones ? Était-il mort, lui aussi, comme ses hommes ? Soudain, Will sursauta. Il entendait un bruit sinistre, comme celui d'une corde passant dans une poulie grinçante.

Comme il se tournait, il constata que l'un des marins était encore en vie. Ce qu'il vit aussi, c'est que l'homme avait perdu la raison. Bien qu'à demi mort, il essayait de tirer sur une drisse pour hisser une voile. Mais celle-ci retombait après chacune de ses tentatives.

— Monsieur ? fit Will.

Le regard du marin sembla se ranimer un instant.

— Hisse le foc ! Monte-le d'un bon coup. Ordre du capitaine !

Will comprit que l'homme ne s'adressait qu'à lui-même. Il recommençait à tirer sur sa corde, qui lui échappait à chaque fois.

— Matelot, tu perds ton temps ! soupira Will. Vous êtes échoués.

L'homme lui renvoya un regard hagard. En réalité, il ne voyait pas celui qui lui parlait. Son regard était ailleurs, dans un monde dont il ne reviendrait plus jamais.

— ... surgissant des profondeurs... Son haleine fétide... Billy et Quentin emportés par les vagues... Non ! Ordre du capitaine !

Et il recommença à tirer avec obstination. C'est alors qu'une vague frappa le navire. La coque vibra et quelque chose, là-haut dans le gréement, bougea. Dans un réflexe de dernière seconde, Will fit un bond en arrière, juste à temps pour éviter le marin qui tombait du gréement pour s'écraser sur le pont.

Will reprit son souffle. Il s'approcha du cadavre qu'il examina, à la lumière de sa lanterne, et retint un cri. Sur le dos du marin se détachaient de grosses marques produites par des ventouses. La gorge sèche, Will retourna le corps. Et là, il fit un bond en arrière, en se mettant à trembler de tout son corps. Le visage de l'homme avait disparu, complètement aspiré. Exactement comme dans l'histoire que Gibbs avait racontée. Le Kraken !

Will battit en retraite, en proie à la panique. Il se sentait devenir fou, à son tour. Et l'autre qui continuait à vouloir hisser sa voile ! Il courut au bastingage et regarda par-dessus bord, mais il n'y avait rien d'autre que les ténèbres mouvantes de la mer.

Will se préparait à s'enfuir, quand un calme anormal s'établit soudain sur les eaux. Puis, presque aussi vite, le vent se mit à souffler en tempête, tandis que la mer devenait blanche d'écume. Alors, surgi des profondeurs comme un mammifère marin, un navire creva la surface de l'eau et apparut. Will comprit immédiatement que c'était le *Hollandais Volant*. Le navire s'avançait, vague parmi les vagues, rouleau énorme, immense, bouchant tout le ciel. Un bateau de l'enfer...

Will avait été berné. Pour appâter le véritable *Hollandais Volant*, Jack avait envoyé son ami à bord d'une vulgaire épave. Mais maintenant, le véritable navire – et son capitaine, Davy Jones – arrivait.

Le *Hollandais* sortit presque entièrement de l'eau, resta un instant comme suspendu dans le ciel, puis retomba avec un fracas énorme dans les vagues. Caché derrière l'un des canons de l'épave, Will contemplait le prodigieux spectacle, fasciné malgré lui.

Le *Hollandais Volant* ne ressemblait à aucun navire qu'il ait jamais vu. Surplombé d'immenses voiles d'une blancheur cadavérique, il était fait d'un assemblage de bois et d'os humains, ce qui n'était pas sans rappeler à Will l'horrible village des cannibales. Et c'était bel et bien un navire cannibale, orné de tout ce que la mer contenait et de tout ce qu'elle engloutissait : corail, coquillages, algues, épaves et corps de noyés. Un squelette se tenait à califourchon sur le beaupré, attaché par des cordes – ou disons plutôt ligoté. Le navire fantomatique vint se placer le long des flancs du navire échoué où Will se tenait caché, plus mort que vif. Des grappins furent lancés pour l'abordage, et il n'y avait peut-être rien de plus effrayant que ce navire surnaturel où tout semblait se dérouler normalement. Puis, Will aperçut des silhouettes qui montaient à bord. Dès qu'il les distingua mieux, il sut qu'il n'avait pas affaire à des hommes ordinaires. En réalité, ils étaient pires que les morts-vivants de l'équipage de Barbossa, car non seulement leurs corps devenaient sans consistance sous les rayons de la lune, mais en plus ils semblaient ne plus appartenir au genre humain. Ces créatures incrustées de bernicles ressemblaient à de monstrueux bernard-l'ermite et ce qui restait de forme humaine en eux avait cette consistance molle, luisante et blanchâtre du corps des mollusques. Mais ils n'en étaient pas tous au même stade de transformation, ce qui laissait supposer qu'ils n'étaient pas tous là depuis la même durée de temps.

Will sortait tout doucement de sa cachette pour essayer de rejoindre la chaloupe, quand le maître d'équipage, un dénommé Maccus, au visage intégralement recouvert d'incrustations de corail, se dressa devant lui en lui barrant le passage. Le reste de l'équipage le rejoignit et tous entourèrent Will.

— À genoux sur tes os à moelle et fais ta prière ! gronda Barbeverte, le quartier-maître, à travers les algues qui recouvraient son visage.

Will tira son sabre. Il sauta sur le bastingage et, dominant ses assaillants, donna quelques bons coups d'épée. Mais une autre de ces créatures monstrueuses le rejoignit. L'homme était incrusté de coquillages de la tête aux pieds et rien ne semblait pouvoir entamer sa cuirasse de nacre. Will sauta du bastingage pour lui échapper, mais aussitôt, il fut entouré d'un nombre encore plus important d'assaillants. Apparemment, le capitaine du *Hollandais Volant* ne manquait pas de matelots, ce qui n'avait rien d'étonnant, s'il recrutait ses hommes parmi les noyés, comme l'affirmait la légende.

À présent, Will n'arrivait plus à faire face à ses assaillants, qui surgissaient de partout à la fois. Saisissant sa dernière chance, il plongea son sabre dans une cuve remplie d'huile de baleine qui se trouvait sur le pont, avant de l'enflammer à sa lanterne. Une gerbe de feu jaillit. Les hommes se mirent à hurler, tandis que la lame incandescente tranchait dans leurs muscles flasques comme ceux des mollusques. Ils avaient beau ne pas être vraiment vivants, ils souffraient mille morts.

Soudain, sentant qu'on l'attaquait par-derrière, Will fit volte-face. Il se préparait à tailler des tranches de poisson frit dans le monstre couvert d'écailles qui le menaçait, quand celui-ci le frappa de plein fouet au visage avec une grosse poulie. Will s'effondra.

# 18

Quand Will reprit connaissance, son premier souci fut de vérifier qu'il était toujours vivant. Mis à part une douleur à la mâchoire, il semblait entier et en possession de tous ses moyens. Il ouvrit un œil et se redressa. Le jeune homme découvrit avec étonnement qu'il était agenouillé sur le pont de l'épave, en compagnie d'une demi-douzaine d'autres marins. Tous les membres d'équipage de ce bateau n'étaient donc pas morts... Will regarda la file qu'ils formaient. Cela donnait l'impression très nette qu'ils étaient des condamnés attendant leur dernier Jugement.

Et soudain, Will l'aperçut : Davy Jones en personne ! Le capitaine légendaire était en train d'arpenter le pont pour inspecter sa rangée de prisonniers.

Will accusa le coup. L'homme – si on pouvait appeler ça un homme – était aussi effrayant que Gibbs le lui avait décrit. De longs tentacules, qui descendaient jusqu'au milieu de sa poitrine, lui tenaient lieu de barbe et de moustaches et ils se tordaient en tous sens en changeant de couleur au gré des humeurs du capitaine. Will les avait déjà vus passer du rose translucide au violet profond, cette dernière nuance ne semblant annoncer rien de bon. Mais même sans tentacules, le personnage aurait été terrifiant. Il était grand et étroit comme un pic rocheux, avec des yeux de braise dans un visage sans couleur, la tête coiffée d'un tricorne dont les bords remontaient au-dessus de son front en formant des cornes de diable, et il portait un long manteau déchiré de couleur minérale, dont les coquillages avaient presque entièrement rongé l'étoffe. Les doigts de sa main gauche étaient des pinces de crabe, quant aux doigts de sa main droite, ils étaient prolongés de tentacules qui s'enroulaient autour du pommeau en ivoire d'une canne avec laquelle Davy Jones martelait le pont. D'un regard sombre et incandescent, il considéra la rangée de rescapés agenouillés devant lui. Maccus, son maître d'équipage, s'avança.

— Six hommes sont restés en vie, annonça-t-il. Les autres ont poursuivi leur route de l'autre côté.

Jones enregistra l'information. Puis, il commença à passer en revue la rangée de marins en piteux état qui avaient survécu au Kraken. Parvenu devant celui qui semblait le plus terrifié, il s'arrêta. C'était le timonier du navire échoué.

Davy Jones se pencha vers le pauvre homme, si près que ses tentacules semblèrent vouloir s'enrouler autour de son cou. La terreur de l'homme s'accrut encore. Et c'est alors que la voix de Davy Jones résonna pour la première fois aux oreilles de Will. Elle semblait porter en elle l'écho de vagues s'écrasant sur les rivages d'un terrifiant au-delà.

— Crains-tu la mort ? demanda-t-il.

Mais le timonier n'était plus en mesure d'articuler la moindre parole.

D'un geste, Jones désigna le ciel.

— Vois ! C'est la dernière lueur de la lune qui meurt à l'aube de ton dernier jour. Après quoi, tu connaîtras le Jugement. Tous tes actes seront mis à nu et tes péchés châtiés.

Jones fit une pause en se repaissant du regard terrifié de l'homme, où luisait néanmoins une folle lueur d'espoir.

— Il existe un moyen d'échapper à ton sort, reprit Jones.

— Ne l'écoute pas ! cria un prisonnier.

C'était un aumônier, agrippé à sa croix. Apparemment, l'équipage de cet infortuné navire avait négligé le fait qu'il porte malheur d'avoir un prêtre à bord. La plupart des marins auraient attribué à cette imprudence la raison de la calamité qui s'était abattue sur le bateau. Jones se tourna vers l'homme.

— Tu ne crains donc pas la mort ?

— Je prends le risque, monsieur, répondit celui-ci gravement. Je me remets entre les mains de Dieu.

— Alors, salue bien Dieu de ma part ! fit Jones avec un rictus.

Et, sur ces mots, il fit signe à Barbeverte, qui s'empara de l'homme et le jeta par-dessus bord sans autre forme de procès.

Il y eut des remous d'indignation parmi les prisonniers.

— Sale bête cruelle ! siffla quelqu'un.

Davy Jones fit volte-face vers l'homme. Sous l'effet de la colère, les tentacules de sa barbe se tordaient en tous sens.

— La vie est cruelle ! clama-t-il en frappant le pont de sa canne. Alors pourquoi la vie après la mort ne le serait-elle pas aussi ?

Puis, se calmant peu à peu, il revint au timonier.

— Tu t'accroches à cette vie de douleur et tu crains la mort... Quelle absurdité ! Je te propose autre chose. Rejoins mon équipage et retarde le Jugement céleste de cent ans. Un siècle à mon service. T'engages-tu ?

— Je m'engage, acquiesça immédiatement le timonier.

Jones eut l'air satisfait. L'un après l'autre, tous les prisonniers choisirent de rallier l'équipage du *Hollandais Volant*. L'état effrayant dans lequel se trouvaient les hommes de Davy Jones après quelque temps passé à bord ne semblait arrêter personne...

Le capitaine du *Hollandais Volant* arriva enfin devant Will, le dernier de la file. Il considéra le jeune homme en silence, les sourcils froncés.

— Que fais-tu donc là ? dit-il. Tu n'es ni mort ni agonisant...

Will soutint le regard du capitaine. Que dire ? Et puis, au diable ! Il avait un atout dans sa manche. Autant s'en servir.

— C'est Jack Sparrow qui m'envoie, dit-il. Pour régler sa dette.

Davy Jones se figea. Cette déclaration le prenait tout à fait au dépourvu. Petit à petit, ses tentacules virèrent au violet. Le capitaine du *Hollandais Volant* n'aimait pas qu'on lui tienne tête. Il n'aimait même pas qu'on lui réponde autrement que par oui ou par non. Il réitéra sa question du bout des lèvres :

— Que fais-tu ici ?

Mais Will ne put que répéter la même chose. Il ne pouvait quand même pas avouer à Davy Jones qu'il venait lui dérober sa clef. Et, apparemment, malgré ses pouvoirs, l'homme ne lisait pas dans les pensées.

— Ah vraiment ? fit-il. Tu m'en diras tant !

Il considéra encore Will un moment.

— Je suis cruellement tenté d'accepter cette offre, dit-il. Tu serais une recrue de choix. Bien fait et en bonne santé : ça me changerait de tout ce ramassis d'éclopés !

Puis, le capitaine se tut. Pendant un instant, il sembla s'absorber dans la contemplation de la mer. Soudain, il tourna la tête dans la direction du *Black Pearl*, tandis qu'un sourire mauvais tirait les coins de ses lèvres. Il venait de sentir la présence de Jack Sparrow...

# 19

Au même moment, sur le *Black Pearl*, Jack s'étrangla de surprise en abaissant sa longue-vue. Davy Jones venait de regarder dans sa direction. Il était repéré ! Comment donc ce fichu capitaine avait-il pu l'apercevoir dans l'obscurité qui régnait sur le pont du *Black Pearl* ? Était-il doué de vision nocturne, comme les chats ? Jusqu'où donc allaient ses pouvoirs ? Au comble de l'inquiétude, le capitaine se demandait que faire, quand Davy Jones se matérialisa devant lui dans un grondement de tonnerre. L'équipage du *Hollandais Volant* s'était également transporté Dieu sait comment sur le pont du *Black Pearl*. Ils cernèrent rapidement Jack et son équipage. Deux rangées se formèrent : l'équipage du *Black Pearl* et celui du *Hollandais Volant*. Ils se faisaient face, prêts à en découdre. Les yeux éberlués de Jack allaient d'un côté et de l'autre. Il ne voyait pas comment ses hommes pouvaient s'en tirer contre ces monstres cuirassés de coquillages.

Mais, d'un regard, Jones intima l'ordre à son équipage de ne pas bouger. Après quoi, il se tourna vers sa vieille connaissance, Jack Sparrow. L'inénarrable Jack Sparrow !

— Tu as une dette à acquitter ! gronda-t-il en frappant de sa canne sur le pont. Tu as commandé le *Black Pearl* pendant treize ans, après que je l'ai remonté des profondeurs où il avait sombré. Le moment est venu de payer. Tu dois respecter notre accord !

Jack regarda sa main. La tache noire était là, et bien là, au milieu de sa paume. Que faire maintenant ? C'était d'une force surhumaine qu'il devait triompher !

Le capitaine du *Black Pearl* arbora néanmoins un grand sourire.

— D'un point de vue strictement technique, dit-il, je n'ai été capitaine que pendant deux ans, avant d'être victime d'une infâme mutinerie. Près de dix années ensuite sont passées sans que j'aie ni équipage ni bateau digne de ce nom.

— Nous sommes d'accord, admit Jones. Tu n'avais de capitaine que le titre, mais capitaine tout de même. D'ailleurs, ne t'es-tu pas présenté tout ce temps comme le capitaine Jack Sparrow ?

Jack prit l'air très étonné.

— Je n'en ai pas souvenance. Pourquoi cette question ? Et d'abord, je ne comprends pas. Tu as obtenu ton dû : une âme, pour servir dans ton équipage ! Elle s'y trouve déjà, si je ne m'abuse... Will. Will Turner.

Le visage de Jones se déforma de colère et de stupéfaction. Il était proprement scandalisé.

— Je ne fais pas commerce d'âmes ! rugit-il en tapant un grand coup de sa canne sur le pont. Tu ne peux pas te faire remplacer.

Jack leva un doigt professoral.

— Ah bon ? Il y a pourtant un précédent en ce qui concerne la servitude. Le Code des Frères de la Côte, tu connais, j'imagine ? Cette coutume qu'on appelle le matelotage... Les marins marchent toujours par deux et sont tenus de s'entraider.

Les tentacules qui bordaient le visage de Jones se tordirent de plus belle.

— Une âme n'est pas une marchandise ! Elles ne se valent pas toutes ! gronda-t-il.

Le visage de Jack s'éclaira.

— Ah, je vois donc que nous sommes d'accord sur le principe. La querelle ne porte que sur le prix...

Cet argument laissa un instant Jones sans voix.

Puis, le capitaine du *Hollandais Volant* secoua la tête en soupirant.

— Dire que me voilà encore une fois en train d'écouter ton boniment !

Entrevoyant sa chance, Jack s'en saisit sur-le-champ.

— À combien d'âmes estimes-tu que vaut la mienne ? Vas-y, dis un peu...

Jones réfléchit, tandis qu'il se grattait ses tentacules. Un sourire rusé apparut sur son visage.

— Tu as raison, Jack Sparrow, tu vaux beaucoup. Je dirais... cent âmes. Cent âmes en trois jours ! précisa-t-il sèchement.

Jack encaissa le coup en dissimulant le mieux possible son angoisse.

— Tu es champion, camarade ! Allez, renvoie-moi le garçon. Je m'y mets tout de suite...

Mais Jones n'était pas d'humeur à être champion. Il secoua la tête.

— Non. Je garde le garçon en gage de ta bonne foi. Tu n'as plus qu'à en trouver quatre-vingt-dix-neuf.

— Quoi ? se récria Jack, les yeux révulsés d'indignation. Mais tu as fait la connaissance de Will Turner, n'est-ce pas ? Tu as quand même vu à qui tu avais affaire ? Il est noble et héroïque, sans oublier sa remarquable voix de soprano. À lui seul, il en vaut au moins quatre. Et t'ai-je dit qu'il était amoureux ? Sur le point de se marier. À une charmante jeune lady. Tu détestes ce genre d'âneries, n'est-ce pas ?

Jones n'allait pas se laisser troubler par les insolences de Jack. Il lui décocha un regard qui pénétra le capitaine jusqu'au fond de son âme.

— Sparrow, dit-il en souriant, se pourrait-il que cette jeune femme t'intéresse toi-même ?

Jack en resta bouche bée.

— Tu plaisantes ? La seule chose qui pourrait faire que je m'intéresse à elle, ce serait pour conclure notre affaire !

Davy Jones eut un geste d'impatience.

— Je garde le garçon, trancha-t-il. Et tu me dois encore quatre-vingt-dix-neuf âmes. En trois jours, je te le rappelle. Mais, au fait, Sparrow, reprit-il après quelques instants de réflexion, est-ce que tu pourras vivre avec ça sur la conscience ?

Jack réfléchit brièvement. Il se souvenait que Will l'avait traité de tricheur, au début de leur rencontre, quand il avait sorti un pistolet au cours d'un duel au sabre. Jack lui avait répondu qu'il n'était pas tricheur : simplement pirate. Pourquoi voudrait-on changer un pirate en honnête homme ? On n'exige pas des chats qu'ils soient des chiens...

— Ouaip ! répondit-il. Ma conscience se portera aussi bien que ma personne.

Jones insista.

— Tu pourrais condamner un homme innocent

– un ami – à une vie de servitude à ta place, pour continuer à aller et venir partout en toute liberté ?

— Mais oui, ça me va ! répondit Jack en chassant très vite de sa tête cet aspect désagréable de la question. Scellerons-nous l'accord avec du sang ? Heu... je veux dire avec de l'encre ?

Jack espéra que Davy Jones ne relèverait pas la gaffe qu'il venait de faire. Le capitaine du *Hollandais Volant* n'avait pas de sang, puisque son cœur ne battait plus dans sa poitrine.

— Inutile, grommela-t-il d'un air sombre. Je me fie à ta parole. Marché conclu ?

— Tope là, dit Jack.

Ils se serrèrent la main.

— Je t'embrasserais bien, plaisanta Jack, si je n'avais pas peur que ça colle !

Baissant les yeux sur sa main, il regarda sa tache. C'est alors que, progressivement, celle-ci se rétracta jusqu'à disparaître complètement. Le visage de Jack s'illumina. Il n'était plus un homme marqué ! Quand il releva les yeux, Davy Jones et son équipage avaient disparu, eux aussi...

Vite, il courut au bastingage. Le *Hollandais* mettait déjà les voiles en direction d'un orage, qui montait aux confins de l'horizon. Jack songea brièvement à Will, qui se trouvait à bord du vaisseau fantôme. Il avait de l'affection pour le jeune homme, sans parler du fait que celui-ci l'avait sauvé de la potence. En fait, si Jack y réfléchissait, il avait un peu de mal à s'expliquer pourquoi il lui faisait cette terrible crasse...

Tout aux tourments de sa conscience, le capitaine regarda de façon songeuse le *Hollandais Volant* s'éloigner et disparaître, puis ses pensées revinrent à ses propres soucis. Et il n'en manquait pas ! Trois jours pour trouver quatre-vingt-dix-neuf âmes... Où trouver quatre-vingt-dix-neuf âmes à vendre ? Il n'y avait pour cela qu'un endroit : Tortuga.

— Que vaut l'âme d'un homme ? demanda-t-il en se tournant vers Gibbs qui l'avait rejoint.

— Aucune idée, répondit le second d'un air perplexe. Vous croyez que ça vaut quelque chose, mon capitaine ?

Jack haussa les épaules.

— Trois jours, répéta-t-il en soupirant.

# 20

Le soir même, Jack était assis dans un coin de *La Fiancée Fidèle*, la plus célèbre auberge de Tortuga. L'endroit était plein à craquer de pirates qui étanchaient leur soif en vidant des quantités énormes de bière débordant des blackjacks, ces grandes chopes de cuir étanche enduites de poix. C'est ainsi qu'ils pouvaient oublier un peu la dureté de la vie et fêter leurs succès ! Dans les coins les plus obscurs de la taverne, on entendait les éclats des marchandages entre capitaines et trafiquants, qui se concluaient à grand renfort de rhum ou de brandy, même si les pirates sortaient souvent perdants de ces négociations avec ces marchands dont ils dépendaient pour écouler leurs prises. Ailleurs, des marins jouaient aux cartes, aux dés ou aux osselets. Ils pouvaient enfin parier pour de l'argent, après en avoir été privés à bord où le Code l'interdisait pour éviter les bagarres, si bien que les sommes qu'ils engageaient étaient souvent énormes. Certains étaient capables de dépenser deux ou trois mille pièces en une seule nuit, autrement dit l'équivalent d'un troupeau de vaches, à deux doublons la tête. Ils n'en sortaient souvent qu'avec leur chemise sur le dos ! Et on pouvait aussi faire confiance aux filles qui vendaient leurs charmes à *La Fiancée Fidèle* pour vérifier que les marins ressortaient de la taverne sans un sou de trop dans leurs poches. Ainsi soulagés de tous leurs gains, ils n'avaient plus qu'à rcpartir cn mcr...

Les pieds sur une table, son compas à la main, Jack Sparrow avait aussi une grande chope de bière devant lui. Ses yeux allaient successivement de la porte d'entrée qu'il surveillait, à son compas qu'il consultait de temps à autre – au cas où l'instrument aurait daigné fonctionner à nouveau – et surtout à la courte file de candidats qui faisaient la queue devant Gibbs. Assis à la table voisine, celui-ci essayait de recruter les quatre-vingt-dix-neuf âmes dont Jack avait un besoin si pressant. Un voyage inoubliable à bord du *Black Pearl* : voilà ce que proposait Gibbs à des marins déguenillés qui semblaient n'avoir connu que la poisse depuis qu'ils étaient au monde. Le candidat qui se présentait en ce moment était un très vieil homme aux mains tremblantes et aux yeux voilés.

— Qu'est-ce qui te fait croire que tu mérites de faire partie de l'équipage du *Black Pearl* ? lui demanda Gibbs.

Le vieil homme réussit à grand-peine à sortir un filet de voix.

— Pour dire la vérité, monsieur, je n'ai jamais navigué de ma vie. J'ai juste envie de sortir de chez moi et de voir le monde pendant que je suis encore jeune.

— Eh bien, tu vas en avoir l'occasion ! approuva Gibbs avec un grand sourire. Engagé !

Il accueillit le candidat suivant. C'était un homme squelettique, qui semblait à la dernière extrémité d'une vie d'infortune.

— Alors ? fit Gibbs.

L'homme haussa les épaules.

— Ma femme m'a quitté avec mon chien, je suis complètement saoul et je me fous comme de ma première chemise de savoir si je vais vivre ou mourir.

— Parfait ! Au suivant !

Mais le suivant avait peine à avancer jusqu'à la table.

— Je n'ai plus qu'un bras et on m'a mis une jambe de bois, annonça-t-il.

— Pas de problème, tu prendras la vigie, répondit Gibbs, bon enfant.

L'homme signa son contrat, avant de laisser sa place à un Irlandais.

— Depuis tout petit, j'ai rêvé de sillonner les mers à jamais !

— Plus tôt que tu t'imagines, répondit Gibbs. Signe là.

Jack buvait sec tout en surveillant la porte mais, si celle-ci s'ouvrait souvent, rares étaient ceux qui rejoignaient la file de recrutement.

— Où en est-on ? lança le capitaine à son second.

— En comptant ces quatre-là ? soupira Gibbs. Ça ne fait que quatre... J'ai écrit à mon beau-frère, qui est avocat à Londres, ajouta-t-il à voix basse en se penchant vers Jack. C'est un bon. Je lui ai demandé son avis pour votre dette envers Jones. Il y a peut-être un article de loi qu'on ne connaît pas. On pourrait trouver un vice de procédure ou je ne sais quoi...

— De toute façon, je n'ai rien signé, grommela Jack.

Gibbs secoua la tête.

— Je me demande si vous ne feriez pas mieux de trouver un autre plan, mon capitaine. Et un plan qui ne dépende pas de ce compas. Tout l'équipage sait qu'il ne marche plus depuis que vous avez échappé à la potence.

Jack fit une grimace, tandis que Gibbs retournait à sa maigre file de candidats.

— Et toi, c'est quoi l'histoire que tu me

racontes ? lança-t-il au matelot qui s'approchait. L'homme était saoul et pas rasé, mais son regard était étrangement clair et lucide.

— Mon histoire ? répondit-il avec un sourire sans joie. Mon histoire... Pareille que la tienne, mais avec un chapitre de retard ! Je m'étais juré de capturer un pirate célèbre. Je l'ai poursuivi sur les sept mers. Je ne pensais plus qu'à ça. Ça me consumait. J'y ai laissé mon équipage, mon commandement, ma vie.

Et, sur ces paroles, l'homme s'empara de la bouteille de rhum posée sur la table de Gibbs, dont il but une large rasade. Celui-ci le regarda de plus près.

— Commodore ? demanda-t-il en le reconnaissant soudain.

C'était bien le commodore Norrington, l'homme qui avait poursuivi Jack et le *Pearl* pendant des mois ! Mais il était devenu méconnaissable. Hirsute et débraillé, il avait perdu depuis longtemps sa belle perruque, et même si on reconnaissait sur son dos les restes du prestigieux uniforme qu'il avait porté, Gibbs était choqué de voir que l'élégant commodore ressemblait désormais à un voyou.

— Je ne suis plus commodore, je viens de te le dire ! riposta Norrington. Faut suivre, camarade. Dire que j'étais sur le point de vous attraper tous au large de Tripoli, et s'il n'y avait pas eu cette tempête, votre compte était bon. Mon équipage m'a supplié de changer de cap, mais je n'ai rien voulu entendre...

— Seigneur ! s'exclama Gibbs, vous n'avez pas essayé de passer au travers ?

Norrington ne répondit pas. Ses yeux étaient dans le lointain. S'arrachant de sa vision, il asséna un violent coup de poing sur la table.

— Alors quoi ? Tu m'engages ou pas ? Tu ne m'as toujours pas dit quelle était la mission. Et à combien se montait la solde. Ce n'est pas que ça m'intéresse, du reste...

Il éclata de rire, avant de reboire longuement à la bouteille. Gibbs se leva de la table en reculant lentement. Il était clair que cet homme aux abois était dangereux.

Voyant Gibbs prêt à prendre la poudre d'escampette, Norrington se dressa rageusement et renversa la table, en envoyant valser le contrat et le tableau de service. Puis, armant son pistolet, il le brandit.

— Alors, suis-je digne de rentrer au service du capitaine Jack Sparrow... ou devrais-je le tuer tout de suite ? fit-il en se tournant pour mettre en joue à travers la salle Jack qui était en train de s'éclipser discrètement.

Celui-ci se figea et se força à sourire.

— Sois des nôtres, camarade ! lui cria-t-il.

Norrington lui rendit son sourire.

— Excuse-moi, vieux brigand, dit-il, prêt à

appuyer sur la détente, les bonnes habitudes ont la vie dure...

C'est alors qu'un des nouveaux engagés s'interposa en saisissant calmement le bras de Norrington.

— Doucement, l'ami !

— C'est notre capitaine que tu menaces ! renchérit l'Irlandais.

Mais mal lui en prit. Ayant fait dévier le bras de Norrington, ce fut l'Irlandais qui s'effondra quand le coup partit tout seul.

La détonation donna le signal de départ d'une belle bagarre, comme il s'en produisait au moins une par soirée à *La Fiancée Fidèle*. Tout le monde y mit du sien. Aussi bien ceux qui étaient concernés par l'incident que ceux qui voulaient simplement se distraire ou encore ceux qui étaient tellement saouls qu'ils ne se rendaient plus compte de ce qu'ils faisaient. Quant aux quelques rares hommes présents appartenant à l'équipage de l'*Edinburgh Trader*, qui avaient eu l'audace de venir à *La Fiancée Fidèle*, ils filaient maintenant à l'anglaise pour ne pas avoir affaire au capitaine Bellamy qui avait interdit à son équipage de mettre les pieds dans ce lieu de perdition.

Comme un seul homme, les nouveaux membres de l'équipage de Jack se mirent à lancer à travers la pièce les tables, les chaises et tout ce qui leur tombait sous la main. De son côté, Norrington avait sorti son sabre et commençait à en faire bon usage.

Au milieu de tout ce beau désordre, Jack et Gibbs échangèrent un regard entendu.

— Je crois que c'est l'heure de rentrer à la maison, dit Jack.

— Tu l'as dit, répondit Gibbs en s'empressant de filer.

Jack, quant à lui, traversa la bagarre sans se presser. Il était sur le point de sortir, sans avoir essuyé la moindre pichenette, quand il trébucha sur le corps d'un homme, qui venait de se faire assommer. Jack s'arrêta soudain, très intéressé. À vrai dire, ce n'était pas l'homme qui l'intéressait, mais son chapeau. Celui-ci ressemblait à son cher tricorne qu'il avait perdu ! Il n'était peut-être pas tout à fait aussi chic, mais il ferait son affaire. Jack se le mit sur la tête, mais dut se rendre à l'évidence : le chapeau était trop petit.

— C'est vraiment difficile de trouver un chapeau convenable de nos jours ! dit-il à Gibbs en le rejoignant près de la porte.

Tous deux évitèrent de peu une bouteille qui s'écrasa contre le mur, puis Gibbs fit signe à Jack d'attendre, le temps d'attraper au vol la bouteille de rhum suivante, et ils sortirent. La voix de Norrington résonna au moment où les deux hommes refermaient doucement la porte de la taverne derrière eux.

— Ha ha, vous avez peur, maintenant ? claironnait l'ancien commodore. Vous savez ce qui vous attend ! Poltrons, couards, tous autant que vous êtes !

Très excité, l'ancien fiancé d'Élisabeth Swann zébrait l'air de son sabre pour repousser la meute d'ivrognes qui se déchaînait autour de lui. Mais il perdait du terrain et, bientôt, il se retrouva acculé à un pilier, au fond de la salle.

— Venez vous y frotter ! rugit-il. Voulez-vous tâter de l'acier anglais ? Toi, toi... et toi ? Et tandis qu'il continuait à jouer de l'épée en tournant autour du pilier, ses assaillants commencèrent un à un à battre en retraite. Mais en réalité, ce n'était pas l'ancien commodore qui faisait reculer les pirates. C'était Élisabeth ! Toujours revêtue de ses vêtements de matelot, elle maniait son sabre avec dextérité en tournant elle aussi autour du pilier. Elle finit par se retrouver dos à dos avec son ancien fiancé.

C'est alors que Norrington trébucha, sous l'attaque de deux hommes à la fois. Il allait recevoir un coup de couteau d'un troisième larron, quand Élisabeth arracha l'arme des mains du marin. Norrington se redressa et c'est à ce moment-là qu'il reconnut avec stupéfaction Élisabeth. De son côté, la jeune femme avait reconnu son ancien fiancé au moment même où il était entré dans la taverne. Soudain, sans prévenir, elle ramassa une bouteille à moitié vide et en donna un grand coup sur la tête du pauvre commodore.

— Je ne voulais pas rater le plaisir de le faire moi-même ! cria-t-elle en s'adressant aux pirates d'un ton triomphal. Et maintenant, qu'on jette cette loque dehors et qu'on boive tous à notre santé !

Rugissant de joie, les pirates jetèrent Norrington au milieu des cochons qui se vautraient derrière l'auberge.

# 21

Après avoir trinqué et chanté à tue-tête avec ses nouveaux amis, Élisabeth alla voir ce que devenait Norrington. Cette rencontre inattendue la touchait beaucoup, même s'il n'était pas l'homme qu'elle était venue chercher à Tortuga. Malheureusement, il semblait bien que Will ne se trouvait pas sur l'île.

Les pirates l'accompagnèrent jusqu'à la porte pour rire avec elle du spectacle de Norrington, vautré dans la boue avec les cochons, puis ils retournèrent dans la salle pour ne pas rater la prochaine bagarre.

Élisabeth s'agenouilla près de son ancien fiancé.

Elle se sentait désolée pour lui. C'était un homme qu'elle estimait, à défaut de l'avoir jamais aimé.

— James Norrington, dit-elle en secouant la tête d'un air navré, que vous ont donc fait subir les hommes ?

— Rien que je n'ai mérité ! répondit avec superbe Norrington.

Il se redressa avec l'aide d'Élisabeth, puis s'effondra à nouveau. Il avait un sacré mal de tête à l'endroit où son ancienne fiancée l'avait frappé, sans compter les quelques coups qu'il s'était pris à droite et à gauche. Mais il savait bien que, si Élisabeth avait agi ainsi, c'était pour lui éviter un sort bien plus funeste.

Élisabeth aida une nouvelle fois l'ancien commodore à se remettre sur ses pieds puis, d'un commun accord, ils décidèrent d'aller jusqu'au port retrouver Jack Sparrow. Après tout, Norrington avait postulé pour faire partie de son équipage, quant à Élisabeth, elle comptait bien que Jack la conduise jusqu'à Will. Le capitaine du *Black Pearl* aurait bien une petite idée de l'endroit où il pouvait se trouver. Élisabeth avait compris depuis belle lurette que Jack en savait toujours beaucoup plus long qu'il ne le disait.

Tandis que tous deux s'éloignaient, un homme sortit de l'ombre de l'arrière-cour de la taverne. Il les avait observés durant toute leur conversation et avait même trinqué avec Élisabeth tout à l'heure. La jeune femme n'avait pas, en effet, l'apanage du déguisement réussi. Sous ses atours de pirate, Mercer, l'assistant de Beckett, était méconnaissable. L'homme se frottait les mains : son patron serait content de ce qu'il allait lui apprendre. Sa mission était terminée, il pouvait rentrer à Port Royal.

Tandis qu'Élisabeth Swann et James Norrington se dirigeaient lentement vers les quais – au rythme du blessé –, Jack et Gibbs marchaient à grandes enjambées pour rejoindre le *Black Pearl*. La plupart des membres d'équipage étaient sur place en train de réceptionner, sous la surveillance de Marty, des caisses qui contenaient le ravitaillement nécessaire à leur prochain voyage : autrement dit, essentiellement des bouteilles de rhum.

— Chargez toute la cargaison, nous appareillons avec la marée ! ordonna Gibbs.

— Capitaine Sparrow ! appela Élisabeth en laissant Norrington pour se mettre à courir.

Le capitaine se retourna. Il regarda Élisabeth sans la reconnaître.

— Tu viens rejoindre mon équipage, garçon ? Bienvenue à bord !

Élisabeth s'arrêta.

— Je suis venue pour retrouver l'homme que j'aime, dit-elle.

Jack écarquilla les yeux.

— Je suis très flatté, fils, mais mon seul et unique amour est la mer !

Élisabeth leva les yeux au ciel.

— Je voulais parler de William Turner, capitaine Sparrow !

Jack considéra de plus près ce drôle de matelot.

— Élisabeth ? dit-il en la reconnaissant enfin. Planque le rhum ! ajouta-t-il à voix basse à l'intention de Gibbs.

— Jack, reprit Élisabeth, William est parti à votre recherche. Vous a-t-il trouvé ? L'avez-vous vu ?

Mais Jack ne prêtait aucune attention à ce qu'Élisabeth disait. Il la dévorait des yeux. Il devait reconnaître que ça lui faisait bien plaisir de la voir, après tous ces mois. Ce n'est pas qu'elle lui avait manqué, mais enfin...

— Vous savez, conclut-il d'un air pensif, ces vêtements ne vous avantagent pas du tout. Vous devriez porter une robe... ou même rien. Venez à bord, il se trouve que je n'ai pas de robe dans ma cabine...

Élisabeth poussa un soupir.

— Jack, arrêtez cela, s'il vous plaît. Je sais que Will est parti à votre recherche. Où se trouve-t-il ?

Soudain, la mine du capitaine s'allongea.

— Il m'a bien trouvé, Élisabeth, dit-il, mais...

Le capitaine laissa sa phrase en suspens. Élisabeth le regardait, les pupilles dilatées. Elle prit une grande inspiration en essayant de rassembler tout son courage.

— Mais quoi ? demanda-t-elle.

— Ma chérie, reprit Jack d'un air désolé, je suis au grand regret d'avoir à vous dire cela mais, suite à une série de circonstances déplorables et entièrement imprévisibles, qui n'ont rien que ce soit à voir avec moi et dont je ne suis en rien responsable, le pauvre Will s'est trouvé enrôlé de force dans l'équipage de Davy Jones.

— Est-il... mort ? murmura Élisabeth.

— Non, fit Jack en secouant la tête vigoureusement. Du moins, pas quand je l'ai vu la dernière fois.

Élisabeth soupira de soulagement. Puis, elle réalisa ce que Jack venait de dire.

— Davy Jones ? Vous dites que le capitaine du navire où se trouve Will est Davy Jones ?

— C'est ce que l'on peut déduire du fait que le navire en question s'appelle le *Hollandais Volant*, répondit Jack en levant l'index.

Norrington intervint alors :

— Capitaine, dit-il, ne me dites pas que vous voulez parler de ce navire qui conduit les noyés depuis ce monde jusque dans l'autre...

— Tout juste ! répondit Jack. Dis donc, t'as vraiment une sale mine, camarade. Qu'est-ce que tu fais là ?

— Je te rappelle que tu viens de m'engager. Ce n'est pas ma faute si tu n'es pas regardant.

Jack porta la main à la poignée de son sabre.

— Jack, s'interposa Élisabeth, tout ce que je veux, c'est retrouver Will. C'est mon plus cher désir au monde !

Jack tirailla son bouc, l'air pensif. Ce que venait de dire Élisabeth lui donnait une idée. Et même une sacrée bonne idée...

— Vous en êtes bien sûre, Élisabeth ? dit-il. Est-ce bien cela que vous désirez... le plus ? Que vous désirez passionnément ? à la folie ?

— Bien sûr, répondit Élisabeth, perplexe, en se demandant où Jack voulait en venir. Celui-ci poursuivit son raisonnement.

— J'incline donc à croire, dit-il, que vous cherchez à trouver un moyen de sauver Will, ce qui semble revêtir pour vous une importance légèrement plus grande que de le retrouver, à moins que vous ne vous souciez pas de l'état dans lequel vous le retrouverez...

— Peut-on le sauver ? l'interrompit Élisabeth.

— Bien sûr, opina Jack avec un grand sourire. Figurez-vous qu'il y a un certain coffre...

— Oh non ! soupira Norrington. Toujours les mêmes histoires : les coffres, les trésors !

Jack fit taire l'ancien commodore – celui qui l'avait condamné jadis à la potence – d'un regard glacial.

— Un coffre d'origine et de dimensions inconnues, précisa-t-il.

— Qui contient le cœur toujours battant de Davy

Jones, intervint Pintel, qui passait à ce moment-là avec une caisse. Il se l'est arraché et l'a enfermé là-dedans.

— BOUM BOUM ! mima Ragetti en se frappant du poing la poitrine.

— Et qui effraie à coup sûr les petits enfants et les imbéciles, acheva Norrington.

Jack avança d'un air menaçant vers sa nouvelle recrue.

— Excusez-moi un instant, mes amis, dit-il en levant son poing. Tu as vraiment une vilaine mine ! grinça-t-il.

Une fois encore, Élisabeth ramena au calme Jack, qui baissa son poing.

— Ceux qui m'ont raconté l'histoire de ce coffre, reprit-il en s'adressant à Élisabeth, m'ont affirmé que celui qui mettrait la main dessus aurait le pouvoir d'obtenir de Jones ce qu'il ou elle voudrait. Y compris celui d'arracher notre courageux William à son triste sort.

— Vous ne croyez quand même pas ces sornettes ? intervint une nouvelle fois Norrington.

Élisabeth réfléchissait. L'opinion de son ancien fiancé l'indifférait totalement. Elle regarda Jack.

— Je vous crois, dit-elle. Dites-moi comment trouver ce coffre.

Jack sortit le compas de sa poche.

— Avec cela, dit-il. Ce compas est unique au monde.

— Tu veux dire qu'il est unique, parce qu'il ne fonctionne pas ? ricana Norrington.

Cette fois, Jack ne releva pas. Il était bien trop absorbé par l'espoir fou qui renaissait en lui. Et puis, Élisabeth croyait son histoire et c'était la seule chose qui importait désormais.

— Tu dis vrai, camarade ! approuva-t-il. Ce compas n'indique pas le nord. Comme c'est triste d'avoir aussi peu d'imagination !

— Je sais ce qu'il indique ! gloussa Norrington. Il indique l'île de la Muerta. Est-ce donc là que se trouve le coffre ?

— Ce serait une coïncidence incroyable, intervint Ragetti, qui avait posé sa caisse pour écouter la conversation.

— Une chance sur un million, ajouta Pintel, à ses côtés.

Jack secoua la tête.

— Ce compas ne pointe ni vers le nord ni vers l'île de la Muerta, dit-il. Le coffre n'est pas sur cette île. Le compas pointe vers... ce qu'on désire le plus au monde.

Il plaça le compas dans la main d'Élisabeth.

— Ce que vous désirez le plus au monde est bien de trouver le coffre de Davy Jones ? lui demanda-t-il.

Élisabeth acquiesça.

— Pour sauver Will.

— Vous le sauverez en trouvant le coffre de Davy Jones. D'accord ?

— D'accord.

Jack ouvrit le compas que tenait Élisabeth, puis il se recula. Mais, incapable de dominer son impatience, il se pencha vers l'instrument, en prenant garde toutefois de ne toucher ni le compas ni celle qui le tenait. Sous les yeux éberlués de l'assistance, l'aiguille se mit à s'agiter frénétiquement en tous sens. Puis, elle pointa dans une direction et ne bougea plus. Soudain, Jack était un autre homme. Il était redevenu le Jack qui, comme le compas, indiquait toujours le beau fixe. Le capitaine interpella à tue-tête son maître d'équipage, qui surveillait l'embarquement des dernières caisses.

— Nous avons notre cap, monsieur Gibbs !

— Enfin ! s'écria Gibbs, radieux.

— Larguez les amarres ! cria Jack. Relevez l'ancre ! Envoyez la toile !

Comme s'ils n'attendaient que ce signal, les nouveaux matelots que Gibbs avait engagés arrivèrent à ce moment-là de *La Fiancée Fidèle*. Élisabeth eut un mouvement de recul. Ils étaient encore plus affreux dans leurs costumes de marin.

— Bienvenue à bord ! cria le capitaine. Pile à temps ! Ne vous souciez pas de votre allure... Vous êtes encore des roses, comparés à lui, fit-il en désignant du menton Norrington. Allez, venez, Élisabeth !

Et Jack monta à bord de son navire. Enfin, l'équipage du *Black Pearl* savait où il allait ! Jack resplendissait. Il n'avait peut-être pas la clef qu'il cherchait, mais une fois qu'il aurait mis la main sur le coffre, ce serait bien le diable s'il ne parvenait pas à l'ouvrir !

# 22

Surgissant dans la nuit noire, le *Hollandais Volant* creva la surface des flots, toutes voiles dehors. Tels les mammifères marins, le navire remontait parfois pour respirer un peu l'air du large. Il aurait pu s'en passer, car les lois naturelles qui gouvernent la vie des hommes ne concernaient plus un capitaine dont le cœur ne battait plus dans la poitrine, ni son équipage de damnés. Mais une nostalgie lancinante l'étreignait encore.

Davy Jones se trouvait dans sa cabine, assis devant le clavier d'un immense orgue de corail, dont les tuyaux se confondaient avec l'arborescence de micro-organismes marins qui avaient colonisé le pont. Le bâtiment était sorti des flots sans que son capitaine cessât de jouer. Les pinces de crabe et les fins tentacules qui lui tenaient lieu de doigts couraient sur le clavier avec une dextérité et une fluidité incomparables. Et, tandis que les notes de la funèbre et envoûtante mélodie étaient emportées par le vent, ses yeux s'embuaient chaque fois que son regard se posait sur le portrait d'une femme aux longs cheveux flottants, qui était gravé dans le corail, au-dessus de l'immense clavier. Davy Jones évitait de regarder ce portrait, mais ses yeux y revenaient toujours. Il ne pouvait qu'exprimer sa douleur avec sa musique. Le capitaine du *Hollandais Volant* avait appris à ses dépens qu'on pouvait s'arracher le cœur de la poitrine sans parvenir à en extirper pour autant le mal d'amour qui s'y trouvait. Bien loin des états d'âme de leur capitaine, les membres d'équipage du *Hollandais Volant* travaillaient dur, sous l'œil inflexible de Jimmy Legs, le contremaître, qui maniait le chat à neuf queues plus souvent qu'à son tour. Ce fouet à multiples lanières était réalisé par les marins eux-mêmes, en détortillant les neuf brins d'un filin dont ils nouaient les extrémités. Ces instruments de punition ne servaient qu'une fois en principe car, souillés de sang, ils auraient pu infecter les plaies des condamnés suivants. Mais, sur le *Hollandais Volant*, les maladies n'avaient plus cours, pas plus que les sentiments humains.

L'une des nouvelles recrues, Will Turner, essayait de suivre le rythme harassant du mieux qu'il pouvait, mais il avait un peu de mal à se concentrer. À vrai dire, il ne réalisait pas encore tout à fait qu'il se trouvait sur le *Hollandais Volant*, ce navire sorti tout droit d'un cauchemar. Il se demandait également avec horreur comment il avait pu survivre quand le navire avait plongé sous les eaux. Le jeune homme espérait de toute son âme qu'il n'était pas déjà en train de se métamorphoser en une créature inhumaine, comme les autres membres d'équipage du *Hollandais Volant*.

Perdu dans ses pensées, Will laissa échapper la corde qu'il était en train de tirer pour hisser une bôme et, perdant l'équilibre, il heurta durement le plat-bord. La bôme s'écrasa sur le pont. Immédiatement, des hommes se précipitèrent pour rattraper la corde et remonter la bôme en espérant que Jimmy Legs ne remarquerait rien. Mais trop tard. Celui-ci n'avait pas l'intention de laisser passer cette faute. Tels étaient les ordres de Davy Jones.

— Remettez ce maladroit sur ses pieds ! hurla-t-il.

Cela fut fait sans ménagements. C'est alors que Bill Turner, qui se trouvait parmi ceux qui avaient aidé le nouveau venu, dévisagea Will. Son cœur de père frémit. C'était William, son fils.

Mais Jimmy Legs s'avançait déjà vers le coupable

en frappant le manche de son fouet contre la paume de sa main.

— Cinq coups te rappelleront la prochaine fois de ne pas lâcher la corde ! gronda-t-il.

Mais, avant qu'il n'ait pu lever son fouet, Bill lui saisit le poignet.

Jimmy Legs se raidit, écumant de rage.

— Tu m'empêches de faire mon devoir ? Tu seras donc châtié avec lui !

Bill se frappa la poitrine.

— Je prends tout pour moi. Dix coups de fouet.

— Tu ferais ça ?

Tous les hommes se retournèrent. C'était Davy Jones qui venait de parler. L'orgue s'était tu et le capitaine s'était matérialisé au milieu d'eux, comme par magie.

— Pourquoi cette générosité ? reprit le capitaine du *Hollandais Volant*.

Bill hésita. Il ne voulait pas répondre, de peur de ce qui pourrait arriver à William, mais son émotion était trop forte.

— Mon fils, dit-il. C'est mon fils ! répéta-t-il avec force.

Will se tourna lentement vers l'homme, au corps à moitié envahi par les bernicles, qui se dirigeait vers lui. Et il comprit que c'était vrai. Cet homme était son père... Jones observait d'un air froid les deux hommes.

— Cette coïncidence étonnante mise à part, dit-il

en s'adressant à Bill Turner, tu veux donc soustraire ton fils à la discipline du maître d'équipage ?

— C'est bien cela, répondit Bill.

Davy Jones eut un sourire méchant.

— Très bien. Maître d'équipage ? appela-t-il en faisant signe à l'homme de donner son fouet à Bill Turner.

— Capitaine ! protesta Jimmy Legs, qui devinait ce que le capitaine avait en tête.

— Maître d'équipage ! répliqua Davy Jones en donnant un grand coup de canne sur le pont. Je vous dis de donner votre fouet à M. Turner ! L'aîné.

Jimmy Legs désapprouvait cet acte de cruauté inutile, mais il s'inclina. Bill s'approcha et, la mort dans l'âme, il prit le fouet.

— Il mérite bien cinq coups, n'est-ce pas ? dit Jones en désignant Will d'un signe de la tête. Mais Bill ne parvenait plus à faire un geste. Il tenait le fouet dans sa main en le regardant fixement, comme s'il ne connaissait plus l'usage de cet objet.

— Je ne peux pas, murmura-t-il.

— Le chat est sorti du sac, monsieur Turner ! rugit Davy Jones. Votre rejeton en sentira la morsure, que ce soit des mains du maître d'équipage ou des vôtres !

Perdant patience, Davy Jones se tourna vers le maître d'équipage.

— Faites votre office !

Jimmy Legs s'approcha pour reprendre son fouet,

mais Bill le repoussa. Il fit signe aux hommes qui tenaient Will de lui enlever sa chemise, puis de le tourner pour qu'il présente son dos. Bill leva son fouet. Il adressa un dernier regard suppliant à Jones, mais le capitaine resta immobile et absent comme une statue de bronze. Alors, Bill abattit son bras.

Quelques instants plus tard, Will gagnait la cale du bateau en titubant.

— Je n'ai pas besoin de ton aide ! dit-il en repoussant son père qui lui avançait un banc pour qu'il s'assoie.

— Jimmy Legs se fait gloire d'arracher la chair à l'os à chaque coup, répondit Bill en soupirant.

Will ne releva pas. Il ne pouvait croire qu'après toutes ces années il parlait à son père et que celui-ci était devenu un monstre couvert de coquillages. À vrai dire, il ne l'avait jamais vraiment connu, puisque le bateau sur lequel il se trouvait pour le rejoindre avait été attaqué par des pirates. Mais Will connaissait son père par un portrait de lui qu'il avait contemplé pendant toute son enfance.

— Dois-je comprendre que tu as agi par compassion ? demanda le jeune homme.

Bill acquiesça, non sans constater avec une immense tristesse que Will fuyait son regard. Mais ce n'était pas à cause de son aspect extérieur, comme il le croyait. Will réalisait progressivement qu'il était le fils d'un pirate. C'était Jack Sparrow qui lui avait révélé que son père ne travaillait pas dans la marine marchande, contrairement à ce que sa mère lui avait toujours raconté. Maintenant, l'heure était venue de l'accepter.

— Je suis bien le fils de mon père, dit-il en regardant enfin Bill dans les yeux. Moi aussi j'ai agi par compassion : cela fait près d'un an maintenant que je me dis que je t'ai tué pour te sauver...

— Que tu m'as tué ? fit Bill sans comprendre.

— J'ai levé le sort qui pesait sur toi en versant quelques gouttes de mon sang sur le trésor des Aztèques. Je savais que tu en mourrais, mais je voulais que tu échappes au sort terrible auquel Barbossa t'avait condamné.

Bill regarda son fils d'un air perplexe.

— Qui donc est Barbossa ?

— Capitaine Barbossa ! précisa Will, la gorge serrée, en se demandant comment l'esprit de son père avait pu s'obscurcir au point de ne pas se souvenir de l'homme qui avait dirigé la mutinerie du *Black Pearl*. Celui qui t'abandonna pour l'éternité au fond de l'océan...

— Ah oui, c'est vrai ! fit Bill en se rappelant soudain.

Il secoua la tête.

— On oublie le mal qu'on nous a fait, ainsi que ceux qui nous l'ont fait. C'est le mal qu'on fait soi-même qu'on ne peut pas oublier. Tu méritais mieux que d'avoir un père qui ne ressemble même plus à un être humain.

Will serra les lèvres, ému jusqu'aux larmes.

Les yeux de Bill s'étaient embués aussi.

— C'est le cadeau de dupes qu'offre Jones ! expliqua-t-il. Tu acceptes son marché, tu rejoins l'équipage et tu t'imagines que tu as déjoué les puissances qui décident de ton destin. Mais ce que tu as obtenu n'est pas la liberté. Ce n'est que l'oubli, l'effacement. Tu te perds toi-même, petit à petit, morceau par morceau, pour finir comme le pauvre Wyvern que tu vois là.

Will suivit le regard de son père. Il sursauta. Se distinguant à peine de la coque du navire, il vit comme l'effigie sculptée d'un vieux marin.

— Une fois que l'on a fait serment au *Hollandais*, soupira Bill, on ne peut plus jamais le quitter. Pas tant que ta dette n'a été acquittée. Et quand ce jour arrive, il est trop tard ; tu n'es plus seulement lié au navire : tu en fais réellement partie...

Will blêmit. Tel était donc le sort que Davy Jones réservait à ceux qui entraient à son service ! Selon toute vraisemblance, son père se fondrait bientôt dans la coque, lui aussi. Une âme tourmentée de plus, dont le navire serait le tombeau.

— Pourquoi t'es-tu engagé, Will ? gémit le vieux Bill d'un air désolé.

— Je n'ai rien juré, se récria Will en secouant la tête.

Le visage de Bill s'illumina.

— Alors tu dois t'enfuir !

— Pas avant d'avoir trouvé cela, répondit Will en sortant de sa poche le morceau de tissu portant le dessin de la clef. Je cherche cette clef. Jack Sparrow la veut. Peut-être permettra-t-elle à l'équipage du *Hollandais Volant* d'échapper à son terrible destin...

Soudain, le vieux Wyvern se mit à bouger en s'arrachant un peu au bois de la coque.

— Le coffre de l'homme mort ! dit-il dans un râle.

Will s'approcha de lui vivement.

— Tu connais cela ? demanda-t-il en brandissant son morceau de toile.

— Si je connais quoi ? dit Wyvern.

— Ça ! La clef !

Mais le pauvre homme n'avait déjà plus l'air de savoir de quoi il était question.

— La clef pour ouvrir le coffre ! le pressa Will.

— Le coffre ? Ah, le coffre... Ouvre le coffre avec la clef, transperce le cœur et nous serons tous libres ! cria-t-il.

Mais il se contredit aussitôt :

— Non, ne transperce pas le cœur ! Sans le cœur vivant de Davy Jones, le navire sera sans capitaine. Et s'il n'a pas de capitaine, personne ne peut avoir la clef !

— Le capitaine a donc la clef ? demanda Will, embrouillé par les incohérences de Wyvern.

— Elle est cachée.

Ce furent les derniers mots de Wyvern, avant que le marin ne se fonde à nouveau dans la coque du navire. Mais l'espoir était revenu dans le cœur de Will. Il y avait peut-être vraiment un moyen de sauver son père.

— Si cette clef est à bord, intervint Bill, je ne l'ai jamais vue.

— Ce qui ne signifie pas qu'elle n'est pas là, répondit Will pensivement. Je dois absolument trouver un moyen de savoir si Jones la garde sur lui...

# 23

Élisabeth lança des coups d'œil furtifs autour d'elle. Personne en vue. Vite, elle gagna la coursive pour se cacher derrière l'escalier.

Après avoir vérifié une dernière fois qu'elle était seule, elle posa sur une marche les objets qu'elle avait subtilisés dans la cabine de Jack : un flacon d'encre et une plume d'oie. Pour finir, elle sortit de ses poches sa lettre de course, pliée en quatre, qu'elle étala devant elle. Trempant sa plume dans l'encre, elle s'apprêtait à écrire le nom de Will sur le document, quand quelqu'un le lui arracha brutalement des mains.

Élisabeth se retourna : Jack Sparrow se tenait

devant elle, un large sourire aux lèvres. Sans faire de commentaire, il s'éloigna en examinant le papier signé du Roi en personne. Pas plus qu'Élisabeth, le capitaine n'avait remarqué la présence discrète de Norrington, occupé à tresser en épissure l'extrémité d'une corde derrière un poteau. L'ancien commodore était tout oreilles.

— Comment osez-vous ? cria Élisabeth en rattrapant Jack. Rendez-moi ça ! Cela m'appartient !

— Tiens tiens, marmonna le capitaine. Une lettre de course. Une grâce complète ! Mais je croyais que ce document était pour moi...

Il s'attarda sur le nom du commanditaire.

— Lord Beckett. Ça me dit quelque chose... Ce ne serait pas l'homme qui en veut à mon compas, par hasard ? Je crois qu'on se connaît, d'ailleurs, lui et moi, ajouta Jack en jetant un coup d'œil rancunier sur le P tatoué sur son avant-bras.

— Pas le compas, dit Élisabeth. Le...

Elle s'interrompit. Elle ferait peut-être mieux de garder ses conclusions pour elle. Mais Jack la regardait dans les yeux, attendant la suite.

— Le coffre, dit-elle. Celui que l'on cherche aussi. Si le directeur de la Compagnie des Indes veut ce compas, c'est pour mettre la main dessus.

Derrière son poteau, Norrington suspendit un instant son travail d'épissure. Quelle information incroyable ! Cutler Beckett s'intéressait aussi à ce coffre de pirate ! Un coffre qui contiendrait le cœur vivant d'un personnage de légende : Davy Jones...

L'ancien commodore réfléchit rapidement. Que Davy Jones existe ou non, qu'il y ait un cœur ou non dans ce coffre, Cutler Beckett le voulait. Il devait donc le lui rapporter. En cas de réussite, c'était son honneur et sa position qu'il retrouverait.

— Ah vraiment ? fit Jack, étonné. Pourquoi ne m'en avez-vous pas parlé plus tôt ?

Élisabeth secoua la tête.

— Personne ne me l'a dit. C'est ce que j'ai compris, d'après la conversation que j'ai eue avec Beckett.

— Si la Compagnie des Indes s'empare de ce coffre, fit Jack pensivement, ils contrôleront l'océan. Comme je vous l'ai dit, celui qui possédera le cœur de Jones pourra le forcer à faire n'importe quoi. En l'occurrence, à couler n'importe quel navire...

— Et débarrasser les Caraïbes de ses pirates, ajouta Élisabeth.

Jack se racla la gorge.

— Cette lettre, dit-il, puis-je savoir comment vous vous l'êtes procurée ?

— Par la persuasion, dit seulement Élisabeth.

— Persuasion amicale ? s'enquit Jack avec un petit sourire.

— En aucune manière ! répondit sèchement Élisabeth.

Jack resta silencieux un moment.

— C'est tout de même troublant, dit-il. Votre fiancé passe un accord avec Beckett, en échange de cette lettre. Alors par quel tour de passe-passe se retrouve-t-elle donc entre vos mains ?

Élisabeth ne répondit pas. Il lui était un peu difficile d'avouer qu'elle avait agi sans l'accord de Will.

Jack examina à nouveau le document.

— Grâce complète ! lut-il en poussant un petit ricanement. Corsaire au service de l'Angleterre et de la Compagnie des Indes ! Quel honneur !

Secouant la tête, il fourra la lettre dans la poche de sa veste.

— Comme si j'étais à vendre ! gloussa-t-il. Et pour si peu...

— Jack ! dit Élisabeth en s'avançant vers le capitaine. Rendez-moi cette lettre...

— Persuadez-moi ! répliqua le capitaine avec un grand sourire.

Élisabeth commençait à perdre patience.

— Vous devriez savoir que Will m'a appris à me servir d'un sabre et d'un pistolet ! J'ai des arguments qui ne sont pas ceux auxquels vous pensez.

Jack sourit de plus belle, tandis qu'il tapotait tranquillement la lettre dans la poche de sa veste.

— Je vous l'ai dit, persuadez-moi...

Élisabeth s'avança vers le capitaine, prise d'une envie de... En fait, elle ne savait pas si c'était une envie de le gifler ou d'autre chose. Se détournant rapidement, elle s'éloigna, les pommettes toutes roses et un léger sourire flottant sur ses lèvres.

Au moment où Élisabeth passait près du poteau derrière lequel se cachait Norrington, son ancien fiancé surgit devant elle. Il ne pouvait plus se retenir de lui dire ce qu'il avait sur le cœur en voyant à quel point la jeune fille était troublée. Le sourire qui flottait sur son visage lui semblait être un véritable aveu, s'il en était besoin...

— C'est une chose étrange, dit-il en emboîtant le pas d'Élisabeth. Il fut un temps où j'aurais donné n'importe quoi pour que vous ayez cette expression en pensant à moi, ne serait-ce qu'une fois...

Élisabeth sortit brutalement de sa rêverie. Elle regarda Norrington.

— Je ne comprend pas ce que vous voulez dire, dit-elle.

— Ah, vraiment ? répliqua Norrington avec ironie.

Élisabeth leva un sourcil et, soudain, elle réalisa ce que l'ancien commodore insinuait. Elle eut un petit rire.

— Ne soyez pas stupide ! s'exclama-t-elle. J'ai confiance en Jack, c'est tout. Il n'y a rien de plus.

— Bien sûr, dit Norrington en hochant la tête d'un air entendu.

Et, là-dessus, il s'éloigna en laissant Élisabeth

encore plus rouge qu'avant. Mais, se ravisant, l'ancien commodore revint sur ses pas.

— Ne vous êtes-vous jamais demandé comment il se faisait que votre fiancé se soit retrouvé sur le *Hollandais Volant* ? lui lança-t-il.

Et, laissant Élisabeth méditer cette question, il quitta le pont.

Une fois que son ancien fiancé se fut éloigné, Élisabeth ressentit le besoin urgent d'aller au bastingage respirer l'air du large. James Norrington accusait Jack d'avoir délibérément envoyé Will à sa perte sur le *Hollandais Volant* ! C'était une accusation grave, mais elle se devait d'envisager cette possibilité froidement. Élisabeth savait que Jack n'était pas un ange, mais elle avait également la certitude qu'il ne lui nuirait jamais délibérément. Par ailleurs, elle savait qu'elle plaisait à Jack : il était inutile de se voiler la face. Se pouvait-il que Jack soit jaloux de Will ? Jaloux au point de tenter de se débarrasser de lui ?

Le vent qui fouettait le visage d'Élisabeth chassa bien vite ces mauvaises pensées que son ancien fiancé essayait de lui communiquer. Si James Norrington voyait le mal, c'est que le mal était en lui. Il voulait se venger ! À la fois d'elle, parce qu'elle lui avait autrefois préféré Will, et de Jack, à cause de qui il avait perdu son commandement en même temps que sa fiancée...

Élisabeth respira à pleins poumons l'air à la fois

vivifiant et tiède qui soufflait sur la mer des Caraïbes. Elle aimait le large. Au fond, elle était un peu comme Jack. Sa vie était de naviguer, d'aller à l'aventure. Et le *Black Pearl* était un navire si merveilleux ! Dès la première fois qu'elle l'avait aperçue, petite fille arrivant d'Angleterre, elle en était tombée amoureuse. Même s'il arborait pavillon pirate. Ou peut-être même à cause de ça !

Se retournant pour voir ce qui se passait sur le pont, Élisabeth aperçut le capitaine qui s'éloignait. Son attention se porta alors sur son compas, qu'elle venait de sortir machinalement de sa poche. L'aiguille pointait droit dans la direction que suivait le *Black Pearl*, c'est-à-dire là où se trouvait le coffre qui lui permettrait de sauver Will. Élisabeth jetait de nouveau un coup d'œil à Jack, quand elle s'aperçut que l'aiguille du compas se mettait à osciller. Que se passait-il donc ?

Soudain, l'aiguille s'arrêta. Élisabeth était interdite. Le compas indiquait une autre direction ! Élisabeth leva la tête et, comme elle suivait la direction de l'aiguille, son regard tomba pile sur Jack…

Refermant l'instrument avec un claquement sec, elle quitta le pont.

Élisabeth était bien loin de se douter que ses relations avec Jack Sparrow intéressaient également Lord Cutler Beckett. En ce moment même, le directeur de la Compagnie des Indes se tenait dans son grand bureau, en train d'observer avec satisfaction l'artisan qui, du bout de son pinceau, ajoutait un détail de choix à sa grande fresque murale : le *Black Pearl* avec ses voiles noires et déchirées. À présent, le fameux navire était là, dans son bureau, presque à sa merci...

Mercer était là, lui aussi, revenu de son périple sur les mers. Les deux hommes attendaient l'arrivée du gouverneur Swann.

Entendant des bruits de pas, ils se retournèrent. C'était bien le gouverneur qui entrait, encadré par deux gardes. Sans même saluer son prisonnier, Beckett désigna le bateau fraîchement peint sur le mur.

— Les hommes prétendent qu'ils sont attirés par la mer ! commença-t-il avec emphase. Dans leurs poèmes et dans leurs chants, ils célèbrent sa beauté et sa grandeur !

Il se retourna vers Swann.

— Et pourtant, la mer n'a jamais été l'amie de l'homme. Encore aujourd'hui, notre empire s'arrête là où elle commence.

Le gouverneur lui renvoya un sourire las.

— Ne vous fatiguez pas inutilement pour moi à enrober vos ambitions dans du beau langage, dit-il.

Dissimulant son irritation, Beckett se dirigea vers son bureau pour y prendre un sabre somptueusement ouvragé.

— Voilà un objet bien curieux, dit-il en manipulant l'arme. C'est presque un objet historique.

L'épée du commodore Norrington en personne !

— Rendue avec son commandement, commenta Swann.

— Et vous n'avez toujours pas nommé son successeur ! enchaîna Beckett, ravi de la perche que lui tendait involontairement le gouverneur. Je comprends. Votre aptitude à assurer votre fonction est compromise par les récentes nouvelles...

— Quelles nouvelles ? s'exclama Swann, dont le cœur se mit à battre à grands coups.

La peur qu'il ne soit arrivé quelque chose à sa fille le submergeait. Il ignorait totalement où elle pouvait se trouver. La sachant débrouillarde, il espérait seulement qu'elle avait rejoint Will. Beckett fit signe à Mercer de prendre la parole. Le gouverneur sentit un frisson courir le long de sa colonne vertébrale. Il savait que ce Mercer était capable de tout, y compris d'assassiner un innocent.

— Élisabeth a été vue à Tortuga, dit-il en regardant Swann dans les yeux.

— Seigneur Dieu ! s'écria le gouverneur. Est-ce qu'elle va bien ?

Il se tut, réalisant soudain ce que l'homme venait de dire.

— À Tortuga ? Ce repaire de brigands !

— C'est bien cela : Tortuga, confirma Mercer.

Qu'elle a quitté à bord du *Black Pearl*, en compagnie du pirate notoire Jack Sparrow...

Swann ferma les yeux de douleur. Ce n'était certes pas le nom qu'il aurait voulu entendre. Beckett laissa passer quelques instants, le temps que la nouvelle pénètre bien jusqu'à la moelle du gouverneur.

— Nous hésitons sur le parti à prendre, déclara Beckett d'un ton badin. Se trouver au large avec des pirates : c'est une situation bien périlleuse pour une jeune fille !

Swann avait déjà compris où l'homme voulait en venir. Il ne voyait pas d'autre solution que de céder.

— Je renonce à mon poste de gouverneur, dit-il. En votre faveur ou en faveur de celui que vous désignerez. Vous êtes un misérable.

Beckett eut l'air surpris.

— Comme vous me jugez mal ! Contrairement à ce que vous pensez, il m'agrée que vous restiez gouverneur...

Swann ne répondit pas, attendant la suite. Il était évident que l'homme avait un autre plan derrière la tête. Un plan encore plus machiavélique.

Le gouverneur ne se trompait pas.

— Vous continuerez à informer la cour, comme à votre habitude, reprit Beckett. Je vous demande seulement de donner à ces informations un caractère, disons, plus avantageux pour moi...

Swann devait s'avouer battu. Sa seule carte était

son amitié à la cour et il l'avait mal jouée. Il aurait dû faire part sans attendre au Roi des derniers événements. Maintenant, la lettre qu'il lui avait écrite n'arriverait jamais et il était trop tard. Ce que voulait Beckett était pire que tout : falsifier la vérité.

— Faites votre possible pour sauver ma fille, dit-il seulement.

— Je vais envoyer tous nos navires dans la région et prévenir les commandants, répondit Mercer.

Beckett approuva, tandis que le gouverneur s'effondrait dans un fauteuil.

— Vous voyez, Mercer, dit Beckett avec un petit sourire, il existe pour chaque homme un prix qu'il accepte de payer avec joie... Même si c'est pour quelque chose qu'il espérait ne jamais avoir à vendre.

# 24

Quand Will remonta sur le pont du *Hollandais Volant*, le navire filait tout seul et les hommes prenaient un peu de repos. Un petit groupe jouait aux dés menteurs dans un coin sur un tonneau.

Se plaçant un peu en retrait, Will les observa en essayant de comprendre le jeu. Apparemment, chaque joueur disposait d'un godet et de quatre dés. Après avoir secoué leurs dés, les hommes abattaient leur godet puis, tout en dissimulant aux autres ce qui était sorti, ils faisaient des annonces tour à tour en renchérissant chaque fois, jusqu'à ce que quelqu'un traite l'autre de menteur. Le jeu consistait à parier sur ce que cachaient les godets des autres joueurs, à partir de ce qu'on avait tiré soi-même. Ainsi, si vous aviez déjà trois fois le trois dans votre jeu, vous pouviez raisonnablement parier qu'il y en avait quatre sous l'ensemble des godets. La difficulté étant d'annoncer le nombre le plus élevé possible sans se faire traiter de menteur. Et, inversement, de traiter un autre joueur de menteur sans prendre trop de risque. Dans un roulement sonore, les joueurs secouèrent leurs godets, puis les retournèrent. L'un des participants était Maccus et les deux autres répondaient aux noms de Kolenico et de Clacker.

— Je mise dix ans, dit Maccus avec fièvre.

— Moi aussi, fit Kolenico.

— Pareil, dit Clacker.

Soulevant leurs godets, les trois hommes jetèrent discrètement un coup d'œil sur leur jeu.

— Je dis trois six, dit Koleniko.

— Trois six aussi, continua Clacker.

— Quatre cinq, renchérit Maccus.

— Menteur ! cria Kolenico.

Les hommes découvrirent leurs godets.

— Il n'y en a que trois ! s'écria Kolenico d'un ton triomphal. Tu as perdu.

Maccus poussa un juron. Il avait joué trop gros. Tandis que les joueurs lançaient à nouveau leurs dés pour une nouvelle partie, Bill se glissa près de Will.

— Mais que misent-ils donc ? demanda le jeune homme à son père.

— La seule chose que nous possédions encore, soupira Bill. Des années de servitude.

— A-t-on le droit de défier au jeu n'importe quel homme d'équipage ?

— Oui. C'est la règle.

Will réfléchissait. Son cœur s'était accéléré et une petite sueur froide apparaissait à la racine de ses cheveux.

— Alors si c'est le cas, je défie Davy Jones ! clama-t-il d'une voix claire et sonore.

Sur le pont, tous les hommes se retournèrent, ébahis. Presque au même moment, Davy Jones apparut. Les hommes d'équipage s'écartèrent de lui pour lui faire place.

— J'accepte, dit-il seulement.

William et le capitaine du *Hollandais Volant* s'assirent face à face autour du tonneau, chacun muni de ses dés et de son godet. Un silence total était tombé sur le pont et les hommes s'étaient rassemblés en cercle autour d'eux.

— Je mise tout ce que je possède, annonça Will.

— Moi, je ne joue que si on parie ce que l'on a de plus cher au cœur, répondit Jones. Si les joueurs ne prennent pas réellement un risque, on ne peut pas voir s'ils bluffent. Ce qu'un homme est disposé à risquer ou à ne pas risquer est à la mesure de son âme !

— Je mise cent années de servitude, précisa Will.

— En échange de ta liberté ? demanda Jones.

— En échange de la liberté de mon père.

— Non ! se récria Bill.

— C'est d'accord, acquiesça Jones.

Will nota que le capitaine du *Hollandais Volant* ne prenait aucun risque, malgré ses grandes déclarations. Que perdait-il, s'il échouait ? Un homme d'équipage, rien de plus. Mais il ne releva pas, son premier objectif étant d'obtenir la liberté de son père.

Les deux hommes secouèrent leurs dés, puis abattirent leurs godets sur le tonneau, avant de jeter un coup d'œil sur leur jeu.

— Deux trois ! paria Will.

— Tu es dans une situation désespérée, remarqua Jones. Ce ne peut être qu'à cause d'une femme. Je parie trois trois.

— Il n'y a aucune raison de désespérer à cause d'une femme, rétorqua Will. Il suffit de bien la choisir. Trois quatre.

Jones sembla surpris.

— Ça me revient, maintenant ! C'est bien toi qui espères te marier ? Mais ton Destin sera d'épouser ce navire !

— Je choisis moi-même mon Destin, répliqua Will.

— Si cela était, ce ne serait pas un Destin, répondit Jones. Trois cinq.

— Cinq six, renchérit Will.

Jones regarda le jeune homme, stupéfait. C'était

un pari démentiel. Il l'examina attentivement pour essayer de voir s'il bluffait. Il lui semblait que non...

— Six six, monta le capitaine.

— Menteur ! cria Will.

Will découvrit ses dés. À la stupéfaction de l'équipage, il n'avait aucun six. Un silence de mort était tombé. Aucun homme n'osait parler ni bouger le petit doigt.

— Bien joué, maître Turner ! dit Jones en se levant pour quitter le jeu. Votre père est libre.

Will l'arrêta.

— Une autre partie ! dit-il.

Bill regarda son fils, le souffle coupé. Jones n'était pas moins abasourdi.

— Attention, mon garçon, prévint Jones, on ne peut battre le diable deux fois de suite !

— Alors pourquoi quittez-vous le jeu ? demanda Will.

La barbe de Jones s'enroula furieusement. Il n'aimait pas qu'on le défie.

— Quelles sont les mises ? demanda-t-il en s'asseyant à nouveau.

— Je joue mon âme, répondit Will. Une éternité de servitude.

— Contre quoi ? fit Jones.

— Qu'avez-vous dit au sujet de ce qui est le plus cher au cœur d'un homme ? lança Will.

Il marqua une pause.

— Je veux la clef.

Un frémissement parcourut Jones. Il s'attendait à tout, sauf à ça.

— Qui t'a parlé de la clef ? rugit-il.

— Je pense que cette question ne fait pas partie du jeu, répondit froidement Will. Fourrant sa main dans sa poche, il en retira la pièce de toile qui portait le dessin de la clef. Jones gronda. Ses tentacules prirent la teinte violet sombre des nuits d'orage. On n'avait encore jamais rien vu de tel. Puis, l'un d'eux se glissa dans sa chemise et en ressortit avec la clef. Celle-ci pendait à une chaîne que Jones portait autour du cou. Désormais, Will savait où elle était cachée.

S'efforçant de ne pas montrer sa satisfaction, le jeune homme retourna son godet en même temps que celui de Jones. Mais au même moment, un autre godet s'abattit. C'était celui de Bill Turner.

— J'entre dans le jeu, dit-il. Ainsi que les règles l'autorisent...

Will devint d'une pâleur de mort.

— Non ! Ne fais pas ça.

Mais Bill fit comme s'il n'avait rien entendu. Il jeta un coup d'œil sur son jeu.

— Je mise une éternité à ton service, dit-il à Jones. Et je parie trois deux.

— Quatre trois, renchérit Davy Jones.

Will se mordit les lèvres. L'enjeu était trop gros, maintenant que son père jouait. Si c'était lui qui perdait, il serait forcé de rejoindre l'équipage de Jones, mais au moins son père resterait-il libre, sans compter qu'il trouverait bien un moyen d'échapper à Jones. Mais si c'était son père qui perdait, celui-ci resterait lié à jamais au navire : Bill n'était déjà plus que l'ombre d'un être humain.

Will jeta un coup d'œil sous son godet.

— Cinq trois, dit-il d'une voix légèrement tremblante.

— Six trois, continua Bill.

— Sept six, paria Jones.

Will se crispa.

— Huit six, annonça-t-il en hésitant.

Jones se tourna vers Bill, attendant qu'il parle. Normalement, il devrait traiter son rejeton de menteur. L'irritation gagna le capitaine. Les dés étaient pipés dans ce jeu où le père protégeait son fils et inversement ! Jamais ce cas de figure ne s'était présenté sur ce navire où la règle était chacun pour soi, du moins en ce qui concernait le jeu.

Bill regarda Davy Jones avec un petit sourire ironique.

— Douze six ! dit-il.

Jones le foudroya du regard.

— Soit vous me traitez de menteur, dit Bill sèchement, soit vous renchérissez.

Jones remit sa clef dans son col en hochant la tête.

— Bien joué. Tu es malin. C'est toi que je suis obligé de battre et non ton fils.

Il se leva.

— Bill le Bottier, déclara-t-il, tu es un menteur et tu passeras une éternité à mon service sur ce navire ! Quant à toi, Will Turner, fit-il en se tournant vers le jeune homme, tu es libre d'aller à terre. À notre prochaine escale...

Dans un grand rire, Davy Jones quitta la table et, l'instant suivant, il avait disparu. Le père et le fils se regardèrent. Will était livide.

— Pourquoi as-tu fait cela ? demanda-t-il d'une voix éraillée.

Bill inclina sa tête fatiguée.

— Je ne pouvais pas te laisser perdre.

— Il ne s'agissait pas de gagner ou de perdre, soupira Will.

Bill regarda son fils fixement pendant un moment, puis soudain, il comprit.

— La clef !

— Oui, la clef, fit Will en hochant la tête lourdement.

Au moins, il savait où elle se trouvait maintenant.

# 25

Bill était de quart, cette nuit-là. La lune se levait, projetant dans le ciel une lueur blanche, que le vieux marin contemplait. Il ne lui restait plus que ça : le ciel. C'était ce qui donnait un peu de couleur à sa vie, de nuance à cette éternité sans espoir. Quant à la mer, il la détestait, à présent. Il suffisait qu'il regarde cette masse violente et compacte pour sentir sur ses épaules le poids de cette chape de plomb qui l'avait écrasé, quand Barbossa l'avait jeté par-dessus bord et qu'il s'était noyé sans mourir. Là, sur le plancher de l'océan, sous des centaines de mètres d'eau, chaque seconde passée avait été une éternité, une éternité de ténèbres, car aucune lumière ne perce la nuit des abysses, si ce n'est celle que produisent certains poissons monstrueux. Oui, le poids de la mer avait été si lourd sur ses épaules et sur sa tête que Bill en avait presque perdu la mémoire, comme son fils l'avait constaté avec tristesse. Mais, étrangement, Bill n'avait jamais oublié ce fils, presque inconnu, mais si cher à son cœur. Pas un instant, ni au fond de l'eau, ni sur le *Hollandais Volant*, son image ne l'avait quitté. Et c'est parce qu'il avait rêvé continuellement en imagination une vie où ils auraient été ensemble, qu'il avait pu résister à la torture.

Soudain, le vieil homme s'arracha à ses songes. Là, à quelques encablures, se détachant dans la clarté de la lune, il voyait un gros vaisseau aux voiles blanches qui s'approchait... Le cœur de Bill s'accéléra. En quelques instants, il fut dans le dortoir, où il tira son fils de son hamac en lui mettant sa main sur la bouche pour éviter qu'il ne crie. Puis, tous deux gagnèrent le pont.

— Regarde ! dit Bill.

En silence, le père et le fils contemplèrent le navire.

— Tu n'as pas fait donner l'alarme, remarqua Will.

— Non. C'est l'occasion que j'attendais. Je suis de quart jusqu'à l'aube. Davy Jones a dit qu'il te libérerait à la prochaine escale, mais il ne peut aller à terre que tous les dix ans.

Will hocha la tête.

— D'accord. Prépare une chaloupe et attends-moi. J'ai quelque chose à faire avant de partir. Ce ne sera pas long, ajouta Will avant de se diriger vers la cabine du capitaine.

La porte de la cabine du capitaine du *Hollandais Volant* s'ouvrit en grinçant. Will s'immobilisa, puis il soupira de soulagement. Il entendait Davy Jones ronfler. Tout doucement, il se glissa à l'intérieur de la pièce et referma la porte.

Will eut un haut-le-cœur en entrant. L'odeur qui régnait dans la cabine de Davy Jones était épouvantable : on aurait dit que du poisson pourrissait là depuis des semaines... Comme ses yeux s'accoutumaient à l'obscurité – en même temps qu'il s'habituait un peu à cette odeur – il vit que le capitaine n'était pas dans son hamac. Will se retourna. Davy Jones était assis devant son orgue, étalé en travers du clavier, bras et jambes écartés. Sa canne était tombée par terre. Il avait dû s'endormir en jouant.

Will considéra quelques instants l'abominable personnage dans cette curieuse position d'abandon. Dans son sommeil, Davy Jones semblait un peu plus humain. Il était endormi sur son orgue, comme un enfant sur son ours en peluche. Cet instrument semblait être devenu sa seule consolation, sans compter évidemment toutes les atrocités qu'il commettait et la vie affreuse qu'il imposait à son équipage. Davy

Jones se vengeait de la vie, ce qui ne semblait pas le rendre heureux pour autant.

Ayant rassemblé son courage, Will s'avançait vers le capitaine quand, soudain, une des pinces de crabe de la main gauche de Jones enfonça une touche du clavier. Au même instant, comble de malchance, le navire tangua, si bien que le pied de Davy Jones appuya sur la pédale qui actionnait la soufflerie de l'orgue. Une longue note tenue traversa la cabine comme un coup de sifflet...

Will attendit, en retenant son souffle. Le capitaine ne bougeait pas. Cela devait se produire couramment dans son sommeil. Will examina la situation. Elle n'était pas des plus favorables. Le bras de Jones se trouvait en travers de sa poitrine, de sorte que Will devait le soulever s'il voulait prendre la clef.

C'est ce qu'il entreprit de faire, le plus délicatement qu'il put, mais quand la pince du capitaine du *Hollandais Volant* quitta la touche qu'il tenait appuyée et que le silence se fit dans la cabine, il frémit et commença à s'agiter, prêt à se réveiller.

Vite, Will réappuya sur la touche. Aussitôt, le capitaine se remit à respirer paisiblement... et Will aussi. Le seul problème était qu'il allait devoir procéder avec une seule main maintenant. Le doigt toujours enfoncé sur la touche, Will écarta de son autre main les tentacules qui pendaient sur la poitrine de Jones. Il eut une grimace de dégoût. Le contact de ces appendices visqueux était répugnant. Mais tout allait bien, les tentacules ne bougeaient pas. Apparemment, ils dormaient comme le capitaine... Alors, glissant sa main sous la chemise de Davy Jones, Will en sortit la chaîne. La clef était bien là. Il l'avait presque ! Will la détacha en un tournemain. Son cœur battait à grands coups dans sa poitrine, tant il ne pouvait croire à sa chance : il avait la clef, la fameuse clef !

C'est alors que l'un des tentacules de la barbe de Davy Jones se réveilla. Il se tendit, ondula un peu, puis prestement, s'allongea et s'enroula autour de la clef que Will tenait. Celui-ci tira, mais le tentacule ne voulait plus lâcher prise. Une lutte s'engagea : Will contre ce tentacule qui semblait doué d'une vie propre !

Soudain, il eut une idée. Mais pour cela, il fallait qu'il prenne dans sa poche son morceau de tissu portant le dessin de la clef. Or, ses deux mains étaient prises et il n'avait pas de tentacules, lui ! Il fallait donc qu'il lâche quelque chose et comme ce ne pouvait être la clef, ce serait donc la touche du clavier. Tout doucement, Will relâcha la pression de son doigt, tout en continuant de son autre main à défendre la clef contre le tentacule.

L'orgue se tut et Will resta sans bouger. La gorge sèche, il regardait le capitaine. Celui-ci continuait à dormir comme un bébé. Prenant le morceau d'étoffe dans sa poche, Will le tendit au tentacule, qui s'en saisit immédiatement en lâchant la clef puis, comme s'il était satisfait d'avoir quelque chose à tenir, l'appendice revint tranquillement à sa place dans la barbe de Jones. Une seconde plus tard, Will tenait la clef.

En moins de temps qu'il ne faut pour le dire, il était sorti de la cabine et avait rejoint son père au bastingage. La chaloupe était à la mer et le navire aux voiles blanches était toujours là.

— Tu viens avec moi ! dit Will à son père en montrant la chaloupe du menton.

— Ce n'est pas possible...

— Au diable ton serment, viens avec moi !

Le vieux marin secoua encore la tête.

— Tu ne comprends pas. Je fais partie de ce bateau, à présent. Je ne peux plus le quitter. Est-ce que tu me vois en train de revenir dans le monde, tel que je suis devenu ?

Le père et le fils se regardèrent longuement. Avec une infinie tristesse, Will vit que son père s'était encore un peu plus encroûté de bernicles en quelques heures.

— Prends ça, dit Bill en tendant à son fils un couteau noir qu'il prit à sa ceinture. Je te le réserve depuis toujours.

Will regarda son père, les larmes aux yeux.

— Je te sortirai de là, je te le promets.

— Non, dit Bill d'une voix presque violente. Ne reviens pas pour cette âme qui ne vaut plus rien.

— Tu es toujours mon père.

Il voulut le prendre dans ses bras, mais Bill le repoussa.

— Ne reviens plus jamais sur ce navire. Je croiserai le fer avec toi pour t'en empêcher s'il le faut !

Et là-dessus, il se détourna et s'éloigna. Will attendit, espérant qu'il reviendrait sur ses pas, mais le vieux marin s'enfonça dans l'ombre. Le cœur lourd, Will descendit dans la chaloupe. Il s'éloignait déjà du *Hollandais Volant* quand Bill retourna au bastingage, juste à temps pour voir son fils disparaître sur les eaux noires.

Quand le petit matin arriva, Bill était endormi sur le pont. Il ne se réveilla même pas quand la cloche de la relève de quart sonna et qu'un des hommes arriva pour le remplacer.

— Debout, avant que le capitaine ne te voie ! dit-il au vieux pirate en lui donnant de grands coups de botte.

Ayant jeté un coup d'œil par-dessus le bastingage, l'étonnement se peignit sur ses traits. Il apercevait les voiles blanches d'un gros navire, à moins d'une encablure du *Hollandais*.

— Tous à vos postes ! beugla-t-il. Navire à quart tribord !

Immédiatement, Davy Jones apparut sur le pont. Il lança un regard perçant en direction du bateau. C'était un navire marchand et il pouvait même voir son nom : l'*Edinburgh Trader*. Davy Jones n'avait rien à craindre de ce bateau – comme de n'importe quel bateau – mais il détestait être surpris.

— Qui a pris le quart la nuit dernière ? tonna-t-il en se retournant d'un air terrible.

Comme un seul homme, l'équipage poussa Bill en avant. Jones considéra implacablement Bill le Bottier, tandis que ses tentacules se tordaient furieusement comme les cheveux de la Gorgone.

— Explique-toi, Bill, gronda-t-il en frappant le pont de sa canne. Tu laisses passer un navire sans réagir ?

— Je vous demande bien pardon, mon capitaine, se mit à bredouiller Bill. Je me suis endormi. Bien pardon. Ça n'arrivera plus...

— Amenez-moi son fils ! ordonna Jones.

— Il n'est pas à bord, monsieur, répondit un des hommes. Et l'une de nos chaloupes manque.

Cette fois, Jones comprit.

— Tu ne perds donc pas espoir, Bill ! grinça-t-il avec une ironie mordante. Le poisson au bout de la ligne continue de lutter, même s'il est déjà dans la poêle ! Aurais-tu douté de ma parole quand j'ai dit qu'on libérerait ton fils à la prochaine escale ?

Bill baissa la tête sans répondre.

C'est alors que Davy Jones se raidit. Qu'avait-il dit ? Un poisson au bout de la ligne ? Mais à propos, il lui semblait qu'il manquait quelque chose sous sa chemise, au bout de sa chaîne... Saisi d'une angoisse sans nom, Davy Jones tira vivement sa chaîne. Celle-ci vint trop facilement : la clef n'était plus là. Au même moment, le regard du capitaine tomba sur le morceau de tissu qu'un de ses tentacules tenait encore serré.

Le vertige s'empara de Davy Jones. Celui qui lui avait pris la clef pouvait ouvrir le coffre qui contenait son cœur. Autrement dit, il avait pouvoir de vie ou de mort sur lui. Pour la première fois depuis bien longtemps, le capitaine du *Hollandais Volant* n'était plus le plus fort. Il n'était plus invincible. C'était pire que ça : quelqu'un voulait sa peau.

Davy Jones regarda vers l'horizon. Il savait que c'était William Turner qui lui avait pris sa clef, mais il savait aussi que quelqu'un d'autre était derrière tout ça. Quelqu'un qui avait manigancé toute l'opération. Quelqu'un qui lui avait envoyé Will Turner, sous prétexte de lui rembourser sa dette !

— Jack Sparrow ! clama-t-il dans la nuit. Capitaine Jack Sparrow !

# 26

À présent, Will se trouvait en sécurité dans la cabine du capitaine de l'*Edinburgh Trader*. Il se blottit dans la couverture qu'on lui avait donnée, serrant son bol de soupe chaude entre ses mains. Will se sentait revivre ! Ce court trajet dans la chaloupe l'avait glacé de froid, à moins que ce ne soit la terreur à retardement de ce qu'il avait vécu sur ce vaisseau cauchemardesque qu'il laissait derrière lui.

Mais le capitaine Bellamy, son quartier-maître et son intendant regardaient avec méfiance ce naufragé sorti de nulle part. Il faut dire que depuis quelque temps il se produisait des choses étranges...

— C'est tout de même peu ordinaire de rencontrer une chaloupe si loin de la terre ! s'exclama Bellamy.

Will regarda longuement l'homme. Son visage rond et lourd ne dénotait pas une intelligence des plus aiguës.

— Mettez le plus de lieues possibles entre nous et cette chaloupe, déclara-t-il. Et le plus vite possible, si je peux me permettre un conseil !

— Devons-nous fuir quelque chose ? s'enquit Bellamy.

Will se demandait ce qu'il allait bien pouvoir répondre, quand ses yeux tombèrent sur la robe de mariée d'Élisabeth, jetée en chiffon sur la chaise du bureau du capitaine. L'ahurissement se peignit sur ses traits.

— Cette robe, où l'avez-vous trouvée ? s'écria-t-il.

Le capitaine Bellamy se gratta la tête.

— Voilà une autre chose étrange, dit-il. On l'a trouvée à bord. Je peux vous dire que ça a fait sensation sur l'équipage. Ils se sont imaginé que c'était un esprit qui apportait un mauvais présage. Mais, en fait, cette robe nous a plutôt porté chance. L'esprit nous a dit d'aller à Tortuga et nous y avons réalisé un beau petit bénéfice... hors registre.

— Cette robe appartient à Élisabeth Swann, déclara Will.

— Pas possible ! intervint le quartier-maître. La fille du gouverneur ! Alors, en ce cas, vous êtes...

— Will Turner, dit William. Ma fiancée se trouve-t-elle à bord ?

— Il n'y a aucune fille de gouverneur à bord de mon navire, monsieur Turner, répondit Bellamy.

L'intendant se racla la gorge.

— L'un de nos marins, dit-il, un tout jeune homme, mince et effacé, nous a quittés à Tortuga...

— Oui ! renchérit le quartier-maître. Je me souviens que ce jeune homme, qui n'avait pas dit un mot de la traversée – à tel point qu'on l'avait cru muet –, s'est mis, une fois arrivé à Tortuga, à demander à tout le monde s'ils avaient vu un certain William Turner...

Will fit courir ses doigts sur l'étoffe blanche et sourit. Élisabeth s'était donc échappée de prison et elle avait réussi à gagner Tortuga, où elle pensait le retrouver. Elle avait dû être bien déçue. Où était-elle partie ensuite ? Serait-elle restée à Tortuga ? Non, elle n'avait rien à y faire. Will espérait qu'il ne lui était rien arrivé dans ce repaire de brigands, bien qu'il crût Élisabeth de taille à affronter n'importe qui. En tout cas, le fait de la savoir déguisée en matelot était rassurant.

Les trois hommes tournèrent la tête. Un matelot venait d'entrer en trombe dans la cabine.

— Mon capitaine ! Navire en vue !

— Quel pavillon ? demanda Bellamy.

— Il n'en porte aucun, monsieur, répondit le marin.

— Les pirates ! dit Bellamy en regardant Will.

— Ou pire, murmura Will.

Se débarrassant de sa couverture, il sortit à toutes jambes de la cabine. Gagnant le pont principal, il se saisit d'un hauban et grimpa en quelques secondes toute la hauteur de la mâture jusqu'au nid-de-pie. Will scruta l'horizon. Malgré l'obscurité qui régnait, il reconnut sans hésiter l'énorme bâtiment fantomatique qui s'approchait d'eux : c'était le *Hollandais Volant*.

— Ils vont tous périr à cause de moi, murmura-t-il avec accablement.

À peine avait-il fini de parler, que l'*Edinburgh Trader* s'arrêta net dans sa course. Le choc fut si brutal que Will faillit tomber.

— Sainte Mère de Dieu ! s'exclama le maître d'équipage. Que se passe-t-il ?

— On a dû heurter un récif, répondit le quartier-maître. Les navires ne s'arrêtent pas d'eux-mêmes...

Essayant d'apercevoir ce qui avait bien pu stopper le vaisseau, le capitaine Bellamy regarda par-dessus le bastingage. La mer semblait déserte.

— Libérez le gouvernail ! commanda-t-il. Bâbord toute, puis tribord toute, puis rebâbord toute !

Les ordres furent exécutés, tandis que ceux qui ne participaient pas à la manœuvre allumaient lanternes et flambeaux, avant de se précipiter pour regarder par-dessus le bastingage, à côté du capitaine. Soudain, on entendit comme le sifflement d'un fouet.

— Mon capitaine, cria le quartier-maître en s'avançant, nous avons perdu le contrôle du...

Mais l'homme écarquilla les yeux. Le capitaine n'était plus là. Tout l'équipage leva les yeux, stupéfait. Devant eux, surgissant de l'eau, un immense tentacule se dressait dans les airs. On distinguait à son extrémité une silhouette humaine. En y regardant mieux, il devint clair que c'était celle du capitaine Bellamy ! L'homme hurlait à pleins poumons. Il hurla jusqu'à ce que le monstre, abattant violemment son bras monstrueux, ne l'écrase sur l'eau comme un moucheron.

— Le Kraken ! hurla l'équipage, tétanisé.

Mais une fois réglé son compte au capitaine, le Kraken n'en avait pas fini. En réalité, il n'en était qu'au début de son œuvre de carnage. Glissant ses immenses tentacules sur le pont du bateau, il balaya les hommes comme des pions et brisa d'un revers toutes les chaloupes. On aurait dit qu'une certaine logique guidait le monstre, ou du moins qu'il suivait une certaine stratégie, car sans chaloupes, les marins n'avaient plus aucun moyen de s'enfuir et d'en réchapper.

Dans le silence qui suivit l'attaque, l'intendant, qui était un des rares hommes à ne pas avoir été jeté à l'eau, se précipita au bastingage et s'adressa au Kraken, dont le corps énorme émergeait en partie des flots, près de la coque du bateau. Malgré les révélations de Will, il savait bien, lui, ce qu'il avait vu : il y avait un esprit insatisfait qui réclamait son dû ! Si insatisfait qu'il s'était métamorphosé en monstre...

— Elle est là ! cria-t-il au Kraken en brandissant la robe de mariée d'Élisabeth. Prends-la, prends-la !

Le Kraken n'eut même pas besoin de le faire taire. Dans sa frénésie, l'homme dérapa sur le pont et, après une longue glissade, il passa par-dessus bord.

Will était un autre des rares survivants de l'attaque du Kraken. Caché derrière une voile, il essayait de ne pas perdre la tête et de comprendre la stratégie de la créature. Il remarqua soudain qu'un de ses tentacules était en train de s'enrouler autour du mât principal. Le but du monstre était sûrement de faire levier pour faire chavirer le navire.

D'un bond, Will monta au mât et, avec le couteau que lui avait donné son père, il trancha les haubans qui le maintenaient. Tandis que le mât commençait à osciller, il coupa les cordages qui retenaient les voiles et, dans un bruit de tonnerre, celui-ci s'effondra. L'impact du choc fut tel que Will fut projeté par-dessus bord.

Une fois sous l'eau, il ouvrit les yeux et se figea de terreur. Le Kraken se trouvait à quelques mètres de lui. Mais Will ne chercha pas à s'enfuir. Il savait qu'il valait mieux ne pas bouger pour ne pas attirer son attention. Il fallait seulement espérer que le monstre s'en aille vite, car il commençait déjà à suffoquer. Le jeune homme se demandait comment pareille créature pouvait exister. Il avait déjà entendu parler de calmars géants, mais celui-là dépassait de loin tous ceux qu'on lui avait décrits. C'était une bête qui devait peser plusieurs dizaines de tonnes et rien que son corps luisant et visqueux mesurait une dizaine de mètres de longueur et au moins trois de large. Malgré sa taille et son poids, l'animal se déplaçait à la vitesse de l'éclair, comme Will put le constater, non sans un certain soulagement : il repartait déjà à l'attaque. Nageant vers la surface, Will sortit sa tête de l'eau. Le Kraken était en train d'enrouler un de ses tentacules autour du gouvernail. Will frémit. Il apercevait les yeux de la bête, qu'il n'avait pas vus dans l'eau, parce que le monstre marin lui tournait le dos. C'étaient des yeux géants, translucides et sans regard, grands comme plusieurs circonférences de tonneaux, c'est-à-dire de près de deux mètres de diamètre...

Grâce à sa prise sur le gouvernail, le Kraken se hissa sur le navire et, appuyant de tout son poids, le fit basculer sur tribord. Dans un nuage d'écume, de débris de bois et de flammes projetées par les lanternes et les flambeaux qui striaient la nuit comme des fusées, l'*Edinburgh Trader* fut brisé en deux, tandis que le Kraken l'entraînait déjà dans les profondeurs. Will resta sidéré par l'horreur du spectacle. Il fallait vraiment débarrasser l'univers de ces deux monstres, Davy Jones et le Kraken. Soudain, il aperçut une chaloupe qui avait réussi à s'échapper. Elle était chargée d'hommes qui ramaient désespérément. Will pria de toutes ses forces pour que le Kraken ne la remarque pas, mais les tentacules du monstre sortirent de l'eau et s'abattirent sur la chaloupe en la pulvérisant...

Du pont de son navire, Davy Jones avait observé la scène avec satisfaction. Il suivit un instant des yeux avec curiosité une robe de mariée qui flottait sur l'eau, avant de se retourner vers le pont de son navire. Une demi-douzaine de survivants étaient alignés à genoux. Parmi eux, se trouvaient l'intendant et le quartier-maître du malheureux vaisseau marchand. Davy Jones s'approcha, examinant les visages l'un après l'autre, puis il gronda de dépit. Will Turner n'était pas parmi eux.

— On a repêché six hommes, annonça Maccus.

— Où est le fils Turner ? tonna Jones en regardant la rangée de marins terrorisés. Et où est la clef ?

Le maître d'équipage secoua la tête.

— Aucune trace de Will Turner, dit-il. La mer a dû l'engloutir.

— Je SUIS la mer ! beugla Jones avec fureur.

Il passa rapidement en revue la rangée de rescapés. En fait, ces hommes ne l'intéressaient pas. Ce n'était pas pour damner quelques âmes de plus qu'il avait lancé cette attaque.

— Qu'on les jette à la mer ! ordonna-t-il.

Tandis que Barbeverte balançait les hommes par-dessus bord, le capitaine se mit à arpenter le pont en long et en large. Soudain, il se planta devant son équipage, qu'il considéra d'un air sombre. Il les aurait bien envoyés rejoindre les bas-fonds, s'il n'avait encore eu besoin d'eux. Il n'avait même pas encore décidé du sort de Bill Turner. En fait, si : il voulait lui offrir le spectacle de son fils en train de mourir. Dommage que, pour le moment, il y ait un contretemps...

— Le coffre n'est plus en sûreté ! gronda Davy Jones. Hissez toute la toile, on cingle jusqu'à l'île des Quatre Vents !

— Il ne trouvera pas le coffre, assura Kolenico en s'approchant du capitaine.

Davy Jones réfréna son irritation.

— Il a bien trouvé la clef ! répliqua-t-il.

Le capitaine du *Hollandais Volant* savait qu'il devait absolument arriver à l'île des Quatre Vents avant Will Turner ou Jack. En principe, ni l'un ni l'autre ne savait que le coffre était enfoui sur cette île, mais avec des finauds pareils, il fallait s'attendre au pire.

— Débrouillez-vous pour que nous soyons les premiers ! hurla-t-il à ses hommes d'équipage. Ou alors, vous me le paierez cher...

Davy Jones se trompait sur toute la ligne. Non seulement Jack Sparrow, à l'heure qu'il était, était tout proche de l'île des Quatre Vents, mais encore Will Turner savait également à présent que le coffre contenant le cœur du capitaine du *Hollandais Volant* se trouvait sur cette petite île. Dissimulé à moins de deux mètres au-dessous de l'endroit où Davy Jones fulminait, il n'avait pas perdu un mot de ce que le capitaine avait dit. Will était mouillé et frigorifié, mais vivant, et il entendait bien le rester. Personne ne l'avait vu escalader la proue du bateau et se glisser dans le creux de sa coque...

Se recroquevillant sur lui-même, le jeune homme se prépara au trajet. Il se sentait plein d'espoir. Il avait survécu au Kraken, on le conduisait au coffre et il avait la clef en poche.

# 27

Sur le *Black Pearl*, l'ennemi juré de Davy Jones se posait des questions. Une bouteille à la main, il s'approcha d'Élisabeth qui, accoudée au bastingage, regardait la mer. Jack avait remarqué que la jeune femme l'évitait depuis leur conversation à propos de la lettre de course.

— Élisabeth, est-ce que ça va ? lui demanda-t-il avec un large sourire. Tout baigne ?

D'un mouvement vif, Élisabeth s'écarta de Jack. Mais celui-ci ne se laissa pas démonter. Il revint à la charge.

— Mon sens bien connu de la psychologie féminine me dit que quelque chose ne tourne pas rond, fit-il avec toute la galanterie dont il était capable.

Élisabeth laissa échapper un soupir. Prenant au capitaine sa bouteille de rhum, elle en but une grande rasade. Jack la regarda faire, très étonné. Cette jeune personne avait vraiment le don de le surprendre.

— J'étais en train de penser que je devrais déjà être mariée, dit Élisabeth tristement. Je suis plus que prête à être mariée ! ajouta-t-elle avec un accent poignant.

Jack sourit aimablement.

— Le mariage est quelque chose d'épatant : c'est à qui cessera le premier d'être amoureux...

Élisabeth tourna les talons, mais Jack la rattrapa.

— Vous savez, je suis capitaine de navire, dit-il. J'ai le droit de prononcer un mariage à mon bord. Là, sur le pont, tout de suite, si vous voulez !

— Non merci, répondit Élisabeth.

Jack posa la main sur le bras de la jeune femme.

— Et pourquoi pas ? lui demanda-t-il, tout sourires. Reconnaissez-le, on se ressemble beaucoup, vous et moi. Moi et vous...

— Sauf pour disons... un certain sens de la moralité et de l'honneur, répliqua Élisabeth. Et aussi de la propreté ! fit-elle sévèrement en regardant Jack de haut en bas.

Jack considéra sa personne avec étonnement. En réalité, il trouvait qu'il avait un certain chic dans son genre négligé. Sans en avoir l'air, il faisait attention à sa mise. Élisabeth disait sûrement cela parce qu'il n'avait plus son chapeau... Il est vrai qu'il avait perdu une partie de son charme, depuis que ce satané macaque avait envoyé celui-ci à la mer.

— Broutilles que tout cela ! dit-il. Un jour, vous serez comme moi. Je le sais.

Un sourire échappa à Élisabeth.

— Vous avez l'air bien sûr de vous...

Jack opina de la tête.

— Je vous en donne ma parole, mon cœur. Vous êtes comme moi : le goût de l'aventure vous anime. Plus que ça : la curiosité vous dévore.

Jack se rapprocha d'Élisabeth, si près que ses cheveux touchèrent presque les siens.

— Vous aspirez à être libre, dit-il. À faire ce que vous voulez, quand vous le voulez et à votre manière, juste parce que vous l'avez décidé. Vous avez envie de voir l'effet que ça fait. Un jour, conclut-il en plongeant son regard dans le sien, vous ne pourrez plus résister. Vous irez plus loin. Beaucoup plus loin.

Élisabeth se recula, un peu effrayée. Elle repensait au compas qui, l'espace d'un moment, avait désigné Jack comme s'il était ce qu'elle désirait le plus au monde. Après quoi, tout était heureusement rentré dans l'ordre.

— À propos, dit-elle. Votre compas ne marche

pas toujours très bien. Savez-vous pourquoi ? Jack ouvrit de grands yeux.

— Mon compas marche très bien !

Élisabeth n'insista pas. Elle avait peut-être rêvé... Elle regarda le capitaine en souriant. Elle ne pouvait nier qu'elle l'aimait bien, même avec son haleine qui empestait le rhum et sa façon de se moquer toujours du monde. C'était peut-être ce qu'avait voulu dire le compas. Qu'il y avait comme une certaine affinité entre eux...

— Parce que nous sommes semblables, vous et moi, reprit Élisabeth en employant les mots de Jack, il viendra un moment où vous aurez l'occasion de le prouver : en vous montrant digne de la situation.

Le visage de Jack s'illumina.

— Je raffole de ce genre de moments dont vous parlez ! J'adore leur faire un petit coucou quand ils passent devant moi !

Élisabeth ignora la plaisanterie.

— Vous aurez l'occasion de faire quelque chose de courageux, poursuivit-elle. Et à ce moment-là, vous découvrirez quelque chose...

— Quelque chose ? répéta Jack en fixant Élisabeth avec de grands yeux, comme s'il ne pouvait absolument pas s'imaginer de quoi elle voulait parler.

— Ce que vous découvrirez est que vous êtes un homme bien, acheva Élisabeth.

Jack arbora un grand sourire.

— Il y a de nombreuses preuves du contraire, pourtant !

— J'ai foi en vous, insista Élisabeth. Savez-vous pourquoi ?

— Dites donc, ma douce.

Élisabeth regarda Jack en savourant d'avance chaque mot qu'elle allait prononcer. Elle savait bien que Jack était amoureux d'elle et elle reconnaissait aussi qu'elle n'était pas insensible à son charme, même si c'était Will qu'elle aimait.

Elle se rapprocha du capitaine.

— La curiosité vous dévore ! dit-elle. Vous aurez envie de voir ce que ça fait, d'être noble et héroïque. Vous aurez envie d'être admiré pour cela… et d'en recevoir la récompense. Vous ne pourrez pas résister. Vous aurez besoin de savoir quel goût ça a…

Jack ferma presque les yeux, pris de vertige.

— J'ai besoin de savoir tout de suite quel goût ça a, murmura-t-il.

— Mais puisque vous êtes un homme bien, vous ne ferez jamais rien qui serait déshonorant pour moi, précisa Élisabeth doucement.

Élisabeth et Jack se touchaient presque. Jack devait lutter contre son désir d'embrasser la jeune femme. Il leva la main pour lui caresser les cheveux et c'est alors que ses yeux s'agrandirent d'horreur. La tache noire était en train de revenir sur la paume de sa main ! La peur saisit Jack à la gorge. Il s'éloigna en virevoltant, de manière à cacher sa main à

Élisabeth. Qu'avait-il donc bien pu se passer pour que Davy Jones lance de nouveau son monstre à sa poursuite ? Les trois jours convenus ne s'étaient pourtant pas encore écoulés ! Élisabeth hocha la tête.

— Je suis fière de vous, Jack, dit-elle.

Le capitaine lui sourit faiblement. C'est à ce moment-là qu'un cri venu du nid-de-pie résonna au-dessus d'eux :

— Terre. Terre en vue !

Jack se précipita au bastingage. Il aperçut une langue de sable à l'horizon. C'était la petite île des Quatre Vents. Il scruta l'eau, releva les yeux, regarda encore l'île. Ils y seraient dans peu de temps, mais il n'en fallait pas plus au Kraken pour frapper.

— Je veux mon pot de terre, dit-il pitoyablement.

# 28

Le capitaine Jack Sparrow s'assit dans la chaloupe en serrant contre lui son pot de terre comme un enfant effrayé. En face de lui, se tenaient Élisabeth et Norrington. Tous deux s'efforçaient de ne pas montrer au capitaine qu'ils jugeaient son comportement parfaitement ridicule. En dehors de Pintel et de Ragetti qui tenaient les rames, le reste de l'équipage était resté sur le *Black Pearl*, sous la surveillance de Gibbs. Les deux rameurs se rapprochaient de l'île des Quatre Vents en essayant de rester synchronisés, ce qui n'était pas une mince affaire...

— Tu tires trop fort sur ta rame ! grogna Pintel, exaspéré.

— Eh bien toi, tu ne tires pas assez fort, répliqua Ragetti. On n'a pas envie de se faire rattraper par le Kraken !

À l'évocation du nom du monstre, Jack se ratatina au fond de la chaloupe.

— Je garde ma force pour quand la créature viendra, rétorqua Pintel. Et à propos, je ne pense pas qu'on dise Kra-ken. J'ai toujours entendu prononcer Kro-ken.

Jack se ratatina encore un peu plus sur lui-même.

— Qu'est-ce que tu racontes ? s'écria Ragetti en tirant de plus belle sur sa rame. On dirait que tu prends le mot « Croque » et que tu rajoutes « en ». Or, c'est plutôt « Craque » – « en », si tu veux aller par là...

Pintel leva les yeux au ciel.

— Eh bien si Croque ne te va pas, Craque c'est encore bien pire, à mon avis ! Je ne veux surtout pas penser à ça quand je le prononce... Avant de croquer, ça craque et ça, c'est mauvais signe !

Ragetti pouffa de rire.

— C'est une créature mythologique et j'ai bien le droit de l'appeler comme je veux !

Pintel se retenait de donner un coup sur la tête de son copain borgne.

— Si elle est si mit'logique que ça, pourquoi que tu tires si fort sur ta rame ? lança-t-il avec hargne.

Au moment où il prononçait ces mots, une petite éclaboussure se produisit juste à côté d'eux. Jack poussa un gémissement, Élisabeth et Norrington se regardèrent d'un air étonné et les deux pirates se mirent brusquement à ramer beaucoup plus vite en se synchronisant parfaitement. Après tout, ils discuteraient plus tard !

Quand enfin ils atteignirent le rivage, Jack sauta à terre avec soulagement. Pour un peu, il aurait embrassé le sol ! Puis, le capitaine enleva sa veste, non sans en avoir tâté la poche pendant qu'Élisabeth ne le regardait pas, afin de vérifier que sa lettre de course s'y trouvait toujours. Après quoi, il roula sa veste et la plaça dans la chaloupe, à côté de sa jarre, avant de prendre une pelle, qu'il se mit fièrement sur l'épaule. Il semblait rassuré.

— Gardez le bateau, ordonna-t-il à Pintel et Ragetti. Et prenez gare à la marée. C'est bien compris ?

Le capitaine se demandait s'il pouvait faire confiance à ces deux pitres mais, après tout, c'étaient quand même les deux seuls hommes de l'équipe de Barbossa qui avaient réussi à survivre, sans compter qu'ils s'étaient évadés de Port Royal et qu'ils n'avaient pas, comme d'autres, commis la bêtise d'aller visiter l'île des Cannibales...

Les deux pirates acquiescèrent gravement.

Le trio se mit en marche. À quelques centaines de mètres d'eux, surgissant de la petite végétation très vivace qui couvrait le sol de l'île, derrière la plage, ils aperçurent une vieille église en ruine construite sur une éminence, à côté d'un moulin abandonné.

— Je ne m'attendais pas à ce que des gens habitent ici, observa Norrington.

— Mais il n'y a personne ! répliqua Élisabeth, qui marchait à ses côtés.

— Vous connaissez cet endroit ? demanda Norrington, étonné.

— J'en ai entendu parler. Toutes ces îles, vous savez comme moi qu'elles étaient peuplées à l'origine par les Indiens Arawaks. Mais depuis la fin du XVIe siècle, il n'y a plus personne. Les missionnaires espagnols sont passés par là ! Ils sont arrivés sur l'île des Quatre Vents, comme sur beaucoup d'autres, et ils y ont apporté le salut... mais aussi la maladie et la mort. Toutes ces populations étaient sans défense contre des maladies inconnues chez eux. On dit que le prêtre de cette île a dû enterrer tous les habitants, les uns après les autres.

Élisabeth fit une pause, avant d'ajouter :

— Ça l'a rendu fou et il s'est pendu.

Norrington jeta un coup d'œil sur Jack qui les rejoignait.

— Mieux vaut être fou avec les autres que sain d'esprit et tout seul ! marmonna-t-il.

Élisabeth regarda l'ancien commodore d'un air

soucieux. Norrington avait tellement changé depuis leur première rencontre ! Cet homme cynique n'était plus le commodore qu'elle avait connu autrefois.

Même s'il lui avait assuré qu'il méritait son sort, on sentait chez lui une profonde amertume. C'était inquiétant. On ne pouvait pas savoir ce qu'il mijotait. Pour le moment, il semblait se tenir à carreau, mais Élisabeth n'était pas sûre de ce qu'il avait derrière la tête.

— On ne fraternise pas avec les membres d'équipage ! grogna Jack en tendant le compas à Élisabeth.

Sans prendre la peine de répondre, celle-ci s'empara de la boîte, qu'elle tint dans ses mains quelques instants en se concentrant sur ce qu'elle désirait le plus au monde. L'aiguille se mit à osciller.

— Par là, indiqua-t-elle.

Les deux hommes sur ses talons, elle se mit à remonter la plage en tenant son compas qu'elle consultait de temps à autre pour voir si elle était toujours dans la bonne direction.

— C'est étrange ! lança-t-elle en s'arrêtant soudain.

— Quoi donc ? demanda Jack.

Élisabeth ne répondit pas. Elle se remit à avancer, les yeux fixés sur le compas. Mais, après avoir parcouru quelques mètres, elle fit demi-tour et retourna à l'endroit d'où elle était partie. Élisabeth haussa les sourcils. L'aiguille avait de nouveau pivoté, pour indiquer la direction opposée !

Sous les yeux perplexes des deux hommes, la jeune femme effectua ainsi plusieurs allers et retours. Dès qu'elle arrivait à l'endroit où se trouvaient Jack et Norrington, l'aiguille tournait sur elle-même.

— Mais c'est insensé ! s'écria-t-elle, prête à jeter l'instrument dans le sable. Quand je vous disais qu'il ne marchait pas bien, ce compas !

Elle s'avança vers le capitaine, prise de colère.

— Je suis venue avec vous pour retrouver Will, pas pour battre la campagne à la recherche d'un coffret !

Jack regarda tranquillement Élisabeth.

— Qu'est-ce qui ne va pas ?

— Ce compas est détraqué ! Mais vraiment complètement détraqué. Dès que j'arrive à cet endroit, c'est-à-dire là où nous sommes, l'aiguille s'inverse.

Elle montra le compas à Jack, qui étudia l'instrument en fronçant les sourcils. Élisabeth se laissa tomber sur le sable.

— J'en ai assez ! dit-elle. Ce compas ne montre pas ce qu'on désire le plus au monde...

— Bien au contraire ! répliqua Jack en se retenant de rire. Vous êtes assise dessus.

— Je vous demande pardon ?

— Poussez-vous !

— Je vous demande pardon ?

— Poussez-vous de là, je vous dis !

Sans attendre, Jack écarta Élisabeth sans ménagements. Alors, enfonçant sa pelle énergiquement dans le sable, il se mit à creuser, sous le regard de la jeune femme, qui comprenait enfin. À ses côtés, Norrington se jeta à quatre pattes pour creuser directement avec ses mains. Élisabeth l'observait en fronçant les sourcils. Il semblait bien pressé de trouver le coffre !

Au même instant, le *Hollandais Volant*, après avoir contourné l'île sans voir le *Black Pearl*, s'apprêtait à passer le cap qui lui cachait la plage, où Pintel et Ragetti attendaient sagement. Davy Jones commanda d'amener les voiles. Un instant plus tard, il se tenait sur le pont de son navire, en train d'observer l'île avec sa longue-vue. Il venait d'apercevoir une chaloupe montée au sec et gardée par deux hommes. L'un d'eux essayait de faire tenir en équilibre trois noix de coco sur sa tête... Davy Jones les observa quelques instants, médusé. Ainsi il y avait donc encore des hommes qui s'amusaient sur cette terre !

Lentement, le capitaine abaissa sa lunette. Ces hommes faisaient partie de l'équipage de Jack, il le savait.

— Ils sont là ! gronda-t-il en frappant le pont de sa canne. Et moi qui ne peux mettre pied à terre pendant encore près de dix ans !

Maccus s'avança vers lui.

— Nous feras-tu confiance pour agir à ta place ?

— Je vous fais confiance pour savoir ce qui vous attend si vous échouez ! rugit Jones. Immergez le navire !

Quelques instants plus tard, l'écume envahissait le pont, tandis que la proue du *Hollandais Volant* s'enfonçait dans la mer bleue et transparente. Bien campé sur ses deux jambes, Davy Jones ne bougeait pas, indifférent aux vagues qui le recouvrirent très rapidement. En quelques instants, le vaisseau avait entièrement disparu sous la surface de la mer, avec son équipage d'hommes poissons, hommes coquillages, hommes algues, têtes de corail, faces de poulpe, monstres mi-humains mi-marins... Il poursuivit sa course sous l'eau, toutes voiles déployées, bien qu'il eût plutôt fallu parler de nageoires, à présent. Énorme monstre marin, le navire avançait en faisant fuir sur son passage des myriades de poissons multicolores. Le bateau se rapprocha de l'île des Quatre Vents en remontant la pente de la plage. Il progressait lentement, pour ne pas trahir sa présence par des vagues.

Davy Jones se dressait toujours sur le pont, ses tentacules ondulant dans le courant. Le capitaine du *Hollandais Volant* apercevait déjà le sable blond, mais il savait qu'il n'aurait pas le bonheur de le fouler. Il allait faire arrêter le bateau dans quelques instants et laisserait les hommes achever leur trajet à pied. S'il posait pied à terre, son cœur cesserait de battre dans le coffret. Davy Jones songea un instant à son cœur vivant et à tous ces souvenirs qu'il avait voulu enfermer dans un coffre, mais qui ne cessaient de le poursuivre.

Soudain, Pintel et Ragetti se regardèrent. Puis, ils regardèrent de nouveau l'eau et se regardèrent encore.

— Voyons-nous ce que nous voyons ? demanda Pintel.

— Nous voyons des remous, et qui dit remous dit un quelque chose qui produit des remous...

Pintel acquiesça et, bondissant sur leurs pieds, les deux pirates abandonnèrent la chaloupe pour courir à toutes jambes alerter les autres.

# 29

Soudain, la pelle de Jack heurta quelque chose de dur. Le capitaine, Élisabeth et Norrington sursautèrent. Se penchant, Jack balaya le sable avec sa main et une surface lisse et noire apparut. Le coffre : ils l'avaient trouvé !

Cinq minutes plus tard, la malle était hissée hors du trou. Les deux hommes et Élisabeth se regardèrent : un si grand coffre juste pour un cœur ! Rien ne semblait vraisemblable dans cette histoire, et pourtant, ils avaient bel et bien trouvé un coffre à l'endroit indiqué par le compas. Prenant sa pelle, Jack brisa d'un coup sec le cadenas qui le fermait.

Puis, il se laissa tomber à genoux sur le sable et, le cœur battant, souleva le couvercle.

La première chose que Jack, Élisabeth et Norrington virent, ce fut une robe blanche de mariée. Plongeant sa main dans le coffre, Jack en retira le vêtement et le déposa à côté de lui. Suivit ensuite tout un désordre d'objets hétéroclites : une conque, des fleurs séchées, un collier de perles blanches dont le fermoir était cassé, des mouchoirs de dentelle et puis, surtout, des lettres, des lettres, des lettres. Il s'agissait de lettres d'amour, selon toute apparence. Une passion qui avait mal tourné... Jack fourrageait dans tous ces souvenirs en écartant fébrilement les objets les uns après les autres. Quand, soudain, il se figea. Il venait de mettre la main sur un coffret.

Le capitaine voulut le prendre pour le regarder de plus près, mais ce coffret était incroyablement lourd, malgré ses petites dimensions. Il était aussi lourd qu'un coffre-fort. Jack dut le prendre à deux mains pour le sortir du grand coffre. Le capitaine hocha la tête : c'était donc un coffre dans un coffre qu'il lui fallait ouvrir avec une clef.

Élisabeth, Jack et Norrington fixaient, médusés, l'objet bizarre que Jack tenait dans ses mains. Cette boîte en bois d'un poids inexplicable, solidement cerclée de fer, richement travaillée de motifs de démons et munie d'un énorme cadenas incrusté de perles, dont la forme évoquait une tête de diable, ressemblait tout à fait à ce qu'ils cherchaient... Mais de là à penser qu'il y avait un véritable cœur vivant à l'intérieur !

Soudain, tous trois sursautèrent en même temps. Ils venaient d'entendre un battement sourd et profond provenant de l'intérieur du coffret...

Sans échanger un mot, Jack et Élisabeth rapprochèrent leurs oreilles de la boîte, tandis que Norrington se mettait prudemment à l'écart.

Un autre coup résonna, lent et grave.

Élisabeth recula d'un bond, terrifiée.

— Il y a quelque chose de vivant là-dedans ! balbutia-t-elle. Vous disiez bien la vérité, Jack !

Le capitaine soupira bruyamment :

— Cela m'arrive plus souvent qu'on ne croit.

— Que faisons-nous ? demanda Élisabeth avec fébrilité. On l'ouvre tout de suite ?

Jack considéra le coffret. Il pouvait sentir son pouvoir maléfique suinter à travers le bois. Il comprenait qu'il ne pourrait pas ouvrir son cadenas d'un coup de pelle, comme celui du coffre.

— Seule la clef peut l'ouvrir, dit-il avec regret.

— Tu vas donc être obligé de le reposer, Jack ! lui répondit alors quelqu'un derrière lui.

Élisabeth se retourna. Elle n'en crut pas ses yeux. Will était devant elle, comme s'il s'était matérialisé par magie. Elle cligna des yeux... Mais non, elle ne rêvait pas. Will était là, tout dégoulinant d'eau. Il venait d'arriver en nageant d'on ne sait où !

Mais le regard de Will allait de Jack à Élisabeth.

— Écarte-toi de lui ! dit-il à sa fiancée.

— Will ! s'écria Élisabeth en se précipitant vers lui.

Le jeune homme serra sa fiancée dans ses bras, mais sans cesser une seconde de surveiller Jack.

Celui-ci déposa le coffret à terre. Il se dandinait d'un pied sur l'autre, légèrement embarrassé.

— Comme es-tu arrivé ici ? lança-t-il.

— Grâce aux tortues de mer, camarade ! répondit Will. Il y en avait deux, que j'ai attachées à mes pieds avec les poils de mon dos.

Jack se força à rire.

— C'est pas commode, n'est-ce pas ? dit-il.

Will remarqua alors la présence d'un deuxième homme, d'aspect négligé, qui se tenait un peu plus loin, à l'ombre d'un palmier. Ses yeux s'agrandirent en reconnaissant lentement son ancien rival. Celui-ci rejoignit le groupe.

— Commodore... ! Pourquoi pas ? fit-il en hochant la tête avec perplexité. Vous vous êtes donc tous alliés à cette fripouille de Jack Sparrow ?

Norrington eut un sourire ambigu, tout en adressant un signe à Élisabeth.

— Le capitaine ne faisait qu'essayer de vous sauver la vie, n'est-ce pas ? dit-il d'un ton lourd de sous-entendus.

— Ah vraiment ? s'exclama Will en se tournant vers Jack. Tu t'occupais d'Élisabeth, Jack ? C'est très bien et je t'en suis reconnaissant ! Mais il est vrai que je te dois des remerciements, moi aussi. J'ai retrouvé mon père, grâce à toi, après que tu m'as traîtreusement envoyé sur le navire de Davy Jones pour acquitter ta dette à ta place !

Jack se racla la gorge.

— Ce n'est rien, ça me faisait plaisir de te rendre service, dit-il.

Élisabeth se tourna vers Will, bouleversée par la nouvelle. Elle savait que la disparition de son père avait toujours été une grande souffrance pour son fiancé.

— Ton père... tu l'as retrouvé ! Est-ce qu'il va bien ?

Will hocha la tête.

— Il est vivant mais, malheureusement, un contrat abominable le lie à Davy Jones. Il est piégé. Je lui ai promis que je le sortirais de là, ajouta-t-il, après quelques instants.

Élisabeth se retourna ensuite vers Jack en le fusillant du regard.

— Alors tout ce que vous m'avez dit était donc faux !

— Il faut tenir compte des circonstances, ne pas perdre de vue la configuration générale des événements, répondit Jack en regardant rêveusement dans le ciel un oiseau imaginaire.

Tenant Élisabeth par la main, Will s'avança vers le coffret posé sur le sable et s'agenouilla devant. Il écouta un instant et pâlit, lui aussi, en entendant les battements sourds que produisait le cœur de Jones, enfermé à l'intérieur. Ça faisait vraiment froid dans le dos. Quand il repensait à cet abominable personnage ! Ce monstre de cruauté ! Son cœur ne devait pas être beau à voir...

— Il est étrange que nous nous retrouvions du même bord, toi et moi, dit-il en regardant Jack. En ennemis de Davy Jones... Mais, au diable ! Ouvrons le coffret et débarrassons-nous de ce monstre !

Jack dévisagea Will avec étonnement.

— Il reste le problème de la clef, non ?

En guise de réponse, Will sourit puis, plongeant sa main sous sa chemise, il en sortit une chaîne à laquelle une clef était accrochée. Will la fit tournoyer au bout de son doigt. Jack écarquilla les yeux. Il était très impressionné.

— Magnifique ! s'exclama-t-il. Tu as donc réussi ! Allez, je te donne le compas et tu me donnes la clef, comme convenu !

II avança la main. Will allait lui donner sa clef, quand il la reprit au dernier moment.

— Non, finalement, dit-il. Je préfère m'en occuper moi-même... Allez, recule ! fit-il en prenant à sa ceinture le couteau que lui avait donné son père.

— Qu'est-ce que tu veux faire ? interrogea Jack en fronçant les sourcils.

— Tuer Jones, répondit Will. Que veux-tu faire d'autre ?

Cette fois, Jack avait vraiment l'air très inquiet.

Il se dressa devant le coffre pour le défendre.

— Je vais peut-être vous dire quelque chose qui va vous étonner, commença-t-il en regardant ses interlocuteurs, mais je pense qu'il vaut mieux ne pas ouvrir le coffre, là, tout de suite...

Élisabeth regarda Jack sans comprendre.

— Vous disiez bien pourtant que vous vouliez la mort de Davy Jones, non ?

Jack soupira.

— Les temps changent, dit-il. Et parfois étonnamment vite !

Et disant cela, il jeta un coup d'œil d'homme traqué à la tache noire sur sa main. Mais Will secoua la tête.

— Non, dit-il. Je veux libérer mon père de sa vie de tourments. Je le lui ai promis. Et moi, je tiens mes promesses !

Jack se toucha la poitrine, comme si Will venait de lui enfoncer son couteau dans le cœur.

— Ce qui voudrait dire que moi, je devrais renoncer à jamais à voguer sur les mers ? Non, je ne te laisserai pas faire ça, Will. Si Jones meurt, qui rappellera son molosse de la chasse ? Allez, donne-moi cette clef !

— J'ai fait une promesse à mon père, répéta Will. Sans compter que tuer Jones épargnera à des centaines de marins un sort qui est pire que la mort.

Grâce à toi, j'ai pu voir ce que c'était... Il faut y mettre un terme.

Sur ces mots, il se pencha pour s'emparer du coffre, non sans avoir emprunté au passage l'épée que possédait Élisabeth.

— On ouvre le coffre et on lui transperce le cœur ! décréta-t-il.

Jack dégaina son sabre à son tour.

— Je ne te laisserai pas faire ça !

— Moi non plus ! renchérit Norrington qui, à la surprise générale, dégaina son sabre qu'il pointa contre Will.

Celui-ci se dépêcha de repasser la chaîne de la clef autour de son cou.

— James ? fit Élisabeth, en quête d'une explication.

— Je savais bien que tu finirais par voir les choses comme moi, camarade ! s'exclama Jack, enchanté par ce revirement aussi soudain qu'inattendu de la situation.

Mais Norrington retourna alors son sabre vers Jack en révélant son intention véritable.

— Il semblerait que Lord Cutler Beckett, de la Compagnie des Indes, désire vivement entrer en possession de ce coffre, commença-t-il. Or, j'ai l'intention de le lui apporter...

Jack considéra Norrington avec une grimace amusée.

— Je ne crois pas que tu sois en état de menacer

qui que ce soit ! glousse-t-il. Ne trouves-tu pas qu'il a l'air lamentable, ce vieux commodore ? lança-t-il à Will.

Sans daigner répondre à Jack, celui-ci se tourna vers Norrington.

— Restez en dehors de cette histoire, s'il vous plaît !

L'ancien commodore leva un sourcil ironique.

— J'aurais pu vous en dire autant, Will Turner, à une certaine époque ! J'ai une chance de réparer le désastre de ma vie, dit-il en s'adressant à Élisabeth, et je ne la laisserai pas échapper.

Les trois hommes se ruèrent l'un sur l'autre exactement au même moment.

— Will, cria Jack tout en parant le coup de son adversaire, empêchons-le de partir avec le coffre. Fais-moi confiance !

Will s'immobilisa une fraction de seconde. Tant d'audace le laissait pantois. Il aurait fallu qu'il croie Jack !

— Tu as plus de raison de te méfier de lui que de moi, insista Jack.

— Ne l'écoutez pas ! cria Norrington en allongeant un coup de sabre vers le capitaine. La seule chose qui l'intéresse, c'est d'avoir Élisabeth.

Jack ricana.

— Ça s'appelle voir la paille qui est dans l'œil de son prochain et ne pas voir la poutre qui est dans le sien...

Il contra un coup de Norrington qui, complètement survolté, en envoya aussitôt un autre à Will qui cabriola en l'air pour éviter de se faire embrocher, avant de retomber dans le sable. Le commodore avait un sourire étincelant. Il attendait ce moment depuis si longtemps : William Turner et Jack Sparrow au bout de sa lame !

Élisabeth se précipita vers son fiancé.

— Tu vas bien ? lui demanda-t-elle avec inquiétude.

— Oui, dit Will en pressant la main de la jeune femme. Surveille le coffre, ça vaut mieux !

Élisabeth acquiesça en l'aidant à se relever. À peine était-il debout que les deux autres étaient déjà sur lui.

Agenouillée près du coffret, Élisabeth suivait la bataille avec angoisse, mais son attention était de plus en plus souvent attirée par les battements de cœur qu'elle entendait à côté d'elle, résonnant dans la boîte avec une régularité infernale. Elle n'avait jamais vu Davy Jones, mais elle sentait profondément qu'il était un monstre de méchanceté. Sans s'en rendre compte, Élisabeth se mit à attendre chacun de ces battements avec une horreur croissante. Elle avait l'impression que le capitaine du *Hollandais Volant* était réellement présent et qu'il allait se matérialiser à côté d'elle. Tout était possible, avec cette magie vaudou qui frayait avec les démons. Il fallait vraiment que Will transperce ce cœur maléfique…

En proie à ces impressions effrayantes, Élisabeth commençait à observer la bataille d'un autre œil. Il lui semblait que les trois hommes ne savaient même plus pourquoi ils se battaient. Leurs lames s'entrechoquaient et fendaient l'air avec la même rapidité et la même adresse. Aussi bons bretteurs les uns que les autres, ils en décousaient sur le sable blanc en une danse élégante d'engagements et de retraits, de feintes et d'esquives… Voulaient-ils vraiment verser leur sang ? Ou jouaient-ils à la guerre, comme quand ils étaient petits ? Élisabeth avait le sentiment que l'on aurait pu régler ce problème sans en venir aux mains. Ce qu'il y avait dans ce coffre était si dangereux qu'il aurait fallu réunir ses forces plutôt que s'entretuer… À quelques mètres de là, Pintel et Ragetti se disaient à peu près la même chose. Ils venaient d'arriver sur les lieux du combat et, cachés derrière un bouquet de palmiers, regardaient la scène d'un air perplexe.

— Comment est-ce que ça a pu dérailler à ce point-là ? demanda Pintel.

— Et William Turner, d'où vient-il ? répondit Ragetti. Tu crois que les remous, c'était lui et pas le Kraken ?

Pintel leva les yeux au ciel.

— Les remous, c'était après qu'il est arrivé, puisqu'on ne l'a pas vu passer avant…

— Avant quoi ?

Pintel ne daigna pas répondre. Il regardait le coffre fixement.

— Chacun veut le coffre pour lui, c'est pour ça qu'ils se battent ! Will Turner, c'est à cause de son père. M. Norrington, c'est parce qu'il espère récupérer un peu d'honneur dans cette affaire. Quant à ce vieux Jack, c'est un peu plus dur de voir où il veut en venir, comme toujours, mais je crois bien que son plan, c'est de se servir du coffre de Jones pour se débarrasser du Kraken.

— Ce sacré coffre doit valoir plus cher qu'un sou neuf, répondit Pintel, pensif. Si nous avions un tant soit peu de dignité, nous écarterions cette tentation de leur chemin...

Après s'être lancé un regard de côté, les deux pirates commencèrent à glisser au ras du sol en direction de l'objet de leur convoitise.

Tandis qu'ils avançaient, Élisabeth avait abandonné passagèrement sa garde auprès du coffret. Non seulement, elle ne supportait plus d'entendre les battements de cœur de Davy Jones, mais elle commençait en plus à s'inquiéter pour Will, qui perdait du terrain. Malheureusement, elle n'avait pas d'épée pour l'aider, puisque Will avait pris la sienne.

— Arrêtez ! cria Élisabeth en se lançant vers les combattants. Vous vous comportez comme des sauvages ! Ce n'est pas ainsi que des hommes adultes règlent leurs affaires...

Mais les trois bretteurs ne firent même pas attention à elle. D'ailleurs, ils semblaient même avoir complètement oublié l'existence du coffret... En désespoir de cause, Élisabeth se laissa tomber sur le sable et fit semblant de s'évanouir. Cette tactique avait eu jadis un certain effet pour sauver Jack de la potence...

Elle resta immobile le plus longtemps qu'elle put puis, exaspérée, ouvrit les yeux. Ce fut juste à temps pour apercevoir Pintel et Ragetti qui s'enfuyaient avec le coffre !

Bondissant sur ses pieds, Élisabeth hésita un instant. Est-ce qu'elle alertait Will ou est-ce qu'elle se lançait à la poursuite du coffre ? Elle regarda un instant du coin de l'œil les trois hommes qui continuaient de se battre et, finalement, décida de s'enfoncer dans la jungle et de pourclasser les deux pirates...

# 30

Pendant ce temps-là, d'autres visiteurs s'apprêtaient à mettre pied sur la plage, par trois mètres de fond : c'étaient les hommes d'équipage de Davy Jones. Invisibles sous la surface de l'eau, ils avançaient sur le sable, engoncés dans leur croûte de bernicles, tels de monstrueux scaphandriers. Cette armée de cauchemar faisait fuir les jolis poissons multicolores évoluant près du rivage, qui n'avaient jamais vu de si énormes coquillages, encore moins des rochers qui avançaient tout seuls, ni des blocs de corail mouvants, ni ce genre de poissons hideux aux épaisses nageoires articulées. Ils ressemblaient aux créatures des abysses, qui hantent le plancher de l'océan dans une éternelle obscurité.

Les unes après les autres, les têtes des hommes de Davy Jones émergèrent de l'eau transparente. Il y avait Barbeverte, Maccus, Kolenico, Clacker, Jimmy Legs, pour n'en citer que quelques-uns.

Puis, leurs troncs sortirent de l'eau, leurs jambes et, enfin, ces monstres semi-humains semi-marins posèrent le pied sur la terre ferme. Debout sur la plage, ils contemplaient le paysage dans une sorte de stupeur, tâtant le sable blond et chaud sous leurs pieds, regardant fixement les palmiers dont les longues feuilles ondoyaient doucement comme de grandes plumes et, plus loin, au-delà de la plage, la végétation d'un vert émeraude parsemée de fleurs, qui jaillissait comme un feu d'artifice.

Ni Maccus, ni Barbeverte, ni aucun des membres de cette troupe sortie tout droit des enfers ne se sentait à l'aise sur cette terre qui était désormais devenue pour eux comme une planète étrangère. C'était trop grand et trop vivant. Et aussi trop éblouissant. Leur capitaine, Davy Jones, savait que la métamorphose de ses hommes était un handicap pour la mission qu'il leur avait confiées. C'est pourquoi il les avait envoyés en force : ils étaient à peu près au complet, c'est-à-dire plusieurs dizaines. Ces hommes – qui n'en étaient plus que dans leur cœur, comme Davy Jones – se retrouvaient là aussi maladroits que des poissons hors de l'eau, mais à eux tous ils formaient une sorte de récif vivant, que rien ne pouvait arrêter. Alors, sous le soleil cuisant, la troupe hideuse et maladroite se mit en marche lentement, très lentement, d'un pas raide, semblable à celui des morts-vivants...

Non loin d'eux, dissimulés par le relief de la plage, Will, Jack et Norrington rivalisaient au contraire de force, d'agilité, de souplesse et d'énergie. La bataille faisait rage et Will avait fort à faire avec deux adversaires qui en voulaient à sa clef. Profitant d'un moment où il repoussait Norrington, Jack réussit soudain d'un adroit coup de sabre à lui trancher sa chaîne sans même lui érafler le cou. Jack avait encore été le plus agile...

— Ha ha ! s'exclama triomphalement le capitaine en regardant la clef de Will virevolter en l'air.

Celle-ci atterrit pile dans sa main et, sans demander son reste, le capitaine détala. Will se lança aussitôt à sa poursuite et il aurait eu tôt fait de le rattraper si Norrington ne lui avait pas fait un croc-en-jambe. Il s'étala de tout son long en lâchant son épée que l'ancien commodore envoya valser au loin.

— Permettez-moi de prendre respectueusement congé, monsieur Turner ! s'exclama ironiquement celui-ci en se lançant seul à la poursuite de Jack.

Sa clef à la main, Jack se dirigeait à toutes jambes vers la vieille église espagnole accolée au moulin. Il traversa le cimetière en prenant garde de ne pas tomber dans une des vieilles tombes qui disparaissaient presque sous la végétation et il arriva sous le porche de l'église, dont la porte avait disparu depuis longtemps. Là, il s'engouffra dans l'escalier qui menait au clocher. C'était un vieil escalier en colimaçon, adossé d'un côté au mur et ouvert de l'autre sur le vide sans aucun garde-fou. Jack savait bien que les autres allaient le poursuivre et c'était d'ailleurs exactement ce qu'il souhaitait. Le capitaine se savait particulièrement habile pour mener un combat dans un lieu fermé, où il tirait avantage de ses dons d'acrobate. Avec un peu de chance, il ferait faire un plongeon dans le vide à Norrington du haut de ce clocher, qui faisait au bas mot une dizaine de mètres de hauteur. Quant à Will..., Jack préférait ne pas songer à la façon dont le combat se terminerait.

Il jeta un coup d'œil derrière lui : les autres n'étaient pas encore là. Il est vrai qu'ils n'étaient pas aussi rapides que Jack, qui avait passé sa vie à être poursuivi par toutes sortes de personnes, en particulier celles qui voulaient lui glisser la corde autour du cou ou l'anneau au doigt.

Le capitaine atteignait les dernières marches, quand il sentit soudain quelque chose lui caresser le haut de la tête. Il pensa à une chauve-souris, avant de s'apercevoir que c'était le pied d'un squelette : celui, accroché aux poutres, du prêtre pendu de la légende. Élisabeth avait dit vrai...

Jack lui adressa un bref salut – comme il le faisait toujours quand il croisait un de ses frères de misère –, et ce fut à cet instant qu'il entendit un bruit de bottes résonner au bas de l'escalier. Quelques secondes plus tard, Norrington était en haut des marches, bien décidé à lui prendre sa clef par tous les moyens.

Les deux hommes se mirent à ferrailler furieusement, bondissant au bord du vide sur des marches qui n'étaient pas plus larges que des poutres. L'ancien commodore était déchaîné. Jack comprenait qu'il n'allait pas être si facile que ça de l'envoyer valser dans les airs. Sa lame siffla à deux doigts du bras du capitaine qui, désarçonné, ne se protégea pas à temps du coup de pommeau que lui donna alors Norrington sur la main. Will arriva au bas de l'escalier au moment précis où l'ancien commodore arrachait sa clef à Jack, avant de le pousser violemment dans le vide. Will retint son souffle, puis soupira de soulagement. Heureusement, Jack venait de se raccrocher à l'une des deux grosses cordes qu'utilisaient autrefois les enfants de chœur pour faire sonner la cloche !

Le capitaine se laissa descendre en douceur, tandis que Will, qui s'était saisi de la seconde corde pour faire contrepoids, se faisait hisser dans les airs. Il passa devant Norrington, à qui il arracha sa clé.

— Je prends congé, avec votre permission, monsieur Norrington ! lui lança-t-il avec un grand sourire.

Laissant le commodore pantois, il atteignit le sommet du clocher, où il se retrouva nez à nez avec le prêtre pendu, tandis que la cloche se mettait à résonner avec un timbre funèbre. À ce bruit, les hommes de l'armée de Davy Jones levèrent la tête. Après de pénibles efforts, ils étaient parvenus près du trou béant qui avait contenu le coffre, dont ils examinaient scrupuleusement le contenu répandu sur le sable. Certains caressaient l'étoffe de la robe de mariée d'un air perplexe. D'autres tâtaient les lettres d'amour avec leurs doigts rugueux. L'un d'eux avait porté la conque à son oreille et écoutait la mer. Un autre encore égrenait les perles blanches du collier, comme s'il récitait une prière... Les hommes se passaient les objets de main en main, mais pour le moment, il n'y avait pas trace du coffret contenant le cœur saignant de leur maître...

Lentement, très lentement, ils tournèrent leur tête en direction de l'église, où ils distinguèrent alors la silhouette de William Turner.

— Par là ! cria Maccus en se dressant soudain.

Tandis que les morts-vivants se lançaient lourdement à l'assaut de la jungle, Will, du haut de son clocher, s'apercevait qu'il ne pourrait pas redescendre par le même chemin : Jack et Norrington arrivaient déjà par l'escalier en essayant de l'atteindre par en dessous avec leurs sabres. Il prit de l'élan avec sa corde qu'il lâcha en donnant un bon coup de rein et atterrit sur le toit de l'église, en contrebas du clocher.

La situation n'était pas des plus commodes. Ce toit était fait de deux pentes inclinées réunies par une rangée de tuiles – le seul endroit où on pouvait marcher – qui ne faisait pas plus d'une dizaine de centimètres de largeur. Sans compter qu'à un endroit un trou béant s'ouvrait à la place du grand vitrail, désormais brisé, qui ornait le toit de l'édifice autrefois.

Jack et Norrington se servirent du même moyen de transport que Will pour prendre pied à leur tour sur le toit. Sabre en avant, l'ancien commodore s'élança sur Will, qui n'eut pas d'autre choix que de sauter par-dessus l'abîme, tandis que Norrington continuait à lui allonger des coups de sabre par-derrière. Faisant volte-face, Will contra son adversaire et les deux hommes se mirent alors à ferrailler sur la crête du toit, de chaque côté du vide. Quant à Jack, il avait sauté discrètement du toit sur un clocheton inférieur, dont il se mit à longer le rebord pour prendre ses adversaires à revers. Soudain, d'un mouvement adroit, Norrington crocheta la clef de Will avec la pointe de son sabre, mais l'ancien commodore ne sentit qu'un instant dans sa main le poids de cette clef, car Jack la lui reprit en la crochetant à son tour. Furieux, Norrington se retourna contre le pirate et, d'un coup, fit voler son sabre.

— Donnez-moi une seconde pour tuer l'homme qui a détruit ma vie ! lança-t-il à Will.

— Je vous en prie, faites donc, répondit Will qui était curieux de savoir ce qui allait se passer.

Il ignorait tout à fait s'il viendrait au secours de son ancien ami, au cas où celui-ci se retrouverait en mauvaise posture.

Jack dressa l'index, ce qui annonçait généralement le début d'une belle tirade.

— Tout doux, ancien commodore ! s'exclama-t-il. Vous et moi nous sommes du même côté, souvenez-vous ! Nous voulons tous les deux qu'on ne touche pas au contenu de ce coffret...

Will ne put s'empêcher de sourire. Une fois de plus, Jack tentait de retourner la situation.

Les yeux de Norrington lancèrent des éclairs.

— Je n'accepterai jamais d'alliance avec un pirate, qui est aussi l'homme qui a brisé ma vie ! clama-t-il.

— Un instant, dit Jack en arrêtant d'un geste la pointe du sabre de Norrington. Voulez-vous que nous examinions un instant ce que vous soutenez là, mon cher ancien commodore... Réfléchissez un peu à la manière dont tout cela a commencé. Quel est l'homme qui, au moment où vous aviez un pirate derrière les barreaux et une ravissante poupée qui allait bientôt gravir à votre bras les marches de l'autel, trouva judicieux de libérer ledit pirate et de séduire votre chère bien-aimée ? Je n'ai été rien de plus qu'un témoin presque innocent de tout cela. Vous voyez de quels événements je veux parler ?

Et Jack compléta son propos d'un signe de tête vers Will, qui était devenu blême de rage. Mais Norrington n'était plus homme à se laisser manipuler.

— Assez ! rugit-il en se remettant à allonger des coups de sabre vers Jack.

— C'est bon ! dit Jack en levant les bras comme s'il se rendait.

Mais c'est alors que, poussant un cri de sioux, il se laissa glisser brusquement le long de la pente du toit.

— Il s'échappe ! hurla Will en se lançant à sa poursuite.

Se dressant devant lui, Norrington lui barra le passage.

— Malheureusement pour vous, monsieur Turner, fit l'ancien commodore en retournant son arme contre le jeune homme, je pense que Jack Sparrow a raison.

— Tiens bon, petit, je suis avec toi ! cria Jack à Will en s'empressant d'aller ramasser son sabre avant de déguerpir.

Il enfila prestement sa clef dans un collier qu'il portait au cou, tandis que le fracas des lames entrechoquées lui parvenait aux oreilles. Le temps qu'ils en finissent tous les deux, il aurait atteint la chaloupe, non sans avoir récupéré le coffret au passage.

— Écoutez, Norrington, s'exclama Will en

voyant avec désespoir Jack s'enfuir, vous n'allez quand même pas gober son baratin ?

L'ancien officier lui renvoya un regard glacial.

— Pouvez-vous me prouver qu'il est faux ? N'avez-vous pas choisi de faire échapper Jack Sparrow de sa prison en bravant mes ordres ? Ne l'avez-vous pas sauvé de la potence ? Quant à Élisabeth, c'est une autre histoire. Je ne vous reproche rien.

Will le regarda d'un air sceptique. L'état de rage dans lequel se trouvait Norrington était révélateur d'une jalousie que son éducation de gentleman anglais n'arrivait pas tout à fait à dissimuler. D'ailleurs, son comportement était devenu tout à fait irrationnel, puisqu'il préférait se battre avec lui plutôt que poursuivre Jack qui s'était emparé de la clef ! Mais Will reculait de plus en plus sous les coups de sabre furieux de Norrington. Jetant brièvement un coup d'œil derrière lui, il constata qu'il était parvenu à l'extrémité du toit. Un pas de plus, il tombait. En une seconde, Will évalua la distance qui séparait l'église du moulin qui lui était attenant et il bondit.

Il atterrit sans encombre sur la vieille roue qui grinça très fort sous son poids. Mais il eut à peine le temps de se redresser que Norrington l'avait déjà rejoint et recommençait à engager le fer avec lui. C'est alors que, sous le poids des deux hommes, l'immense roue se détacha dans un grand craquement, emportant les deux combattants juchés sur elle, qui continuèrent obstinément de ferrailler, tandis que la roue se mettait à descendre la pente de la colline. Pour ne pas tomber, ils étaient obligés de se déplacer en même temps...

De son côté, Jack était parvenu au cimetière et il commençait à croire qu'il touchait au but. Qu'est-ce qui pouvait l'arrêter maintenant ? Il se sentait des ailes ! Jack courait tellement vite qu'il ne vit pas la tombe ouverte qui s'ouvrait sous ses pieds. Il en sortit sans grande peine, mais il avait perdu quelques précieuses secondes. Des secondes qui avaient suffi à la roue pour le rattraper. Soudain, le capitaine écarquilla les yeux. Une roue géante de moulin fondait sur lui, avec Will et Norrington à son bord ! Il n'eut pas le temps de l'esquiver. Le capitaine fut aspiré dans les pales géantes, tandis que sa clef se détachait de son collier pour s'accrocher à un clou de la roue.

# 31

Bien loin de se douter de ce qui se passait, Élisabeth se frayait un chemin à pas prudents à travers l'épaisse couverture végétale de l'île. Soudain, elle remarqua que des herbes avaient été couchées par le passage d'un animal ou d'un homme. À bien y regarder, il s'agissait plutôt d'un homme... et même de deux, car Élisabeth distinguait maintenant des traces de bottes. Les unes étaient longues et étroites, les autres courtes et larges...

Épiant la jungle de tous côtés, Élisabeth se mit à suivre les traces. Celles-ci la conduisirent à un banian gigantesque, qu'elle contourna tout doucement, et c'est alors qu'elle tomba nez à nez avec

Pintel et Ragetti. Les deux pirates étaient accroupis sur le sol, en train de s'escrimer pour ouvrir le coffret contenant le cœur de Jones. Élisabeth fit un bond en arrière.

— Salut, poupée ! lança Pintel avec un grand sourire sardonique.

Tirant leur sabre, les deux hommes s'avancèrent vers elle. Élisabeth voulut dégainer son épée, avant de se rappeler qu'elle l'avait donnée à Will. Lentement, elle commença à reculer. Deux hommes contre une femme : ils devraient avoir honte ! Mais, en fait, Élisabeth n'était guère étonnée : elle n'avait pas oublié que ces deux gaillards avaient déjà voulu la trucider, à Port Royal, pour lui prendre le médaillon aztèque réclamé par Barbossa. Pintel et Ragetti n'avaient pas oublié non plus cet épisode, d'ailleurs. Mais, cette fois, ils se sentaient en position de force ! Non seulement Élisabeth était désarmée, mais encore elle ne pouvait pas exiger des pourparlers pour se tirer d'affaire.

Celle-ci attendit calmement que les deux hommes arrivent devant elle et là, rapide comme l'éclair, elle tira sur une branche du banian avant de la relâcher brusquement. Le sabre de Pintel vola en l'air. Et d'un !

Pintel n'avait pas encore compris ce qui lui arrivait, qu'Élisabeth avait déjà ramassé son sabre et désarmait Ragetti avec une facilité déconcertante. Maintenant, elle avait deux sabres... À présent, c'était au tour des deux pirates de reculer lentement. Mais un drôle de bruit les fit se retourner tous les trois. Cela ressemblait au craquement de quelque chose d'énorme en train de dévaler la forêt en écrasant tout sur son passage.

Élisabeth et les deux pirates se figèrent de stupeur. C'était bien une énorme roue, qu'ils virent passer, à une dizaine de mètres d'eux ! Mais ce ne fut pas la roue en elle-même qui les étonna le plus. C'était ses occupants. Au-dessus, il y avait Will et Norrington, qui se déplaçaient en même temps qu'elle, l'un en avançant, l'autre en reculant, sans cesser de ferrailler. Et à l'intérieur du moyeu se trouvait Jack, courant sur place le plus vite qu'il le pouvait, comme un hamster dans sa roue.

Mais tandis que la roue poursuivait sa descente, Élisabeth et les deux pirates entendirent un autre étrange fracas se rapprocher d'eux. Cette fois, cela ressemblait au bruit d'une meute de sauvages chassant le bison...

Quand Élisabeth et les deux hommes les virent déboucher à travers les arbres de la jungle, ils comprirent que c'était encore pire que ça. Élisabeth était pétrifiée. Elle n'avait jamais vu de créatures aussi épouvantables. Quant à Pintel et Ragetti, ils avaient déjà fait connaissance avec eux, sur le *Black Pearl*, quand ils s'étaient matérialisés sur le pont, et ils en étaient d'autant plus terrifiés qu'ils les savaient quasiment invulnérables.

Élisabeth se tourna vers les deux pirates, qui s'étaient blottis de chaque côté d'elle. Elle leur rendit leur sabre, pour qu'ils la défendent, mais Pintel et Ragetti refusèrent leurs armes : ils préféraient de beaucoup que ce soit Élisabeth qui les défende ! Comprenant qu'ils ne devaient pas compter là-dessus, les pirates se lancèrent un coup d'œil de connivence et, ramassant le coffret, ils prirent leurs jambes à leur cou.

Aussitôt, les hommes d'équipage de Davy Jones se lancèrent à leurs trousses. Mais ils se déplaçaient trop lentement pour avoir une chance de les rattraper. Ce qui n'empêchait pas Pintel et Ragetti de se croire presque rejoints et de courir plus vite, toujours plus vite. Ils étaient dans un tel état d'affolement que ni l'un ni l'autre ne vit l'arbre qui se trouvait sur leur passage. Pintel se précipita d'un côté, Ragetti de l'autre, et le coffre leur fut violemment arraché des mains. Croyant qu'il s'agissait des hommes de Davy Jones qui les avait rattrapés, les deux pirates détalèrent en abandonnant leur bien...

Et la roue roulait toujours. Mais Will et Norrington ne combattaient plus sur son sommet. L'ancien commodore avait fini par se décider à interrompre sa lutte à mort contre Will et les deux hommes essayaient de progresser à l'intérieur de la roue pour aller récupérer la clef. Celle-ci était accrochée à peu près à mi-distance entre eux et Jack, qui était toujours en train de courir dans le moyeu. Le capitaine attendait chaque fois le moment où la clef allait passer devant lui pour bondir, mais il se faisait constamment prendre de vitesse. Voyant ses deux adversaires venir vers lui, cette fois le capitaine n'hésita plus. Il s'extirpa du moyeu, commença à escalader la roue et, une seconde plus tard, il arrachait la clef au nez et à la barbe de Will et de Norrington. Puis, continuant à grimper, il parvint au sommet de la roue et là, se saisissant d'une branche de palmier, il n'eut plus qu'à se laisser tomber à terre en douceur. Complètement étourdi après ce tour de manège infernal, Jack se demanda alors s'il rêvait. Il lui semblait voir le fameux coffret là, devant lui, à ses pieds...

Jack cligna des yeux, mais non, il ne rêvait pas. Le coffret était bien là, arrivé par on ne sait quel miracle. Jack baissa les yeux sur la clef qu'il tenait entre ses mains. Clef et coffre. Coffre et clef... Il ne croyait pas à sa chance ! Il jeta un coup d'œil derrière lui, mais il n'y avait plus personne. La roue avait déjà emporté au loin Will et Norrington. Jack était complètement seul. Il n'y avait plus que la clef, le coffre et lui.

— Allons-y ! dit-il à haute voix.

S'agenouillant près du coffre, il prit une profonde inspiration. Il entendait le battement régulier et profond du cœur de Jones dans sa boîte. Il espérait qu'il n'allait pas lui sauter à la figure...

Repoussant ses dernières hésitations, Jack mit la

clef dans le cadenas. Celle-ci entra sans aucune difficulté. Jack la fit tourner et le coffre s'ouvrit. Les yeux du capitaine s'agrandirent en découvrant ce qu'il avait cherché si longtemps : le cœur vivant de Jones...

Jack observa l'organe avec curiosité. Cela ressemblait à un morceau de viande rouge. Le capitaine avait bien du mal à croire qu'on avait un truc pareil dans la poitrine. Soudain, produisant son battement sourd et profond, le cœur de Jones se contracta en se gonflant de sang vermillon, avant de se relâcher tandis qu'il se veinait d'une étrange nuance sombre. Jack ne put s'empêcher d'observer quelques instants l'organe en train de frémir et de battre. Dans le même temps, il sentait son propre cœur qui se contractait douloureusement à l'intérieur de sa poitrine. Puis, il se dit qu'il valait peut-être mieux ne pas traîner...

Retirant sa chemise, il l'étala par terre. Alors, enfonçant ses mains dans le coffret en surmontant son dégoût, il prit le cœur de Jones à pleines mains et le déposa sur sa chemise. Le cœur battait toujours normalement... Jack l'enveloppa soigneusement dans le tissu, avant d'essuyer ses mains pleines de sang sur l'herbe, puis il referma le coffret en prenant soin de laisser la clef dans la serrure. Après avoir regardé une dernière fois autour de lui pour s'assurer qu'il n'avait pas été vu, il se dépêcha de filer.

Le capitaine traversa la jungle en tenant contre lui

sa chemise qui palpitait horriblement contre son propre cœur, mais il arriva sans encombre à la plage. Là, ses yeux s'arrondirent. Il apercevait la chaloupe qui avait dérivé le long de la plage, comme si elle était venue à sa rencontre ! Jack se sentait de plus en plus certain qu'aujourd'hui était son jour de chance. Quand il eut vérifié que son bocal et la lettre de course dans la poche de sa veste s'y trouvaient toujours, il en arriva même à la conclusion que c'était le plus grand jour de chance de sa vie.

Il jeta encore un coup d'œil autour de lui. Toujours personne. Le capitaine se demanda fugitivement où se trouvait Élisabeth – non sans un léger pincement au cœur –, puis il entreprit une petite opération de transvasement.

Prenant son bocal dans la chaloupe, il le posa devant lui sur le sable en veillant bien à sa stabilité. Ce bocal était rempli de terre jusqu'au bord. Le capitaine ne pensait pas que cela ferait une grosse différence s'il en ôtait un peu, d'autant plus qu'il possédait le cœur de Jones, à présent. Le Kraken pouvait toujours craquer, il ne le croquerait plus !

Après avoir ôté le couvercle, Jack inclina le récipient et en vida environ les deux tiers de son contenu de terre. Puis, prenant la chemise contenant le cœur de Jones, il la déplia avant de faire glisser doucement l'organe à l'intérieur du bocal. Pour finir, Jack recouvrit le tout de sable et revissa le couvercle. Il contempla le résultat, satisfait. Enfoui dans le sable, le cœur de Jones était parfaitement invisible...

Jack remit sa chemise et il venait de replacer son trésor bien à l'abri dans la chaloupe, à côté de sa veste, quand il se redressa, alerté par un bruit. Le capitaine se retourna et ses yeux s'agrandirent de stupeur. C'était l'équipage de Davy Jones au complet ! Jack frémit. Ces faces de crabes ne s'étaient pas arrangés depuis la dernière fois... D'un rapide coup d'œil, il constata que Davy Jones n'était pas parmi eux. Ni Bill Turner, d'ailleurs... Mais l'armée infernale l'entourait déjà et l'empêchait d'embarquer dans sa chaloupe, de sorte que Jack n'eut pas d'autre choix que de détaler précipitamment, comme il savait si bien le faire. Le capitaine n'avait peut-être pas tort de penser que c'était son jour de chance aujourd'hui, car l'énorme roue du moulin jaillit à ce moment-là de la forêt vierge dans un bruit de tonnerre. Elle fonçait droit sur les zombies. Ce fut le sauve-qui-peut général. Découvrant en eux-mêmes des ressources qu'ils ne soupçonnaient pas, les hommes de Davy Jones s'enfuirent à toutes jambes. En une seconde, tout l'équipage s'était dispersé.

En atteignant la mer, l'énorme roue finit par s'arrêter et se renversa dans une grande gerbe d'eau. Jack était déjà revenu sur ses pas et, caché derrière un palmier, il observa Will et Norrington qui s'extirpaient de la roue. Les deux hommes récupérèrent leurs armes et voulurent derechef en découdre, mais ils titubaient, complètement étourdis. Norrington fit quelques mètres, puis il s'écroula. Il déboula le long d'une dune et s'arrêta une fois en bas. Quand il ouvrit les yeux, il découvrit la chaloupe, à côté de lui. Grimpé à quatre pattes en haut de la dune, Jack retint son souffle. Il voyait Norrington s'approcher de la chaloupe et tendre la main vers le bocal. Mais l'ancien commodore se contenta de l'effleurer pour s'emparer de la lettre de course rangée dans la poche de la veste de Jack. Le capitaine n'essaya même pas de l'arrêter. Il n'avait plus besoin de ce papier, maintenant qu'il possédait le cœur dont dépendaient aussi bien Davy Jones que la sécurité des pirates qui sillonnaient les sept mers.

De son côté, Will reprenait ses esprits, lui aussi. Cette course folle sur la roue lui avait donné la nausée. Sa nausée s'aggrava encore quand il vit apparaître devant lui un des hommes d'équipage du *Hollandais Volant*. Celui-ci avait effectué des recherches de son côté et son initiative avait été couronnée de succès, puisqu'il portait entre les mains le coffret abandonné par Jack...

En une seconde, Will fut sur ses jambes. Non seulement le coffret était là, mais la clef se trouvait dans la serrure ! Will n'avait aucune idée de ce qui avait pu se passer, en revanche il savait exactement ce qu'il devait faire. Un bon coup de poing dans le mou de ce mollusque humain et l'autre s'effondra sans avoir eu le temps de comprendre ce qu'il lui arrivait. Le coffret était tombé sur le sable, mais Will n'eut pas le loisir de tourner la clef. D'autres hommes de l'armée de Davy Jones revenaient déjà à la charge. Will les assomma également, puis il se pencha pour ouvrir le coffret, avant que d'autres n'arrivent à leur tour. Il allait enfin tourner la clef, quand Jack, qui s'était approché à quatre pattes par derrière, lui asséna un grand coup de noix de coco sur la tête. Le capitaine n'avait pas spécialement envie que l'on sache que le cœur de Davy Jones ne se trouvait plus à l'intérieur du coffret tant convoité... Will s'effondra par terre, sans connaissance, au moment précis où Élisabeth débouchait sur la plage. Sa noix de coco encore à la main, Jack la regarda, très embarrassé. Remarquant les membres d'équipage du *Hollandais Volant* qui rappliquaient, il fit comme s'il était en train de défendre Will contre les nouveaux assaillants.

— Un peu d'aide, par ici ! lui cria-t-il. Je ne pourrai pas les tenir en respect éternellement !

Mais, ignorant aussi bien Jack que les créatures monstrueuses, Élisabeth se précipita vers Will inanimé et s'agenouilla près de lui. Jack commençait à se sentir vraiment débordé, quand Norrington déboula devant lui en courant. Pintel et Ragetti le suivaient de peu. Et derrière eux venait une bonne moitié de l'armée de Davy Jones, lancée à leurs trousses ! Il n'y avait plus d'issue, car l'autre moitié de l'équipage de Davy Jones arrivait de l'autre côté. Ils étaient faits comme des rats... Prenant sa décision, Norrington se saisit du coffre.

— Allez à la chaloupe ! cria-t-il.

— Ils sont trop nombreux, dit Élisabeth. On ne va pas pouvoir leur échapper !

L'ancien commodore hocha la tête.

— Si, il y a une chance. Ils en ont au coffret qui contient le cœur. Ils vont me suivre. Dépêchez-vous de vous enfuir !

Et, sans laisser à Élisabeth le temps de répondre, il partit en courant vers la jungle, le coffre sous le bras.

Comme il l'avait prévu, l'ancien commodore avait à peine tourné le dos que tous les hommes de Davy Jones se lancèrent à sa poursuite. Élisabeth était suffoquée. C'était une mission suicide ! James Norrington était un véritable héros !

— Je déclare que nous devons respecter ses dernières volontés ! énonça solennellement Jack en rejoignant la chaloupe.

— Bien dit ! approuva Pintel en commençant à pousser l'embarcation à l'eau.

Sautant dans la chaloupe, Jack se saisit aussitôt de sa jarre. Même s'il possédait le cœur de Jones, il ne voulait prendre aucun risque. Avec ce bocal qui contenait à la fois le cœur et la terre donnée par Tia Dalma, il pouvait se sentir vraiment en sécurité.

— Élisabeth ? appela Jack.

La jeune femme était toujours auprès de son fiancé évanoui, essayant de le faire revenir à lui.

— Je ne pars pas sans Will ! lui cria-t-elle.

Jack leva les yeux au ciel, mais il s'inclina quand même et Pintel et Ragetti allèrent chercher le fiancé d'Élisabeth qu'ils hissèrent dans la chaloupe. Élisabeth monta enfin et les deux pirates tirèrent sur leurs rames pour quitter la rive au plus vite. Norrington restait seul avec les morts-vivants sur l'île des Quatre Vents...

En ce moment même, il courait aussi vite qu'il le pouvait dans la jungle. Mais, contrairement à ce que croyait Élisabeth, il n'avait pas voulu se sacrifier. L'ancien commodore estimait seulement toujours que le seul espoir qui lui restait dans la vie, c'était ce coffret contenant le cœur de Jones et il s'y accrochait jusqu'au bout. Sans compter qu'il avait remarqué que les hommes de Davy Jones ne couraient pas très vite...

Mais Norrington ne courait pas si vite que ça non plus. Et comme ce n'était pas son jour de chance, contrairement à Jack, il trébucha sur une racine et s'étala de tout son long. Quand il releva la tête, il était encerclé par l'équipage de Davy Jones au complet.

Norrington dévisagea un à un ces hommes enfermés dans des corps de monstres marins. Brusquement, il vit sa vie défiler devant lui. Ce temps béni où il avait été fort et victorieux, où tout lui souriait, lui semblait irrémédiablement perdu. Il ferait sans doute mieux de tirer définitivement sa révérence. Mais c'est alors que quelque chose comme un sentiment de pitié l'envahit. En fait, il préférait être encore à sa place qu'à la leur...

— Prenez-le, dit-il en leur montrant le coffre. Après tout, je préfère vivre... si vous ne me tuez pas.

Il se recroquevilla en baissant la tête, attendant le coup de grâce. Mais quand il releva la tête, les morts-vivants et le coffre avaient disparu...

Un drôle de sourire apparut alors sur les lèvres de l'ancien commodore. Élisabeth et Will avaient sûrement quitté l'île, à présent. Eh bien, bon vent ! Qu'ils s'en aillent donc en compagnie de Jack Sparrow, l'homme que poursuivaient Davy Jones et son terrible Kraken...

# 32

Peu après, la chaloupe avec ses occupants abordait la coque sombre du *Black Pearl*. Soulagé de les revoir tous – ou disons presque tous – sains et saufs, Gibbs les aida à monter à bord, avant de donner aussitôt l'ordre d'appareiller. Le maître d'équipage était inquiet. Il avait vu le *Hollandais Volant* franchir le cap de la petite île, à peine une heure auparavant.

— Ah vraiment ? lui répondit Jack d'un air très décontracté, quand Gibbs lui fit part de la nouvelle. Ne vous inquiétez pas ! On les a vues, ces faces de bigorneaux. On n'a plus rien à craindre d'eux ni de la tête de poulpe qui leur sert de capitaine !

Jack n'ajouta rien de plus. Will ne devait pas savoir qu'il avait fait main basse sur le cœur de Davy Jones. Il regarda le jeune homme, allongé sur le pont, toujours inconscient. Peut-être y était-il allé un peu fort avec sa noix de coco... À moins que ce petit malin ne fasse semblant d'être évanoui, pour apitoyer Élisabeth...

De fait, Will commençait à ouvrir les yeux. Comme dans le passé, quand il était enfant et qu'on l'avait repêché après le passage des pirates, Élisabeth était penchée au-dessus de lui avec tendresse.

— Qu'est-il arrivé au coffre ? demanda-t-il en se redressant sur ses fesses comme un ressort.

— Norrington l'a pris pour attirer et éloigner les hommes de Davy Jones, répondit Élisabeth d'un air grave. Il s'est sacrifié.

— Nous prierons pour lui ! déclara Gibbs en abaissant la tête un bref instant, avant de la relever. Il vaut mieux ne pas s'attarder sur notre peine... Le bon côté de la chose, ajouta-t-il en s'efforçant de trouver quelque chose de bon dans le désastre, c'est que vous êtes revenus et qu'on se tire de là libres et sans dettes, comme on dit !

Mais, en réalité, le maître d'équipage n'était pas du tout optimiste. Jack n'avait pas rapporté le coffre contenant le cœur de Davy Jones et le *Hollandais Volant* était manifestement lancé à leurs trousses. Gibbs ne comprenait vraiment pas pourquoi le capitaine avait l'air aussi insouciant...

— Tous à vos postes ! ordonna-t-il. Qu'on donne toute la toile ! On doit filer de là en vitesse...

Tandis que l'équipage – Pintel et Ragetti, les premiers – se précipitait pour exécuter ses ordres, Jack, de son côté, ne ressentait aucun besoin de se hâter. Il s'assit sur un tonneau, les jambes pendantes, en tenant contre lui sa précieuse jarre.

— Gibbs, avez-vous la gorge serrée ? demanda-t-il à son second.

— C'est effectivement le cas, répondit Gibbs en soupirant.

Jack hocha la tête.

— Votre cœur bat vite, votre souffle est court, et vous avez une conscience aiguë de la fragilité de votre existence ?

— En vérité, oui.

— Je crains que vous ne soyez la proie d'un mal de peur intense et écrasant, observa Jack d'un ton neutre.

Gibbs se raidit. Il ne comprenait vraiment pas l'attitude étrangement nonchalante de Jack qui, il y avait seulement quelques heures, était une boule de nerfs.

— À quoi jouez-vous donc, mon capitaine ? Le *Hollandais Volant* est à notre poursuite. Nous avons peu de chances de nous en sortir – si le vent veut bien tenir, et encore...

Soudain, comme pour donner raison à Gibbs, le *Hollandais Volant* jaillit de la mer à quelques encablures du *Black Pearl*, telle une énorme baleine crevant la surface. Il continua sa trajectoire dans les airs, avant de retomber dans une immense gerbe d'écume, juste à côté du *Black Pearl*.

L'équipage poussa une clameur d'effroi, tandis qu'une vague déferlait sur le pont. Les nouveaux marins qui s'étaient engagés sur le *Black Pearl* pour vivre un peu d'aventures comprirent qu'ils allaient être exaucés au-delà de leurs espérances. Avec sa coque en bois d'épave cimentée d'os humains, ce navire qui venait d'apparaître devant eux n'était manifestement pas de ce monde. Il portait la mort, il annonçait la mort : c'était la mort en personne venue les chercher !

— Que le Seigneur Dieu tout-puissant nous vienne en aide ! gémit Gibbs en joignant les mains. Bâbord toutes ! cria-t-il de toutes ses forces. Filons sous le vent ! Mettez toute la toile !

Tandis que l'équipage, galvanisé par la peur, donnait son maximum, Jack ne semblait toujours pas éprouver la moindre inquiétude. Il se tourna vers le *Hollandais* et, brandissant son bocal au-dessus de sa tête, il l'agita ostensiblement. Puis, il sourit en faisant un signe amical de la main.

— Hep là, face de poulpe ! Tu as perdu quelque chose ? Ohé, par ici ! Viens donc jeter un œil, si ça te dit !

À la barre du *Hollandais Volant*, Davy Jones recula, comme s'il avait été frappé. Ses tentacules se tordaient en tous sens en prenant une couleur d'encre de seiche. Il regardait fixement Jack sans en croire ses yeux. Et plus il regardait le capitaine et moins il pouvait croire à tant d'inconscience et d'arrogance. Jack Sparrow oubliait-il qu'il était plus qu'humain ? Que ses pouvoirs se nourrissaient au sang noir des esprits infernaux ?

Il l'observa encore quelques instants faire ses pitreries, puis il leva sa canne, qu'il abattit avec force, d'un geste d'autorité.

— Assez ! tonna-t-il.

Maccus rejoignit le capitaine.

— Est-ce qu'on se lance à l'abordage ? demanda le maître d'équipage.

— Non, grinça Jones. Coulez donc plutôt son cher *Black Pearl*...

Tandis que Jack continuait à faire le guignol sur le pont, son propre équipage le regardait comme s'il était devenu fou.

Gibbs le rejoignit.

— Mais à quoi diable jouez-vous donc, Jack ?

— Chut ! fit Jack en tapotant sa jarre. J'ai le cœur de Davy Jones, chuchota-t-il, il est là-dedans... !

— Que Dieu me pardonne ! s'écria Gibbs, stupéfait. Par quel miracle ?

Jack sourit.

— Je suis le capitaine Jack Sparrow, vous vous souvenez ? Par ici, face de calmar ! reprit-il en brandissant son bocal en direction de Davy Jones. C'est ça que tu cherches ? Tu es venu négocier, peut-être ? Je crois bien que ce serait le moment...

Soudain, le capitaine se figea. Il voyait s'ouvrir les sabords des canons du *Hollandais Volant*. Jack serra son bocal dans ses mains. Mais qu'est-ce qu'il leur prenait ? Jones n'avait-il donc pas compris qu'il était maintenant son otage ? Un coup de couteau dans son cœur et c'en était fini du capitaine du *Hollandais Volant* et de son armée de bigorneaux !

— Un instant, s'il vous plaît ! cria-t-il. Arrêtez ! Juste une minute ! Regardez ce que j'ai là !

Mais les bouches des canons apparurent dans les sabords du *Hollandais Volant*. Élisabeth se précipita vers Jack.

— À tribord toute ! hurla-t-elle. Hardi, les hommes ! Pas de mollesse !

Jack acquiesça de la tête. Il fallait bien se résoudre à se défendre, puisque les autres ne comprenaient pas qu'ils ne devaient pas attaquer. L'équipage exécuta les manœuvres ordonnées par Élisabeth et le *Black Pearl* vira pour ainsi dire sur les chapeaux de roue... Davy Jones réagit aussitôt.

— Canons pointés à tribord ! hurla-t-il.

Quelques instants plus tard, une bordée de boulets de canon partait du navire de Davy Jones. L'un d'eux percuta la cabine du capitaine en brisant les fenêtres. Pintel et Ragetti s'avancèrent et, regardant à travers les vitres brisées, ils virent avec horreur la proue du *Hollandais* juste devant eux. Le squelette ligoté sur le beaupré semblait les observer en ricanant horriblement. Sur le *Hollandais Volant*, Davy Jones ricanait, lui aussi, en savourant sa vengeance.

— Maintenant, on va leur faire goûter la caresse de nos triple canons. Qu'en dis-tu, Maccus ?

Celui-ci approuva avec joie. Il avait certains comptes à régler avec cette bande d'agités qui les avait bernés. Il n'était pas près d'oublier ce coffret vide ! Heureusement que le capitaine avait été indulgent. Il savait bien que Jack Sparrow était un véritable démon, capable de toutes les fourberies et plus malin que le Malin lui-même !

Sur les ordres de Maccus, la paire de canons de triple calibre braquée à la proue du *Hollandais Volant* surgit des sabords et fit feu sur le *Black Pearl*.

Sur le bastingage, Élisabeth, qui était en train d'observer le navire avec un mélange de terreur et de fascination, en réchappa de justesse. Le boulet qui la frôla pulvérisa une lanterne, avant de faucher le pirate qui se trouvait juste à côté d'elle...

Jack se précipita à la barre. Il fallait vite corriger la trajectoire du *Pearl* !

Gibbs approuva vivement.

— Tous à vos postes ! cria le second. Gonflez les voiles ! Mettez-vous dans le vent ! Bien dans le vent ! C'est notre seule chance...

Élisabeth et Will accoururent en renfort. Tout le monde s'y mettait. Il ne fallait pas perdre une seconde.

— Vas-y, ma chérie, montre-leur de quoi tu es capable ! s'écria Pintel en embrassant le pont du navire.

Une nouvelle bordée de coups de canon partit de l'avant du *Hollandais Volant* mais, cette fois, les boulets tombèrent à l'eau sans atteindre le *Black Pearl.* De manière très surprenante, le navire s'éloignait à toute vitesse. Chaque fois qu'une vague le soulevait, l'écart se creusait un peu plus avec leurs poursuivants.

— On l'a largué ! cria Élisabeth.

Gibbs hocha la tête, soufflant de soulagement.

— Oui, c'est bon, on a réussi à lui échapper, dit-il.

— Le *Black Pearl* peut donc gagner de vitesse le Hollandais ? l'interrogea Will, éberlué.

— Le *Hollandais* n'est pas un navire de ce monde, répondit Gibbs. Il peut remonter contre le vent dans une tempête sans ralentir. C'est ainsi qu'il attrape ses proies. Mais le *Pearl* n'est pas non plus un navire ordinaire. Par vent arrière...

— ... nous reprenons l'avantage ! acheva Will en comprenant soudain.

— C'est bien ça, dit Gibbs. Le *Pearl* est le seul navire que redoute Jones. Avec raison...

# 33

Jones reposa sa longue-vue.

— Arrêtez la poursuite ! ordonna-t-il. Abaissez les voiles et roulez la toile...

— Nous renonçons ? interrogea Maccus, surpris.

En guise de réponse, Jones lui décocha un petit sourire. Maccus comprit et lui retourna son sourire. Jones donna un nouvel ordre et, bientôt, on entendit un petit cliquètement. Le cabestan tournait, faisant monter un mât de signalisation. Ce mât pouvait être vu de loin, surtout quand on avait de grands, de très grands yeux...

Sur le *Black Pearl*, Élisabeth vit que le *Hollandais* abandonnait la poursuite.

— Il renonce ! cria-t-elle à tue-tête. Il s'en va !

Ivres de soulagement, les pirates laissèrent éclater leur joie. Mais Will traversa le pont comme une flèche pour aller trouver Jack. Sa jarre serrée contre lui, le capitaine souriait aux anges en voyant que le *Black Pearl* était capable de coiffer au poteau le *Hollandais Volant*.

— Jack ! cria Will. Mon père se trouve à bord du *Hollandais* ! Si nous pouvons les distancer, alors nous pouvons les rattraper. Nous devons faire demi-tour et attaquer !

— Ou fuir, comme les poltrons que nous sommes ! répartit Jack gaiement.

— Tu commandes au seul navire au monde qui peut se mesurer au *Hollandais*, insista Will. En combat loyal, nous avons une chance sur deux de l'emporter.

— Ça ne m'encourage pas beaucoup à être loyal, qu'en dis-tu ? répondit Jack en pianotant sur sa jarre.

Il sourit de plus belle, tandis que Will soupirait de découragement.

— Pourquoi se battre quand on peut négocier ? reprit Jack. Il suffit d'avoir le bon argument...

C'est alors que le *Black Pearl* fut brusquement projeté en avant, comme si quelque chose d'énorme venait de le percuter par l'arrière. Perdant l'équilibre, les marins tombèrent sur les genoux, tandis que le bocal de Jack lui échappait. Celui-ci roula sur le pont, où il se brisa, en répandant son contenu de sable et de terre.

Jack se précipita à quatre pattes en passant fébrilement sa main dans le sable répandu. Il crut qu'il devenait fou. Il n'y avait que du sable...

— Qu'est-ce qu'il y avait donc de si important dans votre bocal ? interrogea Élisabeth, qui commençait à entrevoir la vérité.

Jack ne répondit pas. Il en était incapable. Il avait un nœud d'angoisse dans la gorge. Il n'y avait rien d'autre sur le pont que de la terre et du sable ! Pas de cœur...

Il leva les yeux vers Gibbs, qui l'observait, la gorge aussi serrée que lui.

— Eh bien, on dirait que je n'ai pas le cœur de Jones, après tout, articula le capitaine avec difficulté.

— Alors qui l'a ? gémit Gibbs.

Jack secoua la tête, en signe d'ignorance. Quand donc le cœur lui avait-il été repris ? Il n'avait pas quitté des yeux son bocal, il l'avait toujours eu avec lui... Ce ne pouvait être que Davy Jones... Mais comment avait-il fait ? Par sorcellerie ? en faisant appel à des forces démoniaques ? en communiquant mentalement avec Tia Dalma ? Mentalement ou par cette fichue porte, qui donnait directement sur l'océan ! Mais si Jones pouvait reprendre son cœur à distance, qu'avait-il eu besoin de se déplacer jusqu'à l'île des Quatre Vents ?

— Je ne sais pas, fit le capitaine d'une voix à peine audible. Je n'y comprends rien.

Il avait à peine parlé que le *Black Pearl* fit une nouvelle embardée. Cette fois-ci, il s'immobilisa complètement en vibrant et en grinçant à fendre l'âme.

— Nous avons dû heurter un récif, avança Élisabeth en regardant par-dessus le bastingage.

Will fronça les sourcils. Il avait déjà entendu cette phrase, il n'y avait pas longtemps, sur le pont de l'*Edinburgh Trader*...

— Non, ce n'est pas un récif, dit-il. Éloignez-vous du bord ! hurla-t-il à l'équipage.

— Qu'est-ce donc ? demanda Élisabeth, qui lisait une véritable terreur dans les yeux de Will.

— Le Kraken...

— Je te l'avais bien dit ! glissa Ragetti à Pintel. J'ai toujours raison...

Jack s'arrêta de tamiser le sable. C'était inutile : le cœur n'était plus là. Il regarda sa main. Par contre, la tache noire était toujours bien là, elle...

Un grand silence s'était abattu sur le pont, après que Will eut prononcé le nom du Kraken. Puis, Will commença à organiser la résistance et les pirates se précipitèrent pour lui obéir.

— Prenez toutes les armes et chargez les canons ! commanda-t-il. Le Kraken va attaquer par tribord. Je l'ai déjà vu faire. Tenez prêts les canons et attendez que je vous donne l'ordre de faire feu.

Jack plissait les yeux de terreur. Son épouvante ne connut plus de bornes quand un tourbillon de bulles apparut dans l'eau, tout autour de la coque, signalant la remontée du Kraken. Les tentacules de la créature monstrueuse jaillirent alors de l'eau, se dressant à des mètres de hauteur au-dessus des membres d'équipage. Ce calmar géant était plus grand qu'un navire...

— Des hommes autour du mât principal ! ordonna Will. Les autres à la proue avec des crochets ! Il ne faut pas le laisser s'accrocher à quoi que ce soit !

Il gagna en vitesse le pont inférieur.

— Maintenant, chargez les canons ! tonna-t-il.

Will connaissait la tactique du Kraken, qui feignait d'attaquer par bâbord, tout en glissant ses tentacules à l'abordage par tribord.

Et, en effet, les hommes commencèrent à voir les immondes appendices gluants, garnis de terribles ventouses, se faufiler lentement au-dessus du bastingage. C'était cauchemardesque. Comme s'ils étaient tombés dans un nid de serpents géants. Pire, car ce serpent aux multiples queues avait aussi un gigantesque bec tranchant comme un monstrueux rasoir, qu'on voyait émerger partiellement de l'eau, à distance du bateau, tandis qu'il observait sa proie de ses yeux démesurés.

Pintel et Ragetti, qui assistaient à la progression des tentacules par les hublots du navire, ne s'enfuirent pas, malgré leur terreur. Ils avaient confiance en Will, comme tous les hommes sur le *Black Pearl.*

— Prêts à tirer ? cria Will.

— On est prêts ! Très prêts ! Plus que prêts ! hurla Pintel en guise de réponse.

Élisabeth s'avança vers Will pour lui parler, mais elle vit que ce n'était pas le moment. La jeune femme venait de faire une découverte.

— Allumez les mèches, commanda Will. Feu !

Le *Black Pearl* cracha ses boulets, arrachant un bouquet de tentacules dans une gerbe de sang rouge sombre. Au même instant, sous les pieds des pirates, le navire tangua. Ils comprirent que le Kraken était en train de se tordre de douleur sous la coque. Allait-il mourir ? Il n'y avait pas un homme à bord du *Black Pearl*, qui ne priait pour ça. Seul, Will savait qu'il n'en était rien. Ils n'auraient pas la peau du Kraken aussi facilement que ça, si tant est que cela fût possible. Peut-être le Kraken était-il comme cette Hydre de la mythologie, dont les têtes repoussaient dès qu'on les coupait...

Là-haut sur le pont, ivre de colère, le monstre fit claquer ses tentacules comme les lanières d'un fouet et brisa en mille morceaux les chaloupes arrimées sur le pont. Mais l'un des appendices monstrueux fouetta un espace vide : une des chaloupes ne se trouvait plus à sa place. C'était ce dont Élisabeth avait voulu avertir Will, quelques instants plus tôt. À l’heure qu’il était, cette chaloupe se trouvait sur l’eau, avec Jack à son bord. Le capitaine ramait en s’éloignant du *Black Pearl*, à l’insu de tous...

# 34

Sur le pont, les tentacules se rétractèrent, tandis que les pirates remontés de la cale poussaient une clameur de victoire. Mais Will brisa net leur joie.

— Il va revenir, dit-il. C'est certain.

Il chercha Élisabeth des yeux.

— Quitte le navire ! lui cria-t-il.

— Il n'y a plus de chaloupe, répondit Élisabeth en secouant la tête.

Elle ne lui dit pas qu'elle ne serait jamais partie, de toute façon. Plutôt mourir avec Will que vivre sans lui. Élisabeth hésitait. Elle se demandait si elle devait communiquer ses soupçons à Will. Finalement, elle se tut. Le capitaine ne semblait plus être à bord du navire, mais Élisabeth voulait croire encore qu'on allait le retrouver, mort de peur, quelque part au fond du bateau, tandis qu'un des pirates serait porté déserteur.

Will se précipita à l'endroit où étaient amarrées les chaloupes. Élisabeth avait raison : leurs embarcations de secours étaient toutes brisées. Le jeune homme encaissa le coup. À présent, ils n'avaient quasiment plus aucune chance de s'en tirer vivant. Dans sa consternation, Will trébucha sur un tonneau, qu'il envoya rageusement rouler du pied. Celui-ci s'arrêta sur le grillage qui recouvrait l'ouverture donnant accès aux ponts inférieurs et à la cale. Soudain, Will s'immobilisa. Il regardait fixement ce grillage, puis le palan qui permettait au moyen d'un filet de monter et descendre les charges de marchandise.

— Enlevez ce grillage et ceux des autres ponts ! ordonna-t-il. Nous allons entasser toute la poudre à canon qu'il nous reste dans le filet de chargement.

Les pirates s'exécutèrent immédiatement. Will se saisit d'une carabine, qu'il lança à Élisabeth, avant de lui expliquer ce qu'il attendait d'elle.

— Je tirerai dès que tu te seras éloigné, acquiesça-t-elle après avoir compris son plan.

Mais Gibbs rejoignit Will en secouant la tête.

— Il ne nous reste plus qu'une demi-douzaine de barils de poudre ! dit-il.

— Je vais voir, répondit Will. Au fait, où est Jack ?

Gibbs haussa les épaules en signe d'ignorance et les deux hommes se dépêchèrent de descendre à la cale. Effectivement, il n'y avait plus que six barils de poudre : ce ne serait pas suffisant.

— Mettez aussi tout le rhum, ordonna Will.

Cette fois-ci, les pirates hésitaient à obéir. Ils regardèrent Gibbs, qui rugit de colère.

— Le rhum aussi ! Et plus vite que ça !

Gibbs avait raison de presser le mouvement. Non loin du navire, le Kraken, après s'être recroquevillé sur lui-même pour rassembler ses forces, recommençait à étendre ses tentacules, l'un après l'autre. Tandis qu'il se préparait pour un deuxième assaut et que les membres d'équipage organisaient leur défense du mieux qu'ils pouvaient, Jack, de son côté, ramait énergiquement à bord de sa chaloupe. Mais ce n'était pas sans un énorme poids sur le cœur qu'il voyait s'éloigner son cher *Black Pearl*...

Le capitaine jeta un coup d'œil au-dessus de son épaule, dans la direction vers laquelle il se dirigeait : l'île des Quatre Vents. Il avait sans doute le temps d'arriver sur l'île, avant que le Kraken et Davy Jones s'aperçoivent qu'il n'était plus à bord du *Black Pearl*. Jack était tout à ses pensées, quand une grosse vague fit tanguer l'embarcation. Déséquilibré, le capitaine se rattrapa au rebord de la chaloupe, mais son compas lui avait échappé. Il le ramassa et c'est alors que, saisi d'une impulsion, il l'ouvrit.

Ce qu'il vit alors le stupéfia. Il poussa un juron, tenta de se dire qu'entre ses mains le compas ne marchait plus mais, levant les yeux, il aperçut Élisabeth qui traversait en courant le pont, carabine au poing, et il sut alors que son compas marchait au contraire très bien. L'aiguille lui indiquait simplement ce qu'il désirait le plus au monde...

Jack soupira et regarda encore derrière lui l'île des Quatre Vents dont la côte se rapprochait. Bientôt, il serait hors de portée du Kraken et de Davy Jones. Le capitaine avait hâte d'y être. Il ne voulait pas mourir. Regardant une dernière fois son compas, il le referma d'un coup sec, avant de se remettre à ramer.

Sur le *Black Pearl*, Élisabeth chargeait sa carabine en jetant un coup d'œil sur la mer, quand elle aperçut Jack dans sa chaloupe. La jeune femme eut une grimace de dégoût. Elle ne ressentait que du dédain pour cet homme.

— Lâche ! lui cria-t-elle de toutes ses forces, même si elle savait qu'il ne pouvait l'entendre. À peine avait-elle prononcé ces mots qu'elle manqua de tomber. Le bateau était soulevé par une force colossale qui n'était pas celle de la houle. Élisabeth dérapa, puis retrouva son équilibre, tandis qu'autour d'elle tous les pirates baissaient les yeux en direction de la coque, terrifiés à l'idée de ce qui se trouvait au-dessous d'eux.

— Un mort dans l'eau ! Un mort dans l'eau ! cria le perroquet de Cotton, avant d'aller se percher à l'abri dans les haubans.

Mais les ordres vigoureux et précis que lançait Will ranimèrent la vaillance des hommes. Bientôt, tout le stock de barils de poudre et de bouteilles de rhum était entassé sur le filet de chargement, au fond de la cale. Will rabattit les coins du filet avant de les nouer et d'y passer la corde du palan. Après quoi, il ordonna aux hommes d'aller en fixer l'autre extrémité au cabestan, sur le pont supérieur et, pour finir, il grimpa sur le filet.

— Tirez maintenant ! cria-t-il aux marins qui se trouvaient autour du cabestan. Tirez dur !

Sur le pont supérieur, Gibbs relaya l'ordre de Will :

— Tirez ! Tirez ! Allez-y à fond ! Comme si on vous payait pour le faire !

S'arc-boutant contre les barres du cabestan, les pirates poussèrent de toutes leurs forces avec leurs épaules. Le filet de cordage se souleva. Lentement, il traversa la coque du bas en haut, en passant par les ouvertures des différents ponts, et arriva enfin à la dernière trappe, sur le pont supérieur. Sur l'ordre de Will, les pirates tirèrent encore, jusqu'à ce que le filet se balance à plusieurs mètres au-dessus du pont. Faisant signe aux hommes d'arrêter de tirer,

Will attrapa alors une corde du gréement et il la hala de toutes ses forces, de manière à se déporter avec le filet sur le côté du navire, jusqu'au-dessus de l'eau.

Pendant ce temps, sur le pont, les tentacules venaient de faire irruption en passant par les sabords. Ils se faufilèrent en un clin d'œil jusqu'au flanc opposé du navire. Le Kraken voulait prendre le bateau comme dans une nasse...

— Par ici, viens m'attraper ! le provoqua Will, agrippé à son filet, suspendu au-dessus des flots.

Postée près de l'écoutille, non loin de la cabine de Jack, Élisabeth tenait son fusil en joue, braqué sur la charge explosive.

Mais le Kraken était partout. Certains de ses tentacules commencèrent à s'enrouler autour du mât principal. Ils furent accueillis par une salve de coups de feu, qui les fit se rétracter en vitesse. À la proue, deux autres tentacules étaient en train de se nouer l'un à l'autre autour du bout-dehors pour entraîner le bateau vers le fond. Armés de crochets, Marty et les hommes qui le secondaient les lacérèrent si profondément que le sang gicla et le Kraken lâcha prise... Sans doute irrité par toutes ces attaques imprévues – lui qui ne rencontrait jamais de résistance – le monstre marin s'en prit brusquement au filet d'explosifs, sans que Will l'ait vu venir. Élisabeth avala sa salive avec difficulté. Elle était prête à tirer, mais il fallait que Will se mette à l'abri. La jeune femme sentait ses mains trembler malgré elle sur la crosse de son fusil. La tristesse et la fureur se mêlaient à la peur qu'elle ressentait. Se pouvait-il que Jack les ait quittés en les laissant se battre seuls ! Comment avait-il pu faire une chose pareille ? Abandonner Gibbs, l'abandonner elle, abandonner Will qui lui avait autrefois sauvé la vie ! Et dire que c'était lui que le Kraken était venu chercher. C'était à cause de lui qu'ils allaient tous mourir !

— Dépêche-toi, Will ! murmura Élisabeth dans un gémissement.

Will n'avait pas besoin qu'on le lui dise. Il se démenait comme un beau diable en essayant de trouver un espace libre pour s'échapper. C'était comme une partie de cache-cache entre lui et les tentacules qui se tordaient à chaque instant pour l'empêcher de fuir. Will avait une épée, mais il préférait ne pas s'en servir, afin que le Kraken ne s'éloigne pas du filet bourré d'explosifs.

Tandis qu'Élisabeth observait la scène avec angoisse, elle ne se rendait pas compte que d'autres tentacules étaient en train de se glisser derrière elle, après avoir réussi à passer par les fenêtres de la cabine du capitaine. L'extrémité de l'un d'eux se glissa entre ses jambes. Élisabeth ouvrit la bouche de stupeur en voyant soudain un gros serpent luisant frétiller sous elle. Se prenant les pieds dans les anneaux grouillants, elle lâcha sa carabine et s'effondra sur l'horrible peau visqueuse du monstre, le long duquel elle glissa jusqu'à l'escalier de l'écoutille, qu'elle dégringola de la première à la dernière marche.

Mais Marty escaladait déjà le tentacule qu'il cinglait de coups furieux de sabre. Will souffla de soulagement, tandis qu'Élisabeth, saine et sauve – hormis quelques bleus –, se dépêchait déjà de remonter l'écoutille pour récupérer sa carabine. Mais quand elle arriva sur le pont et qu'elle leva les yeux, une surprise de taille l'attendait : Jack était là, de retour sur le *Black Pearl* !

— Il nous reste un peu de temps, lui dit-il en ignorant son air stupéfait. Il faut quitter le navire !

D'un coup d'œil, il remarqua Will, accroché au filet au-dessus des flots, et comprit instantanément ce qu'il essayait de faire. Ramassant la carabine d'Élisabeth, il pointa le canon de l'arme vers le chargement explosif au moment où Will réussissait enfin à se dégager de la nasse vivante des tentacules qui l'emprisonnaient. Jack fit feu, alors que Will bondissait sur le pont. Le chargement de poudre et de rhum explosa...

Tous les pirates fermèrent les yeux, avant de les rouvrir aussitôt. Leurs mains encore plaquées de chaque côté de leur tête pour protéger leurs tympans, ils restèrent bouche bée. Arrachés par le souffle de l'explosion, les tentacules du monstre volaient dans les airs dans une vapeur sanglante avant de retomber dans l'eau en soulevant des gerbes d'écume rose. Des tronçons de tentacules sanguinolents jonchaient maintenant les flots, tout autour du *Black Pearl*. D'autres tentacules prirent feu à leur tour et, bientôt, se tordant de douleur, le monstre battit en retraite à bonne distance du bateau. Il plongea pour soulager ses brûlures, tandis que sa peau fumante grésillait au contact de l'eau...

— Vous croyez qu'on l'a eu ? demanda Marty, le souffle court.

Gibbs secoua la tête. Il n'avait pas l'air convaincu...

— Non, on l'a juste énervé. On n'est pas encore tirés d'affaire. Quels sont vos ordres, mon capitaine ? lança-t-il en apercevant enfin Jack.

Celui-ci descendait les marches de l'écoutille, suivi d'Élisabeth. Il se gratta la barbiche.

— On ne l'aura jamais. Il faut abandonner le navire. Tous à la chaloupe !

— Quelle chance avons-nous d'en réchapper dans une frêle chaloupe contre un tel monstre ? fit Gibbs d'un ton mordant.

— Aucune, s'il nous attaque, admit Jack. Mais on peut essayer d'atteindre l'île en profitant du moment où il engloutira le *Black Pearl*... Abandonnez le navire ou abandonnez l'espoir ! En disant cela, le regard de Jack se noyait de tristesse. Il n'avait pas le choix. Le Kraken reviendrait et le *Pearl* serait englouti. Ils devaient fuir.

Élisabeth regarda Jack. Puis, elle se retourna vers les autres.

— Il a raison, dit-elle. Il ne nous faut que quelques minutes pour atteindre l'île des Quatre Vents.

Will acquiesça de la tête, de même que Gibbs, Pintel, Ragetti, Cotton, Marty et les nouveaux matelots engagés. Tous se dirigèrent vers la chaloupe, tandis que le Kraken recommençait déjà à nager en cercle autour du navire.

Rechargeant sa carabine, Jack couvrit leur retraite. Mais Élisabeth s'attardait. Bientôt, ils furent seuls sur le pont.

— Merci, Jack, dit-elle doucement en s'avançant vers le capitaine.

— Nous ne sommes pas encore sauvés ! observa Jack.

Élisabeth s'avança encore d'un pas vers lui.

— Vous êtes donc revenu... J'ai toujours su que vous étiez quelqu'un de bien !

Tous les hommes s'étaient installés dans la chaloupe. Il ne manquait plus que Jack et Élisabeth. Inquiet, Will se demanda s'il ne leur était rien arrivé et, se dressant sur ses jambes, leva les yeux vers le bastingage. Ses yeux s'arrondirent de stupeur : sur le pont, Élisabeth et Jack étaient en train de s'embrasser passionnément...

Will se rassit dans la chaloupe, en état de choc.

Sous la force du baiser d'Élisabeth, Jack titubait

et reculait. La jeune femme n'avait que faire de savoir si quelqu'un pouvait les voir. Elle embrassait Jack du mieux qu'elle le pouvait. C'était un baiser incroyable. Un baiser qui resterait longtemps dans les mémoires. Un baiser qui mijotait depuis le premier jour de leur rencontre. Et aussi un baiser qui amena Jack jusqu'au mât du navire...

Enfin, leurs bouches se séparèrent. Jack regarda Élisabeth. Celle-ci lut dans les yeux du capitaine qu'il avait compris ce qui l'attendait. Dans le silence total qui régnait sur le pont désert, on entendit alors un petit cliquetis. Jack baissa les yeux. Élisabeth venait de passer des menottes à ses poignets et de les enchaîner au mât...

Jack ne protesta pas. Il regardait Élisabeth dans les yeux, encore plus éperdument amoureux d'elle, après ce qu'elle venait de faire. Ils étaient les mêmes, tous les deux. Elle et lui. Lui et elle...

Élisabeth ne put soutenir le regard du capitaine.

— C'est vous qu'il veut, dit-elle brièvement. Pas le navire. Ni nous autres. C'était le seul moyen. Et je ne m'en excuse pas ! ajouta-t-elle crânement en relevant les yeux. Jack opina de la tête. Il reconnaissait tout à fait le caractère nécessaire et logique de ce qu'Élisabeth faisait.

— Vous êtes un vrai pirate ! lui lança-t-il avec admiration.

Élisabeth jeta un dernier regard à l'homme qui avait été la cause de tant d'ennuis dans sa vie, mais aussi de tant d'aventures fabuleuses. Puis, elle prit conscience que les autres l'appelaient, de plus en plus pressants, et elle laissa Jack... attendre seul.

Bientôt, elle avait gagné la chaloupe, où elle s'assit à côté de Will, qui la regardait fixement.

— Où est Jack ? demanda-t-il.

La jeune femme hocha la tête longuement.

— Il a choisi de rester, dit-elle enfin. Et de se sacrifier pour nous donner une chance. Allez, on y va !

Will acquiesça. Il comprenait maintenant le sens de ce qu'il avait vu. Il faisait une entière confiance à Élisabeth...

Lentement, les tentacules du Kraken se glissèrent sur le pont. Jack se débattait de toutes ses forces pour ôter ses menottes mais, bientôt, les tentacules grouillaient autour de lui. Dans un ultime sursaut, le capitaine parvint à se saisir avec ses pieds d'une lanterne qui se trouvait à côté du mât et, cassant le verre de la lampe, il renversa l'huile sur ses mains. Après avoir réussi à faire glisser une de ses mains hors de l'anneau de fer, il s'apprêtait à faire la même chose avec l'autre, quand il vit le Kraken se hisser sur le bastingage. Le corps du monstre reposait déjà à moitié sur le pont, ses immenses yeux braqués sur lui.

Jack se figea de terreur. En une seconde, le Kraken était devant lui. Avec un rugissement formidable, qui venait d'un autre monde, la créature se dressa au-dessus de Jack, son bec grand ouvert exhalant un souffle froid d'une puanteur insoutenable, plus pestilentielle que celle de mille cadavres : la légende était vraie en tous points.

Jack plissa le nez avec dégoût.

— Champion, comme odeur ! reconnut-il.

Disant ces mots, ses yeux s'agrandirent de joie. Devant le capitaine, coincé dans les petites excroissances roses qui bordaient la gueule du monstre..., il voyait son chapeau, son cher chapeau !

D'un bond, Jack le cueillit dans la gueule colossale, avant de le remettre bien à sa place, sur sa tête. Le capitaine se sentait soudain tout ragaillardi. Relevant la tête, il fit face à son destin.

— Salut, la bête ! dit-il.

Puis, tirant son sabre de sa main libre, il se mit en garde et attaqua. Mais ce n'était qu'un baroud d'honneur, magnifique il est vrai...

Depuis la chaloupe qui se rapprochait d'instant en instant de l'île des Quatre Vents, Élisabeth et Will assistaient de loin au terrible face-à-face entre Jack et le Kraken. Lentement, l'effroyable monstre recouvrit le *Black Pearl* entier de ses tentacules puis, soudain, dans une immense gerbe d'eau, il le tira vers les profondeurs. Quand la gerbe d'eau retomba, le navire – et son capitaine à son bord – avait entièrement disparu.

À bord du *Hollandais Volant*, Davy Jones eut un petit rictus satisfait.

— Jack Sparrow, s'exclama-t-il, tu as réglé ta dette !

Mais Davy Jones n'était pas le seul à observer la scène depuis le *Hollandais*. Bill le Bottier la contemplait aussi. Tandis que Jack était englouti avec le navire, ses yeux s'embuaient d'émotion et ce qui restait du cœur maudit du pirate se tordait de douleur. Les yeux noyés de chagrin, Bill le Bottier regardait la surface tranquille des eaux, où Jack et le *Black Pearl* naviguaient encore il y avait si peu de temps. Le cœur lourd, le pirate se souvenait de Jack Sparrow – du capitaine Jack Sparrow ! Doucement et douloureusement, il s'adressa en chuchotant à la mer désormais déserte :

— Si un homme pouvait vaincre le Diable, j'aurais pensé que c'était toi.

Le légendaire *Black Pearl* avait disparu avec son capitaine, et déjà, l'univers semblait un peu moins brillant sans eux...

## LIVRE III

# JUSQU'AU BOUT DU MONDE

# Prologue

*Tout est fini. Le capitaine Jack Sparrow n'est plus... Élisabeth, Will, Gibbs, Cotton, Marty, Pintel et Ragetti ont vu de leurs propres yeux le* Black Pearl *enlacé par les tentacules gigantesques du Kraken qui l'emportait, lui et son capitaine, pour un dernier voyage jusqu'au Bas-Fond de Davy Jones, d'où l'on ne sort que le jour où l'Éternité tout entière se sera écoulée.*

*Tout est vraiment fini, puisque James Norrington, le commodore déchu, a réussi à s'emparer du cœur de Davy Jones, enfermé dans un coffret, et est allé l'offrir à James Cutler Beckett en échange de sa réinté-*

*gration triomphale dans la Marine royale. En possession de ce cœur toujours battant, et plus que jamais décidé à exterminer les pirates pour le compte de la puissante Compagnie des Indes, Lord Beckett est devenu le maître de Davy Jones et surtout de son navire sorti tout droit de l'enfer : le* Hollandais Volant, *terreur des océans...*

*Tremblez, pirates ! Votre dernière heure serait-elle venue ? Le monde libre et dangereux des pirates est-il condamné à disparaître, maintenant que Jack Sparrow n'est plus là pour le défendre ? Élisabeth, Will, Gibbs, Marty, Cotton, Pintel et Ragetti : vous êtes tous là, réunis dans l'antre mystérieux de Tia Dalma, la sorcière au sourire envoûtant. Tandis qu'elle vous sert du rhum chaud pour vous réconforter, son regard plonge au plus profond des désirs de chacun d'entre vous.*

*— Si on pouvait faire quoi que ce soit pour le ramener..., commence Will en regardant Élisabeth, dont les yeux sont rougis par les larmes et les joues creusées de chagrin.*

*— Le feriez-vous ? lance Tia Dalma, les yeux étincelants. Que feriez-vous ? Jusqu'où iriez-vous ? Navigueriez-vous jusqu'aux confins de la terre et même au-delà ?*

*Elle les regarde tous à leur tour dans les yeux. Et tous, l'un après l'autre, répondent gravement, sans l'ombre d'une hésitation, qu'ils sont prêts. Prêts à tout pour retrouver Jack et le* Black Pearl, *qui est le seul navire capable de se mesurer avec le* Hollandais Volant.

*— Très bien ! répond Tia Dalma, avec un sourire resplendissant. Mais pour vaincre les écueils hantés et surnaturels que vous rencontrerez aux confins de la terre, il vous faut un capitaine qui connaît ces eaux-là !*

*Elle fait un signe et on entend alors un pas descendre des marches. Stupéfait, l'équipage du* Black Pearl *voit sortir de l'ombre le pire ennemi du capitaine Jack Sparrow, celui-là même qui s'était jadis emparé de son bateau, avant de l'abandonner sur une île déserte à une mort certaine : Barbossa, que Jack avait finalement réussi à occire dans la grotte sous-marine de l'île de la Muerta. C'est bien lui, le capitaine Barbossa en personne, revenu d'entre les morts, son petit singe sur l'épaule et mordant avec délectation dans une pomme juteuse...*

*— Alors, mes braves, dites-moi, mon navire, qu'en avez-vous fait ? s'exclame-t-il en éclatant d'un rire triomphal...*

# 1

Cinq mille pirates écumaient les mers des Caraïbes : c'était le nombre officiel avancé par la Marine royale à cette époque d'exploitation impitoyable du Nouveau Monde par la Couronne britannique.

« Cinq mille pirates de trop », déclarait à qui voulait l'entendre Lord Cutler Beckett, le directeur de la plus puissante organisation commerciale du monde : la Compagnie des Indes. Et aujourd'hui, il pouvait être content de lui car, dans quelques minutes, dix pirates allaient se balancer au bout d'une corde.

Le projet d'éradiquer la piraterie ne datait pas d'hier. Mais lorsque les habitants de l'ancien monde avaient découvert les richesses du continent américain, ces hors-la-loi leur avaient été bien utiles pour harceler à leur place les navires des nations rivales à bien meilleur coût que si elles avaient engagé leurs flottes nationales. On ne les appelait pas pirates, mais corsaires. On leur offrait des lettres de course et leur activité était légale. La reine Élisabeth Ire d'Angleterre avait encouragé le navigateur Francis Drake à piller les navires espagnols lors de ses voyages en lui offrant officiellement une part sur les prises...

Mais, désormais, corsaires ou pirates n'étaient plus que du gibier de potence. Les flibustiers avaient fait leur temps. Par le traité de Madrid, l'Espagne et la Grande-Bretagne avaient légitimé leurs possessions respectives dans les Caraïbes et décidé d'un commun accord de mettre fin à la piraterie qui gênait leurs opérations lucratives. On allait enfin traiter entre gens civilisés et les soldats de fortune des temps héroïques troublaient l'ordre de ce monde en gestation. Le commerce : telle était la nouvelle religion. L'exploitation et la production effrénées apportaient tout ce dont on ne pouvait plus se passer désormais : soie, épices, argent, or et émeraudes et même la marchandise humaine, amenée d'Afrique pour travailler dans les mines et les champs, à la place des Amérindiens que la colonisation espagnole avait presque anéantis en apportant dans ses bagages des maladies inconnues. Le produit des récoltes et les richesses extraites des sous-sols partaient vers le continent européen et le bénéfice réalisé servait à se procurer de nouveaux esclaves, toujours plus nombreux. C'est ce qu'on appelait le commerce triangulaire. De cette manière, la boucle de l'exploitation était bouclée... comme les chaînes de ces millions de Noirs africains, arrachés à leurs pays et marqués au fer comme du bétail.

— Dix de moins ! se répéta avec satisfaction Lord Cutler Beckett, revêtu de son uniforme impeccable, en rejoignant la cour intérieure de Fort Charles, tout en contemplant les dix cordes de chanvre suspendues aux dix potences, qui se dressaient sur une haute estrade, bien en vue de tous.

Il regarda autour de lui. Il y avait foule, comme d'habitude pour une pendaison. Dix d'un coup, ça valait le déplacement...

Mais, contrairement à l'habitude, toutefois, on ne distinguait guère de visage réjoui dans la foule qui s'était réunie pour assister au spectacle. Pas de cris : le silence. Et même des yeux rougis, des larmes. Les cœurs étaient serrés à l'idée de ce qu'on allait faire à ces pauvres bougres qui ne cherchaient, somme toute, qu'à survivre dans un monde où ils n'avaient plus leur place.

Cinq mille pirates, peut-être, mais seuls contre tous à présent. On pendait, on expulsait, l'ordre devait régner. En Jamaïque, on pendait. Ailleurs, dans les mers de Chine, on décapitait. Trente-trois pirates en quarante-cinq minutes : tel était le genre de record dont les bourreaux s'enorgueillissaient. Avec, pour bien faire passer le message, les têtes qui restaient exposées pendant plusieurs semaines, comme ce serait le cas pour les futurs pendus de Fort Charles, sortes d'enseignes publicitaires pour avertir le navigateur de passage qu'il avait intérêt à bien choisir son camp. Les tambours commencèrent à rouler au moment où le directeur de la Compagnie des Indes alla prendre sa place sur les gradins avec les autres officiers, en compagnie de son assistant, le fidèle Mercer, assassin à ses heures. Leurs roulements résonnaient entre les murailles de Fort Charles, à l'endroit même où Jack Sparrow avait failli être pendu, jadis.

Le capitaine du *Black Pearl* avait échappé à son sort mais, malheureusement, ce ne serait pas le cas de ces dix pirates, dont le plus jeune n'avait pas quinze ans. Eu égard à son âge, ce serait lui qui passerait à la trappe – à proprement parler – en premier. Au pied de l'estrade, la foule des habitants de Port Royal mit ses mains en visière. Leurs regards allaient du jeune mousse que l'on conduisait maintenant à la potence, à ses camarades qui attendaient en file derrière lui sous bonne garde et les pieds enchaînés.

Le grondement du tambour enflait sous les baguettes énergiques des fusiliers en uniformes rouges et blancs, chaussés de guêtres impeccablement cirées. Quel bel ordonnancement ! Les drapeaux de la Couronne flottaient fièrement et un peloton de soldats posté sur les créneaux du fort surveillait la scène, prêt à faire feu au moindre désordre.

« Tam-tam... Tam-tam-tam... Tam-tam... Tam-tam-tam... Tam-tam... »

Poussé par un geôlier au visage masqué d'une cagoule, le premier candidat à la mort gravit les marches de la potence. Puis, la longue litanie des chefs d'accusation commença, toujours sous les roulements de tambours :

— « La cour proclame que vous êtes condamné pour avoir commis des crimes contre la Couronne... Lesdits crimes étant divers et nombreux et de sinistre nature... Les plus insignes d'entre eux étant cités ci-après : contrebande, piraterie... »

Droit comme la justice, Beckett écoutait la succession des crimes nombreux et de sinistre nature, exactement comme s'il s'agissait de la succession des hauts faits de sainte nature qu'il avait accomplis. C'est grâce à lui que l'on se débarrassait de dix pirates aujourd'hui !

— « ... Pour ces crimes, vous êtes condamné à être pendu haut et court jusqu'à ce que mort s'ensuive. » Puisse Dieu avoir pitié de votre âme !

Les roulements de tambours s'accélérèrent. Maintenant, le condamné était debout sur la trappe.

Ses mains liées par-devant, le bourreau prêt à intervenir à toute tentative de rébellion, le jeune homme contemplait le ciel à travers le nœud coulant. Il n'avait jamais senti aussi intensément la beauté du monde qu'en ces derniers instants... Le roulement de tambours cessa et, à ce signal, le garde encagoulé lui mit la corde autour du cou. C'est alors qu'une mélodie commença à se faire entendre parmi les rangs des pirates enchaînés. Juste un murmure. « Mmmmm... » Ce genre de mélodie que tout pirate chantonne en lui-même ou entonne avec les autres pour se donner du courage sur les mers déchaînées, quand il a trop faim, trop soif, quand la maladie le terrasse, ou quand sa famille lui manque trop...

À ce murmure, le temps fut comme suspendu. Que se passait-il ? Des condamnés à mort qui chantaient ? Chante-t-on quand on va mourir ? De qui se moquait-on ? Lord Cutler Beckett serrait les dents, furieux. Il voulut faire signe au bourreau de procéder sans plus tarder à l'exécution, quand le condamné à mort entonna le refrain du chant d'une voix haute et vibrante. Il ne murmurait pas. Il chantait ! De tout son cœur. La chanson joyeuse des pirates que même la mort ne peut faire taire !

*Yo ho, tous ensemble, hissez haut les couleurs !*
*Haut hisse, voleurs et mendiants,*
*La mort ne nous prendra jamais !*

Le jeune garçon ferma les yeux, attendant le choc final, puis comme rien ne venait encore, il reprit, encore plus fort :

*Le roi et ses frères tirèrent la reine de son lit*
*Et l'enchaînèrent à ses propres os.*

Alors, le pirate dont le tour venait juste après joignit sa voix à celle du jeune garçon :

*La mer sera nôtre et, par Neptune,*
*Nous roulerons sur les vagues,*
*Libres comme le vent !*

Le bourreau ne bougeait toujours pas. Ses mains étaient prises de tremblements. Il pouvait faire ce travail, à condition que rien ne vienne troubler le strict déroulement de la procédure.

Puis, une troisième voix se joignit à celles du jeune garçon et du condamné qui le suivrait et, bientôt, tous les pirates se mirent à chanter :

*Yo ho, tous ensemble, hissez haut les couleurs.*
*Haut hisse, voleurs et mendiants,*
*La mort ne nous prendra jamais !*

Excédé, Beckett fit un signe de tête au juge, qui donna l'ordre au bourreau de remplir enfin son office.

À la voix de l'autorité qui fondait sur lui, le bourreau se reprit. Il ajusta la corde autour du cou du jeune garçon et poussa le levier qui commandait l'ouverture de la trappe. Avec un chuintement, elle céda sous le poids du condamné, qui tomba d'un seul coup. Pendu !

Aussitôt, le pirate suivant fut conduit à la corde. Cette fois, c'était un vieux bougre, un loup de mer qui avait tout vu, tout enduré, et finissait pourtant sa vie sans la moindre pièce de Huit en poche. Il écouta patiemment la litanie des accusations portées contre lui et monta sur l'échafaud. Derrière lui, les pirates chantaient. Une fois la corde au cou, presque triomphalement, le vieux pirate entonna seul le couplet suivant :

*Il en est qui sont morts et d'autres qui vivent.*
*Et d'autres qui naviguent sur les mers*
*Avec les clefs de la prison et le diable à payer.*
*Nous nous étendrons sur les champs du vert paradis*
*Où le violon du Malin nous fera danser la gigue !*

Et le chœur des pirates reprit le refrain, d'une voix qui gonflait d'instant en instant :

*Yo ho, tous ensemble, hissez haut les couleurs.*
*Haut hisse, voleurs et mendiants,*
*La mort ne nous prendra jamais !*

Mais, à présent, le bourreau était habitué. Sans plus d'état d'âme, il mit la corde autour du cou du vieux pirate et, une seconde plus tard, l'homme se balançait à côté du premier.

Il suffisait en réalité d'une seconde pour pendre un homme.

Contrairement au bourreau, Cutler Beckett se serait bien passé de toute cette cérémonie pour pouvoir exécuter les dix pirates en dix secondes.

Cinq mille pirates : cinq mille secondes. Moins de deux heures... C'était bien assez ! Il attendit patiemment, alors que le chant des pirates mourait peu à peu, perdant une voix à chaque nouvelle exécution. Le juge aussi avait l'air pressé d'en finir. Il énumérait les chefs d'accusation de plus en plus vite, après quoi le bourreau mettait la corde au cou du pirate suivant, tirait le levier et la corde se tendait net, interrompant le chant du pirate en pleine strophe.

Et ainsi de suite, de plus en plus vite.

Dix, neuf, huit, sept, six, cinq, quatre, trois, deux, un...

Lord Beckett sourit. Les dix pirates pendaient maintenant au bout de leurs cordes...

Loin, très loin d'ici, à Madagascar, un homme nommé Teague examinait une de ces pièces de Huit que le vieux pirate pendu n'avait pas réussi à obtenir de toute sa vie. Cet homme faisait partie de la grande communauté des Frères de la Côte, constituée des boucaniers et des flibustiers qui avaient trouvé refuge autour de l'île de Tortuga. Mais Teague était l'un des membres du Tribunal de la Confrérie des pirates – le gardien en personne du Code –, et il se serait bien passé d'avoir cette pièce de Huit entre les mains. Car cette pièce ainsi que la lettre qu'il venait de lire signifiaient que les choses allaient mal. On savait que l'heure était grave : les dix cadavres étaient là pour en témoigner. Mais les pirates d'ici et d'ailleurs ne savaient pas encore à quel point...

# 2

Que les choses aillent mal ou très mal, il y avait pourtant quelqu'un qui ne perdait jamais courage : c'était Élisabeth Swann. Ce courage lui avait permis de sauver sa vie jusqu'à présent, et bien souvent aussi celle des autres. Ainsi, c'était grâce à son sang-froid que son fiancé, Will Turner, et les autres membres d'équipage du *Black Pearl*, avaient survécu au Kraken. En endormant le capitaine Sparrow par de belles paroles – dont on ne pouvait néanmoins pas dire qu'elles étaient réellement mensongères –, elle l'avait fait reculer jusqu'au mât de son bateau où elle l'avait à son insu attaché avec des menottes, tandis qu'elle l'embrassait à pleine bouche. Élisabeth ne savait pas exactement pourquoi elle n'avait pas tout avoué à Will, cet acte étant plutôt en son honneur...

Ce fut un long voyage pour se rendre de l'île de la Jamaïque jusqu'à Singapour, là où Tia Dalma leur avait expliqué que le véritable grand voyage commencerait. Ils embarquèrent à bord d'un cargo. Tout l'équipage de Jack était là, sans compter Tia Dalma et bien sûr Barbossa, flanqué de son abominable singe mort-vivant, toujours perché sur son épaule ou courant sur les haubans en piaillant comme un diable. Ils traversèrent l'océan Atlantique Nord, franchirent le cap de Bonne-Espérance, arrivèrent dans l'océan Indien puis, après être passés au large de Madagascar, coupèrent par le golfe du Bengale pour arriver en mer de Chine. Ils étaient parvenus enfin à la « ville du lion » : *Singapura*, autrement dit Singapour.

Les protagonistes de la coalition s'étaient déjà mis d'accord sur un plan d'action, où chacun avait son rôle. De sorte que le soir même, quand la nuit fut tombée, Élisabeth, le visage caché par un chapeau pointu qui lui tombait bas sur les yeux et vêtue d'une veste et d'un pantalon à la chinoise recouverts d'une grande cape à doublure, se retrouva sur une petite chaloupe à fond plat, en train d'avancer à l'aide d'une longue perche, entre les quais branlants et mal éclairés du port de Singapour.

La jeune femme avait un peu de mal à réaliser où

elle se trouvait. Jamais elle n'avait vu de sa vie un port aussi important, avec ses centaines et ses centaines de jonques de toutes tailles – des petits sampans au dôme en bambou tressé, jusqu'aux puissantes jonques de haute mer avec leurs voiles lattées qui se déployaient comme des ailes membraneuses de chauve-souris. Jamais non plus elle n'avait vu un endroit aussi délabré, aussi sale, avec ces monticules d'ordures flottantes qui s'entassaient contre les pontons au rythme des marées : pire que Tortuga, le repaire bien connu des pirates des Caraïbes...

Pour se donner du courage, elle se mit à chanter. C'était la même chanson que celle qui était morte entre les lèvres des dix pirates pendus, à Port Royal, peu de temps auparavant.

*Hissons haut les couleurs ! Haut hisse !*

Et comme Élisabeth ne se trouvait pas suspendue à un gibet – même si elle devait craindre d'y finir un jour –, elle continua doucement sa chanson :

*La cloche a été remontée de sa tombe marine,*
*Entendez-vous son chant sépulcral ?*

Silencieusement, l'embarcation continua à se faufiler dans le labyrinthe des piliers à demi immergés qui soutenaient un assemblage de pontons et de passerelles reliant les quais entre eux, et sur lesquels était construit un enchevêtrement phénoménal de cabanes de bambou aux toits de paille. Toute une population vaquait là à des occupations mystérieuses, dont la contrebande devait être la principale. Beaucoup de pirates se cachaient sans doute en son sein et, bien qu'Élisabeth ait été fille de gouverneur et ait vécu dans le plus grand luxe en jouissant de tous les privilèges dus à son rang jusqu'à ses vingt ans, son cœur était désormais du côté de ces miséreux. À Singapour, la population de pêcheurs était bien obligée de trouver d'autres ressources à la saison des moussons, quand les pluies torrentielles balayaient le rivage et que le poisson se faisait rare. Les décapitations publiques qui se multipliaient ces temps-ci n'empêchaient pas les hommes de continuer à attaquer les navires impériaux pour nourrir leurs familles.

Élisabeth progressa en direction de la haute tour en forme de pagode à toits étagés, qui constituait son repère. Oppressée par l'angoisse, elle continuait à chanter, tout en contemplant les miroitements de l'eau où les lampions rouges accrochés ici et là jetaient des reflets chatoyants. Elle passa devant une femme qui vidait des poissons, les bras plongés dans leurs entrailles jusqu'aux coudes, un artisan qui soufflait du verre sur un feu de charbon, et un jeune garçon, qui éclata de rire en entendant le cri poussé par Élisabeth quand il alluma sur son passage une fusée tournoyante qui projeta des étincelles sur la jeune femme.

De plus en plus tendue, Élisabeth redoubla d'efforts sur sa perche pour atteindre aussi vite qu'elle le put la voie écartée qui conduisait vers son lieu de rendez-vous. Elle avait l'impression que mille yeux sournois la guettaient sous les chapeaux pointus, que les lampions suspendus dessinaient des sourires maléfiques sur les bas des visages, que les craquements des planches et des cabanes se multipliaient comme pour la menacer, et que les éclats de lumière qui jaillissaient parfois dans l'obscurité étaient ceux d'armes blanches qui allaient s'enfoncer dans son dos sans crier gare. Elle sauta sur le ponton avec un soulagement indicible.

— *Écoutez tous, prenez garde à la bourrasque !* chanta-t-elle d'une voix plus aguerrie.

Mal lui en prit. Soudain, elle aperçut des soldats de la Compagnie des Indes qui venaient dans sa direction. Mercer était parmi eux !

Se penchant sur l'anneau d'amarrage, Élisabeth se mit à resserrer le nœud de sa corde pour se donner une contenance. Elle priait intensément pour que les hommes n'aient pas entendu sa chanson : une chanson de pirates ! Mon Dieu, pourquoi avait-elle été si imprudente ?

Mais, à son grand soulagement, les hommes passèrent devant elle sans s'arrêter, puis s'éloignèrent. Élisabeth resta encore quelques instants accroupie, le cœur battant à tout rompre puis, peu à peu, elle se calma, tandis que reprenait le cours de ses pensées.

Que faisait donc Mercer ici ? Avait-il eu vent de leur projet ? Les avait-il suivis ? Ou était-ce pure coïncidence, puisque la Compagnie contrôlait maintenant la mer de Chine et Singapour ?

Tandis qu'elle se posait toutes ces questions, toujours accroupie et pensive, Élisabeth s'était remise à chanter machinalement :

*Yo ho, serrons-nous les coudes.*
*Hissez haut les couleurs ! Haut hisse !*

— *Hissons haut les couleurs ! Haut hisse !* se rajouta soudain à la sienne une voix masculine.

En une seconde, Élisabeth fut sur ses jambes. Trois Chinois armés jusqu'aux dents surgissaient de la grosse bouche d'égout qui se trouvait dans la ruelle aboutissant au ponton. Au milieu de ses deux acolytes, encore plus grand et plus imposant qu'eux avec ses muscles qui saillaient sous sa robe sombre, c'était le chef qui chantait, tout en se dirigeant à pas lents et mesurés vers Élisabeth. Celle-ci le regardait venir, partagée entre la crainte et le soulagement. Cet homme s'appelait Tai Huang et il devait les conduire à son chef, un des neuf Frères, le capitaine Sao Feng.

*Mendiants et voleurs, jamais nous ne mourrons !*

Arrivé devant la jeune femme, il se tut.

— Un chant bien dangereux à fredonner ! lâcha-t-il en dévisageant Élisabeth. Particulièrement pour une femme, ajouta-t-il. Et plus encore pour une femme seule !

La voix de Barbossa résonna à son tour.

— Qu'est-ce qui vous fait penser qu'elle est seule ?

Les deux gardes du corps firent volte-face, leur sabre prêt à jaillir du fourreau. Le vieux capitaine se tenait devant eux, les toisant d'un regard majestueux. Il était vêtu comme à son habitude de sa vieille redingote verdâtre et de son grand chapeau noir orné d'une plume de paon, le tout aussi défraîchi que leur propriétaire à la peau grêlée de petite vérole et à la barbe mal tenue.

— Tu es son protecteur ? lui lança Tai Huang en se retournant à son tour.

Élisabeth ne laissa pas passer cette occasion. D'un bond, elle sauta derrière le pirate, à qui elle mit son couteau sous la gorge.

— Qu'est-ce qui vous fait croire que j'ai besoin d'être protégée ? grinça-t-elle.

— Son maître nous attend, intervint Barbossa. Et une mort inopinée jetterait un léger froid sur notre réunion, ajouta-t-il en foudroyant Élisabeth du regard.

Celle-ci baissa son couteau, mais ne le rengaina pas. Tai Huang considéra le vieux pirate avec condescendance. Il lui faisait penser à ces portraits vieillots qui ornent les châteaux des pays européens.

— Vous êtes donc le capitaine Barbossa ! grogna-t-il.

— Tu l'as dit, répondit Barbossa. Et cette impertinente damoiselle est Élisabeth Swann. Sao Feng nous a promis libre passage.

— Tant que ça lui conviendra ! répliqua l'autre avec un sourire qui ressemblait plutôt à un rictus.

Dans un grand froissement de robes, le pirate se tourna pour les précéder, quand il se ravisa brusquement en leur faisant signe de s'arrêter. Des agents de la Compagnie des Indes traversaient la ruelle. Mais ils s'éloignèrent sans se soucier d'eux.

Quelques instants plus tard, le groupe se faufilait à l'intérieur de l'égout...

Décidément, les soldats de la Compagnie étaient partout. Mais il était facile d'échapper à leur attention, tant ils semblaient dénués de toute imagination. Jamais ces soldats nourris au lait de la discipline la plus stricte n'auraient imaginé que l'on puisse emprunter un égout puant, où ils saliraient leur bel uniforme, sans parler des rats, des araignées énormes et autres bêtes répugnantes comme des reptiles de vase, qui les frôleraient et pourraient même les mordre.

Deux de ces soldats exemplaires de la Compagnie

des Indes patrouillaient non loin de là, sur un de ces nombreux ponts branlants qui enjambent les canaux et les voies d'eau de Singapour. Ils examinaient consciencieusement les environs pour voir s'il n'y avait rien d'anormal. Et ils ne virent rien d'anormal. Si les deux hommes s'étaient penchés au-dessus de la rambarde du pont, ils auraient estimé pareillement qu'il n'y avait rien d'anormal non plus. Et il est vrai qu'une file de noix de coco dérivant lentement sur l'eau, à la queue leu leu, comme une famille de canards, ce n'était pas quelque chose de forcément anormal.

De toute façon, les noix de coco allaient bientôt être à l'abri en arrivant sous le pont. C'est à ce moment que l'une d'elles se souleva. C'était bien une noix de coco, mais elle avait été transformée en casque de camouflage pour les besoins de l'opération, avec deux petits cordons à nouer autour du cou. Sous ce casque, se trouvait Pintel. Puis, une autre noix de coco se souleva et apparut Ragetti, dont l'œil de bois tourna dans son orbite, tandis que l'autre furetait de tous côtés. Presque en même temps, les autres noix de coco se soulevèrent et découvrirent les visages rusés des autres comparses de l'équipage de Jack Sparrow : Gibbs, Cotton et Marty. Ils marchaient sous l'eau depuis un certain temps en levant de temps en temps leur nez pour aspirer un peu d'air, de gros ballots de toile huilée imperméable au bout des bras et une lime entre les dents. Sous le pont, se trouvait une grille métallique, assez large pour leur livrer passage, devant laquelle ils se mirent à attendre patiemment.

Quelques instants plus tard, une femme sortit de l'ombre et s'avança vers le pont. C'était une femme chinoise, du moins en avait-elle l'accoutrement, avec son chapeau en forme de toit de pagode, entouré d'un voile de gaze qui lui dissimulait complètement le visage. Elle poussait devant elle une carriole aux roues extrêmement grinçantes, sur laquelle était accumulé tout un bric-à-brac : cages d'oiseau occupées par des canaris aux gazouillis assourdissants, flacons remplis de potions troubles, sacs de farine entassés par dizaines, le tout surmonté par un petit singe qui tournait la manivelle d'un orgue de Barbarie au crincrin insupportable. C'était cette carriole que les hommes de Gibbs attendaient. À elle seule, elle faisait plus de bruit qu'une escouade d'ivrognes : c'était bien ce qu'il fallait pour recouvrir le bruit de limes en action. Sans plus tarder, Gibbs et ses hommes s'attaquèrent à la grille métallique.

Ameutés par le tintamarre, les deux soldats de patrouille s'approchèrent de la carriole. Sous le pont, les hommes limaient et limaient, tandis que Jack – le singe de Barbossa – tournait et tournait la manivelle. Mais il s'interrompit un instant pour se gratter et la musique s'arrêta net. Tous les hommes s'arrêtèrent aussitôt de limer, sauf Ragetti, qui donna un malencontreux coup de lame supplémentaire...

Au-dessus, sur le quai, un des soldats se mit à examiner le macaque. Il l'obligea de la pointe de son sabre à se redresser, tandis que son acolyte enfonçait son sabre çà et là dans le bric-à-brac de la carriole. Rien ne semblait suspect.

— Vous n'avez pas le droit d'être là ! jeta le soldat, histoire de dire quelque chose.

La propriétaire de la carriole releva alors le voile qui recouvrait son chapeau. Le soldat tressaillit. La femme levait de grands yeux vides vers le ciel : elle était aveugle...

Puis, un sourire apparut sur sa bouche. Ce sourire était extrêmement reconnaissable, avec sa candeur et son charme, mais les deux soldats de la Compagnie n'avaient jamais eu le bonheur de le contempler : c'était celui de Tia Dalma.

— Ta mère a toujours su que c'était toi qui avais jeté le linge dans le puits, déclara-t-elle de sa voix aux accents mélodieux.

— Qu'est-ce que... ? commença le garde, abasourdi. D'où... ?

— Mais elle te l'a pardonné, acheva Tia Dalma, péremptoire.

Le garde ouvrait de grands yeux. Son cœur battait très fort dans sa poitrine. Il n'avait jamais raconté cette anecdote à personne.

— Comment as-tu appris cela ? demanda-t-il à la femme d'une voix tremblante.

— Les canaris ! répondit Tia Dalma en désignant ses oiseaux qui piaillaient à qui mieux mieux dans leurs cages.

Elle leur souriait de toutes ses dents noirâtres. Les soldats reculèrent puis, après avoir échangé un bref regard de connivence, ils firent demi-tour sans ajouter un mot de plus. Jack – le singe – se remit alors à tourner sa manivelle et, sur les quais, Pintel et Ragetti recommencèrent à scier les barreaux de la grille.

# 3

La sortie de l'égout était enfin en vue. Élisabeth pressa le pas derrière Tai Huang. Mille fois, elle avait cru s'évanouir à cause de l'odeur insupportable des immondices charriées dans cette conduite, à l'intérieur de laquelle il avait fallu patauger sur une longueur de plus de trois cents mètres.

Après avoir vérifié que le passage était libre, Tai Huang leur fit signe de sortir. Ils se retrouvèrent dans une ruelle bordée de maisons à plusieurs étages aux toits retroussés, où l'on devinait des tavernes à beuverie et des fumeries d'opium : certainement pas un des quartiers les mieux famés de Singapour, si tant est qu'il en existait.

L'établissement de bains que Tai Huang leur désignait de l'autre côté de la ruelle ne déparait pas avec l'ensemble. Avec son porche d'entrée en tiges de bambou complètement fendues et ployées, supportant un toit dont la paille avait été arrachée par pans entiers par les intempéries, il semblait n'attendre que le passage des prochains visiteurs pour s'écrouler.

Mais il ne s'écroula pas et les trois visiteurs atteignirent la porte.

— Avez-vous des nouvelles de Will ? chuchota Élisabeth à Barbossa, pendant que Tai Huang tapotait contre la porte selon un Code convenu.

— Ce morveux est plus que capable de prendre soin de lui-même ! repartit le capitaine avec un grognement. Mais vous-même, ajouta-t-il d'une voix sifflante, quand vous serez en présence de Sao Feng, je vous conseille de vous montrer un peu plus réservée et un peu plus prudente qu'à votre habitude ! Élisabeth le regarda avec de grands yeux innocents.

— Est-il si terrifiant ?

Barbossa lui renvoya un sourire sarcastique.

— Disons qu'il est un peu comme moi, avec mon naturel miséricordieux, si vous voyez ce que je veux dire, mais mon sens de la galanterie en moins !

Derrière la fente qui s'était ouverte dans la porte, Élisabeth et Barbossa devinèrent des yeux qui les scrutaient de haut en bas. Puis, la fente se referma et, après une suite interminable de cliquètements de serrures et de claquements de verrous, la porte s'entrebâilla. Ils étaient arrivés dans le repaire secret de Sao Feng...

Mais les nouveaux venus n'eurent pas plus tôt fait un pas dans le vestibule que Tai Huang leur barra le passage.

— Déposez vos armes, s'il vous plaît !

Sans protester, Élisabeth et Barbossa s'exécutèrent. Élisabeth remit au pirate chinois l'épée et le pistolet qu'elle portait à sa ceinture et Barbossa se débarrassa de la demi-douzaine d'armes qu'il transportait sur lui.

Élisabeth s'apprêtait à avancer, quand Tai Huang lui montra du doigt sa longue cape.

— Pensiez-vous que je ne la soupçonnerais pas de traîtrise parce qu'elle est une femme ? lança-t-il à Barbossa avec un sourire narquois.

— Je vois qu'on ne vous la fait plus ! répondit jovialement Barbossa.

Passant sous silence le fait que le Chinois ne s'adressait pas à elle directement, Élisabeth détacha sa cape et la lui tendit. Tai Huang en retira avec satisfaction deux couteaux cachés dans la doublure. Il commençait à être impressionné par cette jeune femme...

Barbossa et Élisabeth s'apprêtaient de nouveau à passer, quand Tai Huang arrêta encore Élisabeth. Il souriait en désignant sa veste et son pantalon.

— Enlevez, s'il vous plaît...

— Quoi ? protesta Élisabeth, outrée, en baissant des yeux incrédules sur son pantalon.

— Enlevez, répéta l'homme d'un ton sans appel.

Élisabeth avala sa salive. D'un coup d'œil impérieux, Barbossa lui fit signe de ne pas faire d'histoire. Elle ôta ses vêtements en tremblant de rage, avant de les tendre à Tai Huang qui en retira encore un couteau et un petit pistolet. À présent, Élisabeth se retrouvait en combinaison, essayant vainement de tirer sur le vêtement pour recouvrir un peu ses genoux. Pendant toute son enfance, son père lui avait inculqué le souci de décence et cette éducation l'avait marquée au plus profond d'elle-même.

Élisabeth fut un instant au bord des larmes, puis elle se reprit. Ce n'était pas une éducation aristocratique stupide qui allait lui faire perdre ses moyens. Après tout, Tai Huang avait raison et elle aurait fait la même chose à sa place. Se redressant fièrement sans plus chercher à cacher sa nudité, elle se mit en devoir de refaire tranquillement sa tresse en regardant le pirate avec un petit sourire.

Et ce fut lui qui baissa son regard...

— Allez ! grogna-t-il en leur faisant signe de le suivre.

À la suite de leur guide, Barbossa et Élisabeth s'enfoncèrent dans les profondeurs de la maison de bains. Ils gravirent un escalier délabré, puis suivirent un couloir à la peinture écaillée qui en croisait d'autres, de sorte qu'à un certain moment ils se retrouvèrent séparés de leur guide par une espèce de colosse nu, vêtu d'une simple serviette de bain nouée autour des reins, qui les précédait à grands pas.

Élisabeth avait les yeux rivés sur l'énorme tatouage qu'il portait sur toute la moitié droite de son dos : un tatouage représentant un dragon. Ce tatouage était effrayant, et d'ailleurs c'était le but recherché, en plus de sa fonction de protection magique. Élisabeth avait déjà vu des marins portant une croix tatouée sur le dos, de manière à faire réfléchir à deux fois le contremaître chargé d'administrer le fouet aux punis... Ils empruntèrent un dernier couloir en plus mauvais état encore que les précédents et débouchèrent alors dans une espèce d'immense salle, dans laquelle régnait une chaleur étouffante et dont le plafond se perdait dans les brumes d'une atmosphère chargée de vapeur d'eau. Tai Huang se mit en retrait et attendit.

Tandis que Barbossa regardait dignement devant lui presque sans ciller, Élisabeth se mit à fureter partout du regard à travers la pièce. La salle était voûtée, avec des murs de brique en haut desquels étaient percées d'étroites fenêtres – probablement par souci de protection –, renforcés par une charpente de piliers de bambou entrecroisés. Sur le vieux plancher à claire-voie étaient disposés des candélabres, qui diffusaient une lumière vacillante sur des énormes cuves, dans lesquelles des hommes se baignaient à trois ou quatre à la fois. Tout était sale et mal entretenu : les parois des cuves étaient couvertes d'algues gluantes, les grandes nattes de jonc posées devant étaient en lambeaux et les innombrables conduites de vapeur qui traversaient la pièce étaient complètement rouillées. Des hommes étaient en train d'aspirer à pleins poumons la vapeur qui sortait de ces orifices.

Tous les habitués de l'établissement de bains s'étaient tus à l'entrée des nouveaux arrivants. Certains se tenaient de dos et Élisabeth remarqua qu'ils étaient eux aussi marqués d'un tatouage en forme de dragon. C'était donc le signe de reconnaissance des pirates de Sao Feng, et il s'agissait peut-être aussi du symbole de l'art martial qu'ils pratiquaient et dont Élisabeth avait entendu parler sur le cargo : le kung-fu du dragon, connu pour sa science de la force explosive.

Élisabeth ne put s'empêcher de frissonner, malgré la chaleur. Elle ne savait se battre qu'avec une épée ou un pistolet...

Petit à petit, les hommes s'étaient remis à parler à voix basse, tout en se frictionnant le dos les uns les autres, ou en buvant du thé. Encore une fois, Élisabeth dut faire un effort sur elle-même pour ne pas se sentir agressée par la présence de ces hommes quasiment nus...

Elle tourna la tête vers Barbossa, habillé de pied en cap – jusqu'à son tricorne à plume –, qui devait étouffer de chaleur. Après tout, se dit-elle, elle était aussi bien en combinaison. Mais comme elle suivait le regard du capitaine, elle constata avec surprise la présence de deux femmes dans l'établissement...

Élisabeth cligna les yeux. Il s'agissait de jeunes femmes, coiffées avec des chignons compliqués, retenus par des peignes, des épingles et de longues baguettes. Elles étaient ravissantes, surtout avec les vêtements très ajustés qu'elles portaient, et absolument identiques. Des jumelles, probablement.

D'un même mouvement, les jeunes Chinoises s'approchèrent d'une des cuves et c'est alors qu'un des baigneurs en sortit.

Au regard appuyé que lui lança Barbossa, Élisabeth comprit qu'il s'agissait de Sao Feng. Majestueusement, l'homme enjamba la cuve, tandis que les deux jeunes filles l'enveloppaient d'une grande serviette et lui tamponnaient la peau avec délicatesse. Ce qui frappait chez le chef des pirates chinois étaient ses yeux noirs comme des billes de plomb. Mais il ne regardait pas les nouveaux arrivants. Il ne regardait personne, tandis qu'il se laissait faire par ses deux soubrettes. Celles-ci commencèrent à l'habiller, pièce par pièce. Élisabeth préféra se concentrer sur son visage. Celui-ci était très intéressant, avec son crâne tondu qui contrastait avec sa petite barbichette courte surmontée de deux longues moustaches fines et pointues comme des pinceaux, qui lui descendaient de chaque côté du visage, jusqu'à trente centimètres au-dessous du menton. Élisabeth était tellement perdue dans son observation qu'elle constata soudain avec surprise que l'homme était à présent complètement habillé. Et quel habillement ! Le pirate portait une superposition de robes et de ceintures bordées de liserés d'or, surmontée d'un grand col épais, qui formait une sorte de cuirasse sur ses épaules.

L'opération d'habillage n'avait duré pas moins d'un quart d'heure et, pendant tout ce temps, Sao Feng n'avait pas semblé s'apercevoir de la présence de ses visiteurs.

C'est alors que le capitaine Barbossa faillit se frapper le front avec la main. Par tous les diables, il avait oublié le Code de politesse qui réglait le savoir-vivre asiatique : c'était lui le visiteur, il devait donc parler le premier !

— Capitaine Sao Feng, commença-t-il en s'inclinant avec déférence, merci de nous avoir accordé cette audience !

— Capitaine Barbossa, répondit aussitôt Sao Feng en lançant au capitaine un regard perçant, bienvenue à Singapour !

Le pirate se tourna alors vers un de ses hommes :

— De la vapeur ! commanda-t-il d'une voix tonitruante. Plus de vapeur !

À cet ordre, le garde frappa du poing deux fois contre le mur. À l'étage inférieur, les deux employés préposés à la chaufferie réagirent aussitôt. L'un augmenta le feu qui faisait bouillir l'eau dans la chaudière, tandis que l'autre actionnait le système de soufflets qui propulsait de la vapeur à l'étage au-dessus, à travers le plancher à claire-voie.

Quelques secondes après, la vapeur sortait à pleins tubes des conduits et Sao Feng approcha son visage de l'orifice du tuyau, tandis que ses deux assistantes lui massaient doucement la nuque.

— Dois-je comprendre que vous avez une requête à m'adresser ? lança-t-il.

— Une requête et une proposition, précisa Barbossa. J'ai une certaine affaire en cours et j'aurais besoin d'un navire et d'un équipage.

Repoussant ses deux masseuses, Sao Feng se retourna vers Barbossa en mimant la surprise :

— Et vous me jugez digne d'un tel honneur ? Un navire et un équipage... Il fit une pause, avant d'éclater d'un petit rire sec. Quelle étrange coïncidence ! s'exclama-t-il.

— Parce que vous avez justement un navire et un équipage dont vous ne savez que faire ? répliqua Élisabeth impulsivement.

— Non, répondit Sao Feng en se contentant de sourire plus largement.

Élisabeth intercepta le regard exaspéré que lui lançait Barbossa.

— C'est parce que ce matin, non loin d'ici, reprit Sao Feng en souriant toujours, un voleur s'est introduit dans le temple de mon vénéré oncle et a tenté de s'emparer de ces cartes...

Il cessa brusquement de sourire, tandis qu'il s'avançait vers un vieil homme revêtu d'une longue robe monacale, qui était assis dans un renfoncement du mur et serrait contre sa poitrine d'antiques cartes. C'étaient des cartes comme il n'en existait sûrement nulle part ailleurs dans le monde. Elles ressemblaient aux mosaïques continuellement changeantes d'un kaléidoscope. Au milieu se trouvaient plusieurs cercles concentriques qui bougeaient sans cesse, et des inscriptions étaient inscrites sur les bords, composées de lettres qui s'assemblaient et se dissociaient continuellement pour former des indications sibyllines. Il n'était certainement pas donné à tout le monde de les comprendre...

Le pirate tendit la main pour les prendre à son oncle, mais le vieil homme s'accrochait à son bien. Après un regard impérieux de Sao Feng, il céda.

— La route vers le bout du monde ! lança le pirate en brandissant les cartes au nez de ses visiteurs dans un grand geste théâtral.

À ces mots, l'attitude confiante que Barbossa affichait depuis le début de l'entrevue s'altéra légèrement.

— Est-ce que ce ne serait pas stupéfiant si cette affaire dont vous me parlez – pour laquelle vous avez besoin d'un bateau et d'un équipage – vous emmenait précisément vers le bout du monde ? acheva Sao Feng.

Barbossa déglutit.

— Ce serait stupéfiant, en effet, dit-il, l'estomac complètement serré.

Se détournant de ses visiteurs, le capitaine chinois fit signe à deux de ses hommes qui se tenaient penchés au-dessus d'une cuve, un peu en retrait. L'un d'eux se redressa. Il tenait une chevelure entre les mains. C'était celle de William Turner, quasiment noyé, qui reprenait sa respiration bruyamment.

# 4

Les deux gardes plongèrent de nouveau la tête de Will dans l'eau. À cet instant, enfoncé dans sa cuve, Will regrettait amèrement de s'être fait prendre délibérément... Il avait les mains attachées de chaque côté d'un long bâton qu'on lui avait passé derrière le cou, de sorte qu'il ne pouvait pas bouger, tandis qu'il suffisait d'un simple mouvement du poignet à ses tortionnaires pour lui plonger la tête dans l'eau, avant de le redresser... pour recommencer : un petit jeu qui durait depuis plusieurs heures. Qui plus est, Will avait complètement échoué dans son véritable objectif...

Sao Feng marcha soudain vers le prisonnier et,

avançant la main, il le redressa par les cheveux en exhibant sa tête hagarde à ses visiteurs.

— Voilà le voleur ! dit-il. Connaissez-vous cet homme ?

Élisabeth et Barbossa échangèrent un regard d'ignorance.

— Non, dit Élisabeth sans sourciller. Nous ne l'avons jamais vu.

Le capitaine Barbossa fulminait à l'intérieur de lui-même. Ils étaient bien rassemblés, ces deux-là ! Entre cette fille qui proférait des balourdises plus grosses qu'elle et son imbécile de fiancé qui avait réussi à se faire pincer en s'introduisant dans un temple défendu par des vieillards, il y avait de quoi se demander s'il n'aurait pas mieux fait de se débrouiller tout seul. Décidément, les amis de Jack Sparrow étaient aussi pitoyables que lui. Il fallait espérer que le reste de la bande serait un peu plus efficace. Du moins comportait-elle Pintel et Ragetti, qui lui étaient dévoués jusqu'à la mort...

— Jamais vu non plus, appuya-t-il en lançant un coup d'œil indifférent sur Will. Sao Feng sourit.

— Ah vraiment ? dit-il en tendant la main vers le rebord de la cuve, où il attrapa un poinçon à épissure, instrument pointu servant à lier les cordages, que ses hommes avaient trouvé dans les vêtements de leur prisonnier. Alors je pense que vous ne verrez pas d'inconvénient à ce que je fasse ceci...

Il brandit l'instrument en direction de Will, dont

les gardes lui présentèrent la gorge en lui tirant la tête en arrière. Puis, levant le bras, il se prépara à le transpercer avec le poinçon.

Élisabeth se raidit. Malgré sa tenue légère, elle s'était soudainement mise à transpirer abondamment et son cœur cognait dans ses tempes. Quant à Barbossa, il affichait toujours une indifférence royale – ce qui n'était pas un exploit, car cette attitude était absolument sincère dans le cas précis.

Sao Feng lâcha la chevelure de Will, tandis qu'il se tournait vers Élisabeth. La réaction de la jeune femme ne lui avait pas échappé. Ses petits yeux noirs se rapprochèrent dangereusement.

— Vous venez dans ma ville, vous recherchez ma protection et mes largesses... Et comment me récompensez-vous ? éructa-t-il en crispant son poing sur le poinçon. En trahissant mon hospitalité !

Le pirate avait à présent totalement perdu son attitude affable. Sa voix vibrait de colère. Deux de ces misérables venaient lui demander son aide, tandis que le troisième le frappait dans le dos. Finalement, ces gaillards ne valaient pas mieux que les agents de la Compagnie des Indes ! C'était blanc bonnet et bonnet blanc... Mieux valait ne compter que sur soi-même !

La colère croissait sur le visage de Sao Feng à mesure du développement de ses pensées et Élisabeth avait de plus en plus de mal à maîtriser sa frayeur. Elle se sentait complètement démunie dans sa combinaison... Si Sao Feng et ses hommes décidaient de les tuer, il n'y aurait rien qu'ils pourraient faire pour se défendre.

« Comment Will avait-il pu se faire prendre ? » songea-t-elle brièvement.

— Sao Feng, reprit Barbossa d'une voix apaisante, je vous assure, je ne savais pas...

— ... qu'il se ferait prendre ! acheva sèchement Sao Feng en regardant fixement le capitaine.

Barbossa soutint son regard, puis il haussa les épaules. C'était inutile de continuer à mentir. Ils risquaient seulement d'aggraver la colère du Chinois.

Barbossa avait vu juste. Son aveu implicite calma Sao Feng. Posant le poinçon sur le rebord d'une cuve, il fit un signe en direction de Will pour demander à ses hommes de le sortir de sa cuve et de le détacher. Pendant que ceux-ci s'exécutaient sans ménager le prisonnier, il se retourna vers ses visiteurs.

— Vous avez donc l'intention d'entreprendre un voyage jusqu'au Bas-Fond de Davy Jones, commença-t-il d'un ton mielleux en retournant entre ses mains le poinçon. Et je ne peux m'empêcher de m'interroger : dans quel but ?

En guise de réponse, Barbossa fouilla dans sa poche et en sortit une pièce de Huit, qu'il lança à son interlocuteur. Celui-ci l'intercepta au vol d'une main. Il fit mine de l'examiner, comme s'il n'avait jamais vu une telle pièce de sa vie, alors que cette monnaie espagnole servait dans toutes les transactions commerciales maritimes dans le monde.

— Une pièce de Huit ! s'exclama-t-il. C'est donc bien vrai, fit-il en relevant la tête vers Barbossa.

Celui-ci opina gravement.

— Rien de plus vrai, dit-il. Le temps est arrivé. Nous devons réunir le Tribunal de la Confrérie !

Le ton vibrant de Barbossa n'échappa pas à Sao Feng. « Quel était donc le but poursuivi par le capitaine ? se demanda-t-il. Sûrement pas celui qu'il avouerait... » Pour se donner le temps de rassembler un peu les pièces du puzzle, le pirate frappa deux fois contre le mur avec son poing libre.

— Encore de la vapeur ! Plus de vapeur !

Mais en bas, il y avait un problème. Les deux préposés à la soufflerie n'étaient plus en mesure de répondre aux ordres de leur patron. Ils gisaient sur le sol, assommés et ficelés comme des saucissons. Marty était assis sur l'un d'eux, en train de parfaire un dernier nœud avec un soin tout professionnel.

En entendant les deux coups contre le mur, les hommes de Gibbs, qui avaient observé un certain temps les employés avant de les maîtriser, réagirent en un instant. Laissant son prisonnier, Marty se rua sur la chaudière en espérant qu'il en avait bien compris le fonctionnement. Gibbs roulait de gros yeux effarés, tandis que le temps s'écoulait, seconde après seconde. Il pouvait presque sentir la méfiance de Sao Feng croître à mesure, à l'étage du dessus. Mais, un instant plus tard, le maître d'équipage de Jack Sparrow souriait de tous les muscles de son visage. Marty était un chef : la chaudière était repartie. Il fit alors signe à Ragetti pour qu'il se hausse jusqu'au plafond, pendant que les autres ouvraient les ballots de toile huilée contenant leurs armes et leurs munitions. Alors que le pirate commençait à placer sur les solives les explosifs que Pintel lui passait les unes après les autres, son attention fut attirée par un trou dans une planche. Il regarda au travers, puis y plaça son œil de bois en l'ajustant, comme s'il cherchait à obtenir un meilleur angle de vue. Mais en réalité ces simagrées n'étaient destinées qu'à attirer l'attention de son acolyte...

— É-li-sa-beth ! épela-t-il silencieusement.

Pintel prit la place de Ragetti pour regarder à son tour, avant de hausser les épaules, l'air de se demander ce qu'il pouvait bien y avoir d'intéressant au spectacle d'Élisabeth à moitié nue.

— Ça suffit ! gronda Gibbs entre ses dents. Au travail !

Sans se douter de ce qui se passait en ce moment sous ses pieds, Sao Feng se pencha sur l'orifice du tuyau, d'où sortait un jet chaud qu'il se fit passer avec délices sur le visage, toujours secondé par ses deux petites Chinoises qui entreprenaient maintenant de lui masser le dos. Son esprit carburait autant que la chaufferie d'en bas. Il se disait qu'Élisabeth

Swann était sans doute la petite amie du voleur de cartes. Et aussi que le vieux pirate à chapeau à plume collaborait avec eux, mais que c'était un peu à son corps défendant. Et il en concluait surtout qu'il y avait un taux important de traîtrise dans l'air. Mais quelque chose le tarabustait. Élisabeth Swann avait réussi à se maîtriser, alors qu'il menaçait son fiancé et qu'elle n'aurait pas eu le temps d'intervenir s'il lui avait pris l'envie d'enfoncer le poinçon dans sa gorge... Sao Feng releva la tête.

— Le Tribunal ne s'est pas réuni depuis que je suis au monde, dit-il.

— C'est aussi mon cas, répondit Barbossa, considérablement soulagé par la tournure que prenait soudain la discussion.

— Et la dernière fois que cela s'est produit, continua Sao Feng en se mettant à palper un vieux nœud de corde effiloché qu'il portait en pendentif, mon père m'a raconté que cela s'était mal passé entre les Frères. Mal passé et mal fini...

Il attendit la réaction de Barbossa tout en continuant à manipuler entre ses doigts son nœud de capitaine, qu'il avait hérité de son père, qui lui-même l'avait hérité d'un aïeul et qu'il ne quittait jamais, même dans son bain.

— Mais la fois précédente, allégua Barbossa, il en est sorti le Code, qui nous a bien servi ! Et ce fut aussi le tout premier Tribunal qui nous donna rien moins que la maîtrise des mers, ajouta le pirate d'une voix de plus en plus passionnée. Et maintenant, voilà que notre domination est menacée !

Barbossa roulait de grands yeux. Son indignation était sincère et, en fait, tous les pirates ici présents la partageaient. Mais personne dans la salle, excepté Barbossa et Sao Feng, ne savait de quelle manière exactement ce premier Tribunal s'était assuré la maîtrise des mers. Cela faisait si longtemps que les hommes – et plus particulièrement les pirates – dominaient la mer, qu'ils avaient oublié que ça n'avait pas toujours été le cas...

— La Compagnie des Indes, soupira Sao Feng en opinant du chef.

— Lord Cutler Beckett nous vérole l'existence ! appuya Barbossa.

Quelques instants de silence s'écoulèrent. Will et Élisabeth échangeaient discrètement des regards soulagés. Même si leurs relations n'étaient pas au beau fixe, la jeune fille avait cru mourir d'angoisse tout à l'heure, lorsqu'elle avait prétendu ne pas connaître le prisonnier. Élisabeth s'inquiétait un peu de sa propre fermeté. Jusqu'où était-elle capable d'aller ? Son sang-froid révélait peut-être un côté bien sombre de sa personne. Une dureté effrayante. Elle observa Will. Il n'était pas comme elle. Son visage n'était que tendresse...

— Nos têtes sont mises à prix, reprit Sao Feng, vous dites juste. Mais il semblerait que la seule façon qu'un pirate ait encore de sauver sa peau, continua-t-il en se retournant pour lancer à Will un regard appuyé... est de trahir ses frères !

Il revint à Barbossa :

— Les pirates sont soit capitaines, soit membres d'équipage... Et neuf capitaines qui se querellent sur la marche à suivre, cela en fait huit de trop. Pour résister à la Compagnie, à quoi peut servir le Tribunal de la Confrérie ? Que pouvons-nous faire ?

— Nous battre ! réagit immédiatement Élisabeth, sans même réaliser qu'elle parlait à voix haute.

Tous les regards convergèrent vers elle. À cet instant, Élisabeth avait oublié qu'elle était en tenue légère. L'attitude de ce Chinois l'indignait et c'était tout ce qui l'occupait.

— Vous êtes Sao Feng ! commença-t-elle d'un ton vibrant en avançant d'un pas vers lui. Vous avez la chance et l'honneur d'avoir reçu votre commandement pendant l'ère de la piraterie, où l'on ne mesure pas les vagues en pieds, mais en degrés de courage et d'intrépidité, et où ceux qui se montrent dignes de l'aventure deviennent des héros de légende !

Elle allait avancer encore d'un pas, quand un gigantesque garde tatoué d'un dragon lui mit la main sur l'épaule pour lui intimer l'ordre de modérer son ardeur. Élisabeth le repoussa d'un mouvement d'épaule et poursuivit :

— Consentiriez-vous à ce que cette ère de liberté

s'achève, alors que vous êtes un des Frères du Tribunal ? interrogea-t-elle vertement.

Sao Feng était devenu pâle. Élisabeth enfonça le clou.

— Et vous restez là ! dit-elle avec une moue méprisante. Vos puissantes jonques encombrent le port, pourrissant à l'amarre, pendant que vous vous ratatinez dans l'eau de votre bain en vous faisant masser comme un nouveau-né !

Élisabeth resta un instant la bouche ouverte sur ses dernières paroles, avant de la refermer doucement. Puis, elle se mit à reculer, sans quitter du regard Sao Feng, qui ne semblait pas réagir. Un silence de plomb était tombé. Si Élisabeth avait tourné les yeux vers sa gauche, elle aurait rencontré les yeux translucides de rage de Barbossa. Le capitaine lui souhaitait intérieurement la malédiction la plus terrible qui soit, pire encore que celle qu'il avait endurée après avoir volé les pièces du trésor aztèque, et cela jusqu'à la quarantième génération !

Soudain, Sao Feng se mit en mouvement. Il s'approcha lentement de la jeune femme, avant de se mettre à tourner autour d'elle en l'examinant, tel un requin qui observerait sa proie. C'est du moins l'impression que cela faisait à Élisabeth, en quoi elle se trompait complètement. En fait, le pirate était touché par son discours. Il avait tellement l'habitude de vivre dans la roublardise, que la franchise de cette jeune femme lui faisait du bien. De plus, il devait avouer qu'elle avait raison... Nombre de ses hommes avaient déjà été décapités et plusieurs jonques avaient été coulées par le *Hollandais Volant*, qui sévissait sur les sept mers avec une vélocité surnaturelle.

— Élisabeth Swann, dit-il enfin, il y a plus en vous que l'œil peut distinguer. Et pourtant, l'œil n'a pas à se plaindre...

Il lui sourit d'un air charmant et Élisabeth ne put s'empêcher de lui retourner son sourire.

Le pirate se tourna alors vers Barbossa :

— Mais je remarque quand même que vous n'avez pas répondu à ma question, fit-il avec une désinvolture affectée. Que cherchez-vous donc dans le Bas-Fond de Jones ?

Barbossa le regarda fixement, son esprit évaluant à toute vitesse ce qu'il devait dire ou ne pas dire.

Mais c'est alors que la voix de Will s'éleva.

— Jack Sparrow, dit-il en s'avançant vers Sao Feng. Nous cherchons Jack Sparrow !

Barbossa le foudroya du regard, mais il était trop tard. Sao Feng s'était pétrifié. Pour la seconde fois, un silence de mort s'abattit sur la pièce...

# 5

Puis, il y eut un pouffement de rire. Tous les regards se tournèrent alors vers l'une des masseuses de Sao Feng, qui regardait sa sœur, aussi hilare qu'elle.

Elle s'arrêta net quand Sao Feng posa sur elle un regard féroce. Mais dès que leur maître eut le dos tourné, les deux jumelles recommencèrent à rire sous cape. Le nom de Jack leur rappelait des moments délicieux quand, Sao Feng s'étant absenté, elles avaient dispensé leurs faveurs à cet irrésistible pirate au regard charbonneux, qui n'avait pas son pareil pour parler aux femmes et surtout pour les faire rire.

— Jack Sparrow est l'un des Frères, s'empressa

de rappeler Will, tandis qu'Élisabeth fronçait les sourcils en regardant ces deux jeunes Chinoises qui avaient l'air de très bien connaître Jack.

— La seule raison qui pourrait me donner envie que Jack revienne du Royaume des morts, grinça Sao Feng, ce serait de l'y renvoyer moi-même !

Barbossa s'inclina en souriant finement :

— C'est bien pour cette raison que nous avions préféré ne pas mentionner son nom... ni vous demander directement ces cartes.

Sao Feng se répondit pas. Il venait de remarquer quelque chose de suspect. De très suspect, même : le tatouage de l'un de ses gardes était en train de s'écailler. Le pirate se raidit en comprenant tout à coup. Le tatouage partait à cause de la chaleur. Ce n'était pas un tatouage, mais un vulgaire croquis exécuté au pinceau. Il y avait un espion parmi eux ! Décidément, ce trio de malheur constituait la pire équipe de traîtres qu'il avait jamais connus....

Malgré cela, il poursuivit la conversation avec ses interlocuteurs, comme si de rien n'était.

— Vous reconnaissez donc que vous m'avez trompé, dit-il, tandis qu'il essayait de capter le regard de Tai Huang, qui était toujours de garde à la porte de la salle. Le capitaine Barbossa eut un geste d'apaisement.

— Nous avons besoin de réunir le Tribunal pour défaire ce qui a été fait jadis, dit-il. Pour que la maîtrise des mers échappe à la Compagnie. Pour que Calypso...

— Calypso ? répéta Sao Feng qui avait l'esprit ailleurs en constatant avec une inquiétude croissante que Tai Huang n'avait toujours pas remarqué son signal.

— Oui, appuya Barbossa, Calypso. Elle seule peut nous sauver. Nous nous serions passés avec joie de la présence de Jack Sparrow dans cette affaire. Malheureusement, il n'a pas transmis sa pièce de Huit à un successeur avant d'être emporté dans le Bas-Fond de Jones. Et c'est pour cette raison, et cette raison seule, que nous devons aller le chercher...

Sao Feng tressaillit. Tai Huang avait enfin capté son signal. À son tour, le lieutenant avertit du regard ses hommes, qui se passèrent le message de la même manière.

— À vos armes ! cria soudain Sao Feng.

À cet ordre, tous les gardes plongèrent avec un bel ensemble derrière les cuves pour en sortir les armes qui y étaient cachées. Quelques fractions de seconde plus tard, les trois visiteurs de Sao Feng se retrouvaient au centre d'un cercle de sabres étincelants, qui étaient pointés sur eux.

— Je vous assure que nos intentions sont strictement honorables ! protesta Barbossa en ouvrant les bras dans un geste d'innocence.

C'était peut-être vrai, sauf qu'à cet instant précis

le capitaine se retrouva avec une épée dans chaque main, tandis que deux autres armes supplémentaires apparaissaient à travers le plancher à claire-voie. Au-dessous, le reste de l'équipage avait compris que le moment était venu d'intervenir. Saisissant les deux sabres qui se présentaient à elle, Élisabeth en garda un, tandis qu'elle lançait l'autre à Will.

Les yeux de Sao Feng jetèrent des éclairs. La trahison atteignait des abysses incommensurables ! Il reprit le poinçon qu'il avait posé sur le rebord de la cuve et, comprimant toutes ses articulations comme des ressorts, il les relâcha soudain pour se projeter en un éclair sur le gaillard au faux tatouage, qu'il saisit en arrière par le cou, tout en lui pointant son poinçon sur la gorge.

— Jetez vos armes ou je tue votre petit camarade ! cria-t-il.

Barbossa fronça les sourcils. Il se tourna vers Will et Élisabeth qui regardaient également l'homme avec perplexité.

— Tuez-le, dit Barbossa. Il n'est pas avec nous.

— S'il n'est pas avec vous ni avec nous, fit Will en interpellant Sao Feng, avec qui est-il alors ?

La question trouva sa réponse à l'instant même dans l'énorme éclat de vitres brisée qui retentit au-dessus d'eux : les agents de la Compagnie des Indes étaient là.

Traversant les fenêtres, ils attrapèrent les montants de bambou qui allaient du plafond jusqu'au sol, pour se laisser glisser tout du long. Quelques secondes plus tard, l'ennemi avait investi les lieux.

Immédiatement, les pirates des deux bords firent alliance. Ils pouvaient se voler, se trahir, et même s'entre-tuer, mais quand il s'agissait de combattre la Compagnie des Indes, ils étaient tous d'accord, jusqu'au dernier. Ils se placèrent dos à dos, formant bloc pour repousser l'ennemi.

Les épées s'entrechoquaient mais, malgré les armes que leurs acolytes leur passaient à travers le plancher quand ils en avaient besoin, le camp des pirates perdait rapidement du terrain.

En bas, dans la chaufferie, Gibbs jaugea vite la situation. Le maître d'équipage de Jack, en tant que second, avait l'habitude de prendre des décisions, d'autant plus qu'avec Jack il fallait être très inventif pour comprendre et interpréter à temps les méandres de son raisonnement.

— À l'attaque ! dit-il.

À cet ordre, Pintel et Ragetti allumèrent les mèches des explosifs posés sur les solives. Quelques instants plus tard, une énorme explosion secouait l'édifice. Banco pour les pirates ! Non seulement les murs de l'établissement s'écroulaient par pans entiers, ouvrant une issue de secours aux visiteurs de Sao Feng, mais encore, le plancher de la salle des baignoires avait eu l'obligeance de s'effondrer en son milieu, de manière à former une rampe d'accès, de la chaufferie jusqu'à la salle des baignoires.

Les pirates ne se firent pas prier. Poussant des vivats, ils remontèrent cette voie royale et se jetèrent dans la bataille en tirant des coups de pistolet.

Maintenant, c'étaient les pirates qui avaient le dessus, et largement ! Hélas, leur avantage ne dura pas longtemps. Un peloton de la Compagnie des Indes en uniforme bleu déboula soudain sur le lieu de l'affrontement, profitant lui aussi de la nouvelle architecture de l'établissement, et particulièrement de ses ouvertures élargies. À leur tête se trouvait Mercer. L'inénarrable Mercer, le requin des Caraïbes, devenu à présent le squale des mers de Chine !

Une des deux petites Chinoises se tenait en retrait, quand elle vit arriver l'homme à l'œil fixe et au sourire mauvais. Elle ne fit ni une ni deux et se jeta sur lui avec son sabre.

Mercer, abattant alors le chien de son arme, tira à bout portant et étendit raide la jeune fille.

Quand il releva la tête, il se demanda s'il avait la berlue. Park, la jumelle de la jeune Chinoise qui avait péri, se dressait devant lui, décidée à venger sa sœur. Mercer sourit : la jeune femme ne portait aucune arme. Il leva son pistolet mais, avant qu'il ait pu bouger le petit doigt, Park avait ôté de son chignon une longue épingle d'acier et, se jetant sur l'assassin, elle la lui enfonça dans l'épaule.

Mercer poussa un cri de douleur, tandis que la jeune fille s'enfuyait à toutes jambes. Tous les pirates fuyaient aussi, à présent. L'ennemi était trop nombreux, sans compter que l'édifice menaçait de s'effondrer sur eux. Tandis que les murs continuaient de trembler et de tomber par morceaux, les pirates escaladèrent les décombres et s'échappèrent dans la rue, leurs assaillants sur les talons.

Dans les ruelles de Singapour, les quelques promeneurs attardés disparurent en un éclair. Les coups de feu claquaient et chacun savait que les agents de la Compagnie des Indes tiraient dans le tas sans faire de quartier.

De ruelle en ruelle, les combattants se retrouvèrent bientôt à proximité du port. La bataille se poursuivit alors sur les quais branlants, au-dessus de l'eau, sur les pontons de bois, derrière les cabanes de bambou. Toujours vêtue de sa petite combinaison bleue, Élisabeth, plus fine lame que jamais, tenait en respect tous ceux qui osaient s'approcher d'elle. « Où allaient-ils se replier ? » se demandait-elle avec angoisse. Les agents de la Compagnie les poussaient vers le port et au-delà il n'y avait que la mer. Or, ils n'avaient pas de bateau...

Elle lança un coup d'œil à Will, à Marty, à Cotton et à Barbossa, qui combattaient à côté d'elle, mais ils ne lui prêtèrent pas attention, tant ils peinaient à se défendre de leurs assaillants. Tous croisaient le fer en essayant de fuir toujours plus loin, en sautant par-dessus des barrières, en se suspendant à des cordes, mais on aurait dit que chaque recoin du port abritait un agent de la Compagnie. Ils avaient déployé les grands moyens...

Un peu plus loin, Pintel fuyait aussi avec Ragetti, quand il aperçut soudain une énorme pile de caisses qui s'apprêtait à tomber sur un pirate au dos gravé d'un tatouage en forme de dragon. Elle l'aurait écrasé, si Pintel n'avait pas poussé l'homme à temps. Celui-ci le remercia d'un sourire narquois, avant de s'élancer vers son sauveur pour le pourfendre.

— Mais tu es un pirate ! protesta Pintel.

Comment le pauvre Pintel aurait-il pu deviner que ce tatouage était faux ? L'espion lui brandit son couteau sous le nez. Pintel recula, se heurta à une rambarde et, perdant l'équilibre, tomba en arrière dans l'eau. Ce fut sans doute ce qui le sauva, car le sinistre personnage n'avait pas envie de se mouiller.

Alors que les pirates se ruaient à présent tous ensemble sur un peloton de soldats de la Compagnie, Tia Dalma apparut avec sa charrette qu'elle abandonna un peu plus loin en s'empressant de s'éloigner. Voyant ces forcenés se précipiter sur eux, les hommes se cachèrent derrière cette carriole qui avait la bonne idée de se trouver sur leur chemin. Quelques secondes plus tard, les canaris s'échappaient brusquement à travers les portes ouvertes de leurs cages. Les soldats comprirent – trop tard

– qu'il y avait un problème : la charrette explosa dans une gerbe de flammes.

Pendant ce temps, Mercer, l'impitoyable assistant de Beckett, essayait d'échapper à la sœur de la jeune Chinoise qu'il avait tuée. Dans le labyrinthe inextricable des quais de Singapour, elle était devenue comme une ombre... une ombre vengeresse. Mais, cette fois, l'homme pensait bien l'avoir semée. Se jetant à l'intérieur d'une cabane de bambou, il retira avec une petite grimace la première baguette d'acier que la jeune Chinoise lui avait enfoncée dans l'épaule, puis une deuxième qu'elle avait réussi à lui planter dans l'autre épaule, et enfin une troisième dans la cuisse. Après avoir vérifié que cette teigne ne se trouvait plus en vue, l'agent de Beckett se redressait pour s'élancer de nouveau à la poursuite de ces maudits pirates, quand il aperçut soudain par une ouverture de la cabane Will Turner aux prises avec Sao Feng. Le capitaine tenait son couteau sous la gorge de son voleur de cartes. Le visage fendu d'un grand sourire mauvais, Mercer leva son pistolet.

— Singulière coïncidence, n'est-ce pas ? jeta rageusement Sao Feng à son adversaire. La Compagnie des Indes retrouve ma trace le jour même où vous arrivez à Singapour !

— Simple coïncidence, en vérité, répondit Will.

Et le jeune homme ne mentait pas. D'un mouvement du torse, il parvint à se dégager et pointa à son tour son propre couteau en direction de la gorge de Sao Feng. Celui-ci ne sembla pas s'en formaliser. Il laissait son adversaire prendre un peu l'avantage, histoire de s'amuser un peu, comme un chat avec sa souris...

Dans l'ombre, non loin d'eux, Mercer visa. D'une pierre, il allait faire deux coups. C'est Lord Beckett qui serait content...

— Écoutez, avoua Will en relâchant le pirate, si je me suis fait prendre en volant vos cartes, c'est parce qu'il me fallait une occasion pour parler avec vous, seul à seul. N'importe quelle occasion, vous comprenez ?

— Vous l'avez, dit sèchement Sao Feng. J'écoute. Quelle sorte de filouterie me réservez-vous cette fois ?

— Je crois que vous aimeriez trouver un arrangement avec Beckett, avança Will. Qu'il cesse de vous pourchasser, vous et vos pirates. Pouvoir vous remettre à de la bonne et honnête piraterie : c'est votre plus cher désir...

Invisible dans sa cabane, Mercer abaissa légèrement son pistolet.

— Mais pour cela, continua Will, vous auriez besoin d'une monnaie d'échange. Cette monnaie d'échange, je peux vous aider à l'obtenir...

Sao Feng s'immobilisa. Tous les éléments de la situation se rassemblaient peu à peu dans son esprit.

Il comprenait et il était intéressé. Mais il y avait un « mais ».

— Vous avez déjà menti à Barbossa, fit-il observer. Et à Élisabeth Swann... Vous êtes prêt maintenant à mentir à Jack Sparrow. Pourquoi vous ferais-je confiance ?

Will regarda le pirate droit dans les yeux.

— Ils font obstacle à ce que je désire de plus cher, dit-il. Vous, vous pouvez m'aider à parvenir à mes fins.

Quelques instants passèrent.

— Si vous me trahissez, je vous ouvrirai la gorge, dit finalement Sao Feng.

— Nous sommes d'accord, acquiesça Will.

Chacun d'eux baissa son couteau. Sao Feng remit les cartes à Will, avant de faire un signe à Tai Huang qui, à la surprise de Mercer, sortit d'une cabane qui se trouvait juste derrière celle dans laquelle il s'était caché.

Une fois le capitaine parti, Will régla les derniers détails avec Tai Huang. Derrière eux, Mercer continuait à écouter de toutes ses oreilles. Il était vraiment aux premières loges ! Ces imbéciles parlaient sans se rendre compte qu'ils se trouvaient comme sur la scène d'un théâtre... dont il était le seul spectateur.

Puis, les autres acteurs de la pièce firent leur entrée : Élisabeth et Barbossa, suivis du reste de la troupe, y compris Tia Dalma.

Mercer sourit de plus belle : ils n'avaient pas l'air au courant de la suite de la pièce, à voir les yeux ronds qu'ils ouvrirent quand Will leur montra les cartes que Sao Feng lui avait données.

— Tu as les cartes ? dit Barbossa, ahuri.

— Et même mieux que ça, répondit triomphalement Will en désignant Tai Huang. Un bateau et un équipage.

— Où est Sao Feng ? demanda Élisabeth, un peu déconcertée par ce revirement brutal de situation.

— Il couvrira notre fuite, répondit Will. Puis, il nous retrouvera au Tribunal de la Confrérie.

— Par ici ! Faites vite ! lança Tai Huang en leur faisant signe de le suivre.

Les pirates acquiescèrent. Mais alors qu'ils filaient le long des quais derrière Tai Huang, une explosion se produisit. Jack – le singe – avait allumé une fusée, qui était tombée pile dans l'appentis à feux d'artifice. La cabane explosa, mettant le feu aux pontons et, bientôt, les quais furent dévorés par les flammes. Mercer disparut dans l'ombre...

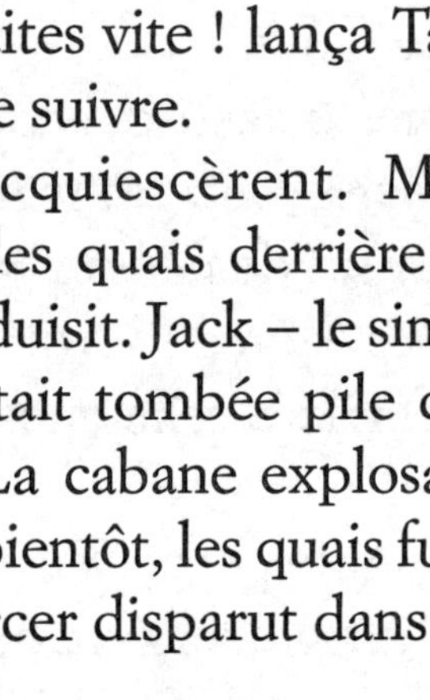

# 6

Moins d'une demi-heure plus tard, le *Hai Peng* appareillait. Fort bizarrement, équipage et passagers avaient eu tout loisir de s'installer dans la vieille jonque que Sao Feng mettait à leur disposition, sans être inquiétés le moins du monde. La Compagnie des Indes semblait avoir abandonné pour l'instant la poursuite, ce qui étonnait un peu les coéquipiers. Ils ignoraient tous trois qu'avec les informations que Mercer avait interceptées pour le compte de Beckett, ils avaient intérêt à les laisser filer, histoire qu'ils les mènent à ce mystérieux Tribunal...

De sorte qu'ils attribuèrent au gigantesque incendie qui ravageait maintenant le port de Singapour et qui gagnait rapidement la ville, la raison de la facilité de leur départ. Élisabeth constatait avec une certaine tristesse que le malheur des uns faisait le bonheur des autres.

Habillée avec ce qu'elle avait trouvé à bord – une tenue de matelot chinois –, la jeune femme se tenait au bastingage aux côtés de ses compagnons, qui regardaient avec soulagement s'éloigner cette ville où ils avaient bien failli laisser leur peau. Ce qui ne voulait pas dire que le reste était gagné. En fait, le plus dur était encore à faire.

Mais Élisabeth décida de laisser tomber ses inquiétudes. Il fallait faire un pas après l'autre, si l'on ne voulait pas céder à la panique. Déjà, quand elle songeait à l'immense voyage qui les attendait maintenant, jusqu'aux confins du monde, dans des régions où aucun navire ne s'était encore aventuré et à bord de cette jonque qui semblait en effet, comme elle l'avait dit à Sao Feng, pourrir depuis un certain temps à son ancrage, un certain courage, voire une certaine inconscience était nécessaire. Quant à ses interrogations au sujet du revirement brutal de Sao Feng, il fallait sans doute en conclure que le capitaine de Singapour avait fini par réaliser la gravité de la menace que la Compagnie des Indes représentait pour tous les pirates.

À côté d'Élisabeth, Will contemplait sans mot dire les lumières de l'incendie de Singapour, tandis que la jonque s'éloignait sur l'eau noire parsemée d'ordures. Un peu plus loin, Barbossa était tout aussi silencieux. Mais si le premier était tracassé par un certain sentiment de culpabilité, notamment par rapport à Élisabeth, le second ruminait des soupçons.

Le seul qui n'était pas tout à fait décidé à cacher ses sentiments était Gibbs. C'était bien la première fois, depuis qu'il s'était fait pirate, qu'il allait voguer sous un autre commandement que celui de Jack. Et le pire était que le véritable capitaine de ce bateau n'était pas Tai Huang, mais Barbossa, puisque lui seul connaissait le chemin qui menait jusqu'au bout du monde. Barbossa, l'ennemi entre tous, celui qui s'était mutiné contre Jack pour lui voler son bateau...

— Quelle vieille carcasse ! cracha le maître d'équipage en se tournant vers Marty pour solliciter son approbation.

— Ne vous y fiez pas, maître Gibbs, intervint Barbossa en se retournant brusquement vers lui, cette jonque nous portera jusqu'au bout du monde ! Mais peut-être auriez-vous préféré rester à terre ? ajouta-t-il après un silence.

Haussant les épaules, Gibbs se détourna.

— Et vous-même, monsieur Turner, reprit le capitaine en s'adressant à Will, vous avez bien failli rester là, dans votre cuve, à faire trempette ! Vous n'étiez pas censé vous faire pincer...

— Ça s'est terminé exactement comme je le désirais, répliqua Will sèchement, qui mit fin à la discussion en quittant le pont.

Élisabeth regarda partir son fiancé, songeuse. Elle aperçut alors Tia Dalma qui arrivait derrière elle. Élisabeth lui sourit. Elle aimait bien Tia Dalma et ce n'était pas seulement parce que c'était grâce à elle qu'ils allaient – peut-être – récupérer Jack. Élisabeth sentait en elle une force indomptable, une liberté et une joie de vivre qui s'alliaient comme magiquement aux cris des oiseaux de mer qui les accompagnaient depuis leur départ.

— Sao Feng n'a plus aucun endroit où se cacher, fit-elle observer en esquissant un geste de la main vers la côte. J'espère qu'il va s'en sortir. S'il y parvient, croyez-vous qu'il honorera l'appel du Tribunal ?

Tia Dalma resta silencieuse quelques instants. Brusquement grave, elle contemplait l'horizon de l'océan, comme si elle voyait au-delà des mers et des terres.

— Personne ne peut le dire, répondit-elle enfin. Il y a sur les mers une chose que même les pirates les plus impitoyables et les plus sanguinaires apprennent à redouter...

Élisabeth hocha la tête doucement. Tia Dalma voulait sans doute parler du *Hollandais Volant*. Elle aussi pouvait le voir dans l'horizon de ses pensées. Le fantomatique navire de Davy Jones était resté gravé à jamais dans sa mémoire, comme son capitaine et son terrible équipage. Elle revoyait l'immense navire – deux fois plus grand que n'importe quel bâtiment existant au monde – surgir de la mer, là où quelques instants auparavant, il n'y avait encore que l'immense étendue déserte et clapotante. Tel un monstrueux mammifère marin, le *Hollandais* crevait la surface de l'eau à côté du malheureux bateau qui allait être sa proie. Et tandis qu'il apparaissait dans sa terrible majesté de bois et de corail, l'eau retombait en ruisselant de sa coque, de ses ponts, de ses voiles... et de ses hommes d'équipage. À force de séjourner sous la mer, leurs organismes s'étaient adaptés. Ils pouvaient respirer sous l'eau et à l'air. Cependant, tels des rochers que la mer recouvre à chaque marée, leur peau s'était incrustée peu à peu de coquillages, jusqu'à les rendre méconnaissables, et la mutation allait pour certains jusqu'à leur faire pousser des pattes d'araignée de mer en plus de leurs jambes ou de leurs bras, ou de grosses pinces en guise de mains, ou encore des arêtes de poisson venimeuses qui hérissaient leurs corps, tels des oursins, ou des antennes épineuses de chaque côté de leurs narines, à la manière des langoustes. D'autres portaient des algues en guise de vêtements, des rostres de poisson-scie comme armes, un coquillage en matière de crâne... En réalité, c'était une armée de morts-vivants, la plus impitoyable qui soit. Avec, à leur tête, un capitaine au visage tentaculaire et à la peau épaisse et visqueuse comme celle d'un serpent de mer, qui n'avait plus d'humain que ses petits yeux bleus et vifs. Mais en fait, c'était une erreur de dire qu'ils étaient des morts-vivants : car ils mourraient, au bout de cent ans. C'était le contrat qu'ils avaient passé avec Davy Jones pour échapper à la mort immédiate à laquelle il les destinait, après avoir coulé leur bateau : cent ans au service du *Hollandais Volant* ! Mais il s'en fallait de beaucoup qu'aucun de ces hommes atteigne ses cent ans en gardant son âme intacte...

Un interminable voyage commença. C'était une route qui conduisait vers les plus hautes latitudes sud, au-delà du Cercle polaire antarctique que le navigateur Francis Drake avait franchi le premier, un siècle auparavant.

Heureusement, malgré son apparence défraîchie, le *Hai Peng* était un bon bâtiment. En fait, constatait Gibbs avec étonnement, il y avait nombre d'agencements sur cette jonque qui auraient mérité d'être copiés sur leurs navires. Ses immenses voiles grises et rectangulaires qui glissaient au-dessus de l'eau comme des ailes d'un papillon de nuit étaient certes rapiécées, mais grâce à leur lattage de bois, le navire pouvait quand même continuer à avancer si des parties étaient déchirées. De plus, comme elles n'étaient pas mises perpendiculairement, mais parallèlement à l'axe du bateau, elles pouvaient pivoter d'un côté et de l'autre et continuer à prendre le vent, même lorsque le bâtiment virait de bord.

De sorte qu'ils descendirent beaucoup plus rapidement que prévu l'océan Indien. Tai Huang avait montré à Gibbs deux éléments qu'il considérait comme fondamentaux sur un bateau, le premier étant un œil peint sur la coque, qui permettait à la jonque de voir les récifs et de les éviter, le second une girouette à la surface réfléchissante, que le capitaine chinois jugeait indispensable pour faire fuir les mauvais esprits effrayés par leur propre reflet, en particulier ceux des défunts ayant péri en mer, dont la spécialité était de venir tourmenter les marins.

Hochant la tête, Gibbs accepta la leçon en se disant que tout était bon à prendre dans un voyage qui les conduisait sur les rives du Royaume de la mort...

Après avoir laissé à l'est l'Indonésie et l'Australie, et à l'ouest l'Afrique, le *Hai Peng* franchit le 45$^{e}$ parallèle. La jonque passa devant une île, puis une autre, puis une autre encore. Puis, il n'y eut plus aucune île. Ils avaient atteint le 60$^{e}$ parallèle et la température était devenue glaciale. L'équipage grelottait dans ses vêtements faits pour des latitudes tropicales, à l'exception de Tia Dalma, vêtue comme dans son bayou d'une robe lui découvrant les épaules et qui semblait avoir aussi chaud que là-bas.

Puis, le jour devint presque permanent et, soudain, Ragetti perçut un bruit d'éraflure le long de la coque du bateau. Les deux compères se penchèrent pour regarder. Un énorme bloc de glace flottait dans l'eau...

Bientôt, ils naviguaient au milieu des icebergs, sous l'éclat bleuté des glaciers. Le paysage était grandiose. Si ce n'était pas le bout du monde, ça y ressemblait. Avec ses grandes ailes de papillon, le *Hai Peng* passa sous des arches sculptées dans la glace par la mer, le vent et la fonte des glaces de l'été austral. Des blocs de glace se détachaient des icebergs avec fracas, puis dérivaient autour du bateau. Entre les mains habiles de son capitaine, le *Hai Peng* trouvait son chemin dans les détroits et les chenaux nouvellement formés, contournant les sculptures éphémères de glace sans cesse en transformation. C'était un décor digne du commencement du monde... ou de sa fin. Les pirates des Caraïbes étaient totalement désorientés. La pureté de l'air troublait leur perception des distances, quand le ciel, la glace et la mer venaient se confondre...

Au 70$^{e}$ parallèle, la neige commença à tomber. Will était en train d'attacher un cordage en contemplant le paysage coloré d'un camaïeu de mauves et de bleus, quand il s'en aperçut. Il leva les yeux. Quand il les rabaissa, il vit Pintel et Ragetti qui claquaient des dents comme des possédés. À côté d'eux, le singe de Barbossa grelottait aussi.

— On ne nous avait pas parlé du froid ! grommela Pintel.

— Je suis sûr que notre souffrance est méritée, répondit Ragetti.

Pintel soupira, fatigué. L'autre allait sans doute encore lui parler de la Bible !

— Pourquoi cette femme sorcière n'a-t-elle pas fait revenir Jack comme elle l'a fait pour Barbossa ? maugréa-t-il.

Il sursauta. Tia Dalma venait d'apparaître derrière lui.

— Parce que Barbossa n'était que mort, dit-elle. Jack Sparrow a été emmené corps et âme, en un lieu non pas de mort, mais de châtiment. Voilà ce qui vous attend dans le Bas-Fond de Jones. Le pire sort qu'un être puisse subir pour l'éternité, Jack l'a attiré sur lui !

Sur ces mots, Tia Dalma s'éloigna.

— Je savais bien qu'il y avait une bonne raison ! triompha Ragetti.

Secouant la neige qui s'accumulait sur ses cheveux, Will gagna le gaillard d'arrière pour rejoindre Tai Huang qui se trouvait au gouvernail, secondé par Gibbs. Sur la grande table à côté de la roue étaient posées les cartes de Sao Feng. Will s'approcha et, comme il touchait la première d'entre elles, les cercles se mirent à bouger et à tourner et les lettres des inscriptions à se séparer pour s'assembler dans un autre ordre. Au centre de la carte se trouvait le dessin d'un bateau qui tournait sur son axe en montrant alternativement sa voilure et sa quille.

— Rien n'est fixe sur cette carte ! s'irrita Will. Elle est loin d'avoir la précision d'une carte normale !

— Non, mais elle conduit à plus d'endroits, lui fit remarquer Tai Huang.

Celui-ci laissa la barre à Barbossa, qui s'était approché. Fronçant les sourcils, Will lut une sorte de poème qui venait d'apparaître sur le parchemin :

— *Par-dessus la vague, puis par-dessous, puis par-dessus à nouveau... Le lever de soleil se couche, le rayon vert jaillit.*

Il soupira.

— Avez-vous une idée de ce que ça signifie, Barbossa ? Est-ce que ça a un rapport avec notre voyage ?

Négligeant de répondre à Will, le capitaine se tourna vers Gibbs.

— N'avez-vous jamais vu ce rayon vert, maître Gibbs ?

— Je pense que j'en ai eu mon compte, grogna le maître d'équipage. Ça se produit assez rarement, à la dernière lueur du couchant, dit-il en se tournant vers Will. Vous voyez une lumière verte jaillir du ciel. Certains mourront sans l'avoir jamais vue. D'autres prétendent l'avoir vue. D'autres encore...

— Ça arrive quand une âme revient du pays des morts ! intervint Pintel.

Gibbs le regarda, songeur.

— Vous ne comprenez donc pas ? dit Ragetti en les rejoignant. C'est une de-vi-nette. C'est rigolo, les devinettes : *Par-dessus la vague, puis par-dessous, puis par-dessus à nouveau...* !

— Les devinettes, c'est pas drôle du tout, protesta vigoureusement Pintel. Ça se passe toujours comme ça : il y a un pauvre type qui se retrouve mort, mais juste avant il se rend compte que, non, il n'aurait pas dû écouter les sirènes du péché, il n'aurait pas dû chiper le magot ! Mais voilà que c'est trop tard et il meurt dans des souffrances horribles et souvent extrêmement bizarres. Et, dans ce cas précis, c'est toi et moi, les pauvres types !

Quand Pintel arriva au bout de sa tirade incohérente, qu'il avait prononcée d'une voix de plus en plus sonore, tous ceux qui étaient présents sur le pont le regardaient, l'estomac un peu noué.

Will se tourna vers Barbossa d'un air accusateur. Pintel ne disait pas cela par hasard. Lui et son inséparable acolyte avaient toujours eu beaucoup d'intuition. Mourir d'une horrible manière ne faisait pas du tout partie de son plan !

En voyant l'expression du visage de Will, Barbossa se mit à rire :

— Ne vous inquiétez pas, monsieur Turner, dit-il avec une jovialité moqueuse. Nous trouverons le passage ! Nous n'avons même pas besoin de ces cartes pour le moment. L'endroit où nous allons viendra à nous. Mais, vous savez, le problème n'est pas d'arriver au pays des morts. Il est surtout d'en revenir...

# 7

Loin de là, très loin, à des centaines de kilomètres au nord vers le Nouveau Monde, le gouverneur Swann pensait avec désespoir à sa fille. Il se tenait assis devant une petite table de travail, dans un coin de la cabine de Lord Cutler Beckett, à bord de l'*Intrépide*, penché sur une pile de documents qu'il devait signer. Mais les coups de canon qui tonnaient à ses oreilles depuis plus d'un quart d'heure lui faisaient trop trembler les mains pour qu'il puisse tenir sa plume. Le *Hollandais Volant*, cet effroyable instrument de mort qui les accompagnait tout au long de leur croisière d'extermination des pirates, s'en donnait à cœur joie...

Réajustant machinalement la lourde perruque qu'il portait sur le crâne, le gouverneur regarda fixement le document qu'il n'avait pas encore signé, sur lequel figurait le nom d'un homme qui, par sa faute, allait être conduit incessamment à la potence. Ce n'était qu'un nom, mais le gouverneur imaginait un visage, une vie... Il avait vu, un jour, le nom de sa fille sur un tel document...

Le gouverneur releva brusquement la tête en jetant un coup d'œil hostile sur Beckett et Mercer qui discutaient autour de l'immense bureau d'acajou du directeur de la Compagnie. Élisabeth... Sa petite Élisabeth... Il ne l'avait pas revue depuis des mois : depuis le jour où elle s'était enfuie de la calèche qu'il conduisait vers le port de Port Royal pour la renvoyer en sécurité en Angleterre.

Depuis, le gouverneur avait eu une fois des nouvelles de sa fille par Mercer, qui affirmait l'avoir vue à Tortuga, ce repaire de pirates. Puis, plus rien... Et maintenant, le gouverneur était devenu l'otage du directeur de la Compagnie des Indes. Dans l'espoir que celui-ci retrouverait Élisabeth, il se pliait à toutes ses volontés. Car il était toujours gouverneur et Beckett avait besoin de sa signature pour les exécutions de pirates et pour les « réquisitions » de bateaux, un euphémisme qui désignait en réalité le fait de faire main basse sur des navires marchands d'autres nationalités, grâce à l'aide du *Hollandais Volant*. La Compagnie des Indes augmentait ainsi son armada de la manière la plus impitoyable et la plus lâche qui soit. Ce qui n'empêchait pas Lord Cutler Beckett de dormir sur ses deux oreilles : il servait la Couronne royale, n'est-ce pas ? Que visaient ses efforts, sinon ouvrir les routes maritimes au commerce britannique et à la puissance de son pays ?

Le regard du gouverneur Swann glissa vers l'immense planisphère qui couvrait un mur entier de la cabine. C'était la copie conforme de celui que Beckett avait dans son bureau, à Port Royal. Voir les zones blanches dans le monde disparaître à mesure de l'avancée de la civilisation mercantile était un des grands plaisirs du directeur de la Compagnie. De même que déplacer les petits bateaux magnétiques posés sur les mers et les océans de cette carte, dont les couleurs représentaient la puissance de toutes les flottes du monde. Beckett possédait aussi, bien entendu, un modèle réduit de ses deux bateaux préférés : l'*Intrépide*, sur lequel il voguait, fierté de la Marine royale anglaise, avec son orgueilleuse proue ornée d'armes à motifs de lions et de lys d'or, et le *Hollandais Volant*, terreur des océans, sur lequel il avait le contrôle le plus absolu depuis qu'il possédait, bien à l'abri dans le coffret posé présentement sur son bureau, le cœur toujours battant de son capitaine, Davy Jones...

Quant au *Black Pearl*, Beckett l'avait retiré non sans satisfaction de la carte. Le *Black Pearl* n'était plus. Il gisait maintenant on ne sait où, emporté par le calmar géant de Davy Jones. Grâce à l'espion qui s'était glissé sur ses ordres dans l'établissement de bains de Sao Feng, Beckett savait que les amis de Jack Sparrow étaient désormais en route pour essayer de le tirer de là, lui et son navire, mais il savait aussi maintenant que leur objectif était de réunir les neuf Frères du Tribunal. Or, cette réunion l'intéressait au plus haut point...

Le directeur prit sur son bureau la pièce de Huit qui était posée à côté du coffret dont des battements sourds émanaient avec régularité. Il la fit tourner sur elle-même, avant de la plaquer sur la table. Pourquoi les pirates avaient-ils besoin de pièces de Huit ? se demanda-t-il en scrutant le chiffre Huit et les deux barres entrelacées qui y étaient gravées. Ce n'étaient que des pièces de monnaie, et de valeur relative, de surcroît. Il ne fallait pas moins de trois pièces de Huit pour une guinée et douze pour un louis d'or...

— Il y en a neuf, dites-vous ? fit-il en levant la tête vers Mercer.

— Notre nouvel ami à Singapour a été très précis, monsieur. Neuf pièces de Huit.

— Je me demande quel sens a tout cela...

— Cela a-t-il une importance ? demanda Mercer en haussant les épaules. Rien ne peut résister à notre armada. Aussi longtemps qu'elle est accompagnée par le *Hollandais*, ajouta-t-il après un instant en tapotant le coffret du bout des doigts.

Beckett se pencha pour écouter les battements du cœur de Jones. Son regard s'attardait sur les motifs de tentacules entrecroisés, qui étaient sculptés en relief sur le coffret. Il étudia la serrure. Étrange serrure en forme de cœur. Le cœur de Davy Jones, sans doute... Ou bien un symbole d'amour ? Le sourire de Beckett s'élargit. Qui pourrait aimer Jones, ce monstre ?

Il releva la tête, s'arrachant à sa contemplation.

— Si cela a de l'importance ? reprit-il. Peut-être. Mais nous ne pouvons pas répondre à la question. Notre ami a-t-il mentionné le lieu où ce fameux Tribunal de la Confrérie doit se tenir ?

— Il est resté coi sur le sujet, monsieur.

— C'est bien qu'il sait le prix que cette information représente. À ce propos, continua le directeur en baissant la voix, il vaut mieux garder tout cela pour nous. Et on ne sait toujours pas ce qu'est devenue Élisabeth Swann, on est bien d'accord ? ajouta-t-il en faisant un signe de menton en direction du gouverneur.

Les deux hommes se redressèrent. La porte de la cabine venait de s'ouvrir, laissant le passage à James Norrington.

— Vous m'avez fait appeler, Lord Beckett ?

— Oui, amiral.

James Norrington s'inclina. Dans son nouvel uniforme de couleur bleu roi, garni de manchettes et de galons dorés et assorti à un tricorne épinglé de cocardes et autres insignes de décoration, il avait belle allure. La vie était enfin redevenue normale, depuis qu'il avait retrouvé sa place dans la Marine royale anglaise, après avoir récupéré le cœur de Jones et l'avoir rapporté à Lord Beckett. Et quelle place ! À présent, il était amiral. Les mois passés en disgrâce après qu'il avait laissé fuir Jack Sparrow dans un accès de générosité pitoyable, lui semblaient un pur cauchemar. La vie de renégat et de proscrit n'était pas faite pour lui. Il était né pour l'ordre, le commandement, la rigueur militaire et l'honneur... Et s'il lui arrivait parfois de songer à Élisabeth avec un pincement au cœur, il chassait bien vite cette pensée. Leurs destins ne pouvaient se rencontrer, c'était comme ça.

— Oui, poursuivit Beckett en adressant à l'amiral un sourire aimable. J'ai là quelque chose qui convient mieux à votre nouvelle situation.

Il désignait de l'index un long étui en bois, que Norrington reconnut immédiatement. Le cœur battant, l'amiral s'approcha. Il ouvrit la boîte et son épée d'apparat resplendit. L'amiral lutta contre l'émotion en contemplant le magnifique objet en or et en acier feuilleté, qui lui avait été offert lors de sa nomination au grade de commodore. Il se souvenait que c'était Will Turner qui l'avait forgée : l'homme qui lui avait pris sa fiancée...

— Les Frères savent que leur existence est menacée, annonça Beckett avec satisfaction. Ils n'ont plus qu'à choisir le lieu de leur défaite ! Je compte sur vous pour continuer à développer notre armada pour le combat final. L'heure de vérité approche...

Norrington approuva d'un signe de tête. Débarrasser la mer des pirates avait toujours été son plus cher désir, on pourrait même dire son obsession. Mais, par un enchaînement de pensées inconscientes, son regard se porta sur le gouverneur, assis devant sa table à l'autre bout de la cabine. James Norrington aimait bien Watherby Swann. Le vieil homme lui faisait de la peine. Il savait qu'il se consumait d'inquiétude pour sa fille. Il savait en particulier que le gouverneur mourait de peur à chacune des attaques du *Hollandais*, tant il redoutait qu'Élisabeth soit à bord d'un de ces vaisseaux pirates.

La porte s'ouvrit. Mais ce n'était pas encore le lieutenant Groves. C'était un aide de camp qui s'approcha du gouverneur pour lui remettre une nouvelle liasse de documents à signer.

— Pas encore des ordres de réquisition, j'espère ! soupira Swann.

— Non, monsieur, des ordres d'exécution.

Swann fit une grimace de souffrance. Il chercha le regard de Norrington et les yeux des deux hommes se croisèrent. Puis, tous deux se détournèrent et, ravalant sa peine, le gouverneur reprit sa terrible tâche. Les coups de canon avaient cessé.

Quelques instants après, Groves entrait.

— L'attaque est terminée, messieurs, annonça-t-il en saluant.

Repoussant sa chaise, le gouverneur se dressa sur ses jambes et, sortant précipitamment de la pièce, il monta sur le pont.

Beckett et Norrington le rejoignirent aussitôt. Debout au bastingage, le gouverneur Swann regardait fixement la scène. Des dizaines de cadavres flottaient sur l'eau au milieu de débris de coque et de tonneaux enflammés qui achevaient de se consumer. À quelques encablures de là, les gueules des canons du *Hollandais Volant* fumaient encore, tandis que le navire pirate était en train de disparaître dans les flammes. Armés de longues-vues, Beckett et Norrington considéraient avec un peu de surprise le carnage. Il semblait que Davy Jones faisait du zèle.

— Par l'enfer ! s'exclama le directeur de la Compagnie des Indes. Il ne reste plus rien ! Pourquoi détruire les bateaux ? Et certains de ces hommes peuvent servir ! Faites descendre la chaloupe, ordonna-t-il à Norrington. On va aller saluer ce bon vieux Davy Jones. Et, j'y pense, prenez donc le coffre !

Swann se détournait du bastingage pour partir, quand il s'obligea à regarder de nouveau. Il y avait encore des corps qui approchaient, charriés par les vagues depuis le vaisseau martyr. Mais Norrington lui mit la main sur le bras d'un geste apaisant.

— Elle n'est pas là, dit-il. Allez, venez avec nous !

Peu après, une chaloupe remplie d'une poignée d'hommes d'équipage quittait l'*Intrépide*, en compagnie de Beckett, de Mercer, de Norrington et de Swann.

Sur le *Hollandais*, dans son immense cabine qui ressemblait à une église avec son orgue monumental, le capitaine se reposait après la bataille. Ce n'était pas qu'il était fatigué, d'ailleurs. Il n'avait même pas eu besoin de se soucier de rassembler les survivants, puisqu'il avait décidé qu'il n'y aurait pas de survivants. Pourquoi survivre, après tout ? Pourquoi vivre, d'ailleurs ? D'autant plus que si survivants il y avait, c'était maintenant Beckett qui se les appropriait.

Le dos un peu courbé, le capitaine se tenait assis devant son orgue. Au lieu de jouer, il regardait fixement un petit médaillon posé dans le creux d'une conque, devant le clavier. Sur ce médaillon en forme de cœur était gravé un visage, qui ressemblait à celui, beau et noble, de quelque divinité marine féminine. Tendant la main, le capitaine du *Hollandais* le souleva doucement et l'ouvrit. Alors qu'il contemplait le portrait de femme qui y était enfermé, une larme se forma soudain au coin de son œil. Jones la toucha du doigt, stupéfait. Une larme !

Lui qui ne pleurait plus, depuis qu'il s'était arraché le cœur et l'avait enterré loin, bien loin, afin de ne jamais plus ressentir aucune émotion ! Certes, son cœur était maintenant entre les mains du directeur de la Compagnie des Indes, qui le gardait sur son bateau, à l'écart du *Hollandais*, loin de lui. Cette larme ne pouvait donc signifier qu'une chose...

Jones se retourna. Par la porte de sa cabine, comme il s'y attendait, il aperçut des hommes qui arrivaient sur le pont en portant le coffret maudit...

C'était la première fois que les hommes d'équipage de l'*Intrépide* montaient à bord du *Hollandais Volant*. L'expérience était également nouvelle pour Swann et pour Norrington. Voir surgir de l'eau ce bateau venu de l'enfer, avec sa coque sculptée de visages humains qui semblaient encore vivants et son équipage de monstres marins, c'était déjà une expérience effarante, mais monter à bord du navire constituait une étape supplémentaire – et insoutenable – dans l'horreur.

En arrivant sur le pont du bâtiment, l'amiral Norrington encouragea ses hommes du regard. Il comprenait leur terreur, parce que lui-même l'éprouvait. Les hommes de Jones s'étaient également reculés à distance prudente. Ils frémissaient de dégoût devant ces hommes en pleine santé, campés dans leurs uniformes resplendissants.

— Du calme, matelots ! intima Norrington à ses

hommes. Nous nous trouvons à bord d'un navire de haute mer, ni plus ni moins. Comportez-vous en honnêtes marins !

Les deux hommes qui portaient le coffre acquiescèrent avec un sourire crispé. L'un d'eux retira sa main du bastingage avec une grimace horrifiée. Elle était complètement visqueuse. Tout le bateau était gluant et envahi par les algues et les coquillages...

— Oh, ce n'est pas si terrible ! essaya de plaisanter le soldat pour se rassurer. Ce navire n'a besoin que d'un peu d'huile de coude...

— Et après, on met le feu à l'huile ? proposa son collègue.

— Et on met les voiles vite fait ! répondit l'autre.

— C'est un plan en deux parties.

— C'est à ça qu'on voit qu'il est bon !

Cette petite conversation fut interrompue par l'arrivée de Davy Jones, qui se matérialisa soudain sur le pont, comme par magie. Mais le capitaine s'immobilisa à bonne distance, les yeux rivés sur le coffre contenant son cœur.

— Au diable, tous ! vociféra-t-il, tandis que ses tentacules se tordaient de colère en devenant violacés. Déguerpissez et emportez ça ! Je ne veux pas de cette chose infernale à mon bord !

Beckett s'avança, toujours aussi imperturbable. Avec Mercer, il était le seul sur le *Hollandais Volant* à se sentir parfaitement à l'aise. Il adorait ce navire, en réalité. Comment ne pas adorer ce qui vous donne le moyen d'être le maître des mers ? Et Davy Jones, malgré son immortalité, n'était qu'un sinistre clown, qu'il avait à sa botte. Quant à ses hommes d'équipage, ils ne lui inspiraient ni horreur ni pitié : ils le servaient, c'est tout.

— Oh oh, dit-il au capitaine d'une voix moqueuse, je suis désolé d'entendre ça... Parce qu'il en sera quand même ainsi ! Il semble bien que cela soit la seule façon de faire pour que ce navire obéisse strictement aux ordres de la Compagnie.

— Le *Hollandais* obéit à son capitaine ! aboya Jones.

— Et le capitaine fait ce qu'on lui dit, répliqua Beckett en faisant signe à Norrington d'emporter le coffre dans la cabine du capitaine. Le monde ne vous appartient plus, Jones. Je pensais que vous l'aviez compris, quand je vous ai donné l'ordre de tuer votre bestiole.

Les tentacules de Jones se figèrent un instant. Le capitaine repensait au Kraken, ce monstre à son image...

Surmontant sa peur et son dégoût, le gouverneur s'avança vers le capitaine du *Hollandais Volant*.

— Avez-vous donné à ces bateaux la possibilité de se rendre ? lança-t-il d'une voix rauque.

— Nous les avons laissés nous voir arriver, repartit Jones d'un air indifférent. Il me semble que c'était une chance suffisante.

— Ma fille aurait pu être à bord de l'un d'eux !

glapit le gouverneur. C'était une raison suffisante pour vous modérer !

— Et il nous faut des prisonniers pour les interroger, intervint Beckett en appuyant les propos du gouverneur. Ce qui est plus commode quand ils sont vivants...

— J'extermine les pirates, comme la Compagnie me l'ordonne, cracha Jones. De toute façon, ajouta-t-il en se tournant vers le gouverneur, votre fille est morte ! Elle a été entraînée sous la mer avec le *Black Pearl* par ma bestiole. Beckett ne vous l'a-t-il pas dit ?

Sous le choc de la nouvelle, le gouverneur se raccrocha au bastingage. Puis, faisant volte-face, il partit à pas précipités.

À cet instant précis, dans la cabine du capitaine, l'amiral Norrington était en train d'ouvrir le coffret contenant le cœur de Davy Jones. Prenant la clef à deux branches – celle-là même que Jack Sparrow avait cherchée si longtemps et dont Will Turner s'était finalement emparée en montant à bord du *Hollandais Volant* –, il considéra un instant la serrure, qui était en forme de cœur entourée de deux pinces de crabe, et y introduisit la clef. Dès qu'il l'eut tournée, un mécanisme se déclencha et les pinces s'écartèrent de la serrure, tandis que des barres de fer coulissaient pour libérer l'ouverture.

Norrington souleva le couvercle et c'est au

moment où ses yeux se posaient sur l'énorme cœur sanglant qui palpitait au fond du coffret, que le gouverneur se rua sur lui. Arrachant sa baïonnette à l'un des soldats posté près de l'amiral, il leva la main pour transpercer le cœur mais, d'un geste vif, Norrington lui saisit le poignet et l'obligea à reculer en lâchant prise.

— Gouverneur ! Mais pour l'amour de Dieu, que se passe-t-il ?

— Le saviez-vous ? Le saviez-vous ? haleta Swann en attrapant l'amiral par sa veste et en le secouant comme un prunier.

Norrington regardait le père d'Élisabeth en cherchant à comprendre.

— Elle est morte ! hurla le gouverneur. Ma fille est morte !

Norrington agrandit les yeux, comme foudroyé. Élisabeth, morte ! Non, ce n'était pas possible !

— Cette abomination va mourir aussi ! glapit le gouverneur en brandissant de nouveau sa baïonnette.

Avec fermeté, Norrington le maîtrisa à nouveau, tout en faisant signe du regard aux soldats de sortir. Il voulut conduire le père d'Élisabeth vers un fauteuil, mais le vieil homme résistait de toutes ses forces pour revenir vers le coffre.

— Lâchez-moi ! cria-t-il. Je sais ce que j'ai à faire !

— Lâchez-le ! appuya une voix derrière eux.

Les deux hommes levèrent les yeux. Davy Jones entrait dans la cabine à grands pas, ses petits yeux bleus plus que jamais empreints d'une cruauté vengeresse.

— Êtes-vous prêt pour ce qui suivra, une fois que vous m'aurez tué ? jeta-t-il au gouverneur en venant presque coller son répugnant visage au sien. Quand j'ai sculpté ce vaisseau – ce perfide vaisseau – de la substance de mon propre corps, j'y ai fixé un sort effroyable. Celui qui percera mon cœur y abandonnera le sien !

Swann et Norrington se regardèrent, n'osant comprendre. Celui qui tuerait Jones deviendrait comme lui ?

— L'équipage n'est pas lié à moi, il est lié au *Hollandais* et le *Hollandais* doit toujours avoir un capitaine ! précisa le capitaine avec hargne. Alors, êtes-vous toujours décidé, gouverneur ?

Mais ce dernier fut dispensé de prendre une décision, car Beckett et Mercer arrivèrent à ce moment précis dans la cabine.

— Gouverneur ! annonça-t-il d'une voix forte. Cessez de vous lamenter ! Votre fille est toujours en vie.

— Je l'ai vue de mes yeux à Singapour, confirma Mercer.

Jones tressaillit de surprise. Il pensait que toute la clique avait disparu en même temps que Jack.

— Vous êtes tous des menteurs ! hurla le gouverneur.

— Non, Jones est seulement cruel, répondit Beckett. Mais j'ai peut-être péché par omission, dit-il. Veuillez m'en excuser.

— Gouverneur, fit Norrington en lui touchant le bras dans un geste consolateur. Il y a toujours de l'espoir. Vous retrouverez Élisabeth.

Swann scruta le visage de l'ancien fiancé de sa fille. Lui au moins était sincère. Il lui rendit la baïonnette puis, se tournant vers Beckett :

— Notre collaboration est terminée, dit-il. Je ne me ferai plus complice de ce carnage et de ces exécutions. Le pire pirate a plus d'honneur que vous. Même Jack Sparrow ! Vous n'êtes qu'un meurtrier sanguinaire.

Norrington l'escorta vers la sortie, en passant devant Beckett, à qui il lança un regard aigu. Le directeur de la Compagnie savait qu'Élisabeth était en vie et il avait omis de rassurer le gouverneur...

— Vous pouvez disposer ! dit Beckett à Jones d'un ton glacial.

Après avoir lancé à Beckett le même regard aigu, le capitaine sortit.

Le directeur et son assistant se retrouvèrent seuls dans la cabine de Jones. Beckett observait le silence. Il réfléchissait à la marche à suivre, tandis qu'il refermait doucement le coffret.

— Ce sacré Jones est un rusé, commença Mercer. Qui le tuerait en sachant qu'il devra le remplacer ?

Beckett ruminait la chose. Il est sûr que cela n'arrangeait pas leurs affaires.

— Je peux ordonner à l'amiral Norrington de se taire, dit-il. Et il obéira. Il est comme ça.

— Et le gouverneur ? insista Mercer.

Beckett réfléchit. Puis il prit sa décision, un peu à regret, car sans la signature de Swann, les choses seraient plus compliquées.

— C'est ainsi, dit-il. Tout homme emporte son secret dans sa tombe...

# 8

Glaciers et icebergs avaient disparu ; à présent, le *Hai Peng* était au-delà des régions arctiques.

Seule, accoudée au bastingage, Élisabeth contemplait le miroir de l'eau, où les étoiles se reflétaient plus brillamment encore qu'à l'accoutumée. Le navire glissait silencieusement sous le ciel et elle commençait à imaginer que l'océan pouvait se laisser tomber au loin dans le néant.

Tandis qu'elle regardait la mer et les étoiles, les questions se bousculaient dans sa tête. Allaient-ils vraiment atteindre le bout du monde ? Trouveraient-ils le passage qui les mènerait au Bas-Fond de Jones ? Y trouveraient-ils Jack ? Ça, c'étaient les questions essentielles, mais d'autres en découlaient. La principale étant : est-ce que le capitaine du *Black Pearl* lui aurait pardonné ? Quand Élisabeth l'avait enchaîné au mât, Jack l'avait traitée de « pirate », avec une intonation admirative. Mais le capitaine ne savait pas encore ce qui l'attendait dans le Bas-Fond. Peut-être que ce séjour l'aurait changé... Pour avoir connu les geôles de Port Royal, Élisabeth savait à quel point l'expérience était traumatisante. Et le Bas-Fond de Jones était sûrement bien pire, au-delà de ce qu'Élisabeth se sentait capable d'imaginer.

La jeune fille entendit le plancher du pont craquer derrière elle. Elle se retourna. Will était là. Sans dire un mot, il vint s'accouder au bastingage à côté d'elle et resta là, à faire semblant de contempler la mer. Peut-être attendait-il qu'elle parle, mais elle n'en avait pas envie. Tout avait tellement changé entre eux... Elle l'aimait encore, mais quelque chose la séparait de lui. Elle ne pouvait plus s'abandonner comme avant, lui dire ce qu'elle ressentait. Ils étaient en quelque sorte devenus des étrangers l'un pour l'autre.

— Pendant combien de temps encore allons-nous nous éviter ? lâcha brusquement Will en se tournant vers sa fiancée.

Élisabeth se passa la main dans les cheveux. Elle ne savait pas quoi lui répondre.

— Quand nous aurons trouvé Jack, dit-elle enfin

dans un cri du cœur, tout ira bien. Will se répéta en lui-même ce qu'il venait d'entendre. Ces paroles pouvaient s'interpréter de bien des façons. Élisabeth ignorait qu'il l'avait vue embrasser Jack et il ne lui avait rien dit. Il attendait que ce soit elle qui en parle. Mais elle n'en faisait rien et son silence tourmentait Will à n'en plus finir.

— Alors, nous sauverons Jack ! finit-il par conclure avec résignation.

Élisabeth acquiesça d'un mouvement d'épaules, puis elle tourna les talons et alla s'installer un peu plus loin contre le bastingage.

C'est alors que Tia Dalma apparut sur le pont, les bras chargés d'un plateau contenant des tasses remplies de rhum chaud. Petit à petit, les membres d'équipage se rassemblèrent autour d'elle et Élisabeth revint vers le groupe.

Barbossa avala le contenu de sa tasse d'un trait, tandis qu'Élisabeth la gardait dans ses mains pour se réchauffer.

Tia Dalma souriait en les regardant un à un.

— Vous survivrez si vous savez vraiment pourquoi vous êtes là, dit-elle.

Il y eut un silence. Elle se tourna vers Will :

— Quelle est ta motivation, Will Turner ? Qu'attends-tu de ce voyage ?

— Jack est mort en me sauvant la vie. Je ne peux pas l'abandonner.

Élisabeth resta muette, bien qu'elle sût que Will

mentait. Et elle savait aussi que Tia Dalma le savait. Rien n'échappait à la sagacité de la magicienne.

— Et toi, Barbossa ? interrogea Tia Dalma.

— C'est parce que vous m'avez demandé de venir ! répliqua le capitaine d'un air amusé. Après m'avoir rendu le grand service de me rendre à la vie, c'était le moins que je pouvais faire...

— Comment s'y est-elle prise exactement ? ne put s'empêcher d'interroger Gibbs.

Barbossa sourit, mais ne répondit pas. Il sortit une pomme et un couteau de sa poche et coupa en deux le fruit qu'il se mit à manger avec délectation. Au cours de son long passé, le capitaine avait été victime d'une malédiction : la faculté d'apprécier la saveur des mets lui avait été retirée, comme celle de la compagnie des femmes. Il avait alors tellement désiré sentir le goût sur ses papilles d'une simple pomme, ne serait-ce qu'une fois...

— Et vous, Élisabeth ? Quel cœur mettez-vous à ce voyage ? continua Tia Dalma en se tournant vers Élisabeth.

— Jack Sparrow n'a pas mérité son destin, murmura Élisabeth. Mais vous-même, Tia Dalma, reprit-elle au bout de quelques instants, pourquoi vous risquez-vous dans un voyage aussi périlleux ?

— Le monde est un endroit vide sans Jack Sparrow ! répondit la sorcière de son sourire charmant. Et puis, ajouta-t-elle en devenant grave comme si elle décidait soudain de dire la vérité, beaucoup de gens ont des dettes envers moi. Jack n'est pas le moindre de mes débiteurs...

Ces paroles tombèrent dans un silence qui se prolongea. Les tasses de rhum étaient vides.

Soudain, Will poussa un cri. Très loin, au fond de la nuit, il lui semblait apercevoir une bande d'écume étincelante qui barrait l'horizon.

— Barbossa ! Regardez ! Droit devant !

Le capitaine hocha la tête.

— On s'approche, confirma-t-il. Je reconnais ces eaux...

Sans pouvoir réprimer un frisson, le capitaine se remémora sa mort : cet instant glacial, stupéfiant, puis cette sorte de descente en soi-même, une descente qui semblait sans fin, puis enfin la longue dérive dans un océan entre deux mondes, où Tia Dalma était venue le rechercher.

— Maintenant, nous ne pouvons plus reculer, dit-il. Nous sommes bel et bien perdus.

— Perdus ? répéta Élisabeth, en ouvrant de grands yeux.

Le capitaine lui adressa un sourire amusé :

— Mais oui, il faut bien être perdu pour trouver un endroit qu'on ne peut trouver !

Sans cela, n'importe qui saurait où le trouver...

— J'entends un drôle de bruit ! s'exclama Gibbs, inquiet.

— On dirait un rugissement, répondit Élisabeth en se penchant au-dessus de l'eau.

Will se pencha à son tour. L'eau lisse de la mer s'était animée d'un courant qui en faisait clapoter la surface et les entraînait vers l'ouest. Ce courant devenait de plus en plus puissant, d'instant en instant.

— On est attiré par le courant ! cria Will. Nous prenons de la vitesse... Regardez, le bateau commence à tourner !

En moins d'une minute, la mer fut agitée de tels remous, qu'on aurait dit que Poséidon en personne la fouettait.

— Tout le monde à son poste ! hurla Will. Il faut faire demi-tour. Gouvernail à fond ! Bâbord toute et mettez la voilure !

Mais la voix tonitruante de Barbossa couvrit presque le rugissement de l'eau.

— N'en faites rien ! Laissez ce rafiot courir !

Grimpant quatre à quatre dans le gréement, Will regarda au loin. Il encaissa le choc. Un mur d'écume surmontée d'un brouillard d'une blancheur étincelante se dressait à quelques encablures du navire sur toute la longueur de l'horizon. Cela ressemblait aux abords d'une énorme chute d'eau !

Il renouvela son ordre de tous ses poumons.

— Bâbord toute !

La jonque commença à virer contre le courant. Mais pas suffisamment. Elle s'approchait inexorablement de la ceinture d'écume, comme happée par une irrésistible succion.

Haussant les épaules, Barbossa renonça à intervenir. De toute façon, cela ne changerait rien. Le grand vaisseau était arrivé à un point de non-retour. Il ne pouvait pas plus résister à l'attraction du maelström qu'une plume à un coup de vent.

Soudain, prise définitivement au piège, la jonque commença à décrire des cercles. À présent, l'atmosphère était tellement chargée d'embruns et de vapeurs qu'on ne distinguait plus qu'à peine les silhouettes de l'équipage.

Essuyant son visage du revers de la main, le maître d'équipage aperçut avec stupeur Tia Dalma, qui jetait le plus tranquillement du monde ses pinces de crabe sur le plat d'un tonneau. Toute cette agitation n'avait pas l'air de l'émouvoir du tout. Elle semblait aussi à l'aise dans cette tempête qu'un poisson dans l'eau.

— *Malfaiteur en tombeau, Crochir l'esplanade, Dans l'fond d'l'eau !* commença-t-elle à psalmodier.

Elle répéta l'incantation plus vite, puis plus lentement. Puis, elle déplaça ses pinces en formant des figures complexes qui se répétaient. Gibbs l'avait déjà vue faire, quand la sorcière leur avait révélé l'emplacement du *Hollandais Volant*, mais cette fois, elle prononçait également une formule magique. Seigneur Jésus ! Il fallait espérer que ce soit une formule de protection !

Laissant Tia Dalma à ses pinces, le maître d'équipage alla rejoindre Will qui luttait à la barre, en pure perte. Dès l'instant où le courant les avait pris, Gibbs avait compris qu'ils ne résisteraient pas à l'attraction du phénomène et que toute lutte était vaine. Qu'y avait-il au-delà de cette ceinture d'écume, dont ils se rapprochaient inexorablement ? se demanda-t-il dans un vertige. Le puits sans fond d'un maelström ? Allaient-ils vraiment traverser le globe et tomber dans un autre monde, comme le racontent les vieilles légendes ?

— Vous nous avez tous condamnés ! hurla Élisabeth à Barbossa, qui était en train de se redresser sur ses jambes, après une glissade.

— Ne soyez pas ingrate ! répondit le capitaine. Il se peut que vous n'ayez plus jamais l'occasion de passer par ici. Et n'oubliez pas que, si vous mourez, ces mots seront les dernières paroles d'amitié que vous entendrez de votre vie ! ajouta-t-il avant d'éclater d'un rire dément.

C'est alors que la jonque fut happée par un courant circulaire encore plus violent. Soulevé comme un jouet dans la main d'un enfant, le *Hai Peng* fut projeté d'un seul coup sur la crête du gouffre et les marins virent alors dans quoi ils allaient plonger : un abîme bouillonnant, écumant, d'un noir d'encre, d'où montait un mugissement formidable. La coque de la jonque se dressa à moitié au-dessus de la mer et le navire resta un instant suspendu, la poupe au-dessus du vide et la proue encore sur l'immense océan qu'ils quittaient, tandis que tous les membres d'équipage fermaient les yeux et hurlaient, excepté Élisabeth qui voulait mourir les yeux ouverts, excepté Will qui regardait Élisabeth avec désespoir, excepté Barbossa qui riait à gorge déployée, et excepté Ragetti qui était en train d'arracher une planche à la table du gouvernail en faisant signe à Pintel de venir avec lui. Ce serait une sacrée glissade, calculait le pirate, mais avec un bon angle, ils arriveraient peut-être sains et saufs au fond...

Puis, la jonque bascula, projetant tous ses occupants dans le vide.

C'était comme tomber du haut d'une immense montagne liquide...

D'un seul coup, ce fut l'obscurité totale.

Puis, il y eut des bruits de chants et de rires. Cela ressemblait à des voix de pirates, lointaines et fantomatiques...

*Yo ho, et une vie de pirate pour moi !*

Et aussi vite qu'elles s'étaient élevées, ces voix s'évanouirent.

# 9

Le sable du purgatoire... Il s'étendait dans toutes les directions, sans fin, au-delà d'une mer sans poissons, sans algues, sans vagues, sans rochers, sans vie.

En haut, dans le ciel bleu sans nuage, brûlait un soleil blanc sans rayons, d'une dureté implacable. Pas de vent, aucun souffle d'air. Les voiles du *Black Pearl*, échoué sur le vaste désert, pendaient, complètement flasques.

Mais, soudain, l'une d'elles se tendit. Puis, elle se relâcha. Fronçant les sourcils d'un air outré, Jack Sparrow la retendit fermement de la main. Levant les yeux, il fit signe à son maître d'équipage, perché dans le gréement.

— Maître d'équipage, tirez-moi sur cette drisse ! Relevez-moi les voiles !

Le maître d'équipage acquiesça. L'homme à qui s'adressait Jack portait un bandana rouge comme le sien, orné d'une agrafe semblable à la sienne, où était enfilée une série de perles, terminées par une petite pièce de monnaie. Il avait la même chevelure noire que le capitaine du *Black Pearl*, tressée elle aussi en dreadlocks et, de même, il portait une chemise blanche par-dessus une longue veste sans manches, entourée de multiples ceinturons dans lesquels étaient passées des armes identiques. Ce maître d'équipage avait aussi de grandes bottes à revers, qui étaient les copies conformes de celles de Jack, ainsi qu'un tricorne en cuir buriné d'un modèle unique, usé de la même façon. Même moustache, même barbichette tressée de perles, mêmes yeux noirs charbonneux... mais pas du tout la même expression. Le maître d'équipage de Jack était un homme qui avait l'habitude d'obéir, contrairement à Jack.

Perché dans le gréement, il agita la main :

— Bien compris, mon capitaine ! Relevez les voiles, moussaillons ! ordonna-t-il en mettant ses mains en porte-voix. Et mettez-y du cœur... Comment se place le navire ?

Sur le pont, un marin se retourna. Lui aussi ressemblait à Jack à s'y méprendre : habillé de la même façon, les mêmes yeux... mais pas le même regard non plus. L'homme avait encore plus l'habitude d'obéir que le maître d'équipage. Son expression était humble et respectueuse.

— Le vent est bon ! dit-il. Et la mer à l'avenant !

Le capitaine approuva. De fort belle humeur, il se mit à arpenter le pont. Mais, soudain, il s'arrêta en roulant des yeux. Non, tout n'allait pas bien du tout ! Il y avait même un gros problème… Faisant de grands gestes, il interpella de nouveau son maître d'équipage :

— Maître Sparrow, venez ici, je vous prie !

Le maître d'équipage se laissa descendre du gréement. Arrivé sur le pont, il se liquéfia. Son capitaine le regardait d'un air qui aurait pu faire frémir de terreur le plus endurci des pirates.

— Qu'avez-vous à dire sur l'état de ce nœud sur la corde de proue ? interrogea sèchement le capitaine.

En face de lui, tel un frère jumeau qui aurait grandi dans l'ombre de la personnalité écrasante de son double, le maître d'équipage avala sa salive, avant de répondre :

— Il me semble correct, monsieur.

Tandis que l'autre parlait, Jack tira un petit coup sur le nœud, qui se défit.

— Correct, dites-vous ? gargouilla le capitaine. Il n'est ni correct ni convenable, maître Jack ! Il n'est ni acceptable ni adéquat. Il est, en vérité, abominable…

Le second baissa la tête. Ses yeux noirs et charbonneux avaient pris une expression de chien battu. Malgré son fier tricorne, il avait l'air du plus lamentable des pirates. C'est alors qu'un autre marin s'avança. Il était tout aussi semblable à Jack, bien que complètement différent. C'était entre tous celui qui ressemblait le moins à Jack, malgré son visage, son corps et son habillement strictement identiques. On aurait dit la carcasse de Jack, mais sans son âme. Pour tout dire, cet avatar de Jack avait l'air d'un brave garçon...

— S'il vous plaît, monsieur, plaida-t-il, peut-être accepteriez-vous de lui donner une deuxième chance ?

Le capitaine se campa, la main sur la hanche, en toisant l'importun :

— C'est avec ce genre de bêtise qu'on s'est mis dans ce pétrin ! dit-il d'un ton sans appel et, tirant un pistolet, il tira sur le brave Jack, qui recula en titubant, avant de passer par-dessus le bastingage.

Sans même lui accorder un coup d'œil, le capitaine se retourna, cherchant son second :

— Tu nous as fait perdre de la vitesse et par conséquent du temps ! vociféra-t-il en postillonnant. Ce temps précieux, qu'on ne peut retrouver une fois qu'on l'a perdu... Comprends-tu ?

— Oui, mon capitaine, s'empressa d'acquiescer maître Jack.

— Et maintenant ? reprit le capitaine. Il va falloir tout refaire ! Tout refaire ! Et que cela vous serve de leçon, bande d'incapables !

— C'est la zone des calmes équatoriaux, monsieur, lui fit observer son maître d'équipage avec un sourire malheureux. Tout l'équipage a les nerfs en pelote, ne soyez pas trop sévère...

— C'est ce que nous allons voir ! répondit Jack vertement. Arrimez une corde au navire ! Je n'ai aucune sympathie pour aucun d'entre vous, espèces de vers de pourriture de sacs de farine avariée ! On va le tirer de là nous-mêmes...

Mais après avoir dit cela, Jack resta immobile, les yeux fixes. Puis, ses épaules s'affaissèrent. Soudain, il se sentait fatigué, très fatigué. Il se secoua comme pour dire à tous les personnages qu'il jouait en même temps d'aller se faire voir ailleurs et c'est exactement ce qu'ils firent.

Descendant de son bateau en se laissant glisser le long d'une corde, le capitaine sauta sur le sable.

Il ne savait plus où il en était. Ni où il était, d'ailleurs. Et pas davantage qui il était. Était-il là, ailleurs, partout ou nulle part ? Impossible à dire. Il ne savait même pas si c'était lui qui jouait différents rôles ou s'il avait des hallucinations. Car il y avait parfois des minuscules avatars du capitaine du *Black Pearl* qui lui bondissaient sur l'épaule pour lui parler à l'oreille droite et à l'oreille gauche, l'un lui prodiguant certains conseils, et l'autre soutenant exactement le contraire. Tout se passait comme si certaines des pensées de Jack sortaient de son corps pour devenir un autre lui-même en train de penser. Ces avatars de Jack Sparrow lui laissaient peu de répit, tant il est difficile d'arrêter ses pensées, surtout pour quelqu'un comme le capitaine du *Black Pearl*, dans la tête duquel il y a toujours une idée pour pousser l'autre.

Se baissant vers le sable, Jack attrapa le bout de la corde de l'amarre et, s'arc-boutant, il commença à tirer. La mer n'était pas loin, il allait y arriver. Les bottes du capitaine s'enfoncèrent dans le sable, tandis qu'il tirait de toutes ses forces. Mais il n'arriva qu'à piétiner sur place.

— Pas de vent ! soupira Jack en se laissant tomber sur le sable.

Soudain, il aperçut à quelque distance de lui des pierres lisses et arrondies qu'il n'avait pas encore remarquées. Ce n'était pas faute d'avoir exploré les lieux, pourtant. Jack était allé aussi loin qu'il avait pu en espérant rencontrer du monde, une taverne, quelque chose pour se rincer le gosier, de la joyeuse compagnie, mais il n'avait rien trouvé, si ce n'est des espèces d'ombres qui mangeaient le sable du désert et buvaient l'eau de la mer en devenant de plus en plus immatérielles. Jack s'était bien gardé de les imiter. S'empressant de s'éloigner au plus vite de ces âmes bannies et maintenant damnées, il avait compris confusément que cette mer-là était celle de l'oubli et que boire de son eau le conduirait à s'oublier soi-même. Or, Jack Sparrow s'aimait trop pour avoir envie de s'oublier...

Tendant la main, il attrapa une pierre et, se penchant en arrière, il la lança à plat. Le capitaine sourit d'un air triomphant. Il n'avait pas perdu la main ! Trois ricochets ! C'était pas mal, pour un début. Alors que Jack allait prendre une autre pierre pour essayer d'améliorer son record, il s'aperçut avec stupeur que la pierre revenait vers lui en roulant...

Le capitaine la regarda de côté avec méfiance. La pierre s'arrêta et c'est alors qu'elle commença à se fendiller. Ce n'était pas une pierre, mais un œuf ! Une fois cassé, sous les yeux médusés de Jack, un petit crabe en sortit. Il se tourna alors vers Jack en produisant des petits bruits, comme s'il riait.

— Génial ! s'exclama Jack. Il aurait manqué quelque chose à mon tourment si ces crabes n'étaient pas là pour se moquer de moi !

Rageusement, le capitaine ramassa une poignée de sable et la lança sur le crabe, qui recula en caquetant.

De plus en plus fatigué, Jack se laissa tomber en arrière sur le sable et s'allongea. Il ferma les yeux et resta là, rôtissant sous le soleil impitoyable du purgatoire... Le temps passa, passa...

Mais, soudain, Jack cligna des yeux. Il avait senti une ombre recouvrir son visage. Levant un sourcil, il se redressa. Puis, il se frotta les yeux en se demandant s'il rêvait. Ou plutôt, s'il se réveillait. La proue du *Black Pearl* venait d'apparaître au-dessus de lui !

En un instant, Jack fut sur ses jambes. Il écarquilla les yeux. La quille noire du *Black Pearl* creusait un sillon dans le sable, tandis que le navire glissait sur la surface du désert comme sur un océan, transporté par des milliers de petits crabes.

— Intéressant ! commenta le capitaine en ajustant son tricorne.

# 10

Non loin de là, derrière les dunes où Jack s'était redressé sans l'attitude martiale du capitaine saluant son navire, les passagers du *Hai Peng* étaient arrivés à destination. Les passagers, mais pas le navire... Gibbs, qui sortait de l'eau complètement étourdi après cette incroyable glissade, s'arrêta en voyant ce qui restait de la jonque chinoise. Tout était là, à première vue, de la coque aux mâts en passant par les ailes de papillon de nuit, mais en morceaux : mille morceaux qu'on ne pourrait jamais recoller.

— Je déteste les bateaux, dit Ragetti en arrivant derrière lui avec Pintel.

Tous deux se tenaient encore à la planche à

laquelle ils s'étaient accrochés tout du long de leur plongeon. Comme coup d'essai, ce n'était pas un coup de maître : en fait de prendre la vague, c'était la vague qui les avait pris, en leur faisant boire la tasse pendant presque toute la durée de leur glissade.

— Vraiment ? répondit Pintel. Alors s'il en est ainsi, tu m'épargneras dorénavant tes grands effets lyriques quand tu racontes comment tu t'es embarqué en mer et comme quoi tu n'es vraiment heureux qu'en mer !

— J'aime toujours la mer, objecta Ragetti. Ce sont les bateaux, en qui on ne peut pas avoir confiance.

Gibbs tourna la tête vers les deux compères. Ragetti avait raison : cette jonque n'avait pas résisté, malgré son œil et sa girouette. Il est vrai que l'œil était fait pour voir les récifs, pas les maelströms.

Le maître d'équipage considéra les lieux : derrière eux, la mer – si on pouvait appeler cette étendue d'eau morte une mer –, de l'autre le désert à perte de vue.

— C'est vraiment un trou perdu, dit-il en soupirant.

Élisabeth, Will, Marty, Cotton et Barbossa arrivaient à leur tour sur la plage. Le premier réflexe de Barbossa en sortant du grand plongeon avait été de vérifier que les cartes de Sao Feng étaient toujours dans sa poche et que son singe était toujours vivant. C'était bien le cas. Jack – le singe – était perché sur l'épaule du capitaine, comme s'il y était vissé, de même que le perroquet de Cotton sur celle de son maître. Les marins chinois et Tai Huang étaient encore en train de contempler les dégâts en se lamentant.

Écartant ses cheveux mouillés de son visage, Élisabeth fit quelques pas sur la plage, avant de mettre sa main en visière :

— Je ne vois pas Jack ! bredouilla-t-elle.

L'inquiétude perçait déjà dans sa voix. Elle avait beau se raisonner, son cœur battait très fort à l'idée de ne pas revoir Jack... ou de le revoir, d'ailleurs.

— Pas une âme, ajouta Marty en regardant le désert.

Comme les autres, il ne s'attendait pas à ce que le Bas-Fond de Jones ressemble à une plage. Certes, on sentait que quelque chose n'était pas pareil ici. Tout semblait immobile et figé sous ce soleil de plomb.

— Pas de vent, dit Gibbs, d'un air désapprobateur.

— Les âmes, elles ont toutes dû griller, fit Pintel en répondant à l'observation de Marty.

— Je savais qu'en enfer il faisait chaud, dit Ragetti d'un air pénétré.

Barbossa s'interposa :

— Jack Sparrow est forcément là. Davy Jones n'a jamais rendu ce qu'il avait pris.

Will sentit l'irritation monter en lui. Ce qui était clair surtout, c'est que le *Black Pearl* n'était pas là !

— Nous sommes piégés ici, maintenant, vocifépra-t-il. Comme Jack. Sans bateau !

Ils tournèrent la tête en voyant Tia Dalma qui s'avançait vers eux en s'étirant. Elle avait l'air de quelqu'un qui s'apprête à passer une bonne journée au bord de la plage. Soudain, elle s'accroupit comme si elle apercevait quelque chose dans le sable et tendit le bras. Surgis d'on ne sait où, de petits crabes arrivèrent en crapahutant vers elle. Une file de petits crabes, qui se mirent à grimper le long de son bras. Ils le remontèrent vers son épaule avant de le redescendre, puis remontèrent encore et redescendirent plusieurs fois. Cette danse semblait ravir Tia Dalma...

— Mes petits mignons, susurra-t-elle, vous avez été bien sages... Vous avez fait comme je vous ai demandé...

Comme elle relevait les yeux, la sorcière des bayous éclata de rire en voyant les mines ahuries de ses compagnons.

— Jack le rusé est plus proche que vous ne le croyez, dit-elle, les yeux brillants. Elle se redressa en leur faisant face et se mit à fixer quelque chose qui semblait être intéressant au plus haut point. Tout le monde se retourna. D'abord, ils ne prêtèrent attention qu'aux pirates chinois, qui sortaient enfin de l'eau. Puis, en regardant vers le désert, ils clignèrent des yeux, bouche bée : Jack Sparrow surgissait des dunes, à la proue du *Black Pearl* voguant sur le sable, porté sur les dos de dix mille petits crabes qui progressaient à toute vitesse en direction de l'eau, impatients de piquer une tête...

— Jack ! hurla Gibbs, tandis que son cœur se soulevait de bonheur. Pincez-moi si je rêve ! C'est Jack ? C'est bien Jack ?

À peine eut-il prononcé ces mots, qu'on entendit un petit cri de douleur. C'était Ragetti qui venait de pincer Pintel, après s'être pincé lui-même. Il trouvait que Gibbs avait raison. Il fallait vérifier. Eux-mêmes s'étaient fait pincer un certain nombre de fois en arrivant à Tortuga. C'était une coutume en vogue que de pincer les marins, dont la vie était tellement aléatoire que même ceux qui revenaient au port étaient soupçonnés de ne plus faire partie du monde des vivants.

Les deux amis se regardèrent, rassurés. Ils avaient beau être dans le Bas-Fond de Jones, ils étaient bien réels. Quant à Jack... Les deux compères se regardèrent. Ni l'un ni l'autre n'oserait jamais le pincer.

Sur la plage, les autres pirates ne doutaient pas un seul instant que c'était Jack et non un fantôme qui venait d'apparaître et ils souriaient tous jusqu'aux oreilles. Voir apparaître le capitaine du *Black Pearl* à la proue de son bateau, alors qu'il était censé être mort, était un spectacle auquel personne ne pouvait rester insensible, même ceux qui détestaient Jack, comme Barbossa.

Le navire entra dans l'eau en soulevant des gerbes d'éclaboussures. Gibbs courait après en faisant de grands gestes pour attirer l'attention de Jack, suivi de tous les pirates, hormis Élisabeth que l'émotion paralysait.

Jack aperçut enfin ces silhouettes qui gesticulaient. Il répondit à leurs signes et, saisissant une corde, s'élança du bateau. Quelques instants plus tard, le capitaine arrivait sur la plage, en chair et en os apparemment...

Le visage rayonnant de joie, Gibbs courut à sa rencontre, les bras grands ouverts. Mais en le voyant arriver, le sourire de Jack s'effaça.

— Maître Gibbs ! lui dit-il d'un ton sec.

Gibbs se mit au garde-à-vous.

— Oui, mon capitaine !

— Bien. Je suppose que vous pouvez rendre compte de tous vos actes ?

Un certain désarroi se lut dans le regard du maître d'équipage.

— Monsieur ? dit-il d'un air interrogateur.

Jack releva le menton avec hauteur.

— Nous avons remarqué un manque de discipline chronique sur notre bâtiment qui nous irrite profondément ! dit-il d'un ton sec. Qu'avez-vous à dire à ce sujet ?

Gibbs observa son capitaine et comprit. Jack

n'était pas lui-même. Son regard était complètement halluciné. Il n'était pas saoul, non... S'il avait été saoul, Jack aurait été lui-même. Là, c'était la folie de la mort qui flottait dans ses yeux.

— Monsieur, rappela-t-il doucement, vous êtes dans le Bas-Fond de Jones...

Jack leva les yeux en l'air.

— Je sais cela ! Je sais où je me trouve et ne t'imagine pas le contraire !

— Jack Sparrow !

À cette voix, le capitaine se figea. Il reconnaissait le timbre toujours un peu suffisant du capitaine Barbossa.

— Ah, Hector ! dit Jack avec un enthousiasme inattendu en se retournant vers son vieil ennemi. Cela faisait si longtemps !

— Oui, approuva Barbossa, dont les yeux devinrent deux fentes translucides. Très longtemps. Mais je n'ai pas oublié ! L'île de la Muerta... Ça te dit quelque chose ?

Jack ouvrit de grands yeux :

— Non...

— C'est là que tu m'as tué, appuya Barbossa, qui sentit la haine le submerger plus sûrement que la cataracte où ils avaient plongé.

Jack considéra son interlocuteur en se grattant le menton.

— Je n'ai rien fait de tel, dit-il, après réflexion.

Excédé, Barbossa bondit et, le saisissant par le col, lui mit son couteau sous la gorge.

— J'ai bien envie de m'en servir ! cracha-t-il. En tout cas, il n'est pas lointain, le jour où je m'en servirai !

Il lâcha Jack qui remit ses vêtements en place en époussetant son col. Soudain, le visage du capitaine s'éclaira en apercevant Tia Dalma.

— Tia Dalma ! s'exclama-t-il. Toujours aussi belle ! Tu es vraiment le piment macabre indispensable à tout délire...

Will examinait le capitaine avec perplexité.

— Est-ce qu'il pense que nous sommes une hallucination ? glissa-t-il à Tia Dalma en s'approchant d'elle.

— Ah Will ! s'écria Jack. Es-tu venu parce que tu as besoin de mon aide pour sauver une certaine demoiselle ?

— Non, répondit Will. Je ne suis pas là pour ça.

Ces paroles semblèrent plonger Jack dans un abîme de réflexion.

— Si ce que tu me dis est vrai, tu ne serais pas là. Donc, tu ne peux pas être là. Donc, tu n'es pas là, conclut-il en regardant Will comme s'il était transparent.

— Jack, intervint Élisabeth en s'approchant du capitaine. Tout cela est bien réel. Nous sommes vraiment là.

Jack s'immobilisa. Il se tourna vers Élisabeth en

la regardant fixement. La jeune femme ne lui semblait pas transparente, loin de là. Dans l'esprit encore embrouillé de Jack, une foule de souvenirs l'assaillait brusquement. Élisabeth en train de l'enchaîner au mât... Si belle qu'il avait presque aimé être pieds et poings liés, à sa merci. Puis, le monstre qui apparaissait et dans sa gueule béante, entre ses crocs, son cher tricorne, qu'il avait cru perdu pour toujours. Puis, l'odeur fétide de l'haleine du monstre qui ouvrait sa gueule sur lui. Jack se souvenait d'avoir brandi son épée de sa main libre dans un dernier acte de panache. Il aimait tellement les aventures qu'il était presque curieux de cette grande et ultime aventure qu'était la mort. Puis... plus rien. Et Jack avait sombré dans l'inconscience, tandis que le monstre l'emportait sous la mer, lui et son bateau, avant de nager avec sa proie jusqu'aux confins du monde, au bord du gouffre où il l'avait craché comme une vulgaire sardine.

Et il s'était réveillé ici, sous ce soleil cuisant. Un endroit où il n'y avait rien à faire. Rien, rien, rien. La mort était très décevante...

Jack cligna des yeux. Décevante, comme cette femme. C'est à cause d'elle qu'il avait atterri ici.

Jack se tourna vers son maître d'équipage.

— Tu as bien dit le Bas-Fond de Davy Jones ?

— Oui.

Jack opina. Cette fois, il avait compris. Il se

détourna d'Élisabeth. Mais celle-ci l'attrapa par la manche.

— Jack, nous sommes venus vous secourir !

Le capitaine regarda la jeune femme avec un sourire narquois.

— Me secourir ? Voilà qui est inhabituellement généreux de votre part !

— En remerciement de votre action héroïque, précisa-t-elle. Pour nous avoir sauvés du Kraken.

— Quelle charmante attention ! minauda Jack. Mais quoi qu'il en soit, ajouta-t-il d'un ton moqueur, qu'est-ce qui vous fait imaginer que je désire être secouru ?

Ayant dit ces mots, il s'éloigna. Chacun le regardait, stupéfait.

— Pas d'histoires, tu viens avec nous ! grogna Will d'un ton sans appel en lui courant après. Nous avons eu trop de mal à arriver jusqu'à toi !

Jack lui fit un petit signe de la main, avant de reprendre tranquillement son chemin.

— Jack !

Le capitaine se retourna encore. Mais, cette fois, il arborait un sourire diabolique et Gibbs sut que Jack, le vrai Jack, *son* Jack était de retour. Le capitaine se campa devant le groupe en jouant gracieusement de sa main baguée.

— Il me semble que, dans la mesure où je possède un navire tandis que le vôtre est perdu corps et biens, commença-t-il en faisant des circonvolutions avec ses mains, c'est plutôt vous qui avez besoin d'être secouru. Or, je ne suis pas sûr d'en avoir très envie.

À ces mots, Barbossa fit un geste en désignant la mer.

— Tiens, je vois mon navire, dit-il en montrant le *Black Pearl*, il est juste là !

Jack mit sa main en visière, scrutant l'espace. Il se dressa alors sur ses orteils, puis se pencha d'un côté, puis de l'autre en louchant, comme s'il ne réussissait absolument pas à voir le navire qui se trouvait en face de lui.

Il se retourna vers Barbossa d'un air interrogatif :

— Je ne le vois pas, dit-il. Ce doit être une petite chose minuscule, qui se cache quelque part derrière le *Pearl*.

Raidi par la rage, Barbossa fit un pas vers Jack en sortant son couteau. Jack Sparrow ne détenait pas le monopole de l'amour pour le *Black Pearl* !

— Je serai le capitaine sur le voyage du retour ! aboya-t-il d'un ton menaçant.

Will bondit entre les deux hommes en s'interposant :

— Je suis heureux d'appeler Jack « capitaine », dit-il... ainsi que Barbossa. Écoute, Jack, dit-il d'un ton pressant, on doit tous allier nos forces. Lord Cutler Beckett, tu te souviens ? Il détient le cœur de Davy Jones. Il a le contrôle du *Hollandais Volant*...

— Il est en train de conquérir les mers et l'océan, renchérit Élisabeth en rejoignant Will.

— Le chant a été chanté, intervint Tia Dalma d'un ton pénétrant. Le Tribunal de la Confrérie a été convoqué.

Jack regarda la sorcière d'un air accablé.

— Dès que je vous laisse une minute, voyez le résultat !

— Tu as raison, Jack, dit Gibbs d'un ton vibrant en s'avançant vers son capitaine. Le monde a cruellement besoin de toi !

— Et tu as besoin d'un équipage, remarqua Will en souriant.

— Un équipage ? répéta Jack, tandis que les autres s'empressaient de se mettre en file, à l'exception de Barbossa.

Il recula d'un pas, avant de remonter la file en les passant en revue, l'un après l'autre.

— Pourquoi diable devrais-je m'embarquer avec quiconque ? demanda-t-il. Il y en a déjà quatre parmi vous qui ont essayé de me tuer. Et une qui a réussi, ajouta-t-il d'un ton sec en s'arrêtant devant Élisabeth.

La jeune femme se mordit les lèvres.

— Quoi ? s'écria Will.

Son regard allait d'Élisabeth à Jack. Le capitaine souriait d'un air finaud, tandis qu'Élisabeth regardait droit devant elle sans dire un mot. Les autres étaient aussi stupéfaits que Will. Que voulait dire

Jack ? Que c'était à cause d'Élisabeth qu'il s'était retrouvé ici ? Chacun se remémorait les derniers instants, avant leur fuite à bord de la chaloupe. Élisabeth et Jack s'étaient attardés sur le pont… et Élisabeth était revenue seule en annonçant que Jack avait décidé de se sacrifier.

— Elle ne te l'avait pas dit ? lança Jack d'une voix mielleuse. Alors, vous allez avoir beaucoup de choses à vous raconter ! conclut-il en reprenant son inspection.

Il était arrivé devant Tia Dalma.

— Quant à toi…

— Oh, l'interrompit la sorcière avec une œillade appuyée, ne me dis pas que tu n'as pas aimé ça, à l'époque…

Jack se gratta la barbe. Il est vrai qu'avec Tia Dalma l'amour et la mort allaient toujours de pair. Ça donnait un certain piquant à la chose…

— Je l'admets, dit-il. C'est bon, tu es engagée.

Puis, il examina Pintel et Ragetti. Les deux pirates avaient pris le parti de Barbossa quand ce rossard s'était mutiné contre lui et il ne le leur pardonnerait jamais.

— Pintel et Ragetti, je n'ai pas besoin de vous. Gibbs, je te donne une deuxième chance… Marty, Cotton, c'est d'accord. Le perroquet de Cotton, c'est un peu limite, mais ça ira. Je ne suis pas convaincu à cent pour cent, mais bon, on dira que vous formez un équipage.

Jack aperçut alors une troupe de marins inconnus, aux yeux bridés et vêtus à la manière de Singapour, qui était en train de rejoindre le groupe. L'un d'eux se détacha pour venir vers Jack.

— Et vous êtes ? demanda Jack.

— Tai Huang.

Il esquissa un geste derrière lui.

— Et voici mes hommes.

— Et qui est votre maître ? demanda Jack.

— Celui qui mise le plus, répondit Tai Huang.

— J'ai un navire, fit Jack.

— C'est donc vous mon maître, répondit Tai Huang.

Satisfait, Jack leur fit finalement signe à tous de monter à bord.

Personne ne se fit prier. Malgré le soleil et la plage, le Bas-Fond de Jones n'était pas un endroit où ils avaient envie de passer des vacances. Les pirates entrèrent dans l'eau avec force éclaboussures, avant de grimper à l'aide des cordes jusqu'au pont du navire. Bientôt, le *Black Pearl* semblait de nouveau enfin habité. Jack rayonnait.

— Levez l'ancre ! commanda-t-il à pleins poumons. Tous à vos postes ! Pousse-toi de là, ajouta-t-il à l'intention de Barbossa, qui le rejoignait sur le gaillard d'avant. Jack considéra l'horizon. « Comment pouvait s'appeler cette mer ? se demanda-t-il. La mer de l'oubli ? La mer de l'ennui ? La mer des crabes-gentils ? La mer d'où-l'on-ne-revient-jamais ? Si justement, on allait en revenir ! »

D'un air décidé, Jack prit son compas dans sa poche, ce fameux compas qui indiquait ce que vous désiriez le plus au monde. Ce n'était pas compliqué : ce qu'il désirait le plus était de mettre les voiles d'ici au plus vite !

Ouvrant le boîtier, le capitaine considéra le cadran. C'était parfait, l'aiguille indiquait déjà une direction. Mais, saisi d'un doute, Jack se tourna sur lui-même pour vérifier que l'aiguille allait bouger, elle aussi. Mais elle resta fixe, bloquée.

Jack crut qu'il devenait fou. Ce compas ne marchait toujours pas. Il marchait avec tout le monde, mais pas avec lui ! Le capitaine hocha la tête, abattu, en coulant un regard de côté à Élisabeth. Il comprenait, hélas, ce que cela signifiait : plusieurs désirs s'affrontaient en lui. Il ne savait donc toujours pas quel était son plus cher désir au monde...

— Ja-aaack ! appela Barbossa.

Le capitaine se redressa. Ce scélérat le toisait de toute sa superbe, son affreux macaque sur l'épaule et son stupide chapeau à plume enfoncé sur le crâne. Il lui tendait des cartes, qu'il venait de sortir de la poche de sa redingote. C'étaient des cartes comme Jack n'en avait encore jamais vu.

— Tu vas par où, toi ? lui demanda l'autre avec un sourire moqueur.

# 11

Et le *Black Pearl* mit les voiles dans la direction indiquée par Barbossa. Ravalant sa rancœur, Jack décida qu'il était quand même le capitaine. Il se mit à courir derrière Barbossa en l'imitant comme son ombre et en répétant ses ordres comme un perroquet. De son côté, Barbossa serrait les poings, mais il avait décidé de faire comme si Jack n'existait pas.

— Bordez-moi cette voile ! cria-t-il, alors que le navire peinait à avancer sur la mer d'huile. Choquez cette écoute ! Relâchez au vent !

Une demi-seconde après, la voix de Jack retentit :

— Bordez-moi cette voile ! Choquez cette écoute ! Relâchez au vent !

Barbossa se retourna vers lui.

— Tu fais quoi exactement ? aboya-t-il.

— Le capitaine doit donner des ordres sur son navire ! se récria Jack avec innocence.

— Le capitaine donne des ordres ! riposta rageusement Barbossa.

— C'est mon navire ! rétorqua Jack en commençant à perdre son sang-froid. C'est donc moi le capitaine.

— Ce sont mes cartes ! hurla à pleins poumons Barbossa.

Les deux hommes se firent face, aussi rouges de colère l'un que l'autre.

— La ferme, vous deux, c'est un ordre ! Compris ?

Les deux protagonistes se retournèrent, médusés, en découvrant le visage de Pintel qui se tenait devant eux, les poings sur les hanches, l'air très mécontent.

Réalisant soudain ce qu'il était en train de faire, Pintel leva les mains en l'air en reculant lentement :

— Désolé, pardon ! C'est juste qu'avec ces histoires de commandement, je me suis dit que je pourrais peut-être me proposer... Pardon ! Pardon ! C'était une idée stupide, je ne le ferai plus...

Puis, il fit volte-face et se dépêcha de partir en souhaitant disparaître dans un trou de souris.

— J'aurais voté pour toi ! lui chuchota Ragetti en le rejoignant.

Mais cette intervention inopinée avait calmé les deux protagonistes. S'approchant du bastingage, Jack tira cérémonieusement sa longue-vue, tel un vrai capitaine au long cours. Barbossa apparut quelques instants après à côté de lui et, souriant avec fatuité, il sortit de la poche de sa redingote une longue-vue qui était deux fois plus longue que celle de Jack.

Pourtant, avoir deux capitaines à bord n'était pas superflu. La navigation sur la mer des crabes-gentils ou la mer d'où-l'on-ne-revient-jamais ressemblait un peu à tourner en rond dans un bassin. Et il aurait fallu souffler sur les voiles, comme aurait pu le faire un enfant jouant avec son bateau, pour le faire avancer un peu plus vite. Toujours aucun vent... Penché au-dessus du bastingage, l'équipage examinait ces eaux vides, aussi vides que le ciel bleu sans nuage, où même le soleil blanc semblait factice. Aucun des instruments de navigation ne marchait. Le navire avançait tant bien que mal, mais on ne savait vers quelle destination. Ils ne rencontraient pas une seule île et aucune créature marine ne se montrait. Pas de dauphins, pas de tortues de mer. Et pas d'oiseaux non plus dans le ciel. C'était sans doute à cela que ressemblait l'éternité : l'éternel présent, où rien ne bouge, où rien ne se passe.

Mais il se passait quand même quelque chose, heureusement : le soleil était en train de descendre sur l'horizon. Ce fut un réel soulagement quand les marins s'en aperçurent.

Après avoir contemplé un moment sa course descendante, Élisabeth rejoignit le pont inférieur pour aller se reposer dans le dortoir. Elle s'allongea sur une couchette, les yeux ouverts et, brusquement, ses larmes se mirent à couler. Bien qu'elle s'en défende, la jeune femme souffrait d'un terrible sentiment de solitude. Tous les membres d'équipage l'évitaient, comme si elle était une pestiférée, Jack le premier. Quant à Will, il se contentait de la regarder fixement, quand il la croisait sur le pont. Élisabeth essuya ses yeux et chercha un mouchoir dans sa poche. En fait, son père lui manquait affreusement. Elle n'avait pas eu de ses nouvelles depuis qu'elle s'était enfuie de la calèche, alors qu'il voulait la renvoyer en Angleterre.

« Pauvre Papa », se dit Élisabeth, la gorge serrée. Il n'avait pas eu de chance avec elle. Il la promettait à un bel avenir comme épouse du commodore James Norrington, et elle avait préféré Will, un simple forgeron. Le gouverneur Swann appartenait à la plus haute société, et Élisabeth s'était lancée dans la vie d'aventurière... de pirate. Ses larmes coulèrent de plus belle, tandis qu'elle pensait à son vieux père, qui l'aimait tant, malgré tous ses écarts de conduite. Où était-il, en ce moment ? Allait-elle le revoir bientôt ? Allait-elle même le revoir un jour... ? Élisabeth se redressa sur la couchette, à moitié étouffée par ses larmes. Elle s'obligea à respirer calmement. Allons, tout allait bien finir. Ne réussissaient-ils pas ce qu'ils avaient entrepris, étape après étape ?

Elle tourna la tête en entendant quelqu'un entrer dans le dortoir. C'était Will, comme elle s'y attendait un peu. Elle se passa rapidement les mains sur le visage pour qu'il ne voie pas qu'elle avait pleuré. Elle sentait qu'elle allait avoir droit à un interrogatoire en règle...

— Tu as abandonné Jack au Kraken, n'est-ce pas ? dit Will en s'immobilisant devant la couchette où elle était assise.

— Il est sauvé maintenant, murmura Élisabeth. C'est le passé.

Will ne répondit pas. Il n'était pas d'accord. Ce n'était pas le passé. Si cela avait été le cas, ils n'en seraient pas là, tous les deux, à se regarder en chiens de faïence. Élisabeth savait très bien ce que Will se disait et elle en souffrait autant que lui. Elle repoussa ses cheveux en arrière.

— Will, dit-elle d'un ton conciliant, je n'avais pas le choix.

— Tu as fait le choix de ne rien me dire ! réagit-il violemment en s'avançant vers sa fiancée et en l'attrapant par le bras pour l'obliger à se lever. C'est ça que je te reproche. Pas ce que tu as fait...

Élisabeth regarda Will dans les yeux.

— L'aurais-tu fait, toi ?

Will haussa les épaules.

— Ce n'est pas le problème, dit-il.

Élisabeth se mordit les lèvres. C'était pourtant justement ça, le problème. Will n'aurait jamais fait ce qu'elle avait fait à Jack.

— Ce n'était pas à toi d'assumer cela...

Will lui serra le bras, lui arrachant un petit cri de douleur.

— Ce que j'ai assumé était encore plus lourd ! s'emporta-t-il. Je ne comprenais pas. J'ai pensé...

— Que j'étais amoureuse de lui ?

Ces mots étaient sortis tout seuls de la bouche d'Élisabeth, mais ils étaient trop lourds d'implication pour qu'elle puisse continuer la conversation. Se dégageant de l'emprise de Will, elle voulut forcer le passage, mais son fiancé la ramena vers lui.

— Si tu fais tes choix toute seule, grinça-t-il, comment puis-je avoir confiance en toi ?

Élisabeth soutint son regard. Elle secoua la tête.

— C'est vrai, tu ne peux pas avoir confiance en moi, dit-elle et, plongeant sous son bras, elle s'échappa.

À présent, la nuit était tombée sur le *Black Pearl*, une nuit sans étoile... Le capitaine Barbossa essayait toujours de tenir la dragée haute à Jack, mais en réalité il n'en menait pas large. Il ne comprenait strictement rien aux cartes de Sao Feng. Et Tia Dalma n'avait pas l'air non plus de savoir comment sortir de ce marasme. Il ne fallait pourtant pas s'affoler. Ils finiraient bien par sortir de là un jour. Le problème était le ravitaillement. Les réserves du *Black Pearl* étaient quasiment épuisées et il n'y avait pas le moindre poisson dans cette mare aux canards, sans canard. Le plus grave était le manque d'eau. Ils pouvaient tenir encore deux jours, tout au plus, en se rationnant...

Après avoir rassuré les marins qui ne parurent pas croire un mot de ce qu'il leur racontait, le capitaine rejoignit sa cabine à grands pas. Sa mauvaise humeur s'accentua en découvrant qu'elle était occupée par Jack Sparrow. Se plantant au milieu de la cabine, les bras croisés, il parcourut d'un regard lourd de reproche les murs démolis, les fenêtres brisées, la porte défoncée, les meubles renversés et cassés, ainsi que tous les débris de vitres qui jonchaient le parquet. En fait, la cabine du capitaine n'avait pas été réparée depuis la confrontation du *Black Pearl* avec le *Hollandais Volant* et le Kraken. Les boulets avaient fait exploser les hautes fenêtres à petits carreaux qui n'étaient plus que des ouvertures béantes aux bords déchiquetés, tandis que les tentacules du Kraken avaient donné un coup de balai général.

— Je vois que tu n'as pas très bien pris soin de mon bateau, lança-t-il rageusement en faisant volte-face vers Jack.

Jack haussa les sourcils :

— De quoi parles-tu ? C'est juste pour aérer.

Enlever l'odeur du propriétaire précédent, tu comprends ? Je me demandais si je n'allais pas faire installer des portes battantes, comme dans les saloons... Tu sens cette petite brise agréable qui nous rafraîchit ?

Barbossa allait se jeter sur Jack, quand Gibbs passa la tête à la porte – disons plutôt ce qui restait de la porte – de la cabine.

— Quel cap, mon capitaine ? demanda-t-il en entrant sur la pointe des pieds. Au mot « capitaine », les deux hommes se retournèrent en même temps.

— Deux degrés à tribord ! improvisa Jack.

— Je suis le capitaine du côté tribord, rugit Barbossa. Deux degrés à tribord, j'ai dit. Le capitaine va maintenant prendre la barre !

Après avoir salué deux fois – d'abord Jack, ensuite Barbossa –, le maître d'équipage sortit.

Jack et Barbossa lui emboîtèrent le pas. Les deux capitaines se séparèrent au bas de l'escalier à double rampe qui menait au gaillard d'arrière : Jack monta côté bâbord, Barbossa côté tribord. Ils se retrouvèrent à la barre, séparés par un Cotton qui se sentit brusquement un peu à l'étroit.

Se penchant sur sa gauche en passant le bras devant le timonier, Jack manœuvra la roue jusqu'à faire prendre au bateau la direction qu'il désirait. S'emparant alors de la roue à son tour, Barbossa imprima à la barre le mouvement inverse. Ce petit jeu continua, sans qu'aucun des deux capitaines semble s'en lasser. Ce qui ne fut pas le cas de Cotton qui s'éclipsa, laissant les deux hommes se disputer sans lui.

Pendant ce temps-là, sur le pont arrière, Ragetti avait conclu un plan. Ce plan était de pêcher un poisson, car ils mouraient de faim, lui et Pintel. Bien sûr, on n'en avait encore pas vu un seul, mais on était peut-être dans une mer où les poissons sortaient la nuit. Ça ne coûtait rien de vérifier... Ce serait Pintel qui serait content de le voir revenir avec une belle dorade !

Après avoir préparé soigneusement sa canne à pêche, le pirate gagna le bastingage en catimini. Regardant l'eau, il essaya de scruter – en vain – les profondeurs puis, haussant les épaules, il lança sa ligne.

Mais c'est alors qu'il aperçut un bien drôle de poisson... Il n'avait pas de jolies écailles argentées, mais le visage blême, les yeux fermés et les mains jointes sur la poitrine, exactement comme s'il était sur son lit de mort. Oui, pas de doute, c'était un mort... Il passa rapidement, face vers le ciel, comme s'il était pressé.

Ragetti poussa un cri en se reculant de trois mètres. Puis, s'armant de tout son courage, il se rapprocha à nouveau prudemment du bastingage. Le pirate agrandit les yeux : c'était un vrai défilé. Des noyés par dizaines glissaient sous la surface de l'eau, à des profondeurs différentes et à des vitesses variables. Il y en avait des vieux, des jeunes, des hommes et des femmes, et même quelques enfants. Ils passaient le long de la coque du bateau, tous allongés sur le dos et raides, les yeux fermés et les mains jointes, comme s'ils rejoignaient quelque assemblée macabre, ou qu'ils changeaient de cimetière.

Ragetti jeta un coup d'œil derrière son épaule en sentant la présence de Pintel. Le pirate écarquillait les yeux à son tour.

— Funèbre ! s'exclama-t-il. Carrément macabre !

C'est alors que Ragetti remarqua un boulet de canon par terre sur le pont et que son expression changea. C'était un des boulets qui restaient de la canonnade que le *Black Pearl* avait essuyée de la part du *Hollandais Volant*.

— Je me demande ce qui se passerait si tu laissais tomber ce boulet sur un de ces corps, commença-t-il, les yeux brillants.

Les deux pirates échangèrent un regard.

— Tu crois que l'un d'eux ouvrirait les yeux ? interrogea Pintel à voix basse.

— Ou qu'il coulerait comme une pierre ? suggéra Ragetti à son tour.

Vérifiant que personne n'était en vue, Pintel se baissa et ramassa le boulet quand, soudain, alors qu'il se redressait, il se retrouva nez à nez avec Tia

Dalma... La jeune femme les regardait tous deux sévèrement. D'effroi, Pintel fit retomber le boulet qui faillit lui tomber sur le pied.

— Vous avez raison, dit le pirate en se ressaisissant, ce ne serait pas respectueux... Vraiment pas.

Mais le regard de Tia Dalma se perdait maintenant dans l'horizon sans fond. Les deux pirates se turent, comprenant qu'elle allait parler.

— Jones devait s'occuper d'eux, commença la sorcière, au bout de quelques instants. C'est le devoir que lui a confié la déesse Calypso : conduire ceux qui sont morts en mer jusqu'à l'autre rive. Et tous les dix ans, Jones pouvait mettre pied à terre pour rejoindre celle qui l'aimait d'un amour pur et sincère... Mais il est devenu un monstre !

— Il n'a pas toujours été cette face de poulpe ? interrogea Pintel, surpris.

— Non, répondit Tia Dalma en secouant la tête. Il était un homme autrefois. Pauvres et malheureuses âmes ! Elles doivent trouver leur chemin seules désormais...

Pintel et Ragetti hochaient tristement la tête, partageant la peine de Tia Dalma. Mais comme il relevait les yeux, Ragetti remarqua soudain quelque chose qui venait au-devant d'eux. C'était une petite chaloupe, faiblement éclairée par une lanterne.

— Et voilà maintenant qu'ils arrivent en bateau ! murmura le pirate, médusé. C'est peut-être les morts importants...

Tous trois jetèrent un coup d'œil derrière leur épaule. Will, Élisabeth et Barbossa venaient de les rejoindre au bastingage. Derrière la chaloupe en venaient d'autres, toutes éclairées sinistrement d'une lanterne. Gibbs arriva à son tour, armé d'une carabine. Il la leva pour viser, quand Will abaissa fermement le canon de l'arme.

— Ils ne nous menacent pas ! objecta-t-il. Est-ce que je me trompe ? demanda-t-il en interrogeant Tia Dalma.

Celle-ci hocha la tête.

— Pour eux, nous ne sommes que des fantômes, dit-elle. Nous n'existons pas vraiment.

— C'est mieux comme ça, grogna Barbossa.

Gibbs préféra quand même garder son arme prête. C'était un spectacle à vous donner froid dans le dos. Les embarcations glissaient et dépassaient silencieusement la coque du navire. On apercevait des silhouettes à leur bord, aux visages inexpressifs, au teint blafard et aux yeux fermés. Ragetti se signa. Si ce que Tia Dalma avait dit était vrai, ces âmes erreraient longtemps, avant de trouver le passage sur l'autre rive. Eux, ils n'allaient pas dans la même direction, mais ils allaient peut-être errer aussi longtemps...

Mais, soudain, Élisabeth qui scrutait l'embarcation la plus proche poussa un cri. Elle en avait reconnu le passager.

— Mon père ! C'est mon père ! Nous sommes

revenus au Royaume des vivants ! Père, ici, regardez !

Mais c'est alors que Jack, qui les avait rejoints depuis quelques minutes et se tenait silencieux devant ce spectacle qui le remuait jusqu'au fond de l'âme, posa une main réconfortante sur l'épaule d'Élisabeth.

— Non, dit-il doucement, nous ne sommes pas encore revenus...

Élisabeth regarda fixement le capitaine et elle commença à comprendre.

— Père ! cria-t-elle d'une voix étranglée en faisant volte-face vers le bastingage.

Dans sa barque, Watherby Swann ouvrit les yeux. La lanterne lui éclairait sinistrement le visage par en dessous.

— Élisabeth ! cria le gouverneur.

Quelques instants passèrent.

— Es-tu morte ? demanda-t-il d'une voix angoissée.

— Non, dit Élisabeth.

Il hocha la tête. Sa barque s'éloignait déjà le long de la coque du navire sans ralentir sa progression silencieuse ni changer de direction. Élisabeth se déplaça vivement le long du bastingage pour le suivre.

— Moi, je crois bien que je suis mort, fit l'ancien gouverneur d'une voix traînante.

— Non ! se récria Élisabeth. Ce n'est pas possible !

La jeune femme luttait contre le vertige. Dire qu'il n'y a pas un quart d'heure, elle songeait à son père en se demandant si elle allait le revoir bientôt et voilà qu'il était là, mais séparé d'elle par une barrière infranchissable...

Dans sa barque qui s'éloignait, le gouverneur Swann rassemblait difficilement ses pensées. Il avait même du mal à se rappeler comment il avait quitté la vie. Une douleur fulgurante dans la poitrine, puis plus rien.

— Il y avait un coffre, vois-tu..., commença-t-il. Comme c'est étrange. Cela me semblait si important...

— Montez à bord, père ! appela Élisabeth d'un ton pressant. Lancez-lui une amarre, fit-elle en se tournant vers les autres. Revenez vers nous, père ! Ne partez pas !

Des hommes d'équipage de Tai Huang s'activèrent, mais ils allaient trop lentement au goût d'Élisabeth. Elle leur prit des mains l'amarre qu'ils préparaient et la lança elle-même. Celle-ci tomba juste dans la barque de son père. Mais le vieux gouverneur ne fit pas un geste pour s'en saisir. Il continuait à essayer de rassembler à grand-peine ses pensées. Ce monde d'intrigues, de souffrances, de trahison, lui semblait déjà loin. C'est au repos qu'il aspirait maintenant, près de sa chère femme...

— Et puis il y avait aussi un cœur, je crois, reprit-il, alors que lui revenaient sporadiquement les derniers épisodes de sa vie. Et que si on transperçait ce cœur, on devrait naviguer pour l'éternité. Telle est la règle. Transperce son cœur et prends sa place ! Le *Hollandais* doit avoir un capitaine ! Quelle sottise de mourir pour si peu, ajouta-t-il d'un air presque étonné.

Puis, il se tut. Tout le monde à bord méditait ce qu'il venait d'entendre. Celui qui tuerait Jones deviendrait donc le capitaine du *Hollandais Volant*... Jack jeta un coup d'œil à Tia Dalma, mais celle-ci avait les yeux rivés sur Will.

— Le sceau du destin, chuchota-t-elle, juste assez fort pour que lui seul entende.

Avec consternation, Élisabeth constata que l'amarre qu'elle avait lancée à son père allait bientôt tomber dans l'eau.

— Père ! Saisissez-la ! supplia la jeune fille.

Son père ne répondit pas, mais soudain, son embarcation cessa d'avancer.

— Élisabeth ! commença-t-il, et il avait une voix si grave et si solennelle que sa fille comprit avec désespoir qu'il allait lui faire ses adieux.

Éperdue, elle se pencha vers lui, la main tendue.

— Élisabeth, reprit Swann. Quand je te réprimandais pour que tu obéisses aux règles et aux usages, c'est parce que je voulais que tu ne sois jamais malheureuse dans la vie. Mais, dans ton entêtement, j'aurais dû reconnaître ton courage. Je suis fier de toi, ma fille !

— Père, attrapez l'amarre ! cria encore Élisabeth en sanglotant.

Mais celle-ci disparut dans l'eau noire.

— Père !

La frêle embarcation se fondait presque maintenant dans l'obscurité qui entourait le *Black Pearl.*

— Revenez vers nous, père ! S'il vous plaît. Je ne vous laisserai pas partir...

À ces mots, Tia Dalma pointa son doigt vers la jeune femme.

— Attention ! Il ne faut pas qu'elle quitte le navire !

Élisabeth avait déjà enjambé le bastingage, mais Will arriva juste à temps pour la ramener sur le pont.

— Je transmettrai ton amour à ta mère, fit encore le vieux gouverneur, tandis que la barque repartait. Le puis-je ?

Élisabeth le contempla, impuissante.

— Oui, dit-elle d'une voix brisée.

Et la lanterne de son père fut avalée par la nuit. Se retournant vers Will, elle plongea dans ses bras. Son fiancé la serra contre lui, tandis que ses yeux se tournaient vers Tia Dalma.

— Y a-t-il un moyen ? demanda-t-il doucement.

La sorcière secoua la tête.

— Il est en paix maintenant, dit-elle.

# 12

Une journée s'écoula. De nouveau, le soleil s'inclinait sur l'horizon et tous à bord avaient l'impression que cela faisait des siècles que le *Black Pearl* voguait sur une mer vide et sans issue. Toujours pas de vent... À présent, il n'y avait plus une goutte d'eau sur le navire et pas la moindre île en vue où espérer remplir les tonneaux. Jack avait déconseillé formellement de boire de l'eau de cette mer, même si elle n'était pas salée, et tout le monde avait jugé plus prudent de l'écouter, même s'il n'avait pas fourni d'explication.

Barbossa avait étudié les cartes toute la journée, en vain. L'énigmatique poème qui était apparu avant leur descente dans le Bas-Fond de Jones était toujours là, comme s'il attendait d'être déchiffré. Chacun était monté tour à tour sur le pont du gouvernail en se faisant fort de le comprendre, ou pour faire bouger les cercles concentriques en espérant faire surgir un nouveau signe, ou en étudiant le dessin du bateau au centre de la carte qui tournait sans cesse sur lui-même en apparaissant et en disparaissant, mais personne ne semblait plus inspiré que son voisin.

Et maintenant, ils avaient trop faim et trop soif pour avoir la force de réfléchir. Les hommes d'équipage étaient tous affalés sur le pont ou recroquevillés sur eux-mêmes dans les couchettes, occupés à lutter contre les crampes d'estomac.

Pintel échangea un regard lugubre avec Ragetti, avant de prendre un tonnelet pour vérifier une nouvelle fois qu'il était vraiment vide. Il le souleva au-dessus de sa tête et l'approcha de ses lèvres craquelées, attendant le miracle... Il soupira, avant de le laisser retomber.

— Il n'y a plus d'eau, dit-il. Mais comment se fait-il qu'il n'y ait plus rien, à part du rhum ? bougonna-t-il.

À côté de lui, Gibbs but ce qui restait au fond de sa gourde : une dernière goutte.

— Il n'y a plus de rhum non plus, indiqua-t-il.

Le silence tomba. À côté d'eux, accoudés au bastingage, Will et Tia Dalma regardaient le disque du soleil sombrer derrière l'horizon.

— Si nous ne trouvons pas le moyen de sortir avant la nuit, fit observer Tia Dalma, je crains bien que notre sort soit de naviguer éternellement sur ces mers sans direction, sous ces cieux sans étoiles, condamnés à errer sans fin entre les deux mondes...

— Sans eau, il semble que l'éternité soit pour bientôt, fit observer Gibbs d'une voix sombre.

Quittant le bastingage, Will rejoignit Jack, qui était encore le seul à essayer de lever le mystère du poème. Au moment où il arrivait, l'œil de bois de Ragetti tomba sur la carte. Jack – le singe – venait de le chiper au pirate, alors que celui-ci l'avait enlevé pour l'humecter un peu. C'était une habitude chez ce macaque de lui voler son œil. Une obsession, même. Il le rapportait à son maître, qui lui intimait l'ordre de le redonner à son propriétaire, mais le singe recommençait toujours.

Debout sur le gaillard, à côté du gouvernail, Jack aperçut l'œil de bois qui roulait sur la carte.

— Pourquoi ne fait-il rien ? demanda Will en désignant du menton Barbossa. C'est lui qui était censé nous amener dans ces eaux-là et nous en montrer la sortie !

Jack haussa les épaules, l'air de dire qu'il ne fallait pas s'attendre à autre chose de la part de Barbossa.

Se penchant sur la carte, Will lut de nouveau le poème énigmatique :

— *Par-dessus la vague, puis par-dessous, puis par-dessus à nouveau... Le lever de soleil se couche, le rayon vert jaillit.*

Il se retourna. Gibbs les rejoignait. Dans un sursaut de courage, tout le monde se rassemblait de nouveau autour des cartes. C'était peut-être leur dernière chance pour ne pas mourir.

— Ça n'a pas de sens, soupira le maître d'équipage. Les levers de soleil ne se couchent pas...

— Et le rayon vert se produit au coucher du soleil, renchérit Will. Pas à son lever...

Le jeune homme lut de nouveau :

— *Par-dessus la vague, puis par-dessous, puis par-dessus...*

— Cette histoire me fait prendre la tasse ! maugréa-t-il.

À côté d'eux, Jack ne disait rien. Il regardait les anneaux de la carte, tout en continuant d'observer l'œil de bois de Ragetti, qui allait et venait à la surface. C'est alors qu'il remarqua quelque chose. L'œil faisait bouger les anneaux et, quand ceux-ci étaient disposés d'une certaine façon, les caractères de l'énigme s'assemblaient autrement. Et soudain, sous les yeux écarquillés de Jack, une nouvelle phrase apparut : *Le haut se trouve en bas.*

Le capitaine soupira profondément. Cette phrase ne voulait rien dire.

— *Le haut se trouve en bas* ! dit-il. Encore une énigme inutile. Ça ne nous avance pas… Pourquoi les énigmes ne sont-elles jamais claires ?

Le capitaine vacilla sur ses jambes. Avec la faim et la soif qui le taraudaient, il se sentait pris de vertige. Des mouches volantes dansaient devant ses yeux et ses oreilles commençaient à bourdonner. Seigneur Jésus ! Pourvu qu'il ne retombe pas dans le même état que dans le Bas-Fond. L'angoisse de Jack s'intensifia. Est-ce que cela voulait dire qu'il était de nouveau en train de mourir ?

Alors que le capitaine regardait devant lui avec des yeux hallucinés, il entendit soudain une voix lui parler à l'oreille gauche.

Le capitaine soupira. Voilà qu'il était revenu ! Et son copain sans doute aussi : ces deux avatars minuscules de lui-même, qui lui parlaient chacun dans une oreille.

— Transperce-lui le cœur ! lui dit son Jack Sparrow de gauche en sautant sur son épaule.

— Comment ? s'écria le capitaine, abasourdi. Qu'est-ce que tu dis ?

À côté du capitaine, Will et Gibbs se mirent à regarder celui-ci avec des yeux ronds. Apparemment, Jack ne s'adressait pas à eux. Il parlait tout seul. Le capitaine paraissait de nouveau la proie de ses hallucinations…

— Ne lui transperce pas le cœur ! contra le deuxième avatar de Jack, sur son épaule droite.

— Vous êtes revenus ? fit Jack. Suis-je mort ?

— Le *Hollandais* doit avoir un capitaine ! reprit le Jack de droite en omettant de répondre à la question.

— Encore une phrase inutile, grogna le capitaine.

— Sillonne les mers pour l'éternité, conseilla alors le Jack de gauche.

— J'aime la mer ! acquiesça Jack d'un air si passionné que Will et Gibbs échangèrent un regard de plus en plus inquiet.

— Et les tortues ? interrogea le Jack de droite. Aimes-tu les tortues ?

— Je préfère Tortuga, assura le capitaine.

— On peut s'y procurer du rhum ! approuva le Jack de droite. Et de belles filles. Une fois tous les dix ans...

— Tous les dix ans ? répéta le capitaine, pensif.

— Ça fait long, remarqua le Jack de gauche.

— Vraiment long, surtout quand on n'a pas de rhum ! renchérit le capitaine.

— Ni de belles filles, ajouta le Jack de droite.

— Mais l'éternité, c'est encore plus long, fit observer le Jack de gauche.

— Et tu en feras quoi de l'éternité, Jack ? demanda au capitaine son avatar de droite.

— L'immortel commandant Jack Sparrow ! s'écria le Jack de gauche d'un ton emphatique.

— Oooh ! Ça me plaît bien ! s'écria le capitaine,

un sourire jusqu'aux oreilles, tandis que Will et Gibbs se demandaient ce qui pouvait plaire autant à Jack Sparrow dans cette histoire.

— Quand le soleil se couchera, plus rien n'aura d'importance, conclut le Jack de droite, et il disparut, de même que son frère ennemi.

Il se passa quelques instants et, lentement, le capitaine revint sur terre, tout au moins sur le pont du bateau. Will et Gibbs le regardaient d'un air ahuri, mais ni l'un ni l'autre n'osait faire le moindre commentaire. Apparemment, Jack ne semblait pas avoir conscience d'avoir eu un moment d'absence. À présent, il paraissait de nouveau lui-même, et même plutôt ragaillardi.

Alors que son attention revenait à la carte qu'il se mit à étudier en se penchant dans tous les sens pour varier les angles d'observation, le capitaine remarqua soudain qu'au moment où le dessin du bateau se retournait, il en sortait des rayons de soleil couchant. Jack eut une inspiration :

— Le soleil ne se couche pas ! Il descend, puis il remonte !

Gibbs et Will le regardèrent sans comprendre un traître mot de ce qu'il voulait dire. Soudain, Jack se dressa sur ses jambes.

— Regardez ! C'est bizarre, vous ne trouvez pas ? dit-il en fixant un point droit devant lui. Qu'est-ce que vous en dites ?

— Où ça ? demanda Gibbs en plissant les yeux.

Il n'y avait rien à l'horizon, même pas les embarcations des morts en train de passer, comme la veille au soir. Mais Jack ne regardait pas l'horizon. Il surveillait le mouvement du bateau sous ses pieds.

Sans répondre, il gagna le bastingage à bâbord. Le bateau gîtait légèrement de ce côté. Sur le pont, tout le monde avait senti qu'il se passait quelque chose. Ils rejoignirent Jack à bâbord. Avec le poids de tous les hommes réunis, le bateau se mit à gîter un peu plus de ce côté.

Mais Jack fit volte-face et traversa alors le pont en courant de l'autre côté.

— Regardez, il se penche ! continua-t-il, de plus en plus excité. Encore plus !

Tout le monde arriva aussitôt derrière Jack, hors d'haleine et les yeux pleins d'espoir. Qu'avait donc compris le capitaine ? À présent, le navire gîtait à tribord, du côté où l'équipage au complet se tenait. Même les hommes de Tai Huang, et Tai Huang lui-même, s'étaient mis de la partie. Seul Barbossa ne daignait pas se mêler à cette agitation.

Mais Jack désignait déjà le côté bâbord en pointant sa main vers l'horizon.

— Là-bas ! cria-t-il.

Et chacun le suivit : exactement ce que Jack voulait. Le mouvement de roulis se renforçait à chaque nouvelle traversée des hommes d'un côté à l'autre du bateau.

— Qu'est-ce qui se passe exactement ? lança Élisabeth.

— Ce n'est plus ici, répondit Jack avec un petit sourire malin. Il faut aller voir de l'autre côté...

Et il traversa de nouveau en courant, tout l'équipage sur ses talons. Le navire s'inclina à tribord, un peu plus encore que la fois précédente. C'était comme si une main invisible poussait le bateau comme une balançoire, de sorte qu'à chaque poussée le mouvement prenait de l'ampleur, à tel point que l'on pouvait craindre – ou espérer – que le bateau allait chavirer.

Considérant toujours cette agitation avec le plus grand mépris, Barbossa était en train de gravir avec difficulté les marches du gaillard d'arrière en luttant pour garder son équilibre dans le roulis, Ragetti collé à ses basques.

Il s'approcha des cartes et aperçut alors la nouvelle énigme : *Le haut se trouve en bas.* Levant la tête, il considéra l'inclinaison du navire, derrière lequel on apercevait le soleil couchant. Tandis qu'un raisonnement commençait à se mettre en mouvement dans sa tête, le capitaine ramassa l'œil de bois de Ragetti qui se trouvait toujours sur la carte et le tendit au pirate en le foudroyant du regard. Il lui avait pourtant demandé de veiller sur cet œil comme sur la prunelle de ses yeux !

— Il fait chavirer le bateau, remarqua Ragetti.

— Nous faisons chavirer le bateau ! leur répondit Gibbs, qui traversait le pont en courant avec les autres.

Et Barbossa comprit enfin.

— Oui, dit-il d'un ton stupéfait, il a trouvé le moyen ! Allez, commanda le capitaine d'une voix tonitruante en s'empressant de mettre les cartes dans sa poche, tous ensemble ! Faites bouger le bateau avec la houle pour renforcer le mouvement !

Personne ne lui prêta la moindre attention, car c'était exactement ce qu'ils étaient en train de faire. Traversé alors d'une idée soudaine, le capitaine fit signe à Pintel, Ragetti et quelques marins de Tai Huang de le suivre. Ils gagnèrent la cale à toute vitesse derrière lui.

— Détachez les canons ! ordonna Barbossa. Désamarrez tout le chargement !

Les pirates s'exécutèrent et, peu après, tout se mit à rouler librement dans la cale : canons, caisses, bouteilles et tonneaux, qui passaient alternativement d'un côté à l'autre et renforçaient encore l'amplitude du roulis.

Le bateau penchait de plus en plus...

C'est alors que Pintel comprit à son tour :

— Il veut faire chavirer le navire !

Revenu sur le pont avec les autres, Ragetti avisa une corde qu'il montra à son comparse d'un petit air malin :

— Attachons-nous au mât, dit-il. Mais tête en

bas... Comme ça, quand le navire se retournera, on sera dans le bon sens !

Pintel le regarda en fermant à demi un œil, l'air méfiant. Des équations compliquées apparaissaient dans son esprit. Mais tout s'embrouillait un peu et le pirate hésitait... À présent, le navire se couchait presque à l'horizontale. Les membres d'équipage s'agrippaient au bastingage en regardant l'eau qu'ils touchaient quasiment de la tête. Levant les yeux, Will aperçut le soleil plonger dans la mer en ne laissant qu'un fin disque orangé sur l'eau. Puis, dans un mouvement vertigineux qui souleva le cœur de tous les hommes, le *Black Pearl* se redressa d'un coup pour basculer de nouveau de l'autre côté. Les voiles touchèrent l'eau, s'y enfoncèrent, s'y enfoncèrent... et le navire se retourna !

— Le haut se trouve en bas ! clama Jack d'un air triomphal.

Ce fut de nouveau le grand plongeon. Tous les marins se retrouvèrent sous l'eau, la tête en bas, retenant leur respiration. Une myriade d'objets tombait du navire dans les profondeurs. Chacun s'agrippait comme il pouvait, là où il pouvait, mais soudain Gibbs lâcha sa prise et fut emporté par le remous. Marty le rattrapa juste à temps. Puis, ce furent les cartes qui tombèrent de la poche de Barbossa. Tendant la main, Will les rattrapa. Quant à Pintel et Ragetti, attachés à leur mât à l'envers, ils étaient les seuls à ne pas avoir la tête en bas et les pieds en l'air. Le visage tourné vers celui de son ami, Ragetti lui souriait d'un air faussement modeste...

Soudain, à l'horizon, le rayon vert jaillit, reliant les deux faces du monde. Et le grand retournement se produisit. Le bas devint le haut et le haut le bas...

Alors, sous les yeux médusés des hommes d'équipage, toute l'eau qui les entourait s'écroula sur eux et le *Black Pearl* creva la surface de la mer : d'une autre mer sur laquelle se levait un nouveau soleil. Gibbs, qui retenait toujours sa respiration et était devenu aussi rouge qu'une écrevisse, finit par expirer, avant de reprendre une grande respiration. Mouillant son doigt, il le leva au vent.

— Seigneur Dieu soit loué ! s'écria le maître d'équipage d'un ton vibrant, nous sommes de retour !

# 13

Le vent, le bon vent du large ! Tous les marins à bord du *Black Pearl* le respiraient à pleins poumons. Ils étaient toujours sur la mer, comme si rien n'avait changé, à part que TOUT avait changé. Ce n'était plus la mer vide du monde entre les deux mondes. C'était la jolie mer clapotante avec ses poissons argentés et ses îles, dont la première se dessinait déjà à l'horizon, dans la lumière du matin...

La première à s'en apercevoir fut Élisabeth, qui tendit le bras vers l'horizon en poussant un cri de joie. Tous les marins s'immobilisèrent, l'eau dégoulinant encore de leurs vêtements et de leurs cheveux, mais le visage empreint d'une expression béate. Comme si toute animosité était oubliée, ils se sourirent les uns aux autres : Barbossa à Will, Will à Jack, Jack à Élisabeth... Mais aussi Barbossa à Jack ! Et Will à Élisabeth ! Et Gibbs à Barbossa ! Tia Dalma, quant à elle, souriait à tout le monde. Les choses avançaient comme elle le voulait.

Il fallut quelques instants à Jack Sparrow pour réaliser que, s'il était vivant dans le monde des vivants, c'est qu'il était, somme toute... vivant. Bien vivant ! Ce fut la première découverte ahurissante qu'il fit. Immédiatement après, Jack se soucia de son deuxième grand souci. Fermant les yeux, il ouvrit lentement son poing gauche puis, après avoir compté jusqu'à trois, il se força à regarder. L'expression du visage du capitaine devint extatique : sa tache noire avait disparu ! S'il n'avait plus sa tache, c'est que le Kraken ne le poursuivait plus. Et si le Kraken ne le poursuivait plus, ça ne pouvait signifier qu'une chose : Jones avait effacé la dette. Car, une fois lancé, le Kraken ne laissait jamais une proie filer, jamais...

Cette tache, Jack l'avait dans le creux de la paume depuis le jour où Bill Turner, le père de Will, enchaîné au *Hollandais Volant*, était venu sur son navire lui annoncer qu'il allait devoir payer sa dette à Davy Jones. Jack s'attendait à ce que le capitaine du *Hollandais* lui réclame un jour ou l'autre son dû, puisqu'il avait remonté le *Black Pearl* des abysses, après qu'un certain Lord Cutler Beckett, au temps où il transportait des marchandises pour lui, l'avait coulé par mesure de représailles, avant de graver au fer rouge sur son bras le « P » du mot pirate. Mais comme Jones savait que Jack préférerait se tuer plutôt que se retrouver simple matelot – et *a fortiori* sous ses ordres – il avait décidé de le punir encore plus horriblement, en envoyant sa monstrueuse bête, le Kraken, ce calmar géant capable d'engloutir un navire, l'expédier dans son terrible Bas-Fond jusqu'à la fin de l'éternité.

Jack releva la tête et rencontra le regard d'Élisabeth, à qui il sourit pour la première fois. Il remarqua que, sur le pont, tout le monde avait l'air content. Il n'avait pas la naïveté de penser que c'était pour lui, mais ça faisait quand même plaisir à voir. Les seuls qui ne riaient pas étaient Pintel et Ragetti, qui étaient toujours attachés au mât, la tête en bas. Ragetti avait oublié dans ses calculs qu'après son demi-tour le navire se retrouverait à la surface du monde des vivants, c'est-à-dire à l'envers du Bas-Fond de Jones...

— C'était ton idée, grommela Pintel. Et ce n'est pas parce que j'ai été d'accord avec toi que c'en est moins stupide.

— D'accord, mais ça ne te rend pas plus malin pour autant, rétorqua Ragetti.

— Si, quand même ! Le fait que je n'ai pas d'idée idiote me rend plus malin par défaut.

Mais l'euphorie qui s'était emparée des membres

d'équipage fut de courte durée. D'un seul coup, avec le même ensemble, ils tirèrent tous leurs pistolets et se les braquèrent les uns sur les autres : Will sur Barbossa, Barbossa sur Jack, Gibbs sur Barbossa et Élisabeth sur Jack, qui dégaina un deuxième pistolet, qu'il braqua sur Will, puis sur Barbossa, lequel tira aussi un deuxième pistolet, avec lequel il visa Gibbs, tandis qu'Élisabeth tirait également un deuxième pistolet, qu'elle pointa sur Barbossa.

Il y eut un instant où tous se regardèrent, conscients du ridicule de la situation. Des sourires s'esquissèrent, tandis qu'ils abaissaient leurs pistolets, puis ces sourires s'effacèrent aussi soudainement qu'ils étaient venus et les armes se relevèrent à nouveau avec un bel ensemble. Toujours attachés à leur mât, Pintel et Ragetti étaient dans l'incapacité de se joindre à la bataille générale qui s'annonçait.

— Dépêche-toi de te détacher ! glapit Pintel. Il nous faut nos pistolets. Vite !

— Mais pour menacer qui ? objecta Ragetti en roulant son œil de bois.

Malgré les quatre pistolets qui étaient pointés dans sa direction, le capitaine Barbossa ne semblait pas troublé le moins du monde, même si c'était probablement une contenance qu'il se donnait. Il devait être prudent, car Jack n'avait sûrement pas renoncé à se venger de lui depuis la mutinerie.

Le capitaine prit une profonde inspiration. Il savait depuis le début que sortir Jack du Bas-Fond serait la partie la plus facile de son plan. Maintenant, il allait falloir convaincre l'exaspérant capitaine de participer au Tribunal...

— Bien, commença-t-il. Le Tribunal de la Confrérie va se réunir à l'île des Naufragés, dit-il. Jack, toi et moi on y va et ça ne sert à rien de discuter !

Jack haussa les sourcils en maintenant son pistolet pointé sur la poitrine de Barbossa.

— Permettez, mais moi discuter ! dit-il. Si Tribunal de la Confrérie dans cette direction, moi aller dans l'autre sens...

Élisabeth secoua la tête d'un air navré. Elle ne comprenait plus Jack.

— Les Frères se rassemblent pour combattre la Compagnie des Indes et vous êtes un Frère ! allégua-t-elle en braquant fermement son deuxième pistolet sur Jack, tandis que celui-ci détournait une des armes de Will vers sa fiancée.

Mais voyant cela, Will braqua une arme sur Jack, tout en dirigeant son second pistolet vers Barbossa.

— Qu'on s'entre-tue tous ou pas, tu restes et tu viens avec nous, Jack ! gronda-t-il. Le jeune homme était aussi exaspéré que Barbossa. Il n'avait pas fait tous ces efforts pour que Jack prenne la poudre d'escampette avec son navire. Il voulait Jack et il voulait le *Black Pearl*. C'était à ces deux seules conditions qu'il pourrait sauver son père, enfermé à bord du *Hollandais Volant*. Will lui en avait fait la promesse solennelle et il tenait ses promesses, lui. Jusqu'au bout. Quoi qu'il lui en coûte, se dit-il, avec un pincement au cœur...

— Si on ne se tient pas les coudes, ils nous traqueront un à un, jusqu'à ce que tu te retrouves seul, argumenta Barbossa.

— Alors je serai le dernier pirate, répondit Jack majestueusement. J'aime entendre ça : Jack Sparrow, le dernier pirate !

— Tu l'as dit, railla Barbossa. Et tu devras donc te battre tout seul contre Jones. Au fait, ajouta-t-il, qu'est-ce que tu prévois au sujet de Jones ?

— J'y réfléchis, répondit brièvement Jack, en omettant de révéler qu'il ne le craignait plus. En tout cas, je ne retournerai jamais dans son Bas-Fond ni dans aucun endroit de cette sorte. Ne compte pas là-dessus, Barbossa, tu serais cruellement déçu !

Jack fixait des yeux son ennemi, son pistolet pointé sur lui, prêt à appuyer sur la détente. Il était prêt à tuer tout le monde, d'ailleurs, pour ne pas mourir à nouveau. Au Tribunal de la Confrérie, la plupart des Frères avaient des raisons valables de vouloir sa peau. Voilà pourquoi, tout simplement, Jack ne voulait pas y aller. La mort, il en avait eu sa dose. C'était désormais hors de question... Plus jamais. Se décidant brusquement, il tira.

Au même moment, tous les autres appuyèrent sur

la détente de leurs armes. Mais seule une série de petits cliquètements se produisit. Pas de feu, pas d'odeur de poudre, pas de blessé ni de mort : aucun coup n'était parti...

Il y eut un long silence. Tout le monde se regardait, les visages tendus à l'extrême.

— La poudre est mouillée ! annonça Gibbs, après avoir vidé le canon de son pistolet.

Will hocha la tête. On aurait dit que le destin avait décidé pour eux...

— Écoutez, reprit-il, on se tirera dessus plus tard. Pour le moment, il y a plus urgent. Il faut qu'on trouve à se ravitailler en eau. Que dit la carte ? fit-il en se dirigeant vers le gaillard d'arrière.

Jack et Barbossa le suivirent. Will mit de côté l'énigmatique carte pour en prendre une autre, représentant la région dans laquelle ils avaient émergé. Les trois hommes se penchèrent au-dessus et, après quelques instants, Will trouva l'endroit où ils se trouvaient. Parmi la myriade d'îles indiquées sur la carte, il en repéra une presque immédiatement, où était dessiné le minuscule symbole d'une source. L'île en question ne se trouvait qu'à quelques encablures...

— Nous allons pouvoir nous réapprovisionner, annonça Will avec un large sourire.

Les regards de Jack et de Barbossa se croisèrent, aussi soupçonneux l'un que l'autre.

— Tu conduis ceux qui vont à terre, décréta Jack. Moi, je reste à bord.

— Il n'est pas question que j'abandonne *mon* navire à *ton* commandement ! aboya Barbossa.

Will s'interposa entre les deux hommes :

— Et lui ne quittera pas davantage que vous son navire, fit-il remarquer.

Il regarda successivement Jack et Barbossa.

— Voilà ce que je vous propose, reprit-il : vous partez tous les deux et vous me confiez le navire... Temporairement, bien sûr, ajouta-t-il, un peu plus bas, comme s'il se parlait à lui-même.

Les deux capitaines soupirèrent. Apparemment, il n'y avait pas d'autre solution. Gagnant tous deux le bastingage, ils examinèrent l'île qui apparaissait au loin.

— La nécessité donne parfois d'étranges compagnons de lit, déclara Barbossa en déployant sa longue-vue.

— À vous faire faire des cauchemars, renchérit Jack en tirant à son tour la sienne. Le capitaine jouissait d'avance de la petite surprise qu'il réservait à Barbossa. Il avait retrouvé sur le *Black Pearl* une longue-vue beaucoup plus longue encore que la sienne. Jack tira son instrument et le déploya, jusqu'à ce qu'il atteigne la longueur de celui de Barbossa, puis il continua à tirer, jusqu'à ce qu'il en fasse presque le double ! Jack pouvait sentir le capitaine verdir de rage. Mais, soudain, à la grande horreur du capitaine, sa longue-vue commença à mollir et son extrémité ploya lamentablement. Barbossa regarda Jack en lui adressant un sourire de pitié et il replia son propre instrument, avant de s'éloigner d'un pas nonchalant.

L'île où le navire allait remplir ses soutes d'eau fraîche était entourée de nombreux récifs. De sorte que le *Black Pearl* jeta l'ancre à distance et une chaloupe fut mise à l'eau. Les membres d'équipage emportaient des bouteilles et des flacons, en plus des tonneaux. Quant à Pintel et Ragetti, quand ils eurent enfin réussi à se détacher, la chaloupe était déjà partie, de sorte que, après s'être attaché deux tonnelets sur le dos, les deux pirates plongèrent : coup double, puisque grâce aux tonneaux, ils flottaient.

Finalement, les deux acolytes furent les premiers à atteindre les récifs de la plage. Histoire d'avoir une vue d'ensemble, ils grimpèrent sur un rocher. C'était une plage de sable noir, d'origine volcanique, comme ils n'en avaient encore jamais vu. Mais cela ne fut pas ce qui retint leur attention... Ce qu'ils aperçurent les figea de stupeur. Une énorme masse violacée aux multiples bourrelets sinueux s'élevait sur le sable noir : c'était le corps d'une créature titanesque, étalée sur une immense longueur de la plage. Immense comme son corps, sa tête, ses yeux, son bec et surtout ses tentacules : c'était le Kraken, qui gisait, mort.

Sautant de leur rocher, les deux pirates rejoignirent la plage au plus vite. Ils avaient oublié leur soif.

— Espèce de criminel ! cria Pintel en dépassant Jack et Barbossa qui venaient de débarquer et s'avançaient eux aussi sur la plage, les yeux vrillés sur le cadavre. Se débarrassant de son tonneau, Pintel ramassa un bout de bois mort sur le sable et, faisant un pas en avant, il piqua un peu les ventouses du Kraken, avant de faire un bond en arrière.

— Fais attention ! cria Ragetti.

— Ah ah, tu ne fais plus le fortiche maintenant ! ricana Pintel en se remettant à asticoter le cadavre. Pas vrai, face de poulpe ? Bien fait pour toi !

Ignorant les deux acolytes, Jack s'approchait de l'immense cadavre avec un respect presque religieux. Cette bête qui gisait là comme un poisson crevé avait été un phénomène des océans, se jouant des pires tempêtes, des pires déchaînements des eaux. Il était plus puissant que la mer et les navires les mieux armés.

— C'était une créature magnifique, murmura-t-il avec une authentique tristesse dans la voix.

— Comment pouvez-vous dire cela ? couina Pintel. Elle a essayé de vous tuer !

Mais, en guise de réponse, Jack enleva son chapeau.

— Un mythe de moins dans le monde, dit-il, son tricorne à la main.

Regardant Jack de biais, les deux pirates contournèrent le corps.

— Tiens, viens te mettre à côté de moi, dit Ragetti.

Il mit un pied sur un des tentacules en faisant signe à Pintel de l'imiter.

— Pintel et Ragetti, tueurs de Kraken ! proclama Ragetti fièrement. Tiens, je pense à quelque chose. Je suis sûr que les gens seraient prêts à payer un shilling pour voir ça. Et un deuxième pour qu'on les croque, assis dessus.

— On pourrait sculpter des petits Krakens dans des noix de coco et les vendre ! enchaîna Pintel, tout excité. Avec une petite tranche en souvenir.

— Ou frits, suggéra Ragetti. Pour le petit déjeuner.

— Je me demande quelles parties sont comestibles, réfléchit Pintel en étudiant le cadavre.

— On deviendrait riches ! ajouta Ragetti. On n'aurait plus besoin de pirater !

— Et je pourrais t'acheter un vrai œil de verre, comme j'en ai toujours rêvé, conclut Pintel, presque ému.

Tandis que les deux pirates s'éloignaient pour rejoindre les autres qui observaient la scène à distance respectable, Jack s'approcha de la tête du monstre. L'œil immense refléta la silhouette du capitaine, tel un miroir inerte. Jack se pinça les lèvres.

Le Kraken ne voyait plus rien. La mort, c'était vraiment affreux.

Jetant un coup d'œil par-dessus son épaule, il aperçut Barbossa qui le rejoignait.

— Toujours dans tes chimères, Jack ? Tu t'imagines peut-être que tu peux toujours courir plus vite que tout le monde ? Tu crois que tu peux rattraper le temps ?

— Parfois les choses reviennent, camarade ! objecta Jack. On en est la preuve vivante.

— Peut-être, mais c'est un pari risqué, pas vrai ? On n'est pas sûrs de revenir, alors que partir... c'est mortellement sûr. La mort nous prendra un jour, que tu le veuilles ou non.

Jack considéra songeusement la question, pendant que Barbossa contemplait le monstre. Le capitaine savait à présent que, si sa tache avait disparu, c'est parce que le Kraken était mort. Ce qui ne voulait pas dire qu'il n'avait pas réglé sa dette, après tout. Il suffisait que Jones ne soit pas au courant... La mer est vaste ! Ce serait vraiment un manque de chance de tomber nez à nez avec le *Hollandais Volant*...

— Le monde était plus vaste, jadis, reprit Barbossa, comme s'il avait lu dans les pensées de Jack.

— Il est toujours de la même taille, répondit Jack. C'est juste qu'il contient moins de choses. Le Tribunal a été convoqué, n'est-ce pas ? ajouta-t-il après un instant d'hésitation.

— C'est notre seul espoir, fit observer Barbossa.
— Triste conclusion...

Les deux hommes rejoignirent les autres entre les palmiers, où se trouvait la source d'eau souterraine. Ils adressèrent un petit signe à Ragetti qui, saisi d'une sourde intuition, avait décidé de monter la garde devant l'entrée de la source en scrutant la plage, où le *Black Pearl* était mouillé derrière les récifs.

Dans la grotte, Marty fut le premier à atteindre le bassin d'eau claire entourée de rochers et de sable noir, où se déversait la source. Alors qu'il allait boire, il remarqua soudain une forme qui flottait dans l'eau. Il sauta en arrière en poussant un cri. C'était un cadavre.

— Oh, comme c'est fâcheux ! s'écria Jack d'un air contrarié.

— Pour lui ? demanda Pintel, qui commençait à saisir la nouvelle psychologie du capitaine.

— Non, pour nous ! répondit le capitaine. L'eau est sûrement empoisonnée.

Se penchant vers le bassin, Barbossa prit une gorgée, qu'il recracha.

— Elle l'est, confirma-t-il. Carrément putride.

Tous les pirates contemplaient le corps sans bouger, jusqu'à ce que deux d'entre eux aient le courage d'entrer dans l'eau pour le retourner. Barbossa et Jack eurent un haut-le-corps en découvrant son visage.

— Mais je le connais ! s'exclama Pintel.

Ce visage était celui de l'espion qui s'était introduit dans l'établissement de bains de Sao Feng. D'ailleurs, l'outil pointu avec lequel le capitaine chinois avait menacé Will était enfoncé dans son orbite droite.

Jack et Barbossa se regardèrent. Que faisait ce cadavre là, à des milliers de lieues de Singapour ? Il ne pouvait y avoir qu'une explication : Sao Feng était venu dans cette île et, à voir la fraîcheur du cadavre, il n'y avait sûrement pas longtemps.

Soudain, un cri retentit.

— C'est Ragetti ! cria Pintel.

Ils sortirent tous de la source en courant. Ragetti leur montrait frénétiquement la mer de son bras tendu.

Jack et Barbossa se raidirent. Le *Black Pearl* n'était plus seul au mouillage. À côté du navire aux voiles noires et déchiquetées, se trouvait un immense bâtiment aux voiles lattées : une jonque. Une jonque de guerre, plus exactement : l'*Impératrice,* avec son pavillon arborant l'emblème d'un dragon à quatre griffes...

# 14

— Les mains en l'air !

Jack et Barbossa se retournèrent, tandis que retentit le bruit sec d'un énorme pistolet que l'on armait. Devant eux se tenait Tai Huang. Le traître était accompagné de plusieurs de ses hommes, qui braquaient leurs armes sur l'équipage du *Black Pearl.* Jack montra du doigt Barbossa :

— C'est lui le capitaine, souligna-t-il.

Que le capitaine soit Jack ou Barbossa, ils n'eurent pas un sort différent. Sous la menace des armes, tout l'équipage fut reconduit sur le *Black Pearl,* sur le flanc duquel était venue se placer l'*Impératrice*, un bâtiment de six mâts équipés d'immenses voiles lattées d'un orange flamboyant. Gibbs aperçut la girouette de la jonque : elle était en forme d'épée...

Le navire de Jack était entièrement sous le contrôle des hommes de Sao Feng, qui grouillaient sur le pont. Tous les membres d'équipage restés loyaux à Jack et à Barbossa avaient été dépouillés de leurs armes et enchaînés. Couverte de fers, Élisabeth était maintenue par deux gardes, dont l'un se frottait son œil qui avait enflé, tandis que l'autre se léchait sa lèvre fendue. Tranquille dans son coin, Tia Dalma, enchaînée comme les autres, portait un sourire détaché sur ce nouveau revirement de situation.

Jack cherchait Will des yeux, mais c'est Sao Feng qu'il aperçut. Une expression suffisante sur les lèvres, le capitaine de Singapour venait de quitter l'*Impératrice* et traversait le pont pour se porter à la rencontre de ses prisonniers. Cela faisait un bon bout de temps que Jack n'avait pas vu le pirate, mais il le reconnut tout de suite et, pris de panique, tenta de se cacher derrière Barbossa.

— Sao Feng ! lança celui-ci en l'apercevant. Vous ici, quelle remarquable coïncidence ! dit-il avec toute l'ironie dont il était capable.

— La fortune sourit à ceux qui sont capables de soutenir son éclat, répondit Sao Feng sur le même ton.

Avançant d'un pas, le Chinois prit Jack au collet

et, sans prévenir, il lui assena un grand coup au menton du revers de la main, en envoyant voler son chapeau au loin. Jack tituba mais, rétablissant son équilibre, il fit signe à Sao Feng d'attendre un instant pour récupérer son chapeau qu'il se replaça sur la tête en l'ajustant coquettement.

— Maintenant, nous sommes quittes ! dit-il en se forçant à sourire.

Sao Feng le regarda durement :

— Pas vraiment, dit-il.

Les protagonistes tournèrent la tête vers Will qui arrivait à grands pas. Sans prêter attention aux deux capitaines qui le foudroyaient du regard, Will s'immobilisa devant Sao Feng :

— Elle ne fait pas partie de la transaction ! dit-il d'un ton sec en désignant Élisabeth. Libérez-la !

— De quelle transaction parlez-vous donc, cher ami ? lui demanda Barbossa en lui servant son sourire le plus éblouissant.

Mais Will ne daigna même pas lui répondre. Il évitait d'ailleurs de regarder dans la direction de Jack et de Barbossa.

Sao Feng adressa un signe à ses hommes :

— Vous avez entendu le capitaine Turner ? fit-il. Libérez-la.

Au mot « capitaine », Jack ouvrit des yeux comme des soucoupes.

— *Capitaine* Turner ? *Capitaine* du *Black Pearl* ?

— Cette pourriture nous a trahis, éructa Gibbs. C'est une mutinerie !

Le maître d'équipage avait raison. C'était plus qu'une trahison, en effet, car ce que voulait Will, c'était s'approprier le *Black Pearl*, donc en être le capitaine : une opération prévue de longue date.

— Méfiez-vous des petits pères tranquilles ! jeta Jack avec mépris.

— Pourquoi ne m'as-tu rien dit ? accusa Élisabeth, à qui on venait d'enlever ses fers.

Will la regarda dans les yeux.

— Ce n'était pas à toi d'assumer cela, répondit-il en reprenant mot pour mot ce que sa fiancée lui avait dit lors de leur dernière conversation.

— La seule façon pour un pirate de sauver sa peau de nos jours, c'est de trahir ses frères ! lança Barbossa en reprenant à son tour les paroles que Sao Feng avait prononcées dans l'établissement de bains.

— Je peux m'en accommoder, tant que ce n'est pas moi le frère ! railla Sao Feng.

— Tu n'as rien contre les mutins ? interrogea Jack, méprisant. Et le Code ?

— Il ne s'est pas mutiné contre moi ! ironisa le pirate chinois.

Élisabeth regardait Will avec une infinie tristesse. Elle n'arrivait pas à y croire. Will, un traître...

— Il me faut le *Pearl*, dit Will d'un air d'excuse en soutenant le regard d'Élisabeth. Pour sauver mon père. C'est pour cette raison que j'ai été du voyage et pour rien d'autre...

À ces mots, Jack hocha la tête longuement. Le capitaine se sentait blessé dans ses valeurs et sa sensibilité. Il passa en revue ses compagnons de voyage :

— Celui-là a besoin du *Pearl*, dit-il en désignant Will du menton. C'est pour ça qu'il est venu me chercher dans le Bas-Fond de Jones. Vous, Élisabeth, continua-t-il en s'adressant à la jeune femme, votre motivation est la culpabilité. Vous avez du mal à assumer le fait de m'avoir condamné à une mort certaine. Et toi, Barbossa, ajouta-t-il en se tournant vers le capitaine, ton but est de réunir le Tribunal de la Confrérie... Et pour une raison qui n'a peut-être pas seulement à voir avec le désir de nous débarrasser de Beckett et de la Compagnie...

Barbossa se contenta de poser sur Jack le regard de la blanche colombe.

Jack soupira longuement :

— N'y a-t-il donc personne qui soit venu me chercher, simplement parce que je lui manquais ?

Gibbs leva aussitôt la main, ainsi que Marty et Cotton. Ils furent imités un instant après par Pintel et Ragetti, après que le second eut donné discrètement un petit coup de coude dans le dos du premier.

Jack étudia du coin de l'œil les deux pirates, qui devinrent rouges comme des tomates.

— Quoi qu'il en soit, je reste avec eux ! dit le capitaine.

Mais Sao Feng l'agrippa par le bras.

— Désolé, Jack, mais il y a un vieil ami qui voudrait te voir d'abord !

— Je ne suis pas sûr d'être en état de survivre à la visite d'un autre vieil ami, grogna Jack en se dégageant et en s'essuyant le bras à l'endroit où Sao Feng l'avait touché.

— C'est ce que nous allons voir, ricana Sao Feng.

D'un mouvement de tête, il désignait une tache sombre qui se découpait dans le ciel derrière l'épaule de Jack. C'était la voilure de l'*Intrépide*. Le vaisseau venait de doubler le cap de l'île...

Bientôt, Jack se retrouva transféré *manu militari* sur l'*Intrépide*, non sans avoir été soulagé de son compas par ses gardes. Le capitaine se sentait un peu las. À peine revenu à la vie, on voulait de nouveau le tuer. Quand ce n'était pas l'un, c'était l'autre... Et Lord Cutler Beckett était un acharné. Tout comme Jones, dans un autre genre.

Encadré par ses deux gardes, Jack fit son entrée dans la cabine du directeur de la Compagnie des Indes. Il était curieux de voir si l'homme était toujours cet aristocrate emperruqué, délicat et hautain, à la parole posée, presque indifférente, qui vous envoyait à la potence en souriant légèrement, exactement comme quand il buvait son thé.

Jack ne fut pas étonné : debout près de la fenêtre, Lord Cutler Beckett, vêtu d'un habit de velours noir avec brandebourgs vermeils et lavallière de soie blanche, semblait l'incarnation même du bon goût. Évidemment, à côté des pirates déguenillés, sales, parfois borgnes ou amputés, souvent malades et puant toujours l'alcool, on pouvait facilement penser que bon goût rimait avec bon droit.

— Vous pouvez disposer ! dit le directeur de la Compagnie aux gardes, après qu'ils eurent déposé le compas de Jack sur une table, où se trouvaient une bouteille de sherry et deux verres de cristal.

Les deux hommes saluèrent et sortirent.

— Très étonnant, commença Beckett en se tournant de nouveau vers la fenêtre, d'où il pouvait apercevoir le *Black Pearl* et l'*Impératrice*. La dernière fois que j'ai vu le *Black Pearl*, il était en flammes et en train de sombrer...

Jack eut un instant de perplexité, avant de comprendre que Beckett parlait de l'épisode où il avait donné l'ordre à ses hommes de couler son bateau.

— Quelle mémoire ! ironisa-t-il, tandis qu'il commençait à fouiller subrepticement la pièce du regard.

— Vous avez raison, acquiesça Beckett. Je n'ai pas oublié que nous avions passé un accord, autrefois, que vous deviez me remettre une certaine marchandise et que vous avez choisi de la libérer !

Jack jeta un coup d'œil à son bras droit, où le

« P » de Pirate était à jamais gravé sur sa peau. C'était ce sort qu'il avait évité à ceux qu'il aurait dû livrer. Une fois marqués comme du bétail, il leur devenait en effet alors difficile d'échapper à leurs maîtres et à une vie de servitude.

— Une personne n'est pas une marchandise, l'ami ! fit observer le capitaine en profitant que Beckett lui tournait toujours le dos pour commencer à fureter dans la pièce.

Jack ne regrettait pas un seul instant ce qu'il avait fait. Transporter de la soie ou des bananes, très bien. Mais convoyer des hommes et des femmes que l'on destinait à l'esclavage, jamais.

— Vous vous êtes chargé d'une très lourde dette pour ramener votre navire à la surface, continua Beckett en regardant toujours le *Black Pearl* par le hublot. Vous pouvez arrêter de chercher, Jack ! ajouta-t-il après un instant sans même tourner les yeux. Il n'y a rien ici...

— Je cherche quelque chose ? se récria Jack en se dépêchant de remettre le couvercle sur un bocal.

Beckett fit volte-face vers le capitaine.

— Le cœur de Jones ! Voilà ce que vous cherchez... Mais il est en sécurité à bord du *Hollandais*... Hors de votre portée pour régler votre dette ou son compte au gentil capitaine.

Jack encaissa la nouvelle. Au moins, il savait où se trouvait le cœur. Il fit la moue :

— Si je ne me trompe, dit-il, cette dette a été réglée.

— Elle devait l'être par votre mort. Et vous êtes toujours là...

— Fermez les yeux et faites comme si tout cela n'était qu'un mauvais rêve ! répliqua Jack avec aplomb. C'est ma méthode.

Beckett considéra le capitaine avec exaspération.

— Votre bonne action m'a coûté cher ! dit-il.

— Au fond, répondit Jack, je vous dois des remerciements. En me marquant au fer rouge, vous m'avez enlevé toute possibilité de devenir autre chose que ce que je suis : un pirate.

D'un geste insouciant, il ramassa deux bateaux miniatures qui étaient posés sur le bureau du directeur et se mit à les faire glisser sur la surface. Beckett ne disait plus rien. Il ne pouvait plus rien dire, à moins de se mettre à injurier cet homme. Lui qui se faisait fort de se maîtriser en toute situation avait envie de l'abattre à coups de hache.

— Quelqu'un va-t-il venir bientôt vous faire couler un bain ? lança moqueusement le capitaine, comme le silence se prolongeait.

Lui reprenant rageusement les figurines, Beckett les remit à leur place.

— Ce serait très agréable si nous pouvions être tous continuellement en vacances et n'en faire qu'à notre idée, dit-il en martelant ses paroles, mais quelqu'un doit veiller à ce que le monde tourne rond !

Il regarda le monde dont il parlait : c'était le monde de son planisphère, avec les zones vierges qui disparaissaient petit à petit.

— Les êtres valent ce qu'ils aiment et ce qu'ils acceptent de payer, Jack, dit-il en retrouvant peu à peu son calme. Ils aiment les épices et les étoffes, la soie et les bananes. Et tant que ces marchandises arrivent à temps, elles ne sont rien d'autre que des chiffres sur un livre de compte, comme ceux qui les achètent. Vous êtes un homme intelligent, Jack, vous savez que j'ai raison...

Jack le regarda d'un air narquois :

— Si vous êtes en train de me vendre un siège au conseil d'administration de la Compagnie, sachez que je ne suis ni assez dépravé ni assez saoul pour accepter !

Négligeant de répondre à l'insolence de Jack, le directeur versa du sherry dans les verres et en tendit un à son interlocuteur.

— Alors vous pourriez peut-être vous montrer intéressé par une autre proposition qui n'exigerait rien de plus qu'un renseignement, dit-il en faisant tinter son verre contre celui du capitaine, très surpris.

Au moment même où le directeur prononçait ces mots, Jack aperçut des pièces de Huit, qui étaient posées sur son bureau. Alors, il commença à comprendre...

— Il s'agit sans doute du Tribunal de la Confrérie, dit-il en saisissant une pièce, qu'il fit tourner sur le bureau. Vous aimeriez quelques renseignements... En échange d'une juste récompense ? Comme régler ma dette à Jones, par exemple ? Et garantir ma liberté ?

— Naturellement, répondit Beckett en reprenant espoir. C'est ça, les affaires !

Le visage du capitaine s'éclaira. Il remit la pièce sur le bureau.

— Et si je me trouvais d'humeur divulgatrice, continua-t-il d'un ton badin, qu'aurais-je à divulguer ?

— Tout ! répondit Beckett en s'animant. Qui sont les Frères Pirates ? Où se réunissent-ils ? Et à quoi servent les pièces de Huit ?

Jack sourit de plus belle au directeur. Puis, son sourire s'effaça.

— Je crois que je préfère conserver le monopole de ces informations, finalement, dit-il. C'est ça, les affaires !

Beckett plissa les yeux. Ce qu'il désirait le plus au monde, c'était tuer cet homme.

— Vous n'avez pas changé, remarqua-t-il d'une voix sourde. Bienvenue à la potence !

— Je connais, répondit Jack avec décontraction, j'y suis déjà allé... Vous savez, une fois qu'on en a apprécié la vue, ça ne présente pas grand intérêt. Maintenant, loin de moi l'idée de vous donner un conseil, mais si j'étais moi et que vous étiez vous, et que nous ayons l'un et l'autre le même manque de confiance en l'autre, imaginez-vous alors que vous êtes moi... Plutôt que de me dire où se tient le Tribunal, vous proposeriez de m'y conduire, de telle sorte que vous me livreriez les Frères Pirates, les neuf pièces de Huit et tout le Tribunal sur un plateau d'argent. Et moi étant vous, j'accepterais très probablement cette offre.

— Sur un plateau d'argent ?

— Avec un napperon brodé à fanfreluches et une banane épicée posée à côté dans une soucoupe...

# 15

Trois navires se trouvaient réunis au même mouillage, le *Black Pearl*, l'*Impératrice* et l'*Intrépide*. Sans compter le *Hollandais Volant*, qui n'était jamais loin du vaisseau amiral de l'armada de la Compagnie.

Tandis que Jack Sparrow et Lord Cutler Beckett discutaient âprement en jouant au chat et à la souris, les hommes de la Compagnie, commandés par Mercer, se déployaient sur le pont du *Black Pearl*. Les pirates chinois de l'équipage de Sao Feng les regardaient avec stupeur investir les postes que Mercer leur indiquait et commencer les manœuvres d'appareillage. L'un d'entre eux s'approcha du gouvernail et fit signe à Tai Huang qui était à la barre de se pousser.

— Mes hommes n'ont besoin de personne ! protesta Sao Feng en interpellant Mercer.

— Bateau de la Compagnie, équipage de la Compagnie ! répondit Mercer laconiquement.

Tandis que Sao Feng se demandait s'il avait bien compris, Will apostropha à son tour l'assistant de Beckett. Ce qu'il venait d'entendre était à proprement parler stupéfiant. C'était lui qui devait donner l'ordre d'appareiller. Ce navire n'appartenait ni à Sao Feng ni à Beckett !

— Nous étions convenus que le *Black Pearl* serait à moi ! lança-t-il aux deux hommes.

— C'était convenu, en effet, lui répondit Sao Feng avec un petit sourire.

Disant cela, il adressa un signe à l'un de ses hommes, qui frappa Will violemment dans les reins, par-derrière. Le jeune homme s'écroula sans conscience avant d'être emmené pour qu'on lui passe les fers.

Sao Feng se retourna alors vers Mercer.

— Lord Beckett a conclu un accord avec moi par votre entremise, dit-il, vous vous souvenez ? Le *Black Pearl* me revient...

— C'était convenu, en effet, railla Mercer en réutilisant les paroles récentes de Sao Feng. Mais, reprit-il en souriant de ses lèvres fines et pincées, il ne serait pas raisonnable que Lord Beckett se sépare du seul navire capable d'affronter le *Hollandais Volant*, vous êtes bien d'accord ?

Le pirate de Singapour encaissa le coup. Il regarda autour de lui. Les matelots de la Compagnie des Indes étaient en nombre supérieur à ses hommes... et ils semblaient prêts à se battre. Il n'avait aucune chance de gagner, en cas d'affrontement. De plus, s'il se rebellait, tout accord avec Beckett serait annulé. Il deviendrait un pirate comme les autres, pourchassé sans pitié.

Prenant sa décision, il fit signe à Tai Huang de se pousser de la barre pour la donner aux hommes de Mercer. Ce dernier lui fit une courbette moqueuse, avant de s'éloigner.

Toute cette scène n'avait pas échappé à Barbossa qui, les fers aux mains, se trouvait en liberté relative avec les autres membres d'équipage du *Black Pearl*, sous la surveillance des hommes de Mercer. Appuyée contre le bastingage, Élisabeth contemplait ce qui se passait sur le pont, où elle avait vu successivement Will et Sao Feng se faire trahir à leur tour. Les arroseurs arrosés... Elle tourna la tête en apercevant son fiancé qui les rejoignait, les mains attachées dans le dos.

— C'est quand même lamentable qu'ils ne se sentent pas liés par le Code des Frères, vous ne trouvez pas ? lança Barbossa à Sao Feng. Évidemment, ajouta-t-il en guettant la réaction du Chinois, à qui ces propos s'adressaient en premier lieu, l'honneur ne se trouve pas sous le sabot d'un cheval, de nos jours !

Sao Feng lui renvoya un regard aigu :

— Ce qui n'est pas honorable, c'est de se retrouver avec les perdants ! dit-il. Choisir le camp des vainqueurs, c'est la loi des affaires.

— Les perdants, avez-vous dit ? releva Barbossa d'un air si perplexe que Sao Feng fronça les sourcils.

— Ils ont le *Hollandais* ! souligna le Chinois. Et les Frères, qu'ont-ils ?

— Nous, nous avons... Calypso ! lâcha Barbossa en approchant son visage tout près de celui de son interlocuteur.

Celui-ci recula, mais le coup avait porté. Calypso... Sao Feng n'y pensait plus. Personne ne savait où Calypso se cachait ni à quoi ressemblait son apparence humaine. Car Calypso, soumise par un charme magique vieux comme le monde, était emprisonnée dans une forme humaine depuis le premier Tribunal. Ainsi en avaient décidé les Frères Pirates, lassés de la puissance sans frein que la déesse exerçait sur les océans, surtout depuis que le marin dont elle était tombée amoureuse et à qui elle avait accordé l'immortalité s'était arraché le cœur et répandait partout la destruction. Pour la première fois peut-être depuis le début de son existence, Sao Feng se demanda vraiment qui était Calypso. Sa forme humaine devait être celle d'une magnifique jeune femme, songea-t-il, fière et impétueuse...

Sans qu'il s'en rende compte, son regard glissa vers Élisabeth. Le pirate tressaillit. Élisabeth Swann était fière et impétueuse... et magnifique. Sans compter qu'il était bien étrange qu'une femme se mêle à des pirates...

— Une vieille légende ! marmonna-t-il pour donner le change, tout en continuant de regarder sous cape Élisabeth.

— Non pas ! répondit Barbossa avec fougue. La déesse en personne, liée dans une forme humaine. Indomptable, imprévisible et inconstante comme la mer, peut-être... mais, ma foi, les marins sur lesquels il lui arrive de jeter son dévolu ne sont pas à plaindre !

Le capitaine se tut, un sourire rêveur sur les lèvres. C'est alors qu'il remarqua les coups d'œil furtifs que le pirate chinois lançait sur Élisabeth. Il réprima un sourire, n'osant y croire. Se pourrait-il que Sao Feng pense qu'Élisabeth était Calypso ? C'était vraiment à mourir de rire. Mais, soudain, une idée lui traversa l'esprit. Il n'était peut-être pas sans intérêt que le Chinois s'imagine qu'Élisabeth était Calypso.

— Celui qui aura la bonne fortune de plaire à Calypso ne connaîtra plus les tempêtes ! reprit-il en regardant son interlocuteur dans les yeux. Il voguera sur des mers idéales, où le ciel est toujours pur et les vents caressants ! Il peut aussi facilement se servir de la puissance de la déesse pour devenir le maître de l'océan... Mais pour retrouver ce temps où régnait la déesse Calypso, ajouta le capitaine en regardant ostensiblement Élisabeth, il me faut réunir le Tribunal de la Confrérie. Sans exception ! souligna-t-il en touchant du doigt le nœud de capitaine que Sao Feng portait en sautoir.

Quelques instants de silence passèrent. Élisabeth et Will étaient un peu ébranlés. Cette histoire de Calypso dépassait ce qu'ils en imaginaient.

— Qu'est-ce que vous proposez ? demanda soudain Sao Feng à Barbossa.

— Qu'est-ce que vous accepteriez ? répliqua du tac au tac le capitaine.

— La fille, répondit sans hésiter Sao Feng.

Les yeux écarquillés, Élisabeth s'avança :

— Plaît-il ?

Will s'avança à son tour, les yeux encore plus écarquillés :

— Vous voudriez Élisabeth en échange de votre aide pour nous enfuir ? s'écria-t-il, interloqué.

Sao Feng acquiesça de la tête. Cela lui semblait une transaction honnête.

— Je refuse ! se sentit obligé de répondre Barbossa. C'est hors de question.

— Ce n'était pas une question, repartit Sao Feng.

Il regardait Élisabeth qui, le premier moment de

surprise passée, réfléchissait sérieusement à la proposition. Soudain, elle se décida.

— Marché conclu ! dit-elle bravement.

— Quoi ? éructa Will en s'interposant entre Élisabeth et le capitaine chinois. Non. Pas conclu !

Élisabeth se tourna vers son fiancé et c'est alors que la colère qu'elle avait trop longtemps retenue éclata :

— C'est toi qui nous as mis dans ce pétrin ! Alors si cela doit nous rendre la liberté...

Laissant sa phrase en suspens, elle se tourna de nouveau vers Sao Feng.

— Marché conclu.

— Non ! protesta Will. Jamais.

— C'est à moi de choisir, dit sèchement Élisabeth, qui considérait que leurs fiançailles étaient désormais rompues. Uniquement à moi.

Will secouait la tête, complètement chaviré. Il ne savait plus où il en était.

— Élisabeth, mais ce sont des pirates ! s'écria-t-il d'une voix implorante, à court d'argument.

— Je connais les pirates ! grinça Élisabeth.

Elle regardait son ancien fiancé comme pour dire à quel point elle était lasse et déçue par les pirates et plus spécialement par un en particulier : lui.

— Je suis très honoré, fit Sao Feng en s'inclinant devant Élisabeth.

Allongeant le bras, il voulut prendre le sien, mais la jeune femme s'arracha à sa prise. Elle était d'accord pour être sa prisonnière sur l'*Impératrice*, mais rien de plus !

À sa grande surprise, le pirate s'excusa :

— Je dois mériter vos faveurs, dit-il. Pardonnez-moi.

Élisabeth le regarda de côté, surprise par cette galanterie dont elle avait perdu l'habitude ces derniers temps. Mais elle acceptait de bonne grâce ses excuses, même si elle ne savait pas exactement de quelles faveurs Sao Feng parlait.

Elle s'inclina à son tour.

— Alors nous sommes d'accord ? lança Barbossa en se demandant encore comment Sao Feng avait pu tomber dans le panneau.

Après tout, l'essentiel était qu'ils puissent tous s'échapper. Quant à Élisabeth, il ne connaissait personne qui savait se défendre aussi bien qu'elle.

— C'est d'accord, opina Sao Feng.

Se tournant vers ses hommes, il leur fit signe d'approcher, tandis qu'Élisabeth allait chercher les clefs pour délivrer les membres d'équipage du *Black Pearl*.

Dans la cabine du directeur de la Compagnie, sur l'*Intrépide*, les négociations allaient toujours bon train. Jack Sparrow marchait de long en large en faisant de grands gestes. Le capitaine s'échauffait. Il semblait prêt à tout pour essayer de récupérer aussi bien le *Black Pearl* que sa liberté. À présent, il énumérait à Beckett la liste des personnes qu'il voulait emmener avec lui et celles dont le sort lui était indifférent.

— Vous pouvez garder Barbossa, dit-il. Le nabot vindicatif et son ami à l'œil de bois, aussi. Et Turner. Surtout Turner ! S'il avait un frère jumeau, vous pourriez tous deux les garder. Et même si c'était des triplés.

Beckett prenait note de ce que proposait Jack, non sans une lueur de méfiance dans les yeux. Il se demandait quel pouvait être le calcul de Jack derrière sa proposition faramineuse. Trahir tous ses amis ! Même de la part d'un pirate, il y avait de quoi être étonné. En tous les cas, Beckett avait remarqué une chose : le capitaine n'avait toujours pas prononcé le nom d'Élisabeth Swann. Le directeur de la Compagnie des Indes avait l'intuition que Jack Sparrow était amoureux d'elle...

— Et au sujet d'Élisabeth Swann, lança-t-il négligemment, que prévoyons-nous ?

— Quel intérêt présente-t-elle pour vous ? repartit le capitaine, tout aussi négligemment.

Beckett sourit d'un air entendu. Son intuition était vérifiée.

— Mlle Swann et les autres viennent avec moi sur le *Pearl*, décida Jack, et je vous conduis à l'île des Naufragés. C'est un marché honnête, vous en conviendrez.

Jack tendit sa main pour sceller l'accord, mais Beckett se contenta de lui renvoyer un sourire ironique. Une idée géniale venait de lui traverser l'esprit. Une idée à laquelle il aurait dû penser plus tôt. Son sourire s'élargit. Il tendit la main comme s'il acceptait de serrer celle de Jack mais, la détournant au dernier moment, il prit le compas du capitaine sur la table.

— Dites-moi, Jack, j'y pense à l'instant, il se trouve que j'ai maintenant en ma possession un remarquable compas qui pointe vers ce que l'on désire. Quel besoin ai-je encore de vous, finalement ?

Jack haussa les épaules.

— Il pointe vers ce que vous désirez le plus chèrement au monde, rappela-t-il. Et ce n'est pas le Tribunal de la Confrérie.

— Ah vraiment ? fit Beckett, en se retenant de rire au nez du pirate. Alors, qu'est-ce donc, Jack ?

— Moi.

Le directeur le dévisagea avec des yeux ronds et une moue dégoûtée.

— Moi... mort, précisa Jack.

Et il lui indiqua le compas d'un signe du menton :

— Essayez donc ! dit-il.

Luttant contre l'envie de meurtre qui montait en lui, Beckett se força à faire l'expérience. Ouvrant le boîtier, il regarda la petite aiguille du cadran, tandis que Jack s'était mis à virevolter dans la pièce en faisant des entrechats et des pirouettes, tout en surveillant la réaction du directeur du coin de l'œil.

À en juger par sa tête, l'aiguille suivait le capitaine dans tous ses déplacements...

Le directeur referma le compas d'un coup sec. Il ne pouvait nier qu'il désirait par-dessus tout la mort de Jack Sparrow : le seul homme au monde qui osait le narguer. Avec un geste mauvais, il lança le compas à Jack qui s'empressa de le remettre dans sa poche.

Mais c'est alors qu'une deuxième idée géniale traversa l'esprit du directeur de la Compagnie.

— Mais j'y pense maintenant, dit-il, si j'obtenais ce que je désire le plus, alors ce que je désire en second ne deviendrait-il pas ce que je désire en premier ?

Jack fronça les sourcils. Voilà que Beckett se mettait à raisonner comme lui...

— Si je vous tuais, reprit le directeur, je pourrais trouver l'île des Naufragés tout seul. Je supprime un intermédiaire... littéralement.

Mais Jack n'allait pas se laisser désarçonner pour si peu.

— Moi, mort, répliqua-t-il aussi sec, quand vous arriverez à l'Anse des Naufragés, vous découvrirez une forteresse imprenable, capable de soutenir un siège pendant des années, et vous vous lamenterez : « Ah, si seulement je n'avais pas tué une certaine personne qui, si elle se trouvait en ce moment à l'intérieur de ladite forteresse, pourrait faire sortir les pirates ! »

Beckett se frottait le menton contre le dos de la main en réfléchissant.

— Et vous sauriez faire cela ? demanda-t-il finalement. Convaincre tous vos amis de sortir pour aller se faire exterminer par notre armada ?

Jack roula des yeux d'un air indigné :

— Vous pouvez me tuer, dit-il, me pendre haut et court, me livrer à Jones, mais en aucun cas insulter mes talents ! Qui suis-je ? interrogea-t-il avec un grand geste théâtral. Je suis le capitaine Jack Sparrow, l'ami ! Marché conclu ?

De nouveau, il tendit sa main, mais Beckett hésitait toujours à la serrer. Il avait appris à se méfier de ce qui sortait de l'esprit tordu du pirate.

C'est alors qu'il y eut comme un grondement de tonnerre, tandis que l'impact d'un boulet ébranlait la coque du navire. Beckett tomba en avant, la main tendue, à portée de Jack qui s'empressa de la serrer.

— Marché conclu ! dit le capitaine, enchanté.

Et il se dépêcha de sortir de la cabine, Beckett sur les talons.

Quand les deux hommes arrivèrent sur le pont, les boulets continuaient à pleuvoir sur la coque qui volait en éclats. En face d'eux, les sabords du *Black Pearl* étaient ouverts et crachaient le feu à bout portant. L'*Intrépide*, qui n'avait rien pu faire pour se défendre de cette attaque surprise, était criblé de trous et, noyés dans un nuage de fumée, de nombreux corps jonchaient le pont. Profitant d'une accalmie, les artilleurs se dépêchaient d'introduire dans les canons leurs gargousses de poudre, mais il était déjà trop tard pour riposter.

Alors que l'un d'eux s'apprêtait à faire feu, une nouvelle bordée frappa de plein fouet la coque du navire, catapultant l'homme à plusieurs mètres, juste à côté de Cutler Beckett qui se relevait. La perruque de travers, le directeur aperçut au loin l'*Impératrice* qui s'éloignait sous le ciel d'azur. Entre deux coups de canon, on entendait le crépitement continu des coups de fusil et de pistolet qui étaient tirés depuis le pont du *Black Pearl*. L'alliance entre les hommes de Sao Feng et ceux de Barbossa faisait merveille. Sur le pont du navire, les derniers hommes de Beckett étaient taillés en pièces. À deux doigts de connaître le même sort, Mercer sauta pardessus le bastingage. Il se retrouva dans l'eau, sain et sauf, se dépêchant de fuir le carnage à la nage.

Sortant d'un recoin du pont où il s'était abrité, Jack apparut au bastingage de l'*Intrépide*. Non loin de lui, Cutler Beckett lançait une corde à Mercer qui approchait. Le capitaine scruta d'un regard fiévreux le *Black Pearl* en comprenant qu'il s'apprêtait à appareiller. C'était une question de secondes et le temps qu'il le rejoigne à la nage, le navire serait parti. Sans compter que les autres en profiteraient pour lui tirer dessus comme un lapin...

Tournant la tête vers l'artilleur, qui était en train de nettoyer à côté de lui l'écouvillon de son canon pour introduire une nouvelle gargousse de poudre, le capitaine sut exactement ce qu'il devait faire. Poussant l'homme d'un violent coup de pied, il prit sa place et défit alors à toute vitesse la sangle qui maintenait le canon à son affût, avant de retourner celui-ci vers le pont de l'*Intrépide*. Quand Beckett aperçut Jack, il eut un choc : son prisonnier avait décidé de s'évader de la manière la plus extravagante qui soit. Il était en train d'enrouler une corde autour de la roue du canon et de se l'attacher autour du corps, un briquet à mèche allumé à la main.

— Vous êtes fou ! cria-t-il.

— Merci de me le dire, répliqua Jack. Parce que si ce n'est pas de la pure folie, je doute fort que cela réussisse !

Et il mit feu au canon, tandis que, plongeant à terre, Beckett et Mercer évitèrent de justesse le boulet, qui alla frapper le mât. Celui-ci laissa échapper un grand craquement sinistre, tandis que le recul propulsait violemment en arrière le canon, qui percuta le bastingage et le fit voler en éclats en entraînant Jack à sa suite qui continua son trajet dans les airs, en direction du *Black Pearl*...

En face, debout sur le pont du *Black Pearl,* où il commandait les manœuvres d'appareillage, Barbossa écarquilla les yeux. Médusé, il suivit la trajectoire de Jack jusqu'à son arrivée fracassante sur le pont. Il plissa les yeux en entendant les chocs en cascade de sa chute, puis le capitaine s'avança en se demandant dans quel état il allait retrouver son vieil ennemi. D'abord, il vit une voile déchirée, un tonneau éventré dont le contenu de poudre se répandait par terre, puis il leva les yeux et, éberlué, aperçut Jack Sparrow, assis indemne sur le bastingage de poupe, en train d'enlever nonchalamment la corde autour de sa taille. Le capitaine jouissait d'un intense moment de joie. Être sur son navire et de nouveau capitaine, c'était ça pour lui, le bonheur.

— Avoue que je ne t'ai pas manqué ! lança-t-il en faisant un petit clin d'œil à Barbossa.

Poussant un grand soupir, celui-ci se détourna d'un air écœuré. Sautant sur le pont, Jack tapa dans la main de Gibbs qui l'accueillait avec un sourire rayonnant, avant de se mettre à chercher des yeux Will parmi les hommes qui le regardaient tous avec des yeux éberlués. Le capitaine se disait que les nouveaux alliés s'étaient bien débrouillés, si on omettait le fait qu'ils auraient pu le tuer dans leur assaut. Il se demanda un bref instant si Élisabeth y avait pensé, mais la jeune femme était invisible. Il finit par apercevoir Will, qui était en train de finir de rassembler tous les cadavres sur le gaillard d'avant.

— Envoyez ce pisseux au cachot ! cracha le capitaine en désignant du doigt le coupable.

Gibbs et Cotton s'empressèrent de s'exécuter.

Quelques instants plus tard, le *Black Pearl* mettait les voiles.

Sur le pont de l'*Intrépide*, au bastingage, Beckett regardait le navire s'éloigner d'un air complètement abattu. Derrière lui, le fier navire n'était plus que ruine, jusqu'au grand mât qui continuait de craquer dangereusement.

Il se retourna en entendant Groves s'approcher.

— Quel navire devons-nous suivre ? interrogea le lieutenant. Le *Black Pearl* ou l'*Impératrice* ?

— Envoyez le signal convenu au *Hollandais*, répondit rageusement Beckett. Quant à nous, nous suivrons le *Pearl*... quand nous le pourrons. Dans combien de temps l'*Intrépide* sera-t-il en mesure de prendre la mer ?

Alors que Groves ouvrait la bouche pour répondre, un nouveau craquement sinistre se produisit derrière eux. Lentement, le grand mât s'abattit avec ses voiles, avant de s'effondrer sur le pont dans un énorme fracas, en achevant d'écraser ce que les boulets de canon n'avaient pas déjà brisé. Il allait falloir vraiment beaucoup de temps pour réparer les dégâts...

— Croyez-vous qu'il calcule tout ou qu'il improvise à mesure ? lança le lieutenant, les yeux tournés vers le *Black Pearl*, sans parvenir à dissimuler son admiration.

# 16

La nuit était tombée sur la mer des Caraïbes... Accrochée au-dessus de l'eau, la pleine lune jouait doucement de ses rayons sur le clapotis des vagues. À bord de l'*Impératrice*, debout dans la somptueuse cabine de Sao Feng, entourée de trois suivantes qui mettaient la dernière touche à sa toilette, Élisabeth la contemplait par le hublot en profitant intensément du spectacle. Elle avait vu des tempêtes, des créatures marines monstrueuses, des équipages sortis de l'enfer, des cataractes à vous faire hurler de terreur, des régions oubliées au fond de l'eau au-delà de ce que l'être humain pouvait imaginer... Et là, d'un seul coup, c'était comme si les puissances infernales s'apaisaient. La mer redevenait le miroir du ciel et de la liberté, calme et apaisée sous le manteau de la nuit, où l'œil vigilant de la lune semblait veiller sur le sommeil des marins en leur souhaitant de beaux rêves.

Élisabeth sourit à l'astre. Après le chaos des dernières heures – et surtout la trahison de Will, qui lui avait donné l'impression que le monde s'écroulait –, cet instant de répit lui faisaient du bien. Comme lui faisait du bien le luxe de la jonque, celui des vêtements dont on l'avait parée et la déférence attentive de ses suivantes. Bien qu'Élisabeth ait été élevée dans un luxe comparable, quoique moins raffiné, avec une ribambelle de servantes à son service pour satisfaire le moindre de ses désirs, bassiner son lit, lui lacer ses corsets, lui attacher ses robes, lui ouvrir ses volets le matin, les fermer le soir, cela faisait un moment qu'elle avait dit adieu à tous ses privilèges pour vivre la vie rude et terriblement masculine des pirates.

Non pas qu'Élisabeth regrettât ces privilèges, mais il était temps de reprendre des forces, même si cela ne devait durer que quelques instants encore : dans peu de temps, Sao Feng allait la rejoindre dans la cabine.

Élisabeth ne savait pas au juste ce que le capitaine de Singapour attendait d'elle, mais en tout cas elle ne s'attendait pas à tant d'égards. Dès l'instant où elle avait posé le pied sur la jonque, ses trois suivantes chinoises avaient pris soin d'elle, comme si elle avait été quelque joyau précieux. Elles l'avaient baignée, massée, parfumée...

La jeune femme se mit à déambuler à travers la cabine illuminée de mille petites bougies disséminées sur les meubles laqués, à côté des porcelaines de Chine finement décorées. Partout où son regard se posait, ce n'était que richesse et élégance. Les parois, les couchettes, les coussins, tout était recouvert de la soie la plus douce et brillante. Les rouges profonds rivalisaient avec les jaunes intenses : une harmonie de couleurs inhabituelle pour Élisabeth, qui ajoutait au décor un délicieux piment d'exotisme. Ici, dans la cabine de l'*Impératrice*, elle se sentait presque envolée au pays des Mille et Une Nuits...

Soudain, elle tressaillit. Quelqu'un toquait à la porte. Du menton, Élisabeth fit signe à ses suivantes d'ouvrir et Sao Feng apparut alors sur le pas de la porte.

En apercevant sa prisonnière, le pirate de Singapour s'immobilisa. Il était encore plus ébloui qu'il ne s'y attendait. Dans sa tenue chinoise traditionnelle, Élisabeth Swann semblait trop belle pour appartenir seulement au monde des humains. La plus exquise féminité se dégageait d'elle, jointe à une aura de pouvoir et de puissance. Elle ressemblait... à une déesse.

Il s'avança doucement vers elle, puis s'arrêta. Élisabeth le regardait, perplexe et légèrement sur ses gardes. Mais Sao Feng n'avait pas congédié les suivantes, ce qui témoignait d'honnêtes intentions.

Soudain, il lui récita un poème, un de ces antiques poèmes chinois qui se prononcent en une expiration :

*Jeune pousse de peuplier*
*Touchant,*
*Frôlant l'eau*
*De l'étang du jardin.*

Quand sa voix se tut, Élisabeth attendit. Elle aurait aimé qu'il continue. C'était beau et la voix du pirate était douce, grave et envoûtante.

Mais c'est alors que, d'un geste, il congédia ses suivantes.

Élisabeth recula prudemment en cherchant un refuge et, plutôt que de s'asseoir sur une des couches somptueuses garnies d'oreillers moelleux, elle jeta son dévolu sur un fauteuil dans lequel elle s'installa, droite, digne et le regard froid.

Sao Feng vint se placer sur le fauteuil en face d'elle. Ils n'étaient séparés que par une petite table en bois sculpté, sur laquelle étaient posés une bouteille et des verres. Il en prit un qu'il remplit de vin, avant de le tendre à Élisabeth. Sao Feng se servit à son tour et, levant son verre avant de boire, il s'inclina devant sa prisonnière pour lui signifier sans doute qu'elle était son invitée.

Décidée à ne pas céder d'un pouce à toutes ces manœuvres de séduction qui lui semblaient un peu trop soudaines pour témoigner d'une simple attirance amoureuse, la jeune femme restait de marbre. Mais Sao Feng lui décocha un grand sourire pardessus son verre. Quand il souriait, ce n'était plus le même homme. On oubliait le tortionnaire qu'elle avait vu à l'œuvre sur Will, on oubliait l'impitoyable pirate, muni de son poinçon qu'il avait fini par enfoncer dans l'œil de l'espion, on oubliait le traître...

Sauf qu'Élisabeth n'oubliait pas. Elle avait en permanence à l'esprit l'autre visage de Sao Feng, le vrai...

— Je reconnais que ce n'est pas ainsi que je m'attendais à être traitée, dit-elle pour tâter le terrain.

— Aucun traitement ne serait digne de vous... Calypso, murmura Sao Feng.

Élisabeth se figea, son verre à la main.

— Vous dites ?

Sao Feng but une petite gorgée avant de répondre :

— Je sais... Ce n'est pas le nom par lequel vous aimez être connue – parmi tous ceux que l'on vous donne – mais c'est ainsi que nous vous appelons !

— Nous, c'est qui ? murmura suavement Élisabeth en souriant à son tour pour ne pas se trahir.

Elle commençait à comprendre. Si le pirate la traitait comme une reine, c'est parce qu'il la prenait... pour une déesse. Il pourrait certainement changer d'attitude en apprenant qu'il n'en était rien.

— Nous, ce sont les Frères Pirates, répondit Sao Feng. Les neuf Frères Pirates, ainsi que nos prédécesseurs, parmi lesquels figurent ceux du premier Tribunal, qui emprisonnèrent...

— ... la déesse, acheva Élisabeth.

— Vous le confirmez donc ? lança Sao Feng en se redressant, les yeux étincelants.

— Confirmer quoi ? réagit tranquillement Élisabeth avec un sourire fin. Vous ne m'avez rien dit...

Sao Feng but une autre gorgée. Calypso avait raison. C'était à lui de faire ses preuves.

— Il fut un temps où la mer n'appartenait pas aux hommes, commença-t-il. Elle appartenait à elle-même : la mer, impétueuse et magnifique, tempétueuse et lunatique, de couleur changeante au gré de ses humeurs, parfois calme et apaisée, parfois rageuse, souvent déchaînée, passant du doux murmure des vagues au hurlement des marées d'équinoxe. Et puis, le jour vint où se rassembla le premier Tribunal de la Confrérie, qui prit cette désastreuse décision à laquelle je me serais opposé si j'avais été présent. Ce premier Tribunal qui emprisonna la déesse dans une forme humaine, de telle sorte que le commandement des mers revenait désormais aux hommes et non plus à...

— ... moi, dit Élisabeth.

Il y eut un long silence. Sao Feng regardait Élisabeth avec des yeux qui semblaient remplis d'étoiles. Mais la jeune femme savait que ces étoiles brillaient surtout dans le ciel de la renommée et du pouvoir. Barbossa n'avait-il pas dit à Sao Feng que celui qui était l'amant de Calypso aurait la maîtrise des mers ?

— Oui, vous ! acquiesça Sao Feng d'un ton exalté. Vous, la déesse emprisonnée, mais toujours divine, même sous cette forme humaine. Une femme aussi belle que le clair de lune sur les vagues, que la lumière des étoiles au-dessus de l'horizon ! acheva-t-il en élevant le bras.

Élisabeth attendit que le bras du pirate retombe, puis elle hocha la tête, ironique :

— Joli discours de la part d'un geôlier... Mais, fit-elle en durcissant sa voix, les plus belles paroles entendues à travers des barreaux de prison perdent beaucoup de leur charme !

Sao Feng se toucha la poitrine comme si ces paroles le blessaient au cœur.

— Si vous êtes ma prisonnière, alors je suis votre otage ! Peut-on blâmer mes efforts pour rester libre sous la menace des canons du *Hollandais Volant* et de l'armada de la Compagnie ? Tous les hommes sont attirés par la mer ! Quel qu'en soit le péril. Ils sont prêts à tout pour rester digne de cette maîtresse si exigeante mais à la si formidable grandeur ! Naviguer sur les océans, avec la seule compagnie de cette puissance indomptable et sauvage, est mon seul désir...

Le pirate regardait Élisabeth dans les yeux et la jeune femme comprenait bien qu'il ne parlait pas seulement de la mer.

— Le désir ne justifie pas tout, souligna-t-elle.

— Ce n'est pas une justification, se défendit Sao Feng. Je mets seulement mon désir à vos pieds, ajouta-t-il en s'inclinant profondément.

Quand il releva la tête, la supposée déesse le toisait avec un mépris appuyé.

— Ça ne vaut pas grand-chose, lâcha-t-elle du bout des lèvres. Et qu'espérez-vous en échange ?

— Vos faveurs, si vous décidiez de me les accorder, répondit le pirate humblement.

— Et dans le cas contraire ? continua Élisabeth, décidée à en avoir le cœur net sur les risques encourus à redevenir simple mortelle.

— Alors j'accueillerai votre fureur ! déclara le pirate avec panache.

Élisabeth resta impassible, mais elle avait du mal à ne pas lui rire au nez. Il y avait de quoi s'émerveiller devant tant de modestie et d'abnégation ! Elle aurait été curieuse de savoir si le pirate montrerait autant de grandeur d'âme dans le cas où il n'obtiendrait pas satisfaction. Comme si Sao Feng avait lu dans les pensées d'Élisabeth, soudain, la rejoignant, il se pencha vers elle pour l'embrasser.

Élisabeth le repoussa au loin avec fureur, telle la déesse en personne outragée. Elle ne savait pas très bien si c'était pour donner une leçon à Sao Feng ou tout simplement parce qu'elle n'en avait pas envie. Quoi qu'il en soit, elle n'eut pas le loisir de vérifier la sincérité du pirate, car à ce moment précis, le bruit étouffé d'un coup de canon leur parvint.

Sautant sur leurs jambes, tous deux se précipitèrent vers le hublot, alors que l'impact du boulet ébranlait le navire. Puis, ils entendirent le bruit d'un projectile qui se rapprochait, avant d'être secoués par un nouveau choc.

Les deux protagonistes se regardèrent, l'angoisse au ventre. Qui donc les attaquait ? L'*Intrépide* ? Mais il était hors d'état de les suivre, d'après ce qu'ils avaient constaté, tandis qu'ils s'éloignaient de la bataille à bord de l'*Impératrice*. Quel autre navire alors ? Ni l'un ni l'autre n'osait prononcer le nom du terrible bâtiment auquel ils pensaient, quand un troisième choc se produisit. Puis, les boulets se mirent à pleuvoir en grêle. Entre deux explosions, on entendait les coups de pistolet échangés sur le pont de la jonque, accompagnés de cris et de hurlements.

Accroupi auprès d'Élisabeth, Sao Feng lui lança un regard pénétrant, avant de se diriger vers la porte, tandis qu'Élisabeth se redressait pour essayer encore d'apercevoir par le hublot quels étaient leurs assaillants. Mais la fumée de la canonnade et les éclairs des explosions l'empêchèrent de distinguer quoi que ce soit. C'est à ce moment qu'un nouveau boulet ébranla la coque avec un tel fracas qu'elle eut l'impression qu'il avait traversé la cabine. Hélas, ce n'était pas qu'une impression...

Élisabeth plongea à plat ventre, sauvant sa vie de justesse.

Elle resta là de longues secondes sans bouger, sentant le souffle du large pénétrer dans la cabine en lui donnant la chair de poule. Toutes les bougies s'étaient éteintes. Puis, lentement, elle redressa la tête et aperçut de nouveau la lune, seulement cette fois ce n'était pas par le hublot, mais par l'ouverture béante que le boulet avait fait dans la coque du bateau.

— Sao Feng ? appela-t-elle d'une voix rauque.

Mais le pirate ne répondit pas. Était-il parti ? se demanda Élisabeth. Elle commença à ramper à travers la fumée et parmi les meubles renversés et les tentures de soie décrochées. C'est alors que, dans la lumière du clair de lune, elle distingua un corps ensanglanté. La jeune femme se raidit. C'était Sao Feng ! Un long éclat de bois lui traversait la poitrine...

— Sao Feng ? murmura Élisabeth, sous le choc, en s'approchant du corps.

Une voix faible sortit de la gorge de l'agonisant.

— Par ici... s'il vous plaît...

Élisabeth parvint auprès du pirate, devant lequel elle s'agenouilla. « Pourquoi les hommes passaient-ils donc leur temps à se faire du mal ? se demanda-t-elle, bouleversée. Ne savaient-ils pas que ce qu'ils faisaient subir un jour à autrui, c'est eux qui le subiraient un autre jour, dans ce jeu sans fin de la guerre ? »

Luttant contre la douleur terrible qui lui transperçait la poitrine, le pirate enleva le pendentif qu'il portait au cou.

— C'est mon nœud de capitaine. Prenez-le.

Élisabeth n'osait pas bouger. Elle ne savait pas quoi dire. Pourquoi donc deviendrait-elle capitaine de l'*Impératrice* ?

— Ainsi vous prendrez place au Tribunal et pèserez de tout votre poids dans leur décision. Prenez-le ! insista-t-il en essayant de se redresser, ce qui eut pour effet de lui arracher un cri de douleur. Je dois le transmettre à mon successeur...

— Moi, Frère Pirate ? dit Élisabeth.

— Allez à ma place à l'île des Naufragés, supplia encore Sao Feng.

Inclinant la tête, Élisabeth avança la main et s'empara du pendentif. Au moment où elle se le passait autour du cou, Tai Huang fit irruption dans la pièce.

— Mon capitaine ! Le navire est pris ! Nous ne pouvons plus...

Il s'arrêta net en découvrant la scène. Son capitaine était allongé sur le sol, mortellement blessé. Il chuchotait quelque chose à l'oreille d'Élisabeth Swann, habillée comme une reine, qui recueillait ses dernières paroles.

— Calypso, dit-il.

Et ce fut son dernier mot. Le voile de la mort recouvrit ses yeux et il mourut. Tai Huang s'approcha d'Élisabeth, qui lui refermait doucement les paupières.

— Que vous a-t-il dit ? interrogea-t-il, la gorge nouée.

Élisabeth se redressa et fit face au maître d'équipage :

— Il m'a nommée capitaine, dit-elle en lui montrant le nœud en corde qui pendait à son cou.

# 17

Suivi de son second, le nouveau capitaine monta sur le pont. Élisabeth savait déjà qu'elle allait découvrir le *Hollandais Volant*, collé au flanc de l'*Impératrice* comme un énorme prédateur, et elle se préparait à cette vision d'horreur. Mais le choc fut quand même terrible. Les voiles du navire de Sao Feng étaient brisées et la jonque ressemblait à un pauvre papillon en train d'être dévoré par la monstrueuse araignée qui l'avait attrapé.

Le pont de l'*Impératrice* était jonché de morts et d'agonisants aux membres arrachés, dont les gémissements étaient insoutenables. Quand Élisabeth aperçut les corps de ses trois suivantes transpercés de balles, elle faillit se mettre à hurler. Puis, elle se reprit. Elle était le capitaine, désormais. D'ailleurs, Tai Huang se tenait à côté d'elle, attendant ses ordres. Hélas, pour le moment, elle n'avait aucun ordre à donner, celui même de se rendre étant superflu.

Élisabeth chercha des yeux l'autre capitaine, celui du navire maléfique : Davy Jones, qu'elle n'avait encore jamais approché de près, contrairement à son équipage de monstres, contre lesquels elle avait déjà eu l'occasion de combattre, sur l'île des Quatre Vents. Ceux-ci étaient en train de rassembler les survivants terrorisés. Will avait expliqué à Élisabeth comment Jones procédait. Le scénario était toujours le même, tel un horrible rituel qui conférait probablement à Jones le sentiment d'être un démiurge : les survivants à la file les uns des autres, agenouillés le dos au bastingage, un homme muni d'une hache derrière chacun d'entre eux, après quoi le capitaine les passait en revue un à un en leur demandant s'ils avaient peur de la mort ou s'ils préféraient s'engager... S'ils se décidaient pour la première solution, leur vœu était exaucé sans tarder : la hache s'abattait sur eux et ils étaient jetés à la mer.

Mais ceux qui avaient ce courage étaient rares et presque tous s'engageaient. Il fallait vraiment croire en Dieu et en sa miséricorde pour accepter de mourir d'une manière aussi horrible... Et même si ces infortunés rescapés avaient en face d'eux le spectacle horrible de ce qu'ils finiraient par devenir, ils se disaient que ce n'était pas pour tout de suite, pas comme de mourir. Ils pensaient peut-être qu'ils y échapperaient ou qu'ils trouveraient le moyen de fuir ce bateau maudit...

Mais personne n'échappait à Jones. Will avait même confié à Élisabeth que les hommes finissaient par faire partie du bateau, comme un certain Wyvern, qui s'était arraché un bref moment de la coque pour lui parler.

Soudain, Élisabeth se rappela que le père de Will était parmi ces hommes ! Will lui avait dit que son père était moins atteint que la plupart d'entre eux : il n'avait pas de pinces qui lui sortaient du torse, ni d'arêtes qui lui hérissaient le corps, mais seulement de petits coquillages qui s'étaient incrustés partiellement sur son visage et ses cheveux.

Élisabeth chercha des yeux si quelqu'un correspondait à la description, mais tous, sans aucune exception, avaient perdu un semblant d'apparence humaine. Bill Turner n'était pas là, apparemment...

Dans la fumée qui commençait à se dissiper, Élisabeth, toujours accompagnée de Tai Huang, aperçut deux silhouettes qui traversaient la planche qui avait été jetée entre le *Hollandais Volant* et l'*Impératrice*. Elle reconnut Jones, mais qui était l'homme de belle stature qui l'accompagnait ?

Puis, ils mirent le pied sur le pont de la jonque et Élisabeth faillit pousser un cri : l'homme qui se tenait aux côtés de Davy Jones n'était autre que James Norrington... Il s'avançait à grandes enjambées, inspectant le carnage.

Élisabeth se recula vivement dans l'ombre pour pouvoir l'observer à son insu. La dernière fois qu'elle avait vu son ancien fiancé, il courait avec le coffret qui avait contenu le cœur de Davy Jones, l'équipage du capitaine du *Hollandais Volant* à ses trousses. Élisabeth avait salué le courage admirable de l'homme dont elle avait cru qu'il se sacrifiait pour qu'ils puissent s'échapper.

Elle sortit de l'ombre et immédiatement l'amiral l'aperçut.

— Élisabeth ? s'écria soudain Norrington, ahuri.

La jeune femme était bien la dernière personne qu'il s'attendait à trouver sur la jonque. L'amiral était bien sûr averti des derniers événements, puisque c'est Lord Cutler Beckett qui lui avait demandé de détruire l'*Impératrice* en guise de représailles, après l'attaque de l'*Intrépide* par le *Black Pearl*. Il savait aussi que Jack était revenu du Bas-Fond de Jones et que Will Turner avait conclu une alliance avec Sao Feng et la Compagnie, avant de se faire trahir. Mais il n'avait pas osé demander à Beckett si Élisabeth faisait toujours partie de l'équipage de Jack. À vrai dire, il considérait maintenant Élisabeth comme un souvenir du passé... De même que le gouverneur, il avait si peur qu'Élisabeth soit morte qu'il préférait ne pas penser à elle comme quelqu'un qui vivait et respirait quelque part.

Obéissant à une impulsion irrésistible, l'amiral prit Élisabeth dans ses bras et la serra contre lui. Élisabeth subit cette embrassade sans protester, mais sans y répondre non plus. Elle était partagée entre une joie réelle de le revoir et une grande déception de ce qu'il était devenu. En arriver là ! Coopérer avec Davy Jones !

— J'ai cru que vous étiez morte, dit l'amiral d'une voix profondément émue.

— Et moi, je vous ai pleuré, reconnut Élisabeth.

Ces mots firent plaisir à Norrington au-delà de ce qu'il aurait supposé. Puis, à regret, il lâcha Élisabeth, qui se recula, un peu gênée.

— Votre père sera tellement heureux de vous savoir sauve ! s'écria-t-il avec chaleur. Élisabeth baissa la tête.

— Mon père est mort...

— Mais non ! protesta l'amiral. Il est reparti en Angleterre...

Élisabeth releva les yeux en scrutant son ancien fiancé. Il semblait sincère.

— C'est ce que vous a dit Beckett ? lui demanda-t-elle avec un petit sourire triste. Un voile songeur sombre passa dans le regard de Norrington.

— ... Oui.

Ils n'eurent pas le loisir de poursuivre cet échange, car Davy Jones rejoignait l'amiral, après avoir fait aligner les survivants en une file terminée par Tai Huang. Le capitaine du *Hollandais* regarda de haut en bas Élisabeth qui dut faire appel à toute sa volonté pour rester stoïque devant ce visage hérissé de tentacules qui se tordaient furieusement en tous sens. Puis, après avoir lancé un coup d'œil incisif à Norrington, il se détourna. Élisabeth ferma les yeux un instant. Davy Jones était une horreur et une puanteur vivante...

— Qui parmi vous désignez-vous comme votre capitaine ? lança-t-il en s'approchant de sa file de prisonniers.

Tai Huang tendit son index vers Élisabeth.

— Le capitaine ? C'est elle.

Les autres marins confirmèrent unanimement. Il leur fallait absolument un capitaine, quel qu'il soit. D'ailleurs, ils n'avaient rien contre le fait que ce soit une femme, au contraire. En revanche, celui qui était étonné, c'est l'amiral Norrington. Par quel incroyable tour du destin Élisabeth était-elle devenue capitaine de la jonque ?

— Sao Feng est mort, expliqua-t-elle brièvement. Il m'a nommée à sa place.

Norrington acquiesça en contemplant avec admiration la jeune femme parée de ses magnifiques vêtements, qui se tenait droite et digne devant ses hommes en essayant de leur inspirer assez de confiance pour les aider à traverser cette terrible épreuve. Il n'y a pas de doute, Élisabeth Swann avait la stature d'un capitaine.

Il se tourna vers l'équipage de Jones.

— Faites le nécessaire pour remorquer le navire et mettez les hommes aux fers, ordonna-t-il.

L'équipage de Jones ne bougea pas. Les hommes étaient déçus de ne pas massacrer les survivants.

— Vous avez entendu l'amiral ? gronda Davy Jones. Alors exécution !

— Le capitaine peut loger dans mes quartiers, ajouta Norrington en faisant un signe vers Élisabeth.

Celle-ci secoua la tête.

— Non merci, monsieur. Je préfère rester avec mes hommes.

Alors qu'elle s'avançait pour rejoindre la file de survivants, son ancien fiancé la retint par la manche.

— Élisabeth... Je vous le jure, j'ignorais que...

— Vous ignoriez quoi ? Quel homme est Beckett ? Ce qu'il est capable de faire ? Maintenant, vous le savez.

Et elle tourna les talons. Resté seul, Norrington sentit s'abattre d'un seul coup sur ses épaules le poids de ses actes. Il avait remis à Beckett le cœur de Davy Jones, sans vouloir savoir ce qui allait advenir ensuite. La seule chose qui l'intéressait était de retrouver une vie digne, conforme à l'idée qu'il se faisait de son rang et de sa valeur. À cause de lui, la mer était devenue un champ d'extermination, où plus aucune dignité humaine n'était respectée. C'était cette même volonté d'ignorance qui lui avait fait prendre pour argent comptant la nouvelle annoncée par Beckett du départ impromptu du gouverneur Swann pour l'Angleterre...

Quelques minutes plus tard, les hommes d'équipage de la jonque étaient transférés sur le navire de Davy Jones. Ils regardaient autour d'eux, incrédules. Ce n'était pas un bateau, mais une sorte de château hanté qui errait sur les mers en avalant tout sur son passage. Un château dont les habitants se confondaient presque avec ses murailles rongées par le corail, les algues et les coquillages. On les fit descendre à fond de cale pour les enfermer dans des geôles glaciales, humides et imprégnées comme le reste d'une sorte de soie visqueuse. Jimmy Legs, le maître d'équipage de Jones, dont le pas était alourdi par les milliers de coquillages qui lui pendaient en grappes sur tout le corps, poussa Élisabeth dans sa cellule. Au moment où la porte du cachot claqua, Élisabeth se sentit flancher. Puis, la clef tourna dans la serrure et Jimmy Legs rabattit la barre du verrou. Mais tandis qu'elle le regardait faire, l'estomac serré, la jeune femme se demanda si ce n'était pas lui, après tout, le père de Bill... La description correspondait à peu près.

— Bill Turner ? appela-t-elle.

Mais, en guise de réponse, l'homme lui tourna le

dos et s'éloigna. S'approchant de la grille, Élisabeth aperçut alors un autre membre d'équipage en train de refermer la cellule voisine qui, lui aussi, pouvait répondre à la description de Will.

— Bill ? Bill Turner ? essaya-t-elle encore en pressant son visage contre les barreaux. Mais elle n'obtint pas de réponse. L'homme, qui répondait au nom de Clacker, se contenta de pousser un grognement avant de disparaître dans l'ombre.

Avec un soupir de découragement, Élisabeth recula au fond de sa cellule en choisissant l'endroit qui semblait le moins sale et se recroquevilla sur elle-même.

— Vous connaissez mon nom ? coassa soudain une voix rauque surgissant à côté d'elle.

Se dressant sur ses jambes, le cœur battant à tout rompre dans sa poitrine, Élisabeth fit un bond en arrière. Qui parlait ? Elle était toute seule dans sa cellule ! Mais c'est alors que, peu à peu, elle distingua un visage humain incrusté dans la coque du bateau. Seuls ses yeux semblaient vivants...

— Vous connaissez mon nom ? répéta la voix.

Alors, Élisabeth se souvint brusquement du vieux Wyvern et elle comprit. Le père de Bill était devenu comme lui... À mesure qu'elle réalisait le sort terrible de cet homme, Élisabeth sentit qu'elle pardonnait à Will ce qu'il avait fait. C'était cela qu'il voulait éviter à son père : donner son corps et son âme au navire. Un navire fait de tous les corps des marins engloutis.

— Je connais votre fils ! reconnut Élisabeth en s'approchant courageusement de la forme à demi incorporée dans le bois.

Bill Turner battit des paupières et, soudain, un sourire anima les traits de son visage. Petit à petit, sa forme commençait à se détacher du bateau.

— William, comment va-t-il ? Bien ?

Élisabeth acquiesça de la tête.

— C'est vrai ? s'écria le vieux Bill d'une voix qui prenait un peu plus d'assurance. Alors il a réussi ? Il est vivant ?

— Mais oui ! dit Élisabeth en essayant de sourire à son tour.

— Ah, je comprends, il vous a envoyée pour me dire qu'il arrive pour me libérer ! Il me l'a promis... Seigneur Dieu, il est donc en chemin !

Élisabeth se contenta de hocher la tête. Sa gorge était tellement serrée qu'elle avait du mal à parler.

— Oui. Will est en vie... et il veut vous aider, dit-elle.

Sur le visage du vieux Bill se peignit une expression de joie et d'espoir qui fit mal à Élisabeth. En réalité, c'était bien mal parti pour que Will sauve son père. Non seulement il fallait qu'il arrive jusqu'au *Hollandais Volant*, mais en plus il n'était sans doute plus possible d'arracher le pauvre homme à la coque du bateau, sans compter le plus important, qui était que, si Will tuait Jones, il devrait prendre sa place...

Comme si le vieux marin devinait les pensées d'Élisabeth, son expression changea. Tous ses traits s'affaissèrent, à tel point qu'il sembla de nouveau se confondre avec la coque.

— Non, il ne va pas venir, coassa-t-il. Il ne viendra pas...

Élisabeth se sentit prise d'un désir éperdu de l'aider : lui donner assez d'espoir pour qu'il puisse s'extraire de son sépulcre !

— Il va venir ! assura-t-elle d'une voix vibrante. Je ne sais comment, mais il essaiera, j'en suis certaine. Vous êtes son père !

À ces mots, les yeux de l'effigie de bois devinrent plus brillants. Il lança à la jeune femme un étrange regard rusé.

— Je vous connais ! dit-il. Il m'a parlé de vous. Vous êtes Élisabeth...

— Oui, acquiesça la prisonnière, un peu ébranlée d'entendre son nom prononcé par cette sculpture vivante.

— Il ne peut pas me sauver... Il ne le fera pas. À cause de vous ! dit le vieux pirate d'une voix accusatrice.

— Moi ? balbutia Élisabeth en se reculant, prise de la peur absurde que l'homme se libère soudain de la paroi pour lui sauter à la gorge.

— Vous êtes Élisabeth, répéta Bill Turner. Élisabeth...

Élisabeth avala sa salive. Pauvre homme ! Il ne savait plus ce qu'il disait. Elle avait un peu honte d'avoir eu peur. Il ne pouvait plus faire de mal à personne...

— Oui, je suis Élisabeth, reprit-elle pour le relancer.

Les paupières se rouvrirent dans le bois. L'œil était de nouveau vif et le sourire rusé.

— Si Jones est tué, son meurtrier devra le remplacer, annonça Bill Turner. À jamais. Tous les matelots du bord le savent. Le *Hollandais* doit avoir un capitaine !

— Je sais, acquiesça Élisabeth.

— Et s'il me sauve, continua le pirate, il vous perdra...

Élisabeth devait reconnaître que c'était la vérité. Elle avait déjà songé à la question en se demandant si Will était capable d'aller jusque-là pour honorer sa promesse.

— Ce n'est pas moi qu'il choisira, grinça le vieux Bill. Moi, à sa place, je ne me choisirais pas. Le *Hollandais* doit avoir un capitaine !

— Vous l'avez déjà dit...

Clignant des paupières en signe d'acquiescement, l'homme se fondit de nouveau lentement dans la coque du bateau. Élisabeth pensa qu'il allait retomber dans sa léthargie, mais la voix se ranima brusquement.

— Dites-lui de ne pas venir ! Dites-lui de rester au loin ! Pouvez-vous le faire ? Il est trop tard. Je m'enlise, je me perds...

Puis, ses yeux se fermèrent et il s'immobilisa complètement. Prise d'un profond sentiment de compassion, Élisabeth lui toucha l'épaule. Réagissant à ce geste, les yeux du gisant se rouvrirent une fois encore. Élisabeth sursauta. Le vieux marin était donc encore doué de sensibilité...

— Vous connaissez mon nom ! Vous connaissez mon nom ! se mit-il à répéter sans s'arrêter.

Élisabeth avala sa salive. Elle n'en pouvait plus. Elle avait maintenant envie qu'il se taise. Cet homme était entré trop avant dans la vie végétale. Son esprit s'était durci, comme les veines d'un morceau de bois.

— Oui, dit-elle en essayant d'être calme, je connais votre fils.

— William ! Est-il en vie ?

Élisabeth ne savait plus quoi répondre. Son cœur était brisé en songeant à Will, en imaginant surtout ce qu'il ressentirait en voyant son père ainsi. Inévitablement, ses pensées dérivèrent vers son propre père et, soudain, il y eut comme un déclic dans son esprit. Elle se sentit apaisée. Son père était parti pour le Royaume des morts, où tout le monde se retrouvait un jour, tout le monde... sauf ceux qui avaient perdu leur âme, comme Bill Turner.

— Oui, il est en vie, dit-elle avec effort.

— Il va venir me chercher. Il me l'a promis. Vous verrez !

Cette fois, le marin s'enfonça dans la coque pour de bon. Partagée entre l'horreur et la pitié, Élisabeth regarda longtemps cette forme qui semblait sculptée dans le bateau. Il n'y avait aucun moyen de sauver cet homme...

# 18

Le matin était revenu sur la mer des Caraïbes... Alors qu'Élisabeth venait de passer sa première nuit sur le *Hollandais Volant*, recroquevillée dans sa cellule le plus loin possible de la forme humaine sculptée dans la coque, à quelques milles de là Lord Cutler Beckett s'était réveillé de fort mauvaise humeur, même s'il avait dormi dans des conditions beaucoup plus confortables. À présent, il se tenait debout sur le pont principal de l'*Intrépide*. Le directeur de la Compagnie des Indes surveillait l'horizon en espérant toujours voir surgir les voiles noires et déchiquetées du *Black Pearl*. À côté de lui, le lieutenant Greitzer regardait dans la direction opposée avec sa longue-vue.

Lord Cutler Beckett poussa un petit soupir. Le moral était un peu en berne sur le vaisseau amiral de leur armada. Ses hommes avaient mis les bouchées doubles pour remettre l'*Intrépide* en état de prendre la mer, mais le *Black Pearl* était déjà loin. Il pouvait être n'importe où. Par un pigeon voyageur, ils avaient reçu du *Hollandais* le signal que sa mission était accomplie, ce qui était une bonne nouvelle, excepté que Beckett commençait un peu à regretter la destruction de l'*Impératrice*, qui aurait pu les conduire à leur destination, le *Black Pearl* et la jonque ayant pris, pour des raisons mystérieuses, des chemins différents pour se rendre à l'île des Naufragés. Bien sûr, Jack Sparrow lui avait tapé dans la main en promettant de le conduire au Tribunal de la Confrérie pour lui livrer tous les Frères sur un plateau d'argent en échange de sa liberté. Mais que valait la parole de Jack Sparrow ? Pas plus que la sienne, assurément. Dans les affaires, c'était toujours à celui qui blufferait le mieux, un jeu subtil que Beckett maîtrisait particulièrement bien, si ce n'est que Jack Sparrow était un adversaire dangereux, extrêmement dangereux... Sans compter qu'il s'était enfui de l'*Intrépide*, ce qui remettait sans doute en question leurs petits arrangements.

Quoi qu'il en soit, même s'ils ne retrouvaient pas le *Black Pearl*, se dit le directeur de la Compagnie, il y avait toujours la solution de rejoindre le *Hollandais* pour interroger les prisonniers, en espérant que Davy Jones ne les aurait pas tous tués. L'amiral Norrington le surveillait maintenant étroitement et deux soldats avaient leurs fusils pointés en permanence sur le coffret ouvert contenant son cœur, mais Beckett avait l'impression que l'amiral n'avait pas envie de faire de quartier, lui non plus. Comme Jones, il faisait du zèle... Il craignait sans doute de reperdre sa position, si durement récupérée.

Soudain, il sembla à Beckett apercevoir quelque chose à l'horizon.

— La lunette, s'il vous plaît !

Greitzer lui tendit l'instrument et Beckett l'ajusta à sa vue. Il leva un sourcil, intrigué. Une colonne tournoyante de mouettes s'élevait dans le ciel. Apparemment, les oiseaux avaient trouvé une proie, et une proie de taille, sans doute, pour en attirer un tel nombre. Ces oiseaux féroces avaient toujours fasciné le directeur de la Compagnie, qui voyait en eux la réplique du monde humain : une jungle sans aucune solidarité où il fallait s'entredévorer pour subsister. C'était peut-être regrettable, mais ce n'était pas lui qui avait inventé la règle du jeu.

— Allons voir, dit-il. On n'a rien à perdre. Il y a peut-être quelque chose d'intéressant...

Gretzer commanda les manœuvres et, peu après, le vaisseau changeait de cap pour se diriger vers la colonne de mouettes, qui semblait grossir d'instant en instant. Bientôt, le navire se trouva entouré de centaines d'oiseaux qui remplissaient le ciel en décrivant des cercles. Ils faisaient un tapage assourdissant, mélange de cris aigus et de battements d'ailes furieux : apparemment, la dispute était âpre et l'enjeu de premier choix. L'irruption du navire au milieu de la bataille augmenta encore leurs cris et Beckett et son lieutenant découvrirent alors ce que se disputaient les oiseaux : un corps humain...

Les deux hommes se regardèrent, un peu ébranlés. Il s'agissait du cadavre de l'un de leurs membres d'équipage, qui se trouvait à bord du *Black Pearl* pendant l'attaque. Il n'avait pas été lesté pour couler, bien au contraire. Il avait été lié par des cordes à deux tonneaux pour rester bien visible à la surface.

— Il a une bouteille dans la poche ! lança Greitzer en tendant le doigt.

Beckett acquiesça. Il venait de le remarquer, lui aussi.

— Hissez-le à bord ! commanda-t-il en contemplant le corps gonflé et livide, dont une mouette venait d'arracher l'oreille avant de s'envoler en emportant son butin.

Quelques instants après, le corps de l'homme reposait sur le pont de l'*Intrépide*. Beckett retira de sa poche la bouteille de rhum. Elle était vide, mais scellée et on distinguait un message à l'intérieur. Le directeur demanda à son lieutenant d'ouvrir la bouteille et il prit le message que celui-ci lui tendit. Le papier était marqué du sceau de la Compagnie des Indes. Tandis qu'il le déroulait pour le lire, Greitzer poussa un cri.

— Monsieur !

Beckett tourna la tête. Greitzer pointait le doigt vers l'horizon. Il tendit la longue-vue à son supérieur, mais celui-ci avait déjà compris ce qu'il allait voir : une autre colonne de mouettes...

Il hocha la tête :

— Comme des miettes de pain, dit-il. Et nous devons les suivre, ajouta-t-il, après avoir parcouru des yeux le papier qu'il tenait à la main. C'est ce qu'on nous demande, tout au moins...

Greitzer considérait le directeur en réfléchissant :

— Il y a donc un traître parmi eux ? Ou est-ce un piège ?

— C'est un pari audacieux, répondit Beckett. Venant d'un adversaire adroit. Corrigez notre cap, s'il vous plaît, lieutenant !

Greitzer hocha la tête. Ses yeux s'attardaient sur le cadavre de ce petit gars, âgé d'à peine vingt ans, qui avait été un bon camarade. C'était vraiment macabre de se servir ainsi des morts. On aurait dit l'histoire du Petit Poucet, mais dans une réalité bien plus effrayante qu'une forêt sombre habitée par un ogre.

Le Petit Poucet de la mer des Caraïbes continua à semer ses miettes putréfiées et déchiquetées par les mouettes pendant toute la journée, à intervalles réguliers. Maintenant, la nuit tombait et Will Turner, l'auteur de ce stratagème, se sentait soulagé. Son travail serait plus facile dans l'obscurité.

Accroupi sur le gaillard d'avant du *Black Pearl*, où se trouvait sa réserve de cadavres qu'il avait réussi à cacher avant que Jack ne l'envoie aux fers, il travaillait presque mécaniquement, comme à la chaîne. Il en était à son septième cadavre. À chaque fois, le jeune homme se glissait silencieusement hors de sa geôle en soulevant habilement la porte de ses gonds, une opération qui ne présentait aucune difficulté à l'ancien forgeron, après quoi il gagnait le pont discrètement et se dépêchait de préparer un nouveau cadavre avant de le jeter à l'eau, puis il regagnait sa cellule comme il était venu. Jusque-là, Will avait eu de la chance de ne pas être surpris... Il termina rapidement d'attacher le corps avant de saisir son couteau pour couper la corde. Un instant, Will fut pris d'hésitation. Ce couteau lui avait été donné par son père et il se demandait si celui-ci aurait accepté qu'il emploie de pareils moyens pour le sauver... Puis, secouant la tête pour chasser cette question, à laquelle il ne voulait pas répondre, il se dépêcha de couper la corde. Donnant un coup de rein, il soulevait d'une pièce le corps et les tonneaux pour les lancer par-dessus bord, quand la voix de Jack retentit soudain non loin de lui.

— Tu t'es évadé du cachot encore plus vite que je ne m'y attendais ! persifla le capitaine.

Laissant retomber sa charge qui s'écrasa lourdement sur le pont, Will sortit son épée du fourreau. Mais Jack se tenait nonchalamment assis sur le bastingage en balançant ses jambes et en souriant...

— Tu te souviens quand tu m'as fait sortir des geôles de Port Royal ? continua-t-il, toujours tout sourires, comme s'il s'apprêtait à entamer une discussion entre deux vieux copains.

Will ne répondit pas, mais il se souvenait, bien entendu. Comment pourrait-il l'oublier ? Cet épisode avait marqué le début d'une collaboration riche en événements. Will se demandait s'il y avait eu le moindre point positif, tout compte fait, dans leurs aventures. Le capitaine Jack Sparrow faisait beaucoup de ravages sur son passage, y compris dans les cœurs. Vraisemblablement, Élisabeth avait fini par en tomber amoureuse et maintenant, elle semblait même le détester, lui, Will, parce qu'il les avait trahis. Personne ne voulait comprendre qu'il avait fait une promesse à son père et que les promesses, ça se tenait. Parfois, au fond de lui, tout au fond, Will aurait souhaité n'avoir jamais revu son père. Tout cela était de la faute de Jack, de sa faute entière, puisque c'est lui qui l'avait envoyé en traître sur le *Hollandais Volant*...

Will considéra le corps du pauvre bougre qui gisait sur le pont en se demandant si Jack bougerait ou non le petit doigt s'il le lançait par-dessus bord. Cet air de décontraction permanent chez Jack l'exaspérait. Tout le monde s'angoissait, tandis que Jack semblait toujours s'amuser de tout, comme s'il était au-dessus de tout et de tous.

— Un instant, s'écria soudain Jack, comme s'il avait lu dans les pensées de Will. Arrête-toi une seconde. Ne remarques-tu donc rien ? Ou plutôt, y a-t-il quelque chose que tu ne remarques pas ? Ou encore, remarques-tu quelque chose qu'on ne remarque pas ?

— Tu n'as pas donné l'alarme, grogna Will d'un ton bref.

— Exact ! s'écria Jack, d'un air enchanté.

Il arborait tout à fait l'expression d'un professeur à qui un élève viendrait de fournir la bonne réponse.

— Bizarre, pas vrai ? continua le capitaine.

Il sauta sur le pont. Immédiatement, Will remit sa main sur son épée. Mais Jack se contenta de tourner autour du cadavre attaché au tonneau en l'examinant d'un air très intéressé.

— Mais pas si bizarre que ce que je vois là ! s'exclama-t-il.

En fait, le capitaine était impressionné. C'était un plan de haute volée...

— Tu as eu l'idée de ça tout seul, mon garçon ? lui demanda-t-il, intrigué.

Will lui renvoya un petit sourire narquois :

— Je me suis dit : réfléchis comme Jack !

— Et ça t'a conduit à cette idée ? réagit le capitaine en ouvrant de grands yeux.

Conduire Beckett à l'île des Naufragés pour gagner sa confiance et ensuite te servir de lui pour réaliser ton but ? Je vois que tu ne me connais vraiment pas !

— Raisonner comme Jack Sparrow, mais au service du bien ! précisa Will vertement.

Jack salua ces belles paroles avec une déférence moqueuse.

— Comment peux-tu faire confiance à Beckett ? reprit-il d'un air navré. Même si vous vous êtes serré la main...

Will ne répondit pas. Jack continua :

— Et où veux-tu en venir, d'ailleurs ? Tuer Jones pour sauver ton père ? Aurais-tu oublié ce que cela implique ? Convoyer les âmes de tous ceux qui sont morts en mer et ne pouvoir mettre pied à terre que tous les dix ans, et encore si une femme fidèle t'attend...

Will ne répondait toujours rien.

— Et au fait, ta chérie, qu'est-ce qu'elle dit de ton plan ? enchaîna Jack.

Will n'avait toujours pas envie de répondre. Élisabeth n'était pas sur le *Black Pearl* et il n'avait donc pas pu lui en parler, mais en fait, il était soulagé qu'il en soit ainsi. Bien que cela n'aurait pas changé grand-chose... Il ne semblait plus rester une once d'amour en elle pour lui, comme s'ils n'étaient même plus fiancés. Certes, il se condamnait à une vie immortelle comme commandant du *Hollandais*, mais que perdrait-il, puisqu'Élisabeth ne l'aimait plus ?

— Elle est en train de m'échapper, finit-il par dire en se parlant davantage à lui-même qu'à Jack. Chaque pas que je fais vers mon père est un pas qui m'éloigne d'Élisabeth.

Il releva les yeux, gêné. Il ne savait pas pourquoi il parlait soudain au capitaine à cœur ouvert.

— Elle était prête à tout pour te sauver, ajouta-t-il en dévoilant pour la première fois la jalousie qu'il ressentait.

— Pour se débarrasser de la culpabilité de m'avoir envoyé à la mort, répliqua Jack en haussant les épaules. Si tu as choisi de verrouiller ton cœur, reprit-il en regardant Will dans les yeux, il est sûr que tu la perdras. Mais permets-moi de te proposer une solution merveilleusement simple. Laisse tomber ton père...

Will se raidit.

— C'est mon devoir, dit-il. Je dois le faire. Je ne peux pas laisser tomber mon père. Tu ferais la même chose à ma place.

Jack haussa un sourcil. Il y a bien longtemps qu'il n'avait pas entendu parler de son père !

— « Je ne peux pas », dis-tu ? C'est toi qui le

dis ! Tu peux, si tu veux. Mais tu ne le veux pas. C'est un choix.

Will médita un instant ces paroles. En fait, il n'avait rien à objecter.

— C'est ça, la vie, l'ami ! continua Jack. On ne subit rien, en réalité. On choisit. À chaque instant, même si on prétend le contraire. Dans la situation présente, il y a plusieurs possibilités qui se présentent à toi. Et tu en choisis une.

Le regard de Will devint douloureux et ses épaules s'affaissèrent. Jack dissimula sa satisfaction : c'était exactement là où il voulait en arriver.

Il prit Will par l'épaule, dans un geste d'affectueuse camaraderie :

— Écoute, permets-moi de te proposer une machette pour te frayer un chemin dans la broussaille de tes pensées. Ne fais pas de choix : change les données du problème. Un autre que toi peut se charger de liquider Jones...

Will se redressa en regardant Jack, comme s'il était devenu fou.

— Qui ? Qui donc ?

Le capitaine se montra du doigt lui-même.

— Toi ? dit Will, les yeux écarquillés.

En guise de réponse, Jack reprit amicalement le jeune homme par l'épaule :

— La mort redistribue les priorités, vois-tu... Je me glisse à bord du *Hollandais*, je trouve le cœur et je transperce cette petite chose palpitante. Ton père est libéré et te voilà libre de convoler avec ta chère meurtrière !

Will se dégagea encore.

— D'après ce que j'ai vu, tu étais prêt à tout pour éviter de purger ta dette sur le *Hollandais Volant* ! fit-il remarquer sèchement.

— Être un homme d'équipage sur le *Hollandais* est une chose, mais être son capitaine en est une autre, souligna Jack.

— Mais si tu fais cela, tu te lies pour l'éternité !

Le capitaine fit « non » de l'index.

— Je ne me lie pas pour l'éternité. Je me *libère* pour l'éternité ! Libre enfin de sillonner les mers, jusqu'au-delà des limites des cartes. Libre de la mort elle-même. Alors, camarade, tu es convaincu ? acheva Jack en tapant dans le dos de Will.

Mais l'affaire n'était pas encore conclue. Will regardait le capitaine en cherchant à comprendre ce qu'il pouvait cacher. C'était difficile à savoir, parce que Jack ne mentait peut-être pas. Depuis qu'ils l'avaient récupéré dans le Bas-Fond, il voyait à quel point le capitaine craignait de mourir à nouveau...

— As-tu bien réfléchi à tout ce à quoi cela t'engagerait ? reprit-il en répétant ce que Jack lui avait dit, il y a quelques instants à peine. Accompagner sans fin les âmes vers l'autre rive ou alors finir comme Jones...

Le capitaine médita longuement ces paroles. Il essayait de s'imaginer l'effet que ça lui ferait de commander à des tentacules, comme un marionnettiste dirige ses marionnettes.

Un frisson le traversa.

— Je n'ai pas une tête à tentacules, décida-t-il d'un ton sans appel. Il me faudra donc assumer mon devoir de convoyage. Ce qui veut dire que je ne serai pas totalement libre...

Il se gratta la barbe :

— Mais être immortel, quand même, ça compte ! On peut en faire des sottises pendant l'éternité... Tiens, prends ça, fit-il brusquement en mettant son compas dans la main de Will.

— Pour quoi faire ? demanda Will en ouvrant de grands yeux.

— Réfléchis comme moi et tu comprendras...

Will se creusa la tête quelques instants... et ce furent quelques instants de trop. Il comprit ce que Jack allait faire, alors qu'il se retrouvait déjà en train de passer la tête la première au-dessus du bastingage. Une seconde plus tard, il recevait en prime sur la tête les tonneaux et le cadavre. Fulminant de rage, Will n'eut pas d'autre solution que de s'y agripper.

— Mes hommages à M. Jones ! lui cria Jack, tandis que le *Pearl* s'éloignait. Le capitaine se détourna sans un regard de plus pour le naufragé. Il souriait en pensant à la tête que le capitaine du *Hollandais* ferait en apprenant qu'il s'était échappé du Bas-Fond. Il était à peu près certain que Beckett ne lui en avait rien dit. Le directeur de la Compagnie aimait garder ses informations pour lui, afin de les distiller au moment opportun. « Exactement comme moi ! pensa Jack. Mais en moins habile. » Beckett et le *Hollandais* allaient parvenir grâce à lui à l'île des Naufragés, où il les attendait de pied ferme...

# 19

Ignorant que son fiancé s'apprêtait à passer une bien longue nuit dans l'eau, en compagnie d'un cadavre et de toutes les mouettes qui se bousculeraient pour en picorer des morceaux, Élisabeth se leva dans sa cellule pour faire quelques pas. Elle était complètement ankylosée. Cela faisait déjà un jour et une nuit qu'elle et ses hommes étaient enfermés dans les cales du *Hollandais Volant*. On leur avait distribué des biscuits qu'ils avaient mangés en fermant les yeux pour ne pas voir les vers qui y grouillaient. Et l'eau qu'on leur avait apportée dans des tasses de bois était si trouble qu'elle semblait provenir de la transpiration même du bateau. Mais ils burent et ils mangèrent, parce qu'on n'est pas difficile quand on meurt de faim et de soif.

Élisabeth mourait également de peur, même si elle n'en laissait rien paraître et prodiguait des paroles d'encouragement et des sourires à ses hommes enfermés dans les cellules voisines. Pour se donner du courage, elle serrait de temps en temps entre ses doigts son nœud de capitaine. Élisabeth se sentait fière d'avoir acquis ce grade, et prête à l'exercer. Il lui semblait mieux comprendre Jack Sparrow qui avait pour son bateau et son commandement un amour qui surpassait tous les autres.

« Presque tous les autres », rectifia pour elle-même Élisabeth qui, dans le fond de sa cellule, se mit à regarder courageusement les choses en face. Le compas de Jack ne marchait toujours pas... du moins pas entre ses mains. Elle savait ce que cela signifiait. Mais elle n'avait pas oublié non plus que ce compas lui avait indiqué un jour la direction du capitaine, comme s'il était ce qu'elle désirait le plus au monde... Mais peut-être fallait-il interpréter que ce qu'elle désirait le plus au monde, au fond, c'était d'être comme Jack : capitaine de son propre navire.

Élisabeth tourna la tête vers la forme en relief du vieux Bill Turner saillant à moitié de la paroi, pour vérifier qu'il ne bougeait toujours pas. Dormait-il ? La surveillait-il derrière ses paupières closes ? Parfois, Élisabeth en avait l'impression. Elle s'attendait à ce que des yeux vifs et brillants, à la lueur rusée, s'ouvrent brusquement dans la coque du bateau et que la voix rauque, comme tramée dans le bois, lui demande si elle était Élisabeth et si Will allait venir...

À force de tourner et de retourner mille pensées dans sa tête, Élisabeth, recrue de fatigue, finit par s'assoupir. Mais elle se réveilla soudain en sursaut en entendant la clef tourner dans le verrou de sa cellule. En une seconde, elle fut sur ses jambes, son regard fouillant l'ombre et son cœur battant la chamade. Elle s'attendait avec appréhension à voir entrer un de ces monstres aux cuirasses de coquillages, mais l'homme qui approchait leva vers son visage la lanterne qu'il tenait, et Élisabeth vit alors qu'il s'agissait de James Norrington. L'amiral ne leur avait pas encore rendu visite depuis qu'ils étaient enfermés et Élisabeth s'était tout simplement dit qu'il avait donc choisi définitivement son camp.

— Par ici ! Vite ! dit Norrington.

Élisabeth comprit qu'il venait la délivrer. Elle lui montra ses hommes d'un geste de la main pour signifier qu'elle ne partirait pas sans eux, quand elle se rendit compte que les portes de leurs cellules étaient déjà ouvertes. Mais ils attendaient le signal de leur capitaine pour en sortir.

— Pourquoi faites-vous cela ? souffla Élisabeth à l'amiral.

— Je choisis mon camp, répondit Norrington.

Se tournant alors vers ses hommes, Élisabeth leur

donna son assentiment. Ils se dépêchèrent de suivre leur sauveur, après avoir refermé doucement derrière eux la grille de leur cachot.

Ils étaient à peine partis que des yeux s'ouvrirent dans la coque. Bill Turner avait senti qu'il était de nouveau seul. Il inspecta la cellule du regard. Il ne s'était pas trompé, elle était vide ! Le vieux marin battit des paupières. Où était donc passée la prisonnière ? L'inquiétude le gagnait. Le *Hollandais Volant* doit avoir un capitaine ! Le prisonnier du *Hollandais Volant* doit rester dans sa geôle !

Au prix d'un effort surhumain, il poussa de toutes ses forces pour essayer de s'arracher au bois de la coque. D'abord, il sortit un bras, puis l'autre en grimaçant de douleur. C'était une souffrance de tout son être. Son âme peinait à se séparer de celle du bateau, avec laquelle elle se confondait.

Puis, le vieux Bill réussit à extraire l'une après l'autre ses deux jambes avant de reprendre son souffle. Il lui semblait qu'il mutilait le bateau en arrachant ainsi sa chair de la sienne et cela lui faisait mal. Par petites poussées, il réussit finalement à s'extirper complètement de la coque et, lentement, difficilement, se souleva sur ses jambes. Mais il dut se retenir aussitôt pour ne pas tomber. La tête lui tournait. Petit à petit, son sang se remit à circuler normalement dans ses veines et, pas à pas, le vieux marin commença à s'éloigner de son tombeau.

Il lui fallut du temps pour traverser la cellule. Parvenu à la grille, il s'y reprit à plusieurs fois pour pousser la porte, retrouvant peu à peu l'usage de ses bras.

Finalement, il fut dehors. Il était les jambes du bateau, il était sa tête, il était sa voix...

Tandis que Bill Turner remontait lentement vers le pont en se tenant aux parois pour ne pas tomber, l'équipage de l'*Impératrice* et son capitaine étaient parvenus à la poupe du bateau. L'*Impératrice* était là, remorquée par l'*Intrépide*. Bien que le bâtiment ait subi de gros dégâts, il semblait apte à la navigation. D'un geste, l'amiral montra à l'équipage le filin qui reliait les deux vaisseaux et personne n'eut besoin d'explication supplémentaire.

— Un à la fois, indiqua Norrington à voix basse. Dépêchez-vous.

Élisabeth fit signe à ses hommes de passer devant elle et le premier s'élança en se suspendant à la corde, tête en bas. Il progressa rapidement à la force des bras et dès qu'il eut mis le pied sur la jonque, un autre s'élança à sa suite.

Norrington se pencha vers Élisabeth, qui surveillait la manœuvre d'évasion.

— Écoutez-moi, dit-il, n'allez pas à l'île des Naufragés. Beckett sait que le Tribunal de la Confrérie doit s'y tenir. Et je crains qu'il n'y ait un traître parmi vous...

Élisabeth examina son ancien fiancé du coin de l'œil.

— Il est trop tard pour mériter mon pardon, dit-elle.

Norrington secoua la tête.

— Je ne le réclame pas : je ne suis aucunement mêlé à la mort de votre père. Mais cela n'excuse pas mes autres fautes, ajouta-t-il.

Élisabeth continuait de scruter son ancien fiancé, en essayant de sonder sa sincérité. Elle lut un profond regret dans ses yeux et beaucoup d'émotion. Elle lut aussi qu'il l'aimait toujours, au point d'accepter qu'elle soit différente de lui et qu'elle ne l'ait pas choisi. Cet homme avait décidément une certaine noblesse.

— Venez avec nous, lui dit-elle brusquement.

Norrington regarda Élisabeth en ouvrant de grands yeux.

— James, venez avec moi, insista-t-elle.

L'amiral ne quittait pas des yeux Élisabeth. Il savait qu'il aurait à payer pour avoir organisé l'évasion des prisonniers. Il connaîtrait peut-être à nouveau l'infamie. Il contempla la belle jeune femme, le cœur serré, en se demandant si elle l'aimait quand même un peu. Il aurait tant aimé être l'époux de cette femme-là, qui n'avait jamais eu peur d'assumer ses choix. Elle était la force, le courage, la franchise et la loyauté incarnés. À ses côtés, il n'aurait pas fait toutes ces erreurs...

— Venez, dit encore Élisabeth, qui sentit qu'elle lui avait tout pardonné, car reconnaître ses torts est le plus bel acte de courage.

Tous deux jetèrent un regard vers l'équipage de la jonque qui avait maintenant réintégré son bâtiment au complet. Ils n'attendaient plus que leur capitaine. Se tournant de nouveau vers son ancien fiancé, Élisabeth lui tendit la main. Et soudain, cessant de résister, il la prit en sentant son cœur fondre d'amour.

Mais c'est alors qu'un léger bruit se fit entendre. Élisabeth et James Norrington se lâchèrent la main. L'inquiétude se lisait sur leurs visages. La magie était rompue...

— Qui va là ? chevrota une voix dans le lointain.

L'amiral tira son sabre.

— Traversez, commanda-t-il en se retournant vers Élisabeth. Je vous suis.

Mais Élisabeth scrutait l'amiral sans bouger. Elle sentait un changement imperceptible chez lui.

— Je ne vous crois pas, dit-elle en secouant la tête.

Norrington allait protester, puis il hocha la tête en signe d'acquiescement. Ce n'était plus le moment de mentir ni de se mentir...

Il regarda la jeune femme d'un air malheureux. Non, il n'allait pas venir, elle voyait juste, même s'il s'était senti un instant prêt à le faire par amour pour elle. S'il avait libéré les prisonniers, il l'avait fait en son âme et conscience, parce qu'il avait ouvert enfin les yeux, mais cela ne voulait pas dire qu'il remettait tout en question. Ce qu'il remettait en question, c'était sa collaboration avec Davy Jones et il ne voulait plus cautionner les exactions du directeur de la Compagnie des Indes. Mais il resterait fidèle à son uniforme. Partir serait contraire à sa nature de soldat de sa Majesté...

— Nos vies se sont entrecroisées, Élisabeth, dit l'amiral avec une tendresse infinie, mais elles ne se sont jamais rejointes.

Élisabeth hocha la tête. Elle comprenait. C'est alors que, obéissant à une impulsion irrésistible, l'amiral la prit dans ses bras et leurs lèvres se joignirent. Après un baiser passionné, il se sépara d'elle en la repoussant vers la jonque :

— Vite, dépêchez-vous ! Partez maintenant !

Ils échangèrent encore un long regard, puis Élisabeth se décida. Elle était capitaine, à présent... Elle devait assumer ses responsabilités. Lançant un dernier regard à son sauveur, elle enjamba le bastingage en espérant encore qu'il allait changer d'avis et la rejoindre.

Dans l'obscurité éclairée par les faibles rayons de lune qui traversaient la couverture nuageuse du ciel, l'amiral aperçut alors une silhouette claudicante qui venait dans sa direction. Norrington tressaillit. L'homme venait de se saisir d'une pique... Puis, il arriva dans le halo de lumière de sa torche et l'amiral sursauta, ahuri. C'était le vieux Bill, dit le Bottier, le père de William Turner ! Depuis qu'il était à bord, il ne l'avait pas vu bouger de la coque du bateau. C'était incroyable... Malgré son soulagement d'avoir affaire à Bill plutôt qu'à un autre membre d'équipage, qui aurait averti immédiatement Davy Jones, Norrington considéra le vieux marin avec une certaine appréhension. Le vieux Bill avait un regard halluciné.

— À ton poste, matelot ! commanda-t-il.

— Personne ne doit quitter le *Hollandais Volant*, coassa Bill Turner.

— Baisse ton arme, c'est un ordre.

— Celui qui appartient à l'équipage appartient au bateau ! grogna Bill Turner d'une voix rauque.

— Du calme, matelot, fit Norrington en essayant de prendre un ton apaisant.

Bill Turner ne répondit pas. Il regardait droit devant lui en direction de la corde à laquelle Élisabeth était suspendue. C'était la fiancée de son fils qui s'en allait ! Mais celle-ci ne bougeait plus. Elle s'était immobilisée en plein milieu de sa progression en comprenant que l'amiral était aux prises avec un des matelots. Quand elle reconnut Bill Turner, son inquiétude se changea en panique... Le vieux pirate était sorti de la coque du bateau ! S'il avait fait cela, il était capable de tout.

— Repos, l'ami ! insista Norrington en posant

doucement la main sur le poignet du vieux marin pour l'empêcher de se servir de son arme.

Le Bottier jeta un regard perplexe à l'amiral. Il ne comprenait plus. Des prisonniers s'échappaient du bateau et son commandant lui ordonnait de les laisser partir. C'était tellement contradictoire que quelque chose se rompit soudain dans la tête du vieux marin :

— À l'aide ! cria-t-il de toutes ses forces. Venez tous ! Un prisonnier s'échappe !

L'agrippant par les deux épaules, Norrington le secoua comme un prunier.

— Démens tout de suite ce que tu viens de dire !

L'autre le regarda d'un air hagard et, terrifié à l'idée de contrarier son commandant, il se tut. Mais il était trop tard. De lourds bruits de pas ébranlaient déjà le pont. Quelques instants plus tard, les hommes d'équipage de Jones étaient sur eux.

— James ! cria Élisabeth en revenant vers l'*Intrépide*.

Tournant la tête, Norrington n'hésita pas une seconde. Dégainant son pistolet, il visa la corde et tira. Le coup partit, sectionnant en deux le câble de remorquage, où était suspendue Élisabeth.

L'amarre tomba à l'eau, entraînant avec elle la jeune femme. Lentement, la jonque se mit à s'éloigner en emportant l'équipage et son capitaine, cramponné au bout de l'amarre.

— James ! cria encore Élisabeth tout en se hissant sur l'*Impératrice* à la force des poignets.

Sur le pont, l'amiral faisait face à ses assaillants. Il les regardait, les yeux brillants. Cela faisait longtemps qu'il avait envie de faire une bouillabaisse de tous ces crustacés !

Mais il n'eut même pas le temps de régler son compte à un seul d'entre eux, car à ce moment-là le vieux Bill, auquel l'amiral ne prêtait plus attention, leva le bras et, abattant sa pique, lui transperça la poitrine d'un coup. L'amiral resta un moment debout, considérant le vieux marin avec des yeux pleins de stupeur et d'incompréhension, puis il poussa un gémissement de douleur et s'écroula.

— Non, James, non ! hurla Élisabeth, qui était parvenue sur la poupe de la jonque. Mais le navire s'éloignait inexorablement. Les yeux fixés sur le corps de l'amiral qui s'était sacrifié pour elle et son équipage, Élisabeth disparut dans l'obscurité, le cœur brisé.

Sur le pont de l'*Intrépide*, le Bottier contemplait le corps allongé de Norrington sans bien comprendre ce qu'il venait de faire. À présent, tous les hommes d'équipage envahissaient le pont.

— L'amiral est mort ! L'amiral est mort !

La phrase était répétée d'homme en homme et la nouvelle parvint jusqu'aux oreilles de Davy Jones qui se matérialisa en un instant sur le pont, un peu à l'écart, pour observer la scène. Il aperçut la jonque qui s'éloignait, tandis que sur le pont, l'amiral Norrington gisait dans une mare de sang, la poitrine transpercée d'une longue pique. Le vieux Bill était à côté de lui. Le capitaine comprit que c'était lui qui l'avait tué. Il se sentit satisfait. Ses hommes aimaient vraiment leur bateau. Ils le défendaient.

— Allons avertir le capitaine ! cria Clacker. À sa cabine !

Les hommes passèrent devant Jones sans le voir. Le capitaine demeurait dans l'obscurité sans bouger. Quand tout le monde fut parti, il s'approcha du corps étendu. Après avoir jeté un coup d'œil dessus, il constata que l'amiral n'était pas encore mort.

— James Norrington, commença-t-il en se penchant au-dessus du blessé, craignez-vous la mort ? Redoutez-vous le jugement qui vous attend sur l'autre rive ?

À ces paroles, l'amiral eut un sursaut. On aurait dit que la mort en personne était déjà en train de lui demander des comptes ! Ouvrant les yeux, il aperçut Jones et, tirant son épée de son fourreau, il se redressa au prix d'un ultime effort pour l'enfoncer au travers de l'épaule du capitaine du navire maudit.

Celui-ci n'avait fait aucun geste pour se protéger. Il se contentait de froncer les sourcils, d'un air étonné. James Norrington oubliait-il que la mort était immortelle ? Puis, la tête de l'amiral retomba en arrière et James Norrington sut qu'il allait rendre l'âme dans quelques instants. Le visage répugnant de Davy Jones serait-il donc la dernière image qu'il emporterait du monde des vivants ? L'amiral fit une grimace et ferma les yeux. Non, ce n'était pas le souvenir de ce visage qu'il allait emporter sur l'autre rive, mais celui d'Élisabeth, quand ils s'étaient embrassés. Élisabeth, qui était saine et sauve grâce à lui. Et il mourut.

— Ça doit vouloir dire non, fit Jones en haussant les épaules.

Il retira l'épée de Norrington, plantée dans son épaule, et se mit à examiner la lame.

— Belle arme ! fit-il d'un air connaisseur.

Il commençait à ferrailler dans le vide, quand soudain, une peur terrible le saisit au plus profond de ses entrailles. Davy Jones s'immobilisa. Cette peur n'était pas inexplicable, malheureusement...

Quelques instants plus tard, il se matérialisait dans sa cabine, où tout son équipage s'était rassemblé. Son regard se dirigea immédiatement vers le guéridon, sur lequel se trouvait le coffret contenant son cœur. Il était ouvert. Deux soldats braquaient leurs fusils dessus.

Les hommes d'équipage de Jones s'écartèrent pour laisser le passage à leur capitaine.

— Refermez-le ! vociféra Jones en faisant un signe à Mercer, qui se tenait en retrait, à côté d'un petit canon.

Mercer inclina la tête, tout en regardant le capitaine avec un petit sourire mauvais. Que Davy Jones ne s'inquiète pas, semblait-il dire, il n'y aurait pas de représailles. Ni lui ni Beckett n'allaient pleurer la mort de James Norrington. Le tout, n'est-ce pas, était qu'il n'y ait pas d'autre bavure ! Auquel cas, bien sûr, la mèche du canon serait allumée et le coffret serait pulvérisé avec son contenu...

Il sourit encore à Jones comme peut sourire un requin. Puis, il referma le coffre et le verrouilla, avant de reglisser autour de son cou la chaîne à laquelle était suspendue la clef. Après quoi, il replaça soigneusement le canon en le pointant sur le coffret.

— Rien n'a changé, dit-il à Jones. Absolument rien...

# 20

Tandis que l'*Impératrice* s'éloignait à toutes voiles du *Hollandais*, de son côté le *Black Pearl* s'approchait rapidement de sa destination. Il fendait les flots et le lendemain soir, au crépuscule, le vaisseau arrivait en vue de l'île des Naufragés. Cotton était à la barre, tandis que Jack et Gibbs observaient depuis le pont arrière l'île perpétuellement enveloppée de brumes, qui commençait à apparaître à l'horizon dans la lumière orangée du soleil couchant.

— Réveille-toi et ouvre l'œil, maître Cotton ! lança Gibbs. Ce n'est pas pour rien qu'on appelle ce bout de rocher l'île des Naufragés, où se trouvent l'Anse des Naufragés et la Cité des Naufragés...

Jack hocha la tête.

— Il faut bien reconnaître que, nous autres pirates, nous sommes plus doués pour imaginer des coups tordus et des raisonnement tarabiscotés que pour trouver des noms originaux et poétiques !

— Exact, approuva Gibbs.

— Allez vous reposer, monsieur Cotton, fit Jack en prenant la barre. Nous allons devoir traverser des courants croisés assez dangereux...

Le silence tomba sur le pont, tandis que le navire se rapprochait des côtes de l'île. Tous les marins étaient rassemblés à la proue, impatients de savoir à quoi ressemblait cette île mythique. Bientôt, des falaises apparurent entre les lambeaux de brume. Gibbs jeta un coup d'œil au capitaine. Il dirigeait le *Black Pearl* droit dessus !

Accoudés au bastingage, les autres pirates se retournèrent aussi vers leur capitaine, pris d'inquiétude. Mais Jack ne dévia pas son cap d'un pouce. Le navire se rapprocha encore de la falaise. Ils n'étaient plus qu'à quelques encablures. Pintel et Ragetti se cachèrent le visage dans les mains. Imperturbable, Jack continuait toujours tout droit. Les marins étaient tétanisés. Le capitaine devenait fou : il avait décidé de se suicider et eux avec ! Seuls deux passagers ne semblaient pas se soucier du tout de mourir. Le premier était Barbossa qui caressait tranquillement la tête de son singe, le regard perdu vers l'horizon, sans s'intéresser le moins du monde à la manœuvre, le second était Tia Dalma, fidèle à elle-même, avec en plus une nuance de joie sauvage au fond des yeux. Tous deux se tenaient côte à côte en s'adressant de temps en temps de petits sourires...

C'est alors qu'au dernier moment, ils aperçurent l'entrée d'un tunnel, creusé dans la falaise. Les marins en crièrent presque de soulagement. Presque, mais pas tout à fait, car ce tunnel était à peine plus large que le *Black Pearl*... Mais, entre les mains habiles de Jack, le navire s'enfonça dans la falaise comme une fleur. Sur le pont, ce furent des soupirs de satisfaction, suivis de vivats. Ils se retrouvaient maintenant sous la falaise. Mais les pirates n'étaient pas plus tôt remis de leur émotion, qu'un autre sujet d'inquiétude s'emparait d'eux. Normalement, quand on creusait dans une falaise, on s'enfonçait sous la terre... La roche les entourait de toutes parts, de plus en plus oppressante. Qu'y avait-il au bout ? Y avait-il même un bout ? Ils jetèrent un coup d'œil vers Jack, mais personne n'osa l'interroger.

— Sais-tu comment s'appelle ce tunnel ? lança le capitaine à son second.

— Le tunnel des Naufragés ?

— Non, la gorge du Diable...

Gibbs regarda par-dessus bord en considérant les eaux noires.

— Cette gorge du Diable n'a pas l'air très profonde. Je n'aurais jamais cru qu'elle suffise à notre passage !

— Si tu savais combien de marins sont morts pour la creuser, tu ferais moins le difficile, répondit Jack sévèrement.

Il jeta un regard derrière lui, intrigué que Barbossa continue à lui laisser les commandes du navire sans se manifester. Il avait remarqué aussi que Tia Dalma et le capitaine avaient l'air quelque peu proche l'un de l'autre, ces temps-ci...

Alors que les marins se demandaient avec une anxiété croissante s'ils en sortiraient un jour, ils distinguèrent soudain une lueur au loin. Quelques minutes plus tard, le navire surgissait en pleine lumière, au pied d'une immense falaise. En fait, l'île était creusée en son centre par un profond cratère volcanique envahi d'eau, que l'on appelait l'Anse des Naufragés, au milieu de laquelle se dressait, citadelle flottante, la Cité des Naufragés.

Les marins poussèrent des cris d'admiration. On aurait dit le repaire des pirates des temps mythologiques. Immédiatement, chacun eut envie d'y vivre, en admettant, bien sûr, que ce soit une vraie ville, avec tout le nécessaire, comme à Tortuga, en particulier une taverne comparable à *La Fiancée Fidèle*. Ils n'allaient pas tarder à déchanter, mais, pour le moment, les hommes contemplaient ce qui ressemblait à un rêve de pirate : cette cité était composée d'épaves, uniquement d'épaves de toutes sortes et de toutes tailles, enchevêtrées les unes dans les autres, dont les proues dressées rivalisaient entre elles de splendeur déchue. Certes, les navires avaient été abandonnés et entassés là, pêle-mêle, mais des ouvertures avaient été ensuite percées entre les coques et des passerelles jetées entre les différents ponts, ce qui permettait de circuler de bâtiment en bâtiment, comme dans une vraie ville.

Le crépuscule était tombé. Soudain, les centaines de petites fenêtres des vaisseaux s'éclairèrent, diffusant leurs rayons rouges et dorés sur la mer intérieure. Les pirates ouvrirent de grands yeux. Les autres Frères étaient-ils déjà arrivés ? Ils s'étaient à peine posé la question que le *Black Pearl* arriva en vue d'une armada de vaisseaux pirates venus du monde entier. Ces navires mouillaient près de la coque éventrée d'un immense galion, qui ressemblait à la voûte monumentale d'un château : c'était l'entrée de la Cité.

— Regardez-moi ça ! dit Pintel en ouvrant de grands yeux. Il en est venu de partout, n'est-ce pas ?

— Un tel rassemblement ne s'est jamais tenu de toute ma vie, acquiesça Barbossa, que ce spectacle réjouissait au plus haut point.

— Et il n'y en a pas un à qui je ne doive de l'argent, ajouta Jack en soupirant profondément.

Quant à Tia Dalma, elle gardait le silence.

Tandis que chacun allait se préparer pour le Tribunal en aiguisant ses lames et en nettoyant ses pistolets, Tia Dalma s'approcha de Barbossa qui était toujours sur le gaillard d'avant, en train de regarder la Cité, son singe dans les bras, comme s'il n'avait que ça à faire. Pour une fois, pour la première fois, la sorcière des bayous ne souriait pas.

— Barbossa, commença-t-elle d'un ton menaçant, comment se fait-il que vous n'ayez pas encore ordonné à vos hommes de préparer les canons ? Tous les Frères sont rassemblés là, à votre merci ! Vous pouvez les obliger à faire ce que vous voulez...

Le capitaine tourna légèrement la tête vers la magicienne.

— Je ne veux pas faire n'importe quoi et ce que vous me suggérez là est une sottise, dit-il.

S'approchant du capitaine, Tia Dalma lui toucha le visage avec un sourire enjôleur.

— Si vous ne voulez plus de mes faveurs, Barbossa, alors peut-être devrais-je proposer à un autre capitaine de s'occuper de ma cause... Jack le rusé ne refuserait peut-être pas la garantie de survivre à l'orage qui se prépare !

Le capitaine haussa les épaules.

— Je ne reviens pas sur l'accord conclu, mais nous n'étions convenus que du but et pas des moyens. Les moyens, c'est à moi d'en décider, trancha-t-il d'un ton sans appel. Et il se replongea dans son observation.

Tia Dalma se saisit alors du poignet du capitaine et le serra entre ses doigts. Le cœur de Barbossa défaillit : son bras et sa main étaient redevenus comme ceux d'un squelette...

— Soyez prudent, Barbossa, dit doucement la magicienne, n'oubliez pas que c'est moi qui vous ai fait revenir du pays des morts et n'oubliez pas non plus ce qu'il vous en coûterait si vous me déceviez...

Elle lâcha le bras du capitaine, qui reprit son apparence vivante puis, après un dernier sourire mielleux, elle lui tourna le dos. Mais, pris d'un accès de rage après la peur initiale, celui-ci lui saisit le bras à son tour et ramena la magicienne vers lui.

— Et vous, martela-t-il, n'oubliez pas pourquoi vous étiez obligée de me faire revenir, ni pourquoi je ne pouvais abandonner Jack au sort qu'il avait bien mérité, ni pourquoi je n'ai pas pu tailler dans la gorge de Sao Feng un deuxième sourire qui aurait fait la paire avec celui qui s'étale ordinairement sur sa sale bobine ! Il n'y a pas eu trop de neuf pirates pour vous enchaîner, Calypso, et il n'en faudra pas moins de neuf pour vous libérer. Mais avant que cela soit, vous ne me donnerez pas d'ordre et je ne vous laisserai pas vous acoquiner avec quelqu'un d'autre !

Le capitaine reprit sa respiration après cette tirade, puis il fit un signe à Pintel et Ragetti qui le rejoignaient au bastingage :

— Veuillez conduire cette morue ou cette murène – comme vous voudrez bien l'appeler – au cachot ! ordonna-t-il.

— Par ici, madame... Poisson ! dit Pintel en la saisissant d'un côté, tandis que Ragetti la saisissait de l'autre.

Barbossa les regarda s'éloigner d'un air satisfait. Toute déesse qu'elle était, Tia Dalma était encore enfermée dans une forme humaine, avec ses limites. Elle ne pouvait pas se transformer en zéphyr ou en courant marin pour s'échapper... Tandis que Barbossa retournait au bastingage, Jack apparut dans l'ombre du pont en marchant sur la pointe des pieds. Le capitaine se dépêcha de gagner une écoutille et, une seconde plus tard, il avait disparu dans les profondeurs du bateau.

« Nous savons donc maintenant trois choses, récapitula-t-il pour lui-même en comptant sur ses doigts. Un : Calypso et Tia Dalma ne sont qu'une seule et même femme. Deux : elle veut être libérée. Trois : Barbossa est son amant. Et quatre : elle ne dédaignerait pas de le remplacer par le fameux capitaine Jack Sparrow. » Jack regarda ses doigts et recompta. « Quatre ! C'est encore mieux... »

Tandis que Jack était dans ses calculs, que Tia Dalma rejoignait son cachot et que Barbossa était en train de préparer sa grande plaidoirie pour le Tribunal de la Confrérie, Will Turner était enfin sorti de sa saumure. C'était au petit matin que l'*Intrépide* l'avait repêché, transi jusqu'aux os et épuisé, et toujours flanqué de son compagnon mort, qui était moins abîmé qu'il n'aurait dû l'être, parce que Will l'avait défendu bec et ongles contre les mouettes qui risquaient de le confondre avec lui. Mais au moins Will avait-il pu vérifier l'efficacité de son procédé de signalisation... Le naufragé passa la journée à se réchauffer en buvant du thé, tout en ruminant un nouveau plan d'action. Il avait longuement réfléchi à ce qu'il devait dire ou ne pas dire mais, au fond, il n'avait aucune certitude. C'était Jack qui l'avait jeté à l'eau, Jack qui avait voulu qu'il se fasse récupérer par l'*Intrépide,* en un mot, Jack qui tirait toutes les ficelles, comme d'habitude. Vers la fin de l'après-midi, il avait eu une petite conversation avec Beckett, au cours de laquelle il lui avait finalement révélé l'existence d'une certaine Calypso qui, si elle était libérée, réduirait Davy Jones et sa face de poulpe au rang de sardine. Aussitôt, Beckett avait donné le signal à Davy Jones pour qu'il les rejoigne au plus vite et le *Hollandais Volant* était déjà en train de s'amarrer au flanc de l'*Intrépide*.

Installés dans la cabine de Beckett, les deux hommes attendaient l'arrivée imminente du capitaine du *Hollandais Volant.*

Soudain, la porte de la cabine s'ouvrit à toute volée et on vit apparaître le lieutenant Groves, qui s'écarta promptement pour laisser passer un Davy Jones furieux jusqu'au bout de ses tentacules. Will tressaillit. Revoir le capitaine du *Hollandais Volant* lui rappelait des souvenirs atroces.

— Je ne me laisserai pas convoquer comme n'importe quel corniaud ! aboya le capitaine.

— C'est pourtant bien ce que vous faites, railla Beckett.

Il fit un signe de la main en direction de Will, qui tenait une tasse de thé et une soucoupe à la main.

— Vous vous connaissez, je présume ?

En apercevant Will, les tentacules de Jones prirent les couleurs de l'orage. Personne ne s'était jamais enfui avant lui du *Hollandais Volant* et personne non plus n'avait jamais eu l'audace de le provoquer aux dés menteurs. Et maintenant, sa fiancée avait également réussi à prendre la poudre d'escampette. Il les haïssait tous les deux, et pas seulement parce qu'ils étaient fiancés...

— Vous voulez réintégrer notre équipage, maître Turner ? lança-t-il d'un ton grinçant.

— Non, pas le vôtre, répondit Will. Celui de Lord Beckett ! Au fait, ajouta-t-il, le capitaine Sparrow vous envoie ses hommages...

Le directeur de la Compagnie regarda Will, surpris. Son « invité » n'était pas censé parler de ça...

— Sparrow ? s'écria Jones, stupéfait.

Will se tourna vers le directeur en prenant un air étonné :

— Comment, vous ne lui avez pas dit que Jack était sorti du Bas-Fond ?

— Que m'avez-vous encore caché ? rugit Jones en avançant d'un pas menaçant vers Beckett.

Celui-ci haussa les épaules.

— Il y a un autre sujet infiniment plus préoccupant, dont M. Turner m'a entretenu, dit-il. Auriez-vous par hasard dans vos relations une certaine personne appelée Calypso ?

Davy Jones sentit qu'il se liquéfiait. Personne n'avait prononcé ce nom depuis des temps immémoriaux. C'était un sacrilège...

Il prit une grande inspiration.

— Ce n'est pas une personne, dit-il en ne pouvant empêcher sa voix de trembler, mais une déesse païenne. Qui se délecte à allumer des rêves insensés chez les hommes, pour leur révéler ensuite que ce ne sont que des chimères creuses et froides comme de la cendre. Le monde est bien débarrassé d'elle ! ajouta-t-il dans un grognement.

— Pas si bien que ça, à la vérité, fit observer Will en sirotant toujours son thé. Le Tribunal a l'intention de la relâcher...

— Quoi ? s'étrangla Jones avec une sorte de gémissement. Mais c'est impossible ! Ils n'ont pas le droit ! Le premier Tribunal a juré son emprisonnement éternel. Nous étions tous d'accord pour cela...

— Vous étiez d'accord, vous aussi ? appuya Beckett.

— C'est moi qui leur ai indiqué le moyen de l'enchaîner...

Le silence tomba dans la pièce.

— Il était impossible de lui faire confiance, marmonna encore le capitaine dans ses tentacules. Elle ne m'a pas laissé le choix...

Au mot « choix », Will tressaillit. Il avait entendu ce mot il y a peu de temps...

— Nous devons agir avant qu'ils ne la libèrent ! grogna Jones, approuvé par Beckett. Soudain, Will se souvint. C'était Jack qui avait prononcé ce mot, quand ils parlaient d'Élisabeth. Son regard se dirigea vers le capitaine du *Hollandais Volant*, tandis que le puzzle se reconstituait dans son esprit.

— Vous l'aimiez, n'est-ce pas ? demanda-t-il.

— Ne vous occupez pas de ça ! jeta Jones en frappant de sa pince sur la table.

— Vous l'aimiez, répéta Will sans se troubler. Et puis, vous l'avez trahie.

— C'est elle qui m'a trahi en faisant semblant de m'aimer ! glapit Jones.

— Et si je comprends bien, reprit Will après avoir bu une petite gorgée de thé, c'est à la suite de ça que vous vous êtes arraché le cœur... Vous ne vouliez plus l'aimer.

— Ne me poussez pas à bout ! rugit le capitaine du *Hollandais* en faisant voler d'un coup de pince la tasse de thé de Will, qui la reçut en pleine figure.

Will s'essuya tranquillement le visage avec sa manche.

— Je n'avais pas fini ma tasse, dit-il. Et je n'ai pas fini de parler non plus. Quand vous vous êtes arraché le cœur, la déesse s'est mise en colère. Dans une telle colère que la mer s'est déchaînée et que la navigation est devenue impossible. Le Tribunal a été obligé de prendre cette décision...

Il se tourna vers Beckett. Le directeur de la Compagnie des Indes semblait avoir légèrement perdu de sa suffisance. Faire plier les pirates, c'était une chose. Contrôler un immortel en détenant son cœur, c'en était une autre. Mais combattre une déesse... c'était au-dessus du pouvoir même de la Compagnie des Indes.

Will comprit que le moment était venu de jouer son va-tout. Pendant la longue nuit passée dans l'eau, il avait eu le temps de réfléchir et de comprendre que la déesse enchaînée n'était autre que Tia Dalma. C'est souvent quand on a l'évidence sous le nez qu'on ne la voit pas.

— Davy Jones, dit-il en se tournant vers le capitaine, je vous demande de libérer mon père. Et vous, Beckett, ajouta-t-il en se tournant vers le directeur de la Compagnie, j'aimerais que vous garantissiez la sécurité d'Élisabeth, ainsi que la mienne.

Ses deux interlocuteurs restèrent un moment interdits.

— Vous exigez beaucoup, monsieur Turner ! railla Beckett. J'espère que vous avez quelque chose de comparable à nous proposer en échange, ou même mieux...

— La dernière fois que j'ai vu Mlle Swann, elle n'avait besoin de personne, grogna Jones. Elle est maintenant capitaine de l'*Impératrice* !

— Captive de l'*Impératrice*, voulez-vous dire, corrigea Will.

— Non, j'ai bien dit « capitaine »...

Will se rembrunit.

— Quoi qu'il en soit, dit-il d'une voix légèrement altérée, je ne veux pas qu'elle soit ennuyée.

— Quant à moi, intervint Jones en agitant nerveusement ses tentacules, je n'accepterai qu'un prix : la tête de Calypso !

Will considéra les deux hommes avec un petit sourire.

— Calypso est en route pour l'île des Naufragés, dit-il. À bord du *Black Pearl*...

— ... où vous ne vous trouvez plus, acheva Beckett. Comment pensez-vous donc nous conduire là-bas ? Vous savez où se trouve cette île ?

— Non, dit Will, je l'ignore.

Se dressant sur ses jambes, Jones s'élança vers le jeune homme et lui pressa le bout de sa pince contre la poitrine.

— Vous ne présentez aucun intérêt pour nous, alors ! coassa-t-il.

Lui répondant par un petit sourire narquois, Will plongea la main dans sa poche et en sortit le compas.

— Que désirez-vous le plus au monde ? demanda-t-il à Beckett.

# 21

Quand Jack arriva dans la salle du Tribunal, la pièce était déjà comble... Son singe juché sur l'épaule, Barbossa se tenait à l'entrée, un boulet de canon à la main. Sans prêter attention au capitaine qui lui faisait les gros yeux à cause de son arrivée tardive, Jack planta son épée avec les sept autres qui étaient déjà fichées dans le globe terrestre, à l'entrée. Puis il s'empressa d'aller prendre sa place. Il s'en était vraiment fallu de peu qu'il ne vienne pas...

« Boum, boum, boum. »

À coups de boulet sur la table, Barbossa réclamait à présent le silence. À chaque choc, Jack sursautait, comme si c'était déjà sur sa tête qu'on tapait. Entendant encore des murmures dans la salle, le capitaine fit retentir un dernier coup. Le son résonna longtemps dans la coque de l'immense épave, dont les espars saillaient, telles les côtes d'un monstre préhistorique en état de décomposition. Quand l'écho mourut, le silence était complet.

Le président du Tribunal s'en alla alors rejoindre les autres Frères autour de la grande table ovale qui occupait le centre du bateau.

— Moi, Hector Barbossa, Frère Pirate, je vous ai convoqué, commença-t-il avec emphase. Je déclare ouvert le quatrième Tribunal de la Confrérie. Vos pièces de Huit, mes chers collègues ! réclama-t-il en plaçant au centre de la table un bol de bois.

Les sept Frères se regardèrent de biais pour voir qui allait commencer le premier. Certains étaient seuls, mais la plupart étaient accompagnés de leurs lieutenants, qui se tenaient debout derrière eux, lourdement armés. Quant à leurs équipages, armés jusqu'aux dents, eux aussi, ils se trouvaient disséminés un peu partout dans la coque du bateau, les plus rapides ayant réussi à se hisser sur les espars, où ils avaient une vue d'ensemble de la réunion. C'était une assemblée où les pirates étaient censés unir leurs forces contre la menace représentée par la Compagnie des Indes, mais on ne pouvait pas dire qu'un climat de franche camaraderie régnait.

Jack regarda ses collègues tour à tour en leur souriant aimablement, sans être payé en retour. Bien qu'ils aient tous planté leur épée dans le globe pour manifester leurs intentions pacifiques, le capitaine songeait qu'il avait bien peu de chances de sortir vivant de cette pièce.

Cela faisait un bon moment que Jack n'avait pas vu ces hommes – en fait depuis qu'il s'était enfui en leur laissant à chaque fois une lourde ardoise à payer à sa place –, mais leurs réputations semblaient toujours aussi redoutables, même si certains n'en avaient pas l'air. Il y avait Ammand le corsaire, avec sa grande chevelure noire et ses yeux de braise, redouté comme la plaie de la côte de Barbarie. Villanueva, l'Espagnol taciturne, petit et râblé comme un paysan, au caractère de cochon. Jocard le gentleman, un ancien esclave, à la peau noire et brillante et aux muscles saillants. Capitaine Chevalle, un aristocrate français, habillé comme un dandy, dont la bouche était marquée par les plis d'un rictus méprisant. Maîtresse Ching, une Chinoise d'un certain âge qui, pour être aveugle, n'en avait pas moins un regard qui glaçait de terreur. Le seul qui avait un air tout à fait doux et gentil était Sri Sumbhajee, un Hindou d'allure sereine et ecclésiastique, mais il était flanqué des deux plus énormes et plus déplaisants gaillards que l'on ait jamais vus : Akshay et Pusan.

L'un après l'autre, après maintes hésitations et regards en dessous, les sept pirates lancèrent leurs « pièces de Huit » dans le bol. En plus de la dame de pique, il y avait maintenant une boîte à priser, un goulot de bouteille avec son bouchon, une paire de lunettes, un lacet de souliers et une coquille d'huître.

Perché sur un espar, à côté de Gibbs, Pintel ouvrait de grands yeux en découvrant ce bric-à-brac :

— Mais ce ne sont pas des pièces de Huit ! chuchota-t-il. Ce n'est que du bazar sans valeur...

Gibbs hocha la tête.

— C'est juste. Le plan d'origine exigeait neuf pièces de Huit pour soumettre Calypso, mais quand le premier Tribunal s'est réuni, tous les Frères étaient fauchés comme les blés. Alors ils ont mis ce qu'ils pouvaient en appelant quand même ça des pièces de Huit...

— Mais il fallait les appeler autrement ! objecta Pintel en fronçant les sourcils.

Gibbs fronça les sourcils aussi :

— Ah oui ? Tu aurais voulu qu'on appelle ça « le premier truc qu'on a trouvé au fond de notre poche » ? Génial ! Ça fait très pirate.

Quant à Barbossa, il n'avait pas encore déposé sa « pièce de Huit ». Levant le bras, il fit signe à Ragetti que le moment était venu. Tous les regards convergèrent vers le pirate borgne, dont l'œil de bois roulait dans son orbite, comme s'il était atteint de nystagmus.

— J'en ai pris grand soin, comme vous me l'avez

fait promettre en me le confiant, déclara-t-il d'une voix très émue.

— Je t'en remercie, répondit Barbossa, mais maintenant tu dois me le rendre.

Ragetti acquiesça, mais ne bougea pas. Il ressentait un grand vide au creux de l'estomac. Depuis des années et des années, il veillait continuellement sur son œil de bois, auquel il arrivait toujours plein de malheurs.

En soupirant, Barbossa se leva de table, après avoir pris le bol. Il rejoignit le pirate qui s'était transformé en statue et, après s'être placé derrière lui en mettant sa main en coupe sous son œil, il lui donna un petit coup derrière la tête. L'œil de bois de Ragetti tomba dans le creux de la main du capitaine, qui mit alors sa « pièce de Huit » avec les autres dans le bol.

Quelques instants passèrent, puis une voix de protestation s'éleva. C'était celle de Maîtresse Ching, qui avait compté à l'oreille chaque « pièce de Huit » tombée dans l'escarcelle.

— Il en manque deux, si j'ai bien entendu, dit-elle de ses petites lèvres fines et pincées.

Villanueva tendit vers Jack un index accusateur.

— Jack Sparrow ! dit-il.

Hochant la tête, Jack tendit la main vers son bandeau, avant de la laisser retomber. Le capitaine se disait brusquement que, s'il donnait sa « pièce de Huit » maintenant, les autres n'auraient plus besoin de lui et s'empresseraient de l'éliminer. Mais le geste de Jack n'avait pas échappé à Barbossa, qui comprit que sa pièce de Huit était la piécette accrochée à son bandana au moyen d'une agrafe de perles.

— L'un d'entre nous manque encore, avança Jack. Je préfère attendre jusqu'à ce que Sao Feng nous ait rejoints...

— Sao Feng est mort ! répondit une voix derrière lui.

Tous les pirates tournèrent la tête vers l'entrée voûtée du Tribunal, où venait d'apparaître en grande tenue Élisabeth, accompagnée de Tai Huang. Le second montra d'un geste le globe à son capitaine, qui lui fit signe qu'elle avait compris. Le silence s'était fait, bien plus rapidement et efficacement qu'avec le boulet de Barbossa. Jack en était bouche bée de stupéfaction. Il avait appris par Gibbs que la jeune femme était partie sur la jonque comme prisonnière de Sao Feng, mais elle ne semblait désormais plus vraiment prisonnière. En plus, Sao Feng n'était pas là. Et pourquoi était-elle habillée comme une Chinoise ? Elle n'avait pourtant pas les yeux bridés ! Élisabeth s'inclina devant l'assistance.

— Avant sa mort, Sao Feng m'a nommée capitaine de l'*Impératrice* et m'a transmis sa charge de Frère Pirate ! annonça-t-elle.

Et ayant dit cela, à l'instar de ses confrères, elle

planta son épée dans le globe. Tous les Frères étaient médusés.

— Capitaine ? Capitaine ? maugréa Jack avec un mouvement d'épaules exaspéré. On nomme n'importe qui capitaine, de nos jours !

Sans daigner répondre à Jack, Élisabeth rejoignit le dernier fauteuil vide. Sur un signe de Barbossa, elle mit sa « pièce de Huit » dans l'escarcelle, en l'occurrence le nœud en corde qu'elle portait autour du cou.

C'est alors que Sri Sumbhajee fit un petit signe à Akshay, un de ses lieutenants, qui traduit immédiatement la teneur de la pensée de son maître.

— Sri Sumbhajee voudrait savoir entre les mains de qui Sao Feng a péri, demanda-t-il.

— Par les siennes, probablement, je parie ! jeta Jack en désignant du doigt Élisabeth, tandis qu'il constatait avec un profond soulagement que l'arrivée du nouveau capitaine avait détourné de lui l'attention de l'assistance.

Élisabeth soupira :

— Décidément, vous ne me pardonnerez jamais... C'est le *Hollandais* qui l'a tué, répondit-elle à Sri Sumbhajee.

Un concert d'exclamations et de commentaires apeurés salua cette déclaration.

— Le monstre des profondeurs ! s'écria Chevalle d'un ton grandiloquent.

— Le navire maudit ! couina Maîtresse Ching.

— *Echelo en infierno !*[1] proclama Villanueva.

Tous les hommes d'équipage présents se mirent à parler en même temps des récents forfaits du *Hollandais* et de la Compagnie des Indes. Et tous, unanimement, voulaient reprendre immédiatement la mer, avant que le *Hollandais* ne les trouve dans leur repaire.

La voix d'Ammand le pirate s'éleva au-dessus des autres.

— Si le *Hollandais* est contre nous, proféra-t-il d'un ton solennel, il n'y a plus aucun espoir !

Élisabeth lança un regard aigu au corsaire français. Elle se demandait comment il allait réagir quand il apprendrait ce qu'elle allait maintenant annoncer. Peut-être s'évanouirait-il ? Dommage qu'elle n'ait pas de sels sur elle...

— Écoutez-moi tous ! dit-elle. Notre cachette a été très probablement trahie. À mon avis, ils ne vont pas tarder à arriver...

— Qui est le traître ? rugit Jocard en interrogeant un à un ses collègues du regard, comme s'il attendait que l'un d'eux se dénonce.

— Ce ne peut guère être l'un de nous, fit remarquer Barbossa.

Soudain, traversée d'une idée, Élisabeth se retourna vers l'équipage du *Black Pearl* en regardant chacun des hommes.

1. En espagnol : « Qu'il aille en enfer ! »

— Où est Will ? demanda-t-elle alors à Jack d'une voix creuse.

Le capitaine haussa les épaules.

— Il n'est pas avec nous.

Élisabeth hocha la tête, la gorge serrée.

— Peu importe comment ils nous ont trouvés maintenant, dit Barbossa. On verra ça après. Ce qu'il s'agit de savoir désormais, c'est quoi faire !

Élisabeth se dressa de son siège en levant la main. Barbossa avait raison. Que Will soit ou non le traître, il fallait agir.

— Nous devons nous battre ! proclama-t-elle fermement.

À sa grande stupéfaction, sa déclaration provoqua un éclat de rire général. Tout le monde s'esclaffait dans le bateau, comme si elle avait dit la chose la plus drôle du monde.

— Des hommes de valeur ont déjà donné leur vie pour cette cause ! appuya Élisabeth en pensant avec tristesse à James Norrington.

Sri Sumbhajee fit signe à Akshay.

— Alors à quoi bon y ajouter la vie de quelques fripouilles ? traduisit le lieutenant, un instant après.

Les éclats de rire redoublèrent. Élisabeth serra les poings.

— Ils sont morts en se révoltant contre la Compagnie ! dit-elle, ulcérée. Voilà ma mesure du bien ! Mais peut-être êtes-vous des hommes sans foi ni honneur...

Tous les pirates se turent en regardant leurs pieds. Quelques instants de silence passèrent, puis la voix de Maîtresse Ching s'éleva.

— La Cité des Naufragés est une forteresse imprenable et bien pourvue en vivres, dit-elle de sa petite voix aiguë. Il est inutile de nous battre.

Un murmure d'agrément parcourut l'assistance. La Chinoise disait juste : il était inutile de se battre s'ils pouvaient éviter le combat.

— Il y a une troisième option, s'interposa Barbossa.

Il s'arrêta un instant. Tous les Frères étaient devenus silencieux, leurs yeux tournés vers lui. Le grand moment était venu.

— Il fut un temps ici même, commença-t-il, à cet endroit précis, où se tint le premier Tribunal de la Confrérie. Les neuf Frères – nos ancêtres – capturèrent la déesse de la mer et l'enchaînèrent à ses propres os. C'était une erreur, ajouta-t-il après un silence.

L'auditoire ne bronchait pas. Barbossa continua, d'une voix plus assurée :

— Nous nous rendîmes les mers clémentes, il est vrai, mais nous ouvrîmes aussi la porte à Beckett et à ceux de son espèce. Je regrette le temps où la maîtrise des mers ne s'obtenait pas en faisant affaire avec des hommes méprisables à l'esprit mercantile, mais à la sueur du front et à la force des membres. Vous savez tous que c'est vrai...

Ils acquiescèrent unanimement, Jack y compris, qui se surprit à hocher la tête, avant de se donner une claque pour qu'on ne l'y reprenne plus.

Barbossa étudia encore une fois son auditoire. C'était le moment. Ils étaient prêts.

— Messieurs, mesdames, lança-t-il comme un pavé dans la mare, nous devons libérer Calypso !

À ces mots, les Frères restèrent la bouche ouverte. Puis, soudain, ils explosèrent tous en même temps.

— Pure démence ! rugit Chevalle.

— Il n'en sortirait rien de bon, renchérit Maîtresse Ching d'un ton sifflant.

— Cette femme est une furie ! cria Ammand.

— *Ella es nuestra diosa !*[1] trépigna Villanueva.

À son tour, Sri Sumbhajee se pencha vers son garde du corps, qui traduisit instantanément :

— Barbossa a perdu la tête ! dit-il en pointant son doigt vers le capitaine.

— Il a assez parlé ! approuva Ammand.

— Coupez-lui la langue, appuya Jocard.

— Butez-le, puis coupez-lui la langue, puis recoupez-la en petits morceaux ! renchérit Jack avec enthousiasme. Et qu'on lui rase aussi cette barbe affreuse !

Mais, soudain, une voix différente s'éleva : celle du maître d'équipage d'Élisabeth, à qui Sao Feng

1. En espagnol : « Mais c'est notre déesse à tous ! »

s'était confié peu avant qu'il aille rejoindre Élisabeth dans sa cabine.

— Sao Feng aurait été d'accord avec Barbossa, déclara-t-il solennellement.

Élisabeth fusilla son maître d'équipage du regard. Comment osait-il prendre la parole, surtout pour dire ce genre de bêtises ! Elle se demandait encore comment Sao Feng avait pu la confondre avec Calypso. La déesse était certainement bien cachée quelque part sur une île, loin d'ici.

— L'avis de Sao Feng à propos de Calypso serait extrêmement sujet à caution, même s'il était présent, répondit-elle sèchement.

Tai Huang hocha la tête avec un regard effrayé et recula d'un pas. Ce nouveau capitaine était encore plus redoutable que le précédent...

— J'aurais quand même été d'accord avec lui, contra Villanueva en toisant Élisabeth. Malheureusement pour lui et pour Barbossa, il semblait être le seul de son avis...

— Calypso était notre ennemie, fit remarquer Jocard. Elle le serait toujours !

— En effet, approuva Chevalle, il y a peu de chance pour que le caractère de cette dame se soit adouci.

— Je serais quand même d'accord avec Sao Feng ! brailla Villanueva en tirant de sa poche son pistolet, qu'il abattit sur la table.

— Tu me menaces ? interrogea Chevalle en ouvrant des grands yeux.

— Je te fais taire, nuança Villanueva.

Et disant ces mots, il souleva son pistolet pour tirer. Mais, plus rapide que lui, Chevalle le frappa au moment où le coup partait. La balle alla se loger dans la coque, juste au-dessus de Ragetti qui regarda le trou de son orbite vide, tandis que l'Espagnol valdinguait sur la table, avant de s'affaler dans les bras de Barbossa.

— *No !* cria Maîtresse Ching, indignée.

— Lâche ! accusa Jocard.

— Que la vérole t'emporte ! beugla Ammand.

— Sri Sumbhajee désapprouve votre conduite à tous, traduisit Akshay.

Malgré cela, quelques instants plus tard, c'était la bagarre générale.

— Tout cela est de la folie ! gémit Élisabeth.

— C'est ça, la politique, remarqua Jack avec un petit sourire ironique. Vous êtes capitaine, maintenant ? Alors, assumez !

— Justement, lui répondit Élisabeth sèchement, que font-ils en s'entre-tuant, sinon jouer au jeu de Lord Cutler Beckett ? Et notre ennemi s'approche, pendant ce temps-là !

— S'il n'est pas déjà là, ajouta gravement Barbossa.

# 22

À quelques dizaines de mètres de la Cité des Naufragés qui était remplie du vacarme de la bagarre, seule au fond de son cachot, Tia Dalma contemplait son médaillon. C'était le même médaillon que celui que possédait Davy Jones. Un médaillon en forme de cœur un peu pointu, comme le bout d'une flèche, qui s'ouvrait sur un portrait en laissant entendre une petite musique.

Cette petite musique, la déesse prisonnière l'avait écoutée bien des fois, depuis que l'homme qu'elle aimait s'était arraché le cœur, arrachant le sien du même coup... La prisonnière contemplait le portrait de son bien-aimé, serti dans le médaillon. C'était l'homme le plus magnifique que cette terre ait jamais porté. Personne ne pouvait rivaliser avec lui et si maintenant elle se consolait avec le capitaine Barbossa, c'est parce que le capitaine était tout dévoué à sa cause. Mais même en sa présence, quand elle fermait les yeux, elle pensait à l'autre. L'autre qui, hélas, était devenu un monstre en ôtant son cœur d'immortel.

Tia Dalma referma le médaillon. Mais la musique continua, comme un souvenir qui refuse de mourir. Pourquoi avoir gâché leur amour ? se demanda-t-elle pour la sempiternelle fois. Par son geste, Davy Jones les avait condamnés tous deux à une éternité de chagrin et de regret.

Puis, les hommes l'avaient enchaînée, sans comprendre sa rage, son désespoir, sans comprendre qu'il en était nécessairement ainsi : telle était la mer, à qui on reprochait ses colères brutales en oubliant que les navires profitaient à chaque instant de sa houle légère et de ses vents portants. La mer, toujours changeante, mais toujours belle. La mer, vive et joyeuse comme l'était Tia Dalma en sa forme humaine. Mais bientôt, se dit la déesse prisonnière en se mettant à sourire dans l'obscurité, elle retrouverait sa liberté et son pouvoir de prendre la forme qu'elle voulait : eau, air, oiseau, poisson… Il lui tardait de replonger tout son être dans l'immensité bleutée, d'accorder le rythme des marées à celui de son cœur, de donner son souffle aux brises, aux zéphyrs, aux alizés et aux tornades, de ballotter les mouettes et les grands cormorans sur ses vagues, de se rouler dans la houle en berçant les bateaux, de se mirer dans le miroir du ciel en libérant ses couleurs, de se laisser féconder par les rayons de la lune, de déferler sur les rochers, de lécher doucement les plages et les falaises, puis de s'étaler, tranquille, dans le soleil couchant... Il lui tardait surtout de se déposer en un souffle sur le *Hollandais Volant*, de se percher d'un battement d'ailes sur l'épaule de son capitaine et de se glisser entre ses bras en une forme humaine. Ce pouvoir entièrement retrouvé, elle pourrait rendre à son bien-aimé son apparence d'antan, et ils s'aimeraient enfin. S'il le voulait bien.

« Le voudrait-il ? » se demanda la déesse avec angoisse.

Au moment même où elle se disait cela, elle entendit une musique se superposer à celle de son médaillon. Elle se redressa en poussant un cri : Davy Jones était là, à la porte de son cachot. Il tenait à la main un médaillon semblable au sien, ouvert sur son portrait à elle... Il ne l'avait donc pas arraché, pas comme son cœur !

— Mon doux capitaine, vous êtes enfin venu ! s'écria la prisonnière en pressant son visage contre les barreaux.

Mais Jones n'eut pas un geste vers son ancienne maîtresse. Il la dévisageait froidement.

— Vous m'attendiez ? dit-il, l'air surpris.

— Depuis longtemps ! répondit Tia Dalma dans un cri. C'est un supplice d'être piégée dans cette forme humaine, condamnée à vivre à terre, séparée de la mer et de tout ce que j'aime... séparée de vous.

Jones secoua la tête. Ce que lui disait cette femme était faux. S'il était venu la voir maintenant, c'était uniquement pour lui jeter au visage sa haine et sa rancœur.

— Dix ans, fit-il d'un ton cassant. Dix ans que j'ai consacrés au devoir dont vous m'aviez chargé. Dix ans à veiller sur ceux qui étaient morts en mer... Puis, quand le temps fut passé et que le moment était enfin venu de vous retrouver, où étiez-vous ? Vous n'étiez pas là...

Tia Dalma baissa la tête. Elle ne pouvait pas dire le contraire. Elle avait oublié le rendez-vous dans le tourbillon de son être, dans l'immensité de son esprit...

— C'est dans ma nature ! s'écria-t-elle en levant vers Jones des yeux éperdus. Je n'y peux rien, je suis ainsi. Inconstante, changeante, bouillonnante et sauvage. J'aurais peut-être été là la fois suivante...

Elle regarda Jones, constatant avec angoisse que ce n'était pas les mots qu'il attendait.

— M'aimeriez-vous si j'étais autre que je ne suis ? interrogea-t-elle alors avec désespoir.

Mais le capitaine secoua la tête.

— Je ne vous aime pas, dit-il.

Tia Dalma se recula, blessée au cœur. Elle ne pouvait croire cela. Ou alors le capitaine avait changé, à force d'assassiner ceux sur lesquels il veillait auparavant.

— Je vous ai connu sous bien des aspects, Davy Jones, reprit la déesse, mais jamais cruel... Vous avez dévié de votre idéal. Vous vous êtes perdu !

Disant cela, elle tendit une main à travers les barreaux en direction de la poitrine du capitaine, là où avait été son cœur autrefois.

— Et vous m'avez caché ce qui n'aurait jamais dû cessé de m'appartenir, ajouta-t-elle doucement en touchant sa poitrine du bout des doigts.

Davy Jones frissonna. Au contact de la déesse, quantité de souvenirs l'avaient envahi... À son tour, il tendit la main à travers les barreaux pour caresser le visage de la prisonnière.

— Calypso ! s'écria-t-il, éperdu d'amour.

— Je serai libre ! clama la déesse avec une force qui évoquait la violence du vent sur les océans. Alors je te donnerai mon cœur et nous nous aimerons pour toujours !

Au comble de l'émotion, Jones effleura de la main les contours du visage de sa bien-aimée. Il savait maintenant que, s'il était venu trouver Tia Dalma, c'était pour lui dire qu'il l'aimait et pour savoir si elle l'aimait toujours aussi. Il aurait voulu sentir ses larmes couler et son cœur palpiter.

— Si seulement tu avais un cœur à donner ! murmura la déesse.

Elle retira sa main et instantanément la main que Jones avait posée sur le visage de la prisonnière redevint une horrible pince. Il sentit de nouveau les tentacules qui s'agitaient autour de son visage. Le cœur du capitaine se serait brisé, s'il avait battu dans sa poitrine.

Il voulut ramener sa pince, mais celle-ci ne passait plus entre les barreaux. Alors, fermant les yeux, le capitaine se transporta à l'intérieur de la cellule. Tia Dalma reposa sa main sur sa poitrine et les deux anciens amants se serrèrent l'un contre l'autre.

— Quel sort réserves-tu à ceux qui t'ont emprisonnée ? lui demanda-t-il au bout de quelques secondes d'un bonheur enivrant.

— Leurs descendants expieront leur faute. La dernière chose que ces Frères Pirates retiendront de la vie, c'est à quel point je peux être cruelle... Tel sera leur destin.

Jones hocha la tête. Maintenant, il fallait attendre. Attendre et espérer.

Se rematérialisant de l'autre côté de la cellule, il s'éloigna, redevenu monstre marin.

— Et quel sera ton destin à toi, Davy Jones ? lui lança la prisonnière.

Jones s'arrêta et, tournant la tête, il regarda longuement la déesse enchaînée.

— Mon cœur t'appartiendra pour toujours, dit-il.

Tia Dalma sourit. C'était exactement ce qu'elle avait espéré entendre...

# 23

« Boum boum boum. »

Dans le Tribunal de la Cité des Naufragés, Barbossa essayait à nouveau de ramener le calme à coups de boulet de canon frappés sur la table. Assise dans un coin, la tête appuyée contre son poing, Élisabeth regardait d'un air fatigué les pirates qui continuaient à se battre. Elle était à peu près sûre qu'ils avaient complètement oublié les motifs de leur discorde.

Voyant que ses coups ne servaient à rien, le capitaine monta sur la table. Avec sa stature imposante, son affreux macaque habillé comme un page qui piaillait à tous les diables sur son épaule, son grand chapeau à plume de paon sur la tête et sa barbe de trois cents jours, le capitaine attirait facilement les regards. D'autant que l'on sentait qu'il avait une grande déclaration à faire et que ce serait matière à rebondissement pour la bagarre...

— Le premier Tribunal fut celui qui emprisonna Calypso ! harangua-t-il d'une voix retentissante. C'est le nôtre qui la libérera. Et dans sa gratitude, la déesse nous récompensera largement !

— Ou, tout au moins, elle récompensera celui d'entre nous qui aura réussi à convaincre les autres de la libérer, répondit une voix persiflante.

C'était celle de Jack, bien entendu. Barbossa le fusilla du regard, tandis que les autres Frères considéraient Jack avec méfiance. Ce que venait de dire le capitaine du *Black Pearl* semblait juste, mais quel crédit pouvait-on accorder à Jack Sparrow, le plus grand menteur et le plus grand voleur de tous les temps, qui les avait tous escroqués plus d'une fois ?

Le capitaine se campa, la main sur la hanche, en les provoquant tous du regard :

— Ce que je viens de dire est-il absurde ? Qu'en dites-vous ?

Les pirates se grattaient la barbe, y compris Maîtresse Ching. Mais Barbossa coupa court à leurs réflexions :

— Si tu as une meilleure idée à nous proposer, je t'en prie ! Fais-nous-en profiter !

En guise de réponse, Jack décrivit un grand cercle

de la main pour désigner l'assistance en s'y incluant lui-même :

— De sales petits piranhas, dit-il en souriant largement, voilà ce que nous sommes ! Enfermez-nous tous ensemble et nous nous dévorerons les uns les autres... Alors oui, évidemment, reprit-il après une pause où il sembla s'absorber au plus profond de lui-même, nous pourrions nous retrancher ici, bien approvisionnés et bien armés... mais la moitié d'entre nous seraient morts au bout d'un mois et l'autre moitié, le mois suivant.

Les Frères se regardèrent du coin de l'œil. Ils n'avaient rien à rétorquer à cela. Certains avaient le poing encore levé au-dessus de la tête de leur voisin et tous étaient plus ou moins amochés.

Jack poursuivit :

— Mais nous pouvons aussi relâcher Calypso et prier pour qu'elle soit d'humeur placide ! Cependant, pouvons-nous prétendre qu'elle est autre chose qu'une déesse humiliée ? Et qu'y a-t-il de plus redoutable que la fureur d'une déesse humiliée, qui ferait trembler le roi des Enfers en personne ? Non, nous ne pouvons pas prétendre cela, dit Jack en secouant la tête vigoureusement. Il ne nous reste dès lors plus qu'une solution. Je suis d'accord avec... le capitaine Swann, dit-il après une dernière hésitation en se demandant encore comment il pouvait être du même avis que sa meurtrière. Nous devons livrer bataille !

— Tu t'es toujours débiné quand il fallait se battre ! riposta vertement Barbossa.

Jack s'immobilisa net en ouvrant de grands yeux :

— Mensonge ! Pure calomnie ! Je n'ai jamais fait dans ma vie qu'obéir à la plus ancienne et la plus noble de toutes les traditions pirates : la fuite. Chers camarades marins et vieux loups de mer, permettez-moi de vous dire maintenant ce que nous devons faire : nous battre pour nous enfuir !

Un murmure d'approbation parcourut la salle. Enfin, un vrai plan !

— Bien dit ! acclama Gibbs.

— Voilà qui est parlé, approuva Jocard.

Mais la petite voix aiguë de Maîtresse Ching se fit entendre une nouvelle fois :

— Je voudrais savoir, dit-elle. *Qui* devons-nous battre pour nous enfuir ?

— Lord Cutler Beckett ! lui répondit Élisabeth, dont la voix tremblait de toute la haine qu'elle ressentait pour cet assassin, qui tuait aussi bien les pirates que les marins des navires de commerce, sans oublier les gouverneurs intègres et les nobles amiraux.

Le cœur de la jeune femme battait très fort. Elle s'était dressée de sa chaise au moment où Jack avait prononcé son nom et les sentiments les plus intenses se levaient en elle en lui rendant toute sa fougue, toute son énergie, toute sa passion. Si Jack était avec elle, à eux deux ils pourraient renverser des montagnes !

— Beckett n'est rien de plus qu'un rouage ! fit observer le capitaine français avec une moue. Si vous le tuez, un autre prendra sa place. Comme Jones, la Compagnie des Indes est immortelle. Elle n'a ni corps qu'on puisse frapper ni âme qu'on puisse maudire...

— Mais cependant Jones a bien un corps, n'est-ce pas ? objecta Jack. Un corps, au propre comme au figuré, ajouta-t-il. Son bateau est aussi son corps...

— Exact ! approuva Jocard avec enthousiasme. Et si nous le frappons assez fort et assez longtemps avec le feu de nos canons...

— ... plus de bateau, plus de capitaine ! acheva Ammand. Plus de capitaine, plus de bateau !

Tous les pirates se regardaient, les yeux brillants. Pour un peu, ils se seraient embrassés. Jack était un génie. C'était vraiment un plan magnifique. Il suffisait de détruire le *Hollandais Volant* pour être libre et faire la nique à la Compagnie des Indes.

Mais celui qui n'était pas content du tour pris par les événements, c'était Barbossa. Il voyait bien que le climat de la réunion était en train de lui échapper...

Il prit son boulet et en frappa un grand coup.

— Il s'agirait d'un acte de guerre et le Code stipule que la guerre ne peut être déclarée que par le roi des Pirates ! martela-t-il.

— Tu viens d'inventer ça ! gloussa Jack. Avoue…

Les yeux bleus de Barbossa devinrent transparents de colère :

— Tu crois ça ? Eh bien, j'en appelle au capitaine Teague, qui est le gardien du Code !

Et laissant sa place à l'autorité, il descendit de la table. Jack se rembrunit. Il savait bien que Teague était dans les parages, mais il espérait vaguement que le pirate resterait tranquille dans son coin en train de roupiller sur son cher Code.

Mais c'est alors que Sri Sumbhajee fit signe à Akshay qu'il avait une déclaration à faire :

— Sri Sumbhajee proclame que ce serait pure folie ! traduisit le lieutenant, un instant plus tard. Nous ne sommes pas liés par ces lois antiques et désuètes ! ajouta-t-il en y mettant le ton. Au diable, le Code ! Est-ce que nous ne sommes pas libres de…

Un coup de pistolet retentit. Akshay ouvrit la bouche, puis s'écroula, raide mort. Derrière Jack, apparut le capitaine Teague, son pistolet encore fumant à la main.

— Le Code fait loi ! gronda le capitaine malgache, prêt à abattre le prochain pirate qui remettrait en question le Code.

La main sur la crosse d'un deuxième pistolet, il fixait Sri Sumbhajee, qui fit signe à Pusan de prendre la place d'Akshay. Le lieutenant de remplacement était devenu pâle comme un mort. Son maître lui indiqua d'un signe la teneur de ses pensées, ce qui parut le soulager grandement :

— Sri Sumbhajee explique qu'il s'est produit un déplorable malentendu, traduisit-il en ajoutant une courbette de son cru. Et il confirme que le Code est bien la loi.

Deux pirates chargés d'un énorme manuscrit relié et muni d'une serrure firent leur entrée. Pintel et Ragetti se regardèrent en ouvrant des yeux émerveillés.

— Le Code ! murmura Pintel.

— Tel qu'il a été édicté par Morgan et Bartholomew, fit Ragetti.

— Le fameux Bartholomew qui attaquait au son du tambour ! reprit Pintel.

— Un célèbre pirate qui, se retrouvant captif sur un ponton espagnol et ne sachant pas nager, dut son salut à d'innombrables loutres qui lui servirent de bouée pour qu'il regagne la terre ferme ! enchaîna Ragetti.

Tandis que les deux pirates couvaient des yeux ce Code mythique qui avait régi toute leur vie de pirate, sans qu'ils aient jamais imaginé qu'il existait matériellement, Teague donna un coup de sifflet. À ce signal, un petit corniaud hirsute entra en trottinant dans la pièce, le trousseau de clefs de la serrure du Code entre les dents. Pintel et Ragetti se regardèrent, ahuris. C'était exactement le même chien que celui qui tenait en permanence dans sa gueule les clefs des geôles de la prison de Port Royal. La dernière fois qu'ils l'avaient vu, il était sur l'île des Cannibales en train d'essayer d'échapper à ses poursuivants en aboyant à la mort, soit à cause des cannibales, soit à cause des clefs qu'il avait perdues, ou peut-être pour les deux raisons à la fois.

— Ça ne peut quand même pas être le même cabot ! couina Pintel.

— Si ce n'est lui, c'est donc son frère, lui répondit doctement Ragetti.

— Les tortues de mer, les amis ! leur glissa Teague en leur faisant un petit clin d'œil. Viens là, mon toutou...

Il se pencha pour prendre le trousseau de clefs entre les mâchoires du chien, qui serra les dents, avant de lâcher sa prise à regret.

Le capitaine déverrouilla le grimoire. Le silence se fit, tandis qu'il se mettait à feuilleter l'ouvrage en s'humectant l'index chaque fois qu'il tournait une page.

— « ... Contrat de chasse-partie : perte des deux yeux : deux mille piastres. Perte des deux jambes : mille cinq cents piastres. Perte du bras droit : six cents piastres. Perte du bras gauche : cinq cents piastres. Perte d'un œil : cent piastres. Perte d'un doigt : cent piastres. »

Le pirate accéléra un peu sa lecture :

— « Amputation au-dessus du genou... Au-dessus… Liquidation d'un douanier… Liquidation de deux douaniers… Boissons à base de rhum… » Ah ! Nous y voilà…

Approchant son nez du manuscrit, il parcourut des yeux la page.

— C'est Barbossa qui a raison, dit-il enfin en levant les yeux.

Il allait refermer le livre, quand Jack lui posa la main sur le bras.

— Attends une seconde !

Écartant le capitaine, il se pencha à son tour sur la vieille page jaunie par les siècles. La main sur son pistolet, Teague se demandait ce qui le retenait de descendre Jack immédiatement.

— *Il revient au roi de déclarer la guerre, de parlementer avec les adversaires et de commander les armées…*, lut Jack à voix haute. Où est-ce qu'ils sont allés chercher tout ça ? fit le capitaine en haussant les sourcils.

Et c'est alors qu'il réalisa ce qu'il venait de dire.

— Un roi… Il faut un roi ! s'exclama le capitaine.

Teague repassa son pistolet dans son ceinturon. Il devait reconnaître que Jack avait mieux lu le Code que lui-même. Prenant au passage une mandoline qui traînait par terre, il alla s'asseoir sur une chaise au fond de la salle et commença à égrener quelques notes. Ce qui allait se passer risquait d'être intéressant. Il s'agissait ni plus ni moins d'appliquer le

Code à la lettre. On allait voir si ces rustres en étaient capables...

— Il n'y a pas eu de roi depuis le premier Tribunal et ça n'a pas de raison de changer, commença Chevalle.

— Et pourquoi pas ? répliqua Élisabeth.

Ce fut Gibbs qui lui répondit. En tant que maître d'équipage, le second de Jack avait une grande habitude des assemblées de pirates et de leur manière bien à eux de voter.

— Parce que, voyez-vous, Élisabeth, dit-il, le roi doit être élu.

— Et chaque pirate ne vote jamais que pour lui-même, enchaîna Barbossa en exultant bruyamment de satisfaction.

Jack exultait aussi, mais plus discrètement. Il avait trouvé le moyen d'enfoncer une belle épingle dans la baudruche creuse du plan de Barbossa.

— J'appelle au vote ! cria-t-il à la ronde.

Barbossa se raidit. Il comprenait lui aussi que Jack allait faire capoter son plan.

— Je vote pour Ammand le corsaire ! cria Ammand le corsaire en levant la main.

— Capitaine Chevalle, le Français sans le sou ! clama Chevalle.

— Sri Sumbhajee se prononce en faveur de Sri Sumbhajee, traduisit Pusan.

— Maîtresse Ching ! vota sans hésiter Maîtresse Ching.

— Gentilhomme Jocard, décida Jocard sans aucune réflexion.

— Élisabeth Swann, annonça Élisabeth.

— Barbossa, dit Barbossa.

— Villanueva ! cria Villanueva.

Jack était le dernier à parler. Il regardait Barbossa d'un petit sourire narquois, tandis que l'autre maudissait Jack jusqu'à la quarantième génération. Il savait qu'il s'était fait rouler dans la farine.

— Élisabeth Swann, annonça alors Jack avec un grand sourire.

Élisabeth sursauta, puis elle comprit. Ce n'était pas pour ses beaux yeux que le capitaine avait lancé son nom, mais pour emporter le vote. Un sourire admiratif s'échappa de ses lèvres. Jack Sparrow était vraiment le plus intelligent de tous...

— Qu'il en soit ainsi, dit-elle en redressant le menton.

Mais quand elle baissa les yeux, ses nouveaux sujets la regardaient avec une animosité qui laissait déjà présager une révolution.

— Non, qu'il n'en soit pas ainsi ! contra Jocard.

— C'est révoltant ! trépigna Maîtresse Ching.

— Inacceptable, c'est inacceptable ! rugit Villanueva.

— Si Sri Sumbhajee n'est pas le roi, nul autre ne devrait l'être, déclara Pusan en traduisant scrupuleusement son maître dans le texte.

— Moi vivant, ça ne se fera pas ! tonna Chevalle.

Jack prit la pose en roulant des yeux :

— Ah oui ? Dois-je comprendre que vous refusez de respecter le Code ? demanda-t-il avec un petit sourire.

Splang ! L'une des cordes de la mandoline de Teague se rompit.

Les Frères échangèrent des regards par en dessous. Teague ne plaisantait pas avec le Code... Le cadavre du lieutenant du capitaine hindou était là pour en témoigner...

— Fort bien, acquiesça Maîtresse Ching. Qu'avez-vous à déclarer, capitaine Swann, reine du Tribunal de la Confrérie ? interrogea-t-elle.

Élisabeth se leva. Elle parcourut du regard l'assemblée :

— Armez tous les bâtiments en état de prendre la mer ! proclama-t-elle solennellement. Quand l'aube se lèvera, nous serons en guerre.

Un silence total accueillit ses paroles, puis on entendit une voix qui était restée très discrète jusque-là. C'était celle de Sumbhajee, en personne :

— Qu'il en soit ainsi ! À la guerre ! couina-t-il d'une minuscule voix de souris.

— À la guerre ! renchérit Jocard.

— À la guerre ! clamèrent tous les Frères en chœur, avec tous leurs lieutenants et leurs équipages.

Et, joignant le geste à la parole, ils se dirigèrent aussitôt vers la sortie en se tapant dans le dos les uns les autres pour aller fourbir derechef leurs canons et leurs armes. Dans son coin, le capitaine Barbossa fulminait, tandis que son ennemi, rayonnant de joie, le regardait avec un sourire malicieux. Mais il se reprit vite. Tournant la tête vers Pintel et Ragetti, il leur fit un petit clin d'œil en dirigeant leur attention sur le bol où se trouvaient toujours les « pièces de Huit », que les Frères avaient fort imprudemment oublié de ramasser. Les deux pirates étaient aussi bien entraînés que les lieutenants de Sri Sumbhajee pour obéir à leur patron au doigt et à l'œil. Tandis que Pintel marchait devant son comparse pour dissimuler le vol, Ragetti escamota le bol derrière son dos. Quelques instants après, Barbossa récupérait le bol et le glissait dans sa musette, non sans avoir constaté avec agacement que le nœud en corde d'Élisabeth n'y était pas. La capitaine de l'*Impératrice* n'avait pas oublié, elle, de reprendre sa « pièce de Huit »...

À présent, la salle du Tribunal était presque vide. Il ne restait plus que Jack, Gibbs et le capitaine Teague. Jack ferma les yeux un instant, conscient de ce qu'il était en train de faire. La plus grande trahison de tous les temps était en place...

Quand il rouvrit les yeux, Gibbs était planté devant lui, les sourcils froncés :

— Il y a plus sous la ligne de flottaison que tu ne veux bien le montrer, Jack ! dit-il à son capitaine d'un ton accusateur.

Jack se contenta d'ouvrir de grands yeux innocents.

— Autrefois, tu avais une veine honnête, Jack, soupira le maître d'équipage en secouant la tête. On savait où on en était avec toi. Mais là, je n'y comprends plus rien...

Jack roula des yeux :

— Et cette veine d'honnêteté, où m'a-t-elle conduite ? interrogea-t-il. À la mort !

— Jack..., essaya encore Gibbs en adressant au capitaine un regard où se lisait toute son indéfectible amitié.

Mais Jack resta imperturbable :

— Monsieur Gibbs, vous avez un navire à préparer pour le combat, me semble-t-il, n'est-ce pas ?

Gibbs hocha la tête. Il était étonné et meurtri. Il ne s'attendait vraiment pas à ça.

— Très bien, mon capitaine, dit-il, résigné.

Et il lui tourna le dos.

— Qu'est-ce qu'il y a ? grogna Jack en remarquant le regard de Teague, qui était posé sur lui. Tu as tout vu et tu as survécu à tout. C'est ça, le but, n'est-ce pas ? Survivre.

Le pirate secoua doucement la tête.

— Il ne s'agit pas seulement de vivre éternellement, Jack. Le but est de vivre *avec soi-même* éternellement.

Fouillant dans la musette accrochée à sa ceinture, il en tira un petit objet rond et chevelu. Jack eut un haut-le-corps en s'apercevant que c'était une tête humaine réduite.

— Tiens, prends ça ! dit le pirate.

Hochant la tête, Jack saisit l'étrange cadeau, tandis que Teague se détournait en laissant le capitaine à ses pensées.

# 24

Au petit matin, quand le soleil perça le brouillard au-dessus des hautes falaises de l'île des Naufragés, les vaisseaux des neuf Frères Pirates étaient prêts à appareiller. La dernière nuit avant la bataille avait été longue et peu de marins avaient dormi. Certains – aussi bien parmi les Frères, que parmi leurs lieutenants ou les membres d'équipage – avaient déambulé toute la nuit dans l'étrange Cité, en passant d'épave en épave, de pont en pont, de cabine en cabine, s'appuyant à des bastingages donnant sur d'autres bastingages, d'autres bateaux... Ils auraient aimé se reposer un peu là, dans cette ville qui leur ressemblait tellement, bien protégés de toutes les menaces qui les guettaient sur les mers, un endroit où on ne risquait pas de rencontrer un bateau maudit, ni de se retrouver dans une file de condamnés à qui le bourreau passe la corde au cou.

Ils auraient pu rester là bien à l'abri – on pouvait interdire facilement l'accès du chenal et chaque navire pirate qui passait par l'anse y laissait en guise de loyer une partie de ses provisions pour constituer des réserves communes en cas de siège –, mais leur reine avait déclaré la guerre et ils obéissaient à leur reine. C'était d'ailleurs une si belle reine, presque une déesse... Alors les marins avaient soufflé les centaines de petites bougies rouges qu'ils avaient disposées un peu partout en arrivant et avaient regagné leur bateau, qui serait peut-être leur cercueil... Mais ceux qui avaient eu cette pensée se gardèrent de la communiquer à leurs camarades. De sorte qu'au petit matin, tout le monde était prêt. L'un après l'autre, chacun des vaisseaux qui composaient cette flotte hétéroclite venue du monde entier – telle la grande union des pirates des sept mers – s'engagea dans le tunnel qui s'ouvrait au pied de la falaise. Un brouillard à couper au couteau les attendait de l'autre côté : ultime défense de l'île, octroyée par la nature aux Frères Pirates.

À présent, l'île des Naufragés était derrière eux. Derrière eux la Cité mystérieuse, derrière eux l'eau douce et clapotante de l'anse, derrière eux les falaises protectrices. Leur seule protection désormais était leur courage... mais ils en avaient à revendre. Partout sur les ponts, de la jonque chinoise aux grandes ailes flamboyantes, que les hommes d'équipage d'Élisabeth avaient admirablement réparée pendant leur voyage, en passant par le fier galion espagnol de Villanueva, le vaisseau chamarré de Sri Sumbhajee, le trois mâts de Jocard le gentleman, la goélette d'Ammand le corsaire, la jonque verte et rouge de Maîtresse Ching, la caravelle du capitaine Chevalle, le bananier du capitaine Teague, jusqu'aux voiles noires et toujours déchiquetées du *Black Pearl*, les équipages affûtaient une dernière fois les lames de leurs sabres et de leurs coutelas, nettoyaient les armes à feu, vérifiaient les charges de poudre. Et tous les vaisseaux battaient pavillon pirate, signifiant ainsi à l'ennemi qu'il allait avoir affaire aux redoutables flibustiers des océans. Têtes de mort avec tibias entrecroisés, diables, squelettes, crânes, sabres, lances transperçant des cœurs ensanglantés, sabliers au sable presque entièrement écoulé : quels qu'ils soient, ces emblèmes de mort intimaient l'ordre aux vaisseaux de se rendre en leur annonçant d'ores et déjà qu'il n'y aurait pas de prisonnier. Le plus effrayant d'entre eux étant le drapeau intégralement rouge de Maîtresse Ching, qui signifiait sobrement : « La mort pour tous » ou « Pas de quartier », au choix. Maîtresse Ching quant à elle ne laissait pas le choix, elle exigeait les deux.

Les navires vinrent se placer les uns à côté des autres, en ordre de bataille.

L'*Impératrice* suivait le *Pearl* et les navires se retrouvèrent flanc à flanc. Fouillant des yeux le brouillard, Jack localisa Élisabeth qui, de son côté, cherchait des yeux le capitaine du *Black Pearl*. De capitaine à capitaine, ils se saluèrent. Élisabeth se redressa, fière mais anxieuse. Une vraie bataille l'attendait et c'était elle qui donnait les ordres. La nouvelle reine avait peur de faire des erreurs qui pourraient coûter la vie à des hommes...

Sur le pont du *Black Pearl*, Marty scrutait le brouillard qui commençait à se dissiper. Soudain, il sursauta et, l'instant d'après, il sonnait l'alarme.

— L'ennemi est là ! Sus à l'ennemi !

C'était l'*Intrépide*...

Avec enthousiasme, l'équipage du *Black Pearl* commença à pousser des hurlements à faire cailler le sang de ses adversaires. C'était toujours ainsi que les pirates se lançaient à l'abordage, avec des cris de sauvages, brandissant des haches qu'ils plantaient dans le bois de la coque pour se hisser le long des navires, avant de se ruer sur le pont en les faisant tournoyer au-dessus de leur tête pour trancher d'un coup les cordages et abattre les voiles. Tout cela n'étant qu'une mise en scène destinée, comme les pavillons, à terroriser les équipages pour compenser un armement défaillant – point faible des flibustiers qui manquaient souvent de poudre – et obtenir ainsi une reddition rapide.

De navire en navire, les cris des pirates prenaient de l'ampleur. Si l'*Intrépide* n'était pas terrorisé avec ça, il ne restait plus qu'à démissionner de la piraterie. Un bateau contre toute une flotte : la victoire serait encore plus facile que prévu. Le *Hollandais Volant* avait dû se perdre en route ! Ils n'auraient pas de pitié. Pour chaque pirate pendu, chaque marin assassiné dans leur camp, un homme serait mis à mort sans douceur.

Mais c'est alors que Marty se rembrunit. D'autres bateaux commençaient à sortir du brouillard. Puis d'autres, d'autres encore. Les pirates criaient encore, mais avec nettement moins d'enthousiasme. À chaque apparition d'un nouveau navire, ces cris perdaient un peu plus de leur assurance.

Puis, le brouillard se dissipa complètement, révélant l'immense armarda de la Compagnie des Indes en sa totalité. Il y avait des centaines de bateaux de toutes tailles, en bon ordre, prêts pour la bataille et tous lourdement armés : tous ces bateaux avaient été réquisitionnés par la Compagnie au fil des captures du *Hollandais Volant*.

Il ne manquait plus que le navire de Davy Jones. Les pirates n'eurent pas longtemps à languir. Soudain, ils aperçurent non loin de l'*Intrépide* une forme sombre surgir des profondeurs et les voiles du bateau maudit percèrent alors la surface de l'océan. Quelques instants plus tard, les faces horribles des hommes de Davy Jones apparaissaient sur le pont, difformes et grimaçantes.

Sur l'*Intrépide*, Groves à ses côtés, Beckett baissa sa longue-vue. Il jubilait de voir la mine déconfite des pirates. Jack Sparrow avait donc tenu sa promesse. Il lui avait apporté tous les Frères Pirates sur un plateau d'argent, avec un napperon brodé à fanfreluches et une banane épicée posée à côté dans une soucoupe... Coup double, puisque si les pirates avaient choisi la guerre, c'est donc qu'ils renonçaient à libérer Calypso. Avec Calypso, une guerre aurait été superflue : ils auraient tous été engloutis dans un typhon. Davy Jones, qui était allé faire un petit tour incognito sur le *Black Pearl*, lui avait confirmé qu'ils n'avaient plus rien à craindre, car Barbossa lui-même avait mis la déesse derrière les verrous. Pirates et Compagnie des Indes étaient au moins d'accord sur une chose : le sort des océans se jouait entre les mains des hommes, non des dieux.

— Encore bien joué, Jack, dit doucement Beckett. Et maintenant, qu'est-ce que tu nous prépares ?

Sur le *Black Pearl*, le silence s'était abattu. Soudain, le perroquet de Cotton plongea du grand mât en frôlant les têtes de l'équipage, avant de décrire un grand cercle pour repartir à tire-d'aile en direction de l'île des Naufragés. Les pirates suivirent des yeux l'oiseau, tandis que leur angoisse montait.

À présent, des dizaines de paires d'yeux en colère se tournaient vers Jack. Des paires d'yeux appartenant à des pirates armés jusqu'aux dents, qui ne mourraient pas sans avoir haché menu ce capitaine qui les envoyait au massacre.

« Et maintenant, on fait quoi ? » disaient tous ces regards.

— Pourparlers ? proposa Jack en roulant des yeux.

Les pourparlers stipulaient qu'un prisonnier était protégé jusqu'à ce qu'il ait obtenu une audience avec le capitaine, s'il la sollicitait. Les pourparlers constituaient une tradition pirate qui était décrite précisément dans le Code édicté par Morgan et Bartholomew et ne concernait donc que les pirates. Mais Beckett accepta, car maintenant que la première chose qu'il désirait le plus au monde – trouver l'île des Naufragés – avait été exaucée, il n'avait de cesse d'obtenir ce qui venait en second : livrer Jack Sparrow à Davy Jones pour une éternité de damnation.

Tous les pavillons des navires furent baissés et deux chaloupes furent mises à l'eau : l'une partit du *Black Pearl*, qu'Élisabeth avait rejoint quelques instants auparavant, l'autre de l'*Intrépide*. La rencontre avait lieu sur une bande de sable blanc étincelant, parmi les multiples îlots entourant l'île des Naufragés.

Élisabeth, Jack et Barbossa – toujours flanqué de son singe – débarquèrent d'un côté, tandis que de l'autre arrivait la chaloupe ennemie, avec à son bord Beckett, Jones... et Will Turner.

Puis, chaque groupe se dirigea vers le milieu de la langue de sable et bientôt, les trois Frères Pirates faisaient face à la délégation de la Compagnie. Les regards d'Élisabeth et de Will se rencontrèrent. À la grande surprise de Will, il lisait dans les yeux d'Élisabeth un courant de sympathie...

Les deux groupes s'observèrent en silence pendant un bon moment. Élisabeth pensa fugitivement à sa robe de mariée. Elle était partie au fil de l'eau, comme ses fiançailles.

Ce fut Barbossa qui rompit en premier le silence.

— Est-ce donc toi le renégat qui a conduit ces loups à notre porte ? gronda-t-il en faisant un pas vers Will d'un air menaçant.

Mais Beckett s'interposa :

— N'accablez pas M. Turner. Il n'a été qu'un instrument de trahison. Si vous voulez en connaître le véritable architecte, regardez à votre gauche.

Les têtes des capitaines se tournèrent vers Jack, qui regarda lui aussi à sa gauche, bien qu'il n'y ait personne.

Le capitaine eut un petit sourire d'une désarmante ingénuité :

— Ah, vous voulez parler de moi ? Mais mes mains sont propres. Métaphoriquement, tout au moins, accorda-t-il après avoir examiné ses paumes horriblement crasseuses.

Mais Will avait toujours son vieux fond d'honnêteté en lui.

— J'ai agi seul, déclara-t-il solennellement. Je n'ai été l'instrument de personne. Jack n'a rien à y voir.

— Très bien ! approuva chaudement Jack. Écoutez l'instrument ! Il dit vrai.

Élisabeth s'avança à son tour vers Will qui se sentit trembler des pieds à la tête. Les dernières paroles qu'elle lui avait adressées avant de s'en aller sur la jonque avec Sao Feng avaient été glaciales. Mais cette fois, le ton d'Élisabeth était complètement différent.

— Will, je suis allée sur le *Hollandais*, dit-elle. Je comprends maintenant le fardeau que tu portes... Mais je crains que cette cause ne soit perdue, hélas.

— Aucune cause n'est perdue, tant qu'il y a un imbécile pour se battre pour elle, répondit Will pensivement.

Son regard s'était porté involontairement sur Jack. Ils étaient deux, au moins, à se battre pour une cause perdue. Vaincre la mort était la plus perdue de toutes les causes perdues, mais Jack Sparrow se croyait toujours au-dessus de tout le monde. Quoi qu'il en soit, en tuant Jones à sa place, le capitaine le sauvait et peut-être même lui permettait-il de retrouver Élisabeth. Will regrettait d'avoir mal jugé

Jack. Car même si on pouvait craindre encore quelques calculs machiavéliques de sa part, il les sauvait tous d'un destin funeste.

Mais Élisabeth – tout comme Barbossa – avait intercepté le regard qu'avait lancé Will à Jack et elle se demanda tout à coup s'il n'y avait pas un accord secret entre les deux hommes. En tout cas, elle était certaine qu'il y avait anguille sous roche. Will avait parlé d'un imbécile prêt à se battre pour une cause perdue. Élisabeth connaissait la cause perdue de Will, mais quelle pouvait être celle de Jack ?

— Si Turner n'était pas en cheville avec vous, reprit Beckett en sortant le compas qu'il lança à Jack, pourquoi m'aurait-il donné ceci ?

Barbossa agrandit des yeux comme des soucoupes. Will et Jack s'étaient donc entendus pour conduire toute l'armada de la Compagnie jusqu'à leur repaire ! Le vrai traître était Jack ! C'était à en pleurer ou à en mourir de rire...

— Et en cette époque pourrie, éructa-t-il, quel est le prix d'une telle saloperie de trahison ?

— Elle ! répondit tranquillement Beckett en désignant Élisabeth.

— Moi ? dit Élisabeth, sous le choc.

Will accusa le coup, lui aussi.

Mais le directeur de la Compagnie des Indes souriait avec légèreté :

— Quand la fumée des canons se sera dissipée, on verra le capitaine Jack Sparrow voguer sur le

*Black Pearl*, Élisabeth Swann dans les bras. Et tous accuseront son rival d'être le traître... Ne soyez pas timide, Jack ! ricana le directeur, réclamez donc votre récompense ! C'est bien ce que vous avez négocié. Vos amis pirates contre Élisabeth Swann.

Celle-ci était devenue rouge comme une tomate. Elle ne savait plus où se mettre ni où elle en était.

Pour Barbossa, tout s'éclairait. Ce que dévoilait Beckett ressemblait bien au Jack Sparrow qu'il connaissait.

Après un long moment de silence, Jack prit la parole :

— Même si c'était mon idée, dit-il – mais notez bien que je ne reconnais rien – il n'y a désormais plus aucune chance pour que ce plan se réalise. N'est-ce pas ? dit-il en se tournant vers Élisabeth pour qu'elle confirme.

Celle-ci fut incapable de répondre. Elle pouvait à peine respirer. Barbossa affichait un air profondément méprisant, tandis que Will regardait tour à tour Jack et Élisabeth. Est-ce que Jack s'était joué de lui, une fois de plus ? se demandait-il avec abattement. Non, il ne le croyait pas.

— Ça n'a jamais eu aucune chance de réussir ! se moqua Beckett en répondant à la place d'Élisabeth. Je ne suis pas si naïf...

— Et ta dette envers moi court toujours, Jack Sparrow, aboya Jones en prenant la parole pour la première fois. Cent ans au service du *Hollandais*... pour commencer.

De nouveau, Élisabeth intercepta le regard que posait Will sur Jack. Donc, se dit-elle, cette cause perdue avait un rapport avec le *Hollandais*. Élisabeth commençait à assembler les pièces du puzzle. Jack voulait tuer Davy Jones, à la fois pour débarrasser la mer du capitaine maudit... et aussi pour devenir immortel à sa place. Elle sentit un abîme s'ouvrir dans son cœur. C'était une bénédiction pour les pirates mais cela voulait dire aussi que son destin et celui de Jack se sépareraient à jamais. Elle interrogea Will du regard, qui acquiesça d'un battement de cils.

— La dette a été payée ! protesta Jack. Avec un peu d'aide, ajouta-t-il en se tournant vers Élisabeth pour lui adresser un petit salut moqueur.

La jeune femme se sentit mortifiée. Ainsi donc, il ne lui pardonnerait jamais...

— Tu t'es enfui du Bas-Fond ! glapit Jones.

— Un détail, dit Jack d'un ton badin.

Soudain, Élisabeth s'avança vers Beckett :

— Il n'y a pas de meilleur endroit où Jack puisse finir sa vie que comme rat au fond de la cale du *Hollandais,* déclara-t-elle sèchement. Je vous propose un échange : Will repart avec nous et vous gardez Jack.

— Marché conclu, dit Will.

— Pas conclu ! protesta Jack mollement.

— Conclu, dit Beckett.

— Élisabeth, mon trésor, minauda Jack en se tournant vers la jeune femme, vous m'assassinez une deuxième fois !

Mais Barbossa n'était pas d'accord. Même s'il détestait Jack, il y avait des limites. Élisabeth et Jack semblaient oublier qui ils étaient : des Frères, les garants du respect du Code.

— Jack est l'un des neuf Frères Pirates, dit-il à la jeune femme en la toisant de haut en bas. Vous n'avez pas le droit de le sacrifier.

— Je suis la reine !

Barbossa s'apprêtait à donner à cette reine d'opérette la gifle qu'elle méritait depuis longtemps, quand il se ravisa. Il réalisait soudain qu'Élisabeth n'enverrait jamais délibérément Jack à la mort une deuxième fois. Ces deux-là avaient certainement une idée derrière la tête.

La réaction de Jack confirma son hypothèse.

— À vos ordres, Majesté, dit-il à la jeune femme en enlevant son chapeau et en la saluant bien bas.

Puis, il se dirigea vers Beckett en traînant les pieds. C'est alors que Barbossa le rattrapa au collet.

— Sale escroc ! Petit truqueur ! lui jeta-t-il à voix basse.

Le capitaine avait tout compris. Jack voulait tuer Jones. Pour prendre la place du capitaine du *Hollandais Volant* et il y avait fort à parier que Calypso s'intéresserait à ce nouveau et sémillant capitaine, comme elle le lui avait laissé entendre lors de leur dernière conversation. Sa jalousie lui faisait imaginer le pire...

Saisissant brutalement Jack à l'épaule, il le fit pivoter vers lui, tandis qu'il lui arrachait d'une main preste la piécette accrochée à son bandeau. Jack voulut la reprendre, mais sa « pièce de Huit » tomba alors dans le sable, où elle fut récupérée immédiatement par le singe. Tout avait été si rapide que tout le monde n'y avait vu qu'un accès de rage de Barbossa.

Les deux hommes s'affrontèrent du regard.

— Si tu as quelque chose à dire, siffla Barbossa à voix basse, c'est le moment, pour toi comme pour moi...

— Alors que le meilleur gagne ! répondit Jack avec un grand sourire. Rendez-vous sur le podium...

Et sur ces mots, il se dégagea pour rejoindre l'autre camp, tandis que Will traversait dans l'autre sens. À peine le capitaine avait-il rejoint Beckett, que Jones se jeta sur lui et le plaqua au sol.

— Crains-tu la mort ? lança-t-il en reprenant son éternelle rengaine.

— Tu ne peux pas savoir à quel point ! répondit Jack avec toute la franchise du monde.

Beckett considérait les pirates avec une expression de pitié.

— Je vous propose quelque chose, commença-t-il. Quelque chose qui éviterait un bain de sang général. Faites entendre raison aux autres Frères. Soit vous décidez de vous battre, auquel cas vous mourrez tous, soit je vous propose d'éviter la bataille, auquel cas quelques-uns d'entre vous survivront.

Mais Élisabeth n'était plus prête à accepter quoi que ce soit de Beckett. Et elle était la reine.

— Vous avez assassiné mon père ! accusa-t-elle.

— Il a choisi son destin, répondit tranquillement Beckett.

— Et vous, vous avez choisi le vôtre. Nous nous battrons... et vous mourrez.

— Ainsi soit-il ! ricana Beckett.

Après un dernier regard à Jack, Élisabeth se détourna, suivie de Will et de Barbossa, qui refermait le poing sur la pièce de Huit que son singe venait de lui glisser dans la main. Ils firent quelques pas, puis Will coula un regard vers Élisabeth. Il aurait eu envie de lui dire toute sa gratitude de l'avoir tiré de là, même si on ne pouvait pas vraiment dire qu'elle l'avait préféré à Jack, puisqu'elle aidait le capitaine à réaliser son plan.

— Reine ? lui glissa-t-il avec un sourire timide.

— Du Tribunal de la Confrérie, répondit Élisabeth. Avec l'aide de Jack.

Will avança la lèvre en hochant la tête. Il était très impressionné. Avec l'aide de Jack... Comment donc !

— Peut-être sait-il effectivement ce qu'il est en train de faire, dit-il pensivement.

# 25

Les pourparlers étaient terminés. Le temps était venu de se battre. Élisabeth et les deux hommes remontèrent à bord du *Black Pearl* pour décider ensemble de la stratégie à adopter. Les pensées de Barbossa étaient tout entières tournées vers Tia Dalma, toujours enfermée dans la cale du *Black Pearl*. La déesse devait trouver le temps long, se dit-il. Mais maintenant, elle n'avait plus longtemps à patienter.

— Nous avons besoin du *Pearl* comme vaisseau amiral pour conduire l'attaque ! commença Élisabeth en s'appuyant avec Will contre un des bras du cabestan, tandis que Barbossa leur faisait face.

— En êtes-vous bien sûre ? répondit Barbossa en fixant un point derrière les deux jeunes gens.

Élisabeth et Will firent volte-face. Les pirates chinois qui étaient restés sur le *Black Pearl*, après l'attaque de l'*Intrépide*, les fixaient dans un silence lourd de menace.

— Qu'est-ce que ça veut dire encore ? s'exclama Élisabeth en se retournant vers Barbossa.

Elle eut un geste de surprise. Le capitaine tenait en évidence entre son pouce et son index la piécette qui ornait d'habitude le bandana de Jack.

— Une pièce de Huit, fit-il en souriant, vous ne la reconnaissez pas ? Maintenant, ajouta-t-il en indiquant du menton le nœud de capitaine que portait Élisabeth, il me faut la vôtre...

— Vous voulez délivrer Calypso ? s'exclama Élisabeth, incrédule.

— Comment avez-vous deviné ? gloussa le capitaine. Toutes les pièces de Huit sont en ma possession. Excepté la vôtre...

— Nous devons faire confiance à Jack ! protesta Élisabeth. S'il parvient à tuer Davy Jones, nous avons une chance de vaincre la Compagnie... Il n'est peut-être pas nécessaire de libérer Calypso. Vous ne pouvez pas savoir ce qu'elle fera !

Mais Barbossa secoua la tête.

— Désolé, mais le monde que nous connaissons prendra fin aujourd'hui. Et je ne laisserai pas des Cutler Beckett décider de ce qui va le remplacer.

Quant à Jack, continua-t-il en poussant un petit grognement, je ne mets pas mes espoirs en lui non plus ! Voyez-vous, mademoiselle Swann, ajouta-t-il après quelques instants, cela fait trop longtemps que j'ai laissé mon destin me filer entre les mains... Allez, votre pièce de Huit, s'il vous plaît ! dit-il d'un ton impératif.

Will se dressa devant Élisabeth pour la protéger, mais surgissant par-derrière, un des pirates chinois lui tordit le bras en lui pointant son couteau sur la gorge. Résignée, Élisabeth enleva de son cou son nœud de capitaine, qu'elle remit à Barbossa.

— Êtes-vous sûr de sa réaction ? insista-t-elle en regardant le capitaine au fond des yeux.

— C'est à moi qu'elle devra la liberté !

— Espérons que vous ne vous trompez pas.

Haussant les épaules avec irritation, Barbossa fit signe à l'homme qui tenait Will de le relâcher. À présent, ces deux freluquets avaient sans doute compris qu'ils avaient intérêt à se tenir tranquilles.

Plongeant sa main dans la musette accrochée à son ceinturon, le capitaine en sortit le bol de bois contenant les « pièces de Huit ». Il y fit tomber la piécette du bandana de Jack et le nœud de corde d'Élisabeth.

À l'instant même où les neuf « pièces de Huit » furent rassemblées, le vent tomba. Les pirates regardèrent autour d'eux, interdits. Toutes les voiles s'étaient affaissées. Barbossa avait les yeux qui étincelaient. La grande opération avait commencé !

— Faut-il prononcer une incantation ? interrogea Élisabeth, intriguée.

Le capitaine acquiesça d'un signe de tête.

— Oui, dit-il en contemplant avec déférence le bol, qu'il tenait à bout de bras. Il y a plusieurs choses à faire. Rassembler les objets... C'est fait. Se placer au-dessus de l'eau... Ça va aussi. Brûler les objets... Il faut brûler les objets ! s'exclama-t-il. Après quoi, quelqu'un devra prononcer ces mots : « Calypso, je te libère de tes entraves humaines. »

— C'est tout ? demanda Pintel qui s'était avancé avec Ragetti pour mieux voir.

— Oui, c'est tout. Donnez-moi du feu.

Pintel partit comme une flèche et revint peu après avec un briquet à silex.

— Une bouteille de rhum !

Cette fois-ci, ce fut Ragetti qui partit à fond de train. Tous les marins s'étaient peu à peu rassemblés sur le pont et Gibbs contemplait d'un air abattu la cérémonie. Décidément, dès que Jack avait le dos tourné, tout allait de travers. Si ce que voulait faire Barbossa réussissait, si Tia Dalma était vraiment une déesse enchaînée et qu'elle se déchaînât, il ne donnait pas cher de leur peau à tous.

Saisissant la bouteille de rhum que Ragetti lui tendait, Barbossa la brisa sur le bol. Puis, il saisit le brandon avec lequel Pintel était en train de se brûler les doigts et le plongea dans le rhum. Le contenu du bol s'enflamma immédiatement. Aussitôt, une fumée épaisse envahit le pont, tandis que des flammes longues et gracieuses s'élevaient en spirales au-dessus du bol. Des flammes comme ça, personne n'en avait jamais vu. Elles semblaient vivantes... Tenant à bout de bras le bol enflammé en luttant contre l'asphyxie, Barbossa invoqua alors la magie du fond des âges et toutes les puissances occultes et agissantes.

— Calypso ! clama-t-il de toute la force de ses poumons et de son cœur, je te libère de tes entraves humaines !

Brusquement, alors que le capitaine était au bord de l'évanouissement, flammes et fumée se dissipèrent et il ne resta plus des pièces de Huit qu'un peu de cendre au fond du bol. Celui-ci, intact, se découpait sur le ciel d'azur, parfaitement limpide et d'où toute trace de fumée avait disparu.

Ce fut tout. Sur le pont, les pirates regardaient partout – en l'air dans la mâture, en bas sur le pont, à droite, à gauche –, s'attendant à ce que la déesse apparaisse comme par magie, mais il ne se passait rien.

— Tu ne sens pas quelque chose sous tes pieds ? chuchota Ragetti au bout de quelques instants en se penchant vers Pintel.

Le sixième sens de Ragetti ne l'avait pas trompé. En bas, sous les ponts superposés du *Black Pearl*, à fond de cale, la sorcière des bayous se tordait de douleur. Quand les premiers Frères l'avaient condamnée, l'enchaînement de la déesse à ses propres os avait failli faire mourir l'immortelle de douleur. C'était comme mettre l'univers dans une tête d'épingle, comme compresser tous les océans pour les réduire à une seule goutte d'eau. Mais le processus inverse était aussi effroyablement douloureux. Les humains étaient décidément des barbares ! Dans les affres de la libération, le corps de Tia Dalma était parcouru de décharges, tandis que chacun de ses os se libérait des liens magiques qui les avaient unis entre eux pour enfermer la déesse dans un corps humain. Et ce fut comme si on lui arrachait l'un après l'autre chacun des deux cent quatorze os de son squelette...

Soudain, ses hurlements de douleur se transformèrent en un cri aigu de joie et, déployant son esprit et son corps, elle surgit sur le pont du *Black Pearl*, au milieu des pirates, qui battirent en retraite autour du cabestan.

Élisabeth écarquilla les yeux : celle qui venait d'apparaître sur le pont n'était autre que Tia Dalma ! Tia Dalma, la sorcière des bayous, belle et effrayante, quoique moins belle et beaucoup plus effrayante. Ses yeux brillaient d'une puissance longtemps contenue. Elle étendit ses bras vers eux, sans que l'on sache si c'était pour les bénir ou les anéantir.

— Calypso ! cria Will.

À cet appel, la déesse tourna vers le jeune homme des yeux qui semblaient regarder bien au-delà de ce petit coin de la mer des Caraïbes…

Will comprit qu'il fallait agir sans attendre. Il fallait que la déesse les aide, tout de suite. Il fallait qu'elle les voie, qu'elle les entende et qu'elle les comprenne avant de partir rejoindre son élément. Il fallait surtout qu'elle sache qui elle devait aider et qui elle devait punir.

— Calypso, cria Will en martelant chaque mot, souviens-toi ! Quand le premier Tribunal de la Confrérie a décidé de t'emprisonner, sais-tu *qui* les a instruits du rite fatal ? Sais-tu *qui* t'a trahie ?

Les yeux de la déesse se mirent à rougeoyer comme de la braise, tandis que les pirates se reculaient un peu plus.

— Dis-moi son nom ! cria-t-elle d'une voix qui résonna sous la voûte du ciel.

— Davy Jones ! clama Will.

À ce nom, la déesse tournoya sur elle-même pour faire face au *Hollandais Volant*. Ses yeux rougeoyèrent encore plus, tandis que la rage et la haine dilataient l'immensité de son cœur. Tout son corps fut parcouru d'étincelles, jusqu'à devenir incandescent. Cette incandescence se mit à grandir, à devenir aussi énorme que sa colère. Tia Dalma crépitait d'une colère gigantesque. Les pirates levaient les yeux vers elle, frappés d'horreur et de crainte.

Soudain, Barbossa se jeta à genoux devant la déesse.

— Calypso ! implora-t-il. Je me présente devant toi en serviteur humble et contrit. Je t'implore, maintenant. Je t'en conjure ! Épargne-moi, mon navire et mon équipage, mais déchaîne ta fureur sur ceux qui ont eu l'audace de se dire tes maîtres ou les miens !

À ces mots, Calypso reprit soudain sa forme humaine. Elle jeta au capitaine un regard méprisant :

— Imbécile ! cria-t-elle de toutes ses forces.

Et cette injure résonna sur le pont, tandis que son écho se propageait sur toute la flotte des pirates, ainsi que sur celle de l'armada de la Compagnie des Indes. Sur l'*Intrépide*, Beckett l'entendit. Sur le *Hollandais Volant*, Jones et Jack l'entendirent aussi. « Imbécile ! » criait une voix qui semblait venir de partout à la fois. Mais qui était donc l'imbécile ? Seul Jack n'avait aucun doute là-dessus. L'imbécile, c'était Barbossa.

Un instant plus tard, la déesse avait disparu...

Sur le pont du *Black Pearl*, les pirates restèrent la bouche ouverte un long moment. Puis, Will cligna des yeux :

— C'est tout ? dit-il, troublé.

— Mais ma parole, elle ne nous a pas aidés ! couina Pintel. Et maintenant, qu'est-ce qu'on fait ? demanda-t-il en se tournant vers Barbossa.

Le capitaine avait bien du mal à parler. La honte et la déception lui serraient la gorge. Et déjà, le vent se levait à nouveau, remplissant les voiles...

— Rien, répondit Barbossa. Elle est partie. Notre dernier espoir nous a quittés.

Le silence se fit de nouveau sur le pont, mais c'était un silence de désespoir, à présent. Si le légendaire capitaine Barbossa se reconnaissait battu, que pouvaient-ils encore espérer ?

Élisabeth ne disait rien, songeuse. Elle écoutait le vent. Le vent et la déesse ne faisaient qu'un. Elle l'avait bien vu, quand le charme du désenvoûtement avait commencé à agir. Le vent était tombé. Et maintenant, il revenait.

Élisabeth observa les voiles qui claquaient, de plus en plus fort. À tel point que le chapeau d'un des pirates fut soudain emporté. Élisabeth le suivit du regard, de plus en plus intéressée :

— Non, ce n'est pas fini, dit-elle.

À ces mots, Will se tourna vers elle. Élisabeth avait le don de lui redonner du courage. De redonner du courage à tout le monde.

— Tu as raison, dit-il. Rien n'est perdu, il nous reste une bataille à livrer !

Les pirates se regardèrent les uns les autres en roulant des yeux effarés.

— C'est une armada entière qui nous fait face !

rappela Gibbs. On n'a pas la moindre chance de gagner.

Élisabeth se contenta de sourire légèrement. Son attention revenait au chapeau. Il virevoltait dans tous les sens. Quelque chose de Tia Dalma l'habitait. Sa joie de vivre, son énergie...

— Pas la moindre chance ? répéta Élisabeth en souriant de plus belle.

Elle pensa à Jack. Elle avait confiance en lui. Si quelqu'un pouvait réussir à transpercer le cœur de Davy Jones, si quelqu'un pouvait avoir ce courage, si quelqu'un pouvait être assez fou et assez génial pour le faire, c'était lui. Et Jack, Élisabeth le savait, comptait sur eux pour livrer bataille. Comptait sur *elle*...

Animée par une puissance qui était aussi forte et aussi joyeuse que celle qui continuait de faire danser le chapeau autour du mât, Élisabeth sauta sur le bastingage du bateau, où elle se dressa de toute sa stature de reine.

— Écoutez-moi ! cria-t-elle d'une voix retentissante. Les capitaines de notre Confrérie ont tous les yeux sur nous, sur le *Black Pearl*. Tous ont vu ou entendu la déesse. Tous sentent sa force gonfler leurs voiles. Tous attendent pour nous suivre...

Elle s'arrêta un instant pour reprendre son souffle. Son cœur battait à se rompre. Mais elle savait qu'elle allait les convaincre. On ne peut résister au vent, à la passion, à la force de l'énergie qui anime les justes causes...

Élisabeth reprit :

— Des rats de cale apeurés, à bord d'un bateau devenu indigne de son pavillon. Est-ce cela que les autres capitaines contempleront en nous regardant ? interrogea-t-elle vertement.

« Non », firent immédiatement de la tête de nombreux marins, dont Gibbs, Pintel, Marty, Ragetti et Barbossa.

— Non ! appuya Élisabeth. Ils ne verront pas des rats de cale : ils verront des hommes libres. Ils verront la liberté !

Elle leva le poing :

— Et ce que l'ennemi verra, c'est la fumée de nos canons, l'éclat de nos épées et nos pavillons haut hissés ! Alors ils sauront de quoi nous sommes capables. Avec notre sang, à la force de nos membres et par le courage de nos cœurs, nous vaincrons !

Élisabeth se tut. Puis, elle se mit à regarder l'un après l'autre chaque homme sur le pont, tandis que l'espoir commençait à éclairer leurs visages burinés et las.

Alors, elle se tourna vers Will :

— Hisse les couleurs ! commanda-t-elle.

— Hissons haut les couleurs ! répéta Will d'une voix forte et résolue.

— Hissons haut les couleurs ! dit Gibbs plus fort encore.

— Hissons les couleurs ! reprirent Pintel et Ragetti en hurlant de toutes leurs forces, et c'est alors que tout le pont, par la bouche de chaque pirate, retentit de ce cri de défi et d'espérance, tandis qu'ils se dirigeaient résolument vers leurs postes de combat. À présent, le vent déferlait en une véritable tempête, gagnant encore et encore en force, droit dans la direction de l'armada. Un ouragan se préparait et tous à bord savaient à présent que la colère de Calypso n'était pas épuisée. Ils n'avaient plus qu'à espérer que cette colère se tournerait contre leurs ennemis plutôt que contre eux-mêmes...

— Le vent est avec nous, camarades, clama Gibbs, et nous n'avons besoin de rien d'autre, avec un navire tel que le *Black Pearl* !

Mettant ses mains en porte-voix, Élisabeth se tourna vers l'*Impératrice*, où Tai Huang attendait ses ordres.

— Hissez haut les couleurs ! lui cria-t-elle.

Le cri fut répété de navire en navire : de la jonque chinoise aux grandes ailes flamboyantes, en passant par le fier galion espagnol de Villanueva, le vaisseau chamarré de Sri Sumbhajee, le trois mâts de Jocard le gentleman, la goélette d'Ammand le Corsaire, la jonque verte et rouge de Maîtresse Ching, la caravelle du capitaine Chevalle et jusqu'au bananier du capitaine Teague. Chaque Frère de la Confrérie se dressa à la proue de son bateau, prêt à se battre jusqu'à la mort s'il le fallait. C'était le moment ou jamais de mettre la Compagnie en déroute. Ils vivraient libres ou alors ils mourraient.

Dégainant son sabre, Élisabeth le pointa vers l'*Intrépide*, tandis que le vent claquait joyeusement dans les voiles noires et déchiquetées du *Black Pearl*.

# 26

Une tasse de porcelaine à la main, Lord Beckett sirotait tranquillement son thé dans sa cabine.

— Signalez à Jones de ne pas faire de quartier ! ordonna-t-il d'une voix suave à son lieutenant. Ça devrait lui plaire...

— Aux armes ! relaya Grooves en rejoignant le pont pour adresser le signal à Jones. Et pas de quartiers...

Le vent était de plus en plus violent et des nuages d'orage s'amoncelaient dans le ciel zébré d'éclairs. Davy Jones les contemplait, les yeux fixes. C'était le regard de Calypso, c'était sa colère ! Ils avaient libéré la déesse...

— Calypso ! lança-t-il, la voix pétrie de passion et d'amertume.

Les premières gouttes d'eau tombèrent au moment où les vaisseaux de l'armada de la Compagnie se mirent en route. Bientôt, une pluie d'une violence inouïe s'abattait sur les ponts des bateaux.

— As-tu remarqué qu'il pleut, par-dessus le marché ? glissa Pintel à Ragetti.

— C'est mauvais signe, répondit Ragetti d'un air pénétré

— Au cabestan ! commanda Gibbs. Hissez la bôme !

Comme il jetait un coup d'œil par-dessus bord, le maître d'équipage se figea. Un tourbillon était train de se former. Etait-ce le signe de la présence de Calypso ? Fallait-il s'en réjouir ou s'en effrayer ?

Quand les pirates aperçurent à leur tour le maëlstrom, la panique s'empara d'eux. Mais Elizabeth connaissait l'homme de la situation :

— Capitaine Barbossa ! Nous avons besoin de vous à la barre !

Barbossa inclina la tête avec majesté.

— Le jour de notre mort est un jour qui vaut la peine d'être vécu ! lança-t-il à pleins poumons.

Sur le *Hollandais*, Jones et Mercer avaient eux aussi les yeux rivés sur le maëlstrom. Mercer évalua la situation. Le *Black Pearl* arrivait droit sur le tourbillon, mais ce n'était peut-être plus le moment de lui courir après. D'ailleurs, les navires de l'armada avaient tous cessé d'avancer...

— Virez de bord ! ordonna-t-il à Jones.

— Non, opposa Jones. Calypso ne nous fera pas de mal. À toutes voiles dans l'abîme !

— Êtes-vous fou ? se récria Mercer.

— Tu crains de te faire éclabousser, poule mouillée ?

Mercer ne répondit pas. Sa mâchoire était figée de peur. Bientôt, les deux navires ennemis commencèrent à tourner en rond, pris dans le courant circulaire. Désormais, c'était le *Hollandais* contre le *Pearl*...

— Le *Hollandais* nous rattrape par derrière ! cria Will.

— Augmentez la vitesse, ordonna Barbossa.

Davy Jones grimaça de satisfaction. Le *Pearl* était à portée de ses canons.

— Armez les canons de proue ! commanda-t-il.

Quelques instants plus tard, la première salve atteignait de plein fouet le *Pearl*. Des cris et des gémissements retentirent sur le pont.

— Il faut sortir du tourbillon ! hurla Will. Ils nous rattrapent.

— Au contraire, opposa Barbossa. Il faut descendre pour prendre de la vitesse.

Will opina de la tête. Barbossa avait raison. C'était un pari risqué, mais c'était leur seule chance.

— Bouchez les ouvertures, commanda Gibbs, ça va secouer. Et que ça saute, messieurs !

— Cette fois, il est trop tard pour changer de cap ! clama Barbossa avec un regard fou.

Enfermé dans sa geôle à fond de cale du *Hollandais*, Jack ne vivait pas des moments aussi exaltants que son vieil ennemi. À cause de la solitude et de l'angoisse, ses doubles étaient réapparus. Mais le côté positif était qu'ils essayaient de l'aider...

— Penser comme Will. Penser comme Will. Penser comme Will ! répétait l'un d'eux à n'en plus finir.

— Will le forgeron ? s'enquit un autre.

— Qui soulève les portes de ses gonds ! répondit un troisième.

Jack sourit jusqu'aux oreilles.

— Mais oui ! Avec un levier !

Quelques instants plus tard, la porte était enlevée et le passage libre.

— Souhaitez-nous bonne chance, garçons ! s'exclama le capitaine en partant. On va en avoir besoin...

— Il me manque déjà, renifla l'un des doubles de Jack.

— C'est un homme charmant, n'est-ce pas ? ajouta son voisin.

# 27

À présent, le *Hollandais Volant* et le *Black Pearl* tournaient en rond l'un derrière l'autre dans l'œil du maëlstom. Au moment où les deux navires se retrouvèrent face à face, des salves partirent en même temps des sabords des navires.

— Tous à l'abri ! cria Jones.

Profitant de la fumée qui avait envahi le pont, Jack se glissa discrètement dans la cabine de Jones. Il avait de la chance : c'était Mullroy et Murtog qui gardaient le coffre contenant le cœur de Jones... de vieilles connaissances.

— Halte ou nous tirons ! s'exclamèrent les deux soldats.

Ils avaient à peine parlé qu'un impact d'obus ébranla la coque.

— Déjà ? plaisanta Jack. Ne vous inquiétez pas pour moi, Messieurs, ajouta-t-il en récupérant ses armes et son tricorne posés dans un coin de la cabine, je prends juste mes affaires...

Mais soudain le capitaine croisa les bras devant lui d'un air perplexe :

— Mais pourquoi diable vous trouvez-vous là, alors que vous pourriez être ailleurs ? interrogea-t-il, les sourcils froncés.

— Il faut bien que quelqu'un garde le coffre ! répondit Murtog.

— La discipline s'est beaucoup relâchée sur ce navire, ajouta Mullroy en consultant son compère du regard.

— Pour moi, c'est la faute des hommes-poissons...

— Simplement parce qu'ils sont des hommes-poissons, tu penses qu'ils sont moins bien que nous ?

— Je dis simplement qu'il y a un rapport.

— Ce n'est pas complètement faux, je te l'accorde. C'est un peu à cause d'eux qu'on doit être là....

— Et s'il n'y avait pas de coffre, on n'aurait pas besoin de nous pour le garder...

La conversation continua encore entre les deux hommes, mais Jack s'était éclipsé avec le coffre depuis un bon moment. Maintenant, il lui fallait la clef.

Quand le capitaine arriva sur le pont, le *Hollandais* se préparait à l'abordage. Comme Jack, Davy Jones voulait récupérer la clef de son coffre. Mais, contrairement à Jack, le capitaine savait où elle était et comment procéder. Mercer n'eut que le temps de pousser un cri étouffé. Les tentacules de Jones s'enroulèrent autour de son cou, puis pénétrèrent par ses yeux, son nez et ses oreilles... Et Jones récupéra sa clef.

C'est à ce moment-là qu'il tomba sur Jack qui passait, son coffre sous le bras...

— Haha ! Regardez les gars, s'exclama-t-il avec un rire sardonique, un petit oiseau tombé du nid !

Un petit oiseau qui n'a jamais appris à voler...

— Je suis le premier à le regretter, concéda Jack. Mais il n'est jamais trop tard pour apprendre...

Et s'accrochant à une drisse, il se propulsa dans les airs jusqu'à se poser en équilibre sur la vergue de la grand voile. Mais Jones se matérialisa instantanément à ses côtés.

— Le coffre ! Rends-le moi.

— Je veux te libérer, l'ami ! Je vais prendre ta place...

— La liberté m'a été enlevée il y a longtemps, grinça Jones.

Un duel dans les airs entre les deux hommes commença. Quelques mètres plus bas, l'équipage du *Hollandais Volant* se lançait à l'abordage du *Black Pearl*. Bientôt, ils envahissaient le pont du navire et une bataille à mort s'engagea : simples pirates contre monstres marins. Mais ces simples pirates avaient la foi de leur cœur noble et joyeux ! Se battant aux côtés d'Elizabeth, Will lui adressa soudain un regard pénétrant.

— Elizabeth, veux-tu m'épouser ?

— Je ne crois pas que le moment soit très indiqué ! s'exclama Elizabeth, qui repoussait deux adversaires à la fois.

— On n'aura peut-être pas une autre occasion, rétorqua Will. Je t'aime. Et toi, quel est ton choix ? interrogea-t-il d'une voix vibrante.

Elizabeth lui renvoya un sourire radieux :

— Barbossa ! répondit-elle. Barbossa ! répéta-t-elle plus fort en faisant volte-face vers le capitaine. Mariez-nous !

Barbossa haussa les sourcils. Il était en train de pourfendre en deux un adversaire.

— Désolé, mais là je suis un peu occupé....

— S'il vous plaît ! insista Will.

— Bon, si vous y tenez ! acquiesça le capitaine, tout en embrochant deux hommes d'un coup.

Du haut du gaillard d'arrière, il fit un grand geste au-dessus de la mêlée de pirates :

— Mes très chers amis, nous sommes réunis

aujourd'hui pour... vous faire tailler en pièces, sale racaille ! acheva-t-il en coupant en deux son agresseur.

Will attrapa la main d'Elizabeth :

— Elizabeth Swann, m'acceptez-vous pour mari ?

— Oui ! cria Elizabeth. Will Turner, m'acceptez-vous pour épouse ?

— Oui ! clama Will.

— En tant que capitaine, proféra Barbossa, je vous déclare mari et femme ! Embrassez-vous !

Les deux amoureux ne se firent pas prier. Ils étaient probablement en état de grâce, car leur long, très long baiser ne fut pas interrompu une seule fois...

# 28

Les deux capitaines étaient toujours en train de se battre en équilibre sur une vergue. La position était d'autant plus difficile pour Jack, qui tenait le coffre d'une main...

— Le coffre ne te servira à rien sans la clef ! ricana Jones.

— J'ai déjà la clef, répondit Jack.

— Tu mens ! contra Jones en montrant à Jack la clef qu'il serrait dans une de ses tentacules.

— Ah, tu parles de cette clef-là ?

Ayant obtenu le renseignement qu'il souhaitait, Jack trancha le tentacule. Malheureusement, celui-ci fut éjecté dans les airs, échappant aux deux adversaires. Et soudain, d'un coup de pince, Jones sectionna le sabre de Jack presque jusqu'à la garde.

Jack roula des yeux. Dans une main, il avait un tronçon de sabre, dans l'autre le coffre, et en bas, se creusait le gouffre vertigineux du maëlstrom ! Poussant un cri, il perdit l'équilibre... Mais le capitaine ne tomba pas, sauvé in extremis par Jones qui saisit la poignée du coffre.

Mais ce n'était pas Jack que Jones voulait récupérer : c'était le coffre ! Il se mit à le secouer et à le secouer pour obliger Jack à lâcher prise. Finalement, il eut gain de cause et, expédié dans les airs, le capitaine se raccrocha à une corde, avec laquelle il traversa tout le pont en attrapant au passage le pistolet d'un des hommes de Jones. Bang ! D'un coup de feu, il arracha des mains de son propriétaire le coffre qui tomba par terre devant Will qui, arrivant à point nommé sur le *Hollandais*, s'empressa de le récupérer.

— Encore toi, Will Turner ? glapit un des hommes d'équipage en se jetant sur lui avec son sabre.

Mais la dernière heure de Will n'était pas encore venue. Le voyant en difficulté, Pintel et Ragetti placèrent Jack – le singe – dans la gueule d'un canon avant de le projeter comme un obus sur le visage de l'agresseur de Will, qui bascula par-dessus bord.

— Merci, Jack ! dit Will au petit singe immortel, avant de détaler avec le coffre.

Il avait à peine prononcé ces mots qu'un autre des hommes de Jones lui fit lâcher sa prise d'un coup de poing et c'est en se relevant que Will se retrouva face à un agresseur inattendu : son propre père.

— Père, c'est moi !

Mais Bill Turner revint à la charge. Son regard était halluciné. « Partie de l'équipage, partie du bateau » ...

Jack était toujours suspendu à sa corde, en train de se balancer d'un point à un autre du pont, quand il repéra le coffre, échoué dans un coin. Mais un autre amateur de coffre arrivait : Davy Jones ! Jack sortit son sabre, ce qui ne lui fut pas d'une grande utilité, vu que la lame était amputée des trois quarts de sa longueur... Après avoir tourné autour du cabestan pour essayer d'échapper à son poursuivant, il avisa un morceau du bastingage et essayait d'en assommer son adversaire, quand Jones le jeta par terre comme un fétu de paille. Le nez sur le pont, le capitaine vit alors passer devant lui un morceau de tentacule en train de ramper tranquillement avec la clef...

— Espèce de sorcière ! s'exclama Jones en apercevant Elizabeth qui accourait à l'aide de Jack. Je serai sans pitié...

— Je vous en prie ! répondit Elizabeth en dégainant.

Elle n'eut pas plus tôt parlé qu'elle se retrouva elle aussi projetée violemment par terre.

— Je ne vais pas te tuer, je t'ai fais une promesse, jeta Will à son père avant de s'élancer.

Il arriva juste à temps. Le capitaine du *Hollandais* s'apprêtait à pourfendre Elizabeth. Levant son sabre, Will le plongea dans le dos de Jones en le transperçant de part en part. Le capitaine hurla... mais seulement de surprise.

— Mon jeune ami, aurais-tu oublié que je suis un misérable sans cœur ?

Il tordit l'extrémité de l'épée qui sortait de son ventre pour empêcher Will de la récupérer et jeta par terre à son tour le jeune homme désarmé.

— Ah, l'amour ! glousse le capitaine en surprenant le regard d'angoisse qu'Elizabeth posait sur son fiancé. Un lien terrible ! Et pourtant, si facile à rompre... Dites-moi, William Turner, fit-il en approchant son épée de sa poitrine, crains-tu la mort ?

— Et toi, la crains-tu ? lui répondit Jack.

Jones fit volte face. Jack tenait son cœur dans le creux de sa main, son autre main brandissant son tronçon de sabre avec lequel il s'apprêtait à le transpercer...

— Ça fait du bien de tenir la vie et la mort d'un homme dans le creux de sa main ! ajouta Jack avec un grand sourire.

— Tu es bien cruel, Jack Sparrow, grinça Jones.

— La cruauté est une question de perspective.

— Tu l'as dit...

Faisant volte-face, le capitaine du *Hollandais* plongea son épée au plus profond de la poitrine de Will.

— Will ! hurla Elizabeth en se précipitant vers le jeune homme, aux yeux écarquillés de douleur.

— Oh, le pauvre ! fit Jones d'un air hypocritement ému.

— Regarde-moi ! gémit Elizabeth en secouant frénétiquement Will, qui sombrait dans l'inconscience. Reste avec moi !

Figé à quelques mètres du blessé, Bill Turner n'avait plus le même regard. Il venait de reconnaître son fils...

— À mort ! hurla-t-il en se jetant sur Jones.

— Will, regarde-moi ! supplia encore Elizabeth.

Jack avait toujours la main levée au-dessus du cœur palpitant. Il hésitait. Il y avait un moyen de sauver Will...

Il avisa Jones qui venait de se débarrasser de Bill Turner et se penchait vers Will :

— Tu n'échapperas pas à mon jugement ! grinça le capitaine au mourant.

Mais c'est alors qu'il se mit à suffoquer lui aussi. Il fit volte-face et ses yeux s'agrandirent d'horreur. Son cœur était embroché. Jack maintenait la main de Will sur le tronçon de sabre planté dans le cœur de Jones...

— Calypso ! coassa le capitaine du *Hollandais*.

Et dans un ultime sursaut, il sauta dans le maëlstrom.

— Non ! hurla Elizabeth.

Will avait fermé les yeux...

# 29

À présent, tous les hommes de Jones convergeaient vers Will. Le vieux Bill était à leur tête, accompagné d'un autre membre d'équipage qui tenait le coffre ouvert.

— Le *Hollandais* doit avoir un capitaine ! clama-t-il en sortant son couteau.

— Ne me quitte pas ! hurla Elizabeth en s'agrippant au corps de Will. Je ne t'abandonnerai pas !

Mais Jack l'arracha fermement au corps inerte. Plaquant la jeune femme contre lui, il s'élança dans les airs, au bout de cordes fixées à une voile qui, gonflée par le vent, les transporta comme un parachute. En proie au désespoir le plus vertigineux,

Elizabeth regardait fixement le *Hollandais* qui plongeait dans le maëlstrom, avec son équipage et avec Will...

Et c'est alors que, comme par magie, le maëlstrom disparut. La mer était de nouveau d'huile et les nuées se dissipaient. À l'horizon se révéla alors la présence de la flotte de l'armada toute entière...

— Je remercie Dieu de te revoir, Jack, s'exclama Gibbs en aidant les rescapés à remonter sur le pont, mais l'armada est toujours là ! Et l'*Intrépide* vient dans notre direction. Je pense qu'il est temps maintenant d'honorer cette veille et noble tradition pirate...

— La tradition, ça n'a jamais été mon truc, coupa Jack. On va à sa rencontre ! Carguez les voiles et mettez-vous sur vent arrière.

— Pas de ça ! tonna Barbossa. C'est du suicide.

— Pas de ça, pas de ça ! riposta Jack.

— Mais, mon capitaine..., protestèrent Gibbs et Pintel.

— Bouclez-la ! ordonna Jack d'un ton définitif.

Sur l'*Intrépide*, sa longue-vue à la main, Grooves était aussi perplexe que l'équipage de Jack. En revanche, son supérieur ne voyait aucun motif de s'inquiéter.

— Jack espère que nous honoreront nos engagements ! ricana le directeur de la Compagnie. Lieutenant, donnez l'ordre de préparer les canons et d'ouvrir les sabords.

C'est alors qu'il écarquilla les yeux : le *Hollandais* surgissait des flots.

— Tiens, dit-il, Jones a donc survécu...

Il sourit. Décidément, ce pauvre Jack n'avait pas de chance...

D'autres yeux étaient tournés vers le *Hollandais* : ceux de l'équipage du *Black Pearl* et en particulier ceux d'Elizabeth. La jeune femme rayonnait de soulagement. Will se trouvait à son bord, vivant ! Il était le nouveau capitaine du *Hollandais*, un capitaine qui était aussi différent de l'ancien que le jour l'était de la nuit. Avec son bandana noir sur la tête, il était même le plus beau capitaine dont Elizabeth aurait pû rêver.

— Préparez les canons ! commanda Will à ses hommes, tandis que le même ordre était donné sur le *Pearl*.

Les membres d'équipage du *Hollandais* s'exécutèrent. Leurs regards exprimaient la joie de la liberté retrouvée. C'était si bon de sentir l'air du large caresser leur peau : leur nouveau capitaine n'avait pas de tentacules et, à son image, ils avaient retrouvé leur apparence humaine.

— Mettez toute la toile ! commanda Jack sur le *Pearl*.

— Parés à canonner ! cria Will en écho sur le *Hollandais*.

Sur l'*Intrépide*, Beckett commençait quelque peu à s'inquiéter. Le *Hollandais* et le *Black Pearl* s'avançaient vers l'*Intrépide* de concert. Bientôt, le navire se retrouva coincé en sandwich entre les deux bateaux...

— Quels sont vos ordres, monsieur ? interrogea Grooves d'une voix pressante. Quels sont vos ordres ? répéta-t-il à Beckett qui s'était figé comme une statue.

— Feu ! hurlèrent les pirates des deux bords.

Un feu d'artifice de boulets déferla sur le pont de l'*Intrépide*, à bâbord comme à tribord. Dans un tumulte de cris et de gémissements, des hommes furent projetés en l'air, tandis que d'autres étaient assommés, amputés, ou transpercés par les éclats de bois arrachés au pont du bateau.

— Abandonnez le navire ! cria Grooves à ses hommes.

Tandis que l'équipage s'enfuyait, Beckett, les yeux fixes, descendit lentement l'escalier du gaillard d'arrière. Autour de lui, volaient les éclats de bois provenant de ce bâtiment qui avait été le fleuron de la marine anglaise. Puis, il y eut une explosion et tout s'enflamma...

— Hourrah, ils déguerpissent ! clama Marty.

Les vivats éclatèrent sur les ponts de tous les

navires pirates. De Chevalle à Villanueva, jusqu'à la sévère Maîtresse Ching qui poussait des cris perçants : tous se réjouissaient. Sur le *Pearl*, les pirates lançaient leur chapeau en signe d'allégresse.

— Monsieur Gibbs ! s'exclama Jack, qui contemplait la scène du haut du gaillard d'arrière. Vous pouvez lancer mon tricorne...

— Hourrah ! cria Gibbs en s'exécutant.

— Maintenant, va le chercher ! ordonna Jack.

Sur le *Hollandais*, l'atmosphère était à la joie aussi, mais en plus recueillie. Le nouveau capitaine prenait la mesure de la nouvelle vie qui l'attendait.

— Quels sont vos ordres, monsieur ? interrogea Bill Turner en s'approchant de son fils.

— Tu n'es plus lié au *Hollandais* désormais, répondit Will. Tu es libre.

— Il me semble que j'ai toujours une dette à payer. Alors, si tu veux bien de moi...

— Prenez donc la barre, monsieur Turner ! répondit Will avec un sourire ému.

Mais le vieux Bill intercepta le regard nostalgique que son fils coulait vers le *Pearl*.

— Là où nous devons aller maintenant, dit-il avec compassion, elle ne peut pas nous suivre. Un jour à terre pour dix ans en mer. C'est cher payé...

— Tout dépend de ce jour ! répondit Will d'une voix vibrante.

Oui, tout dépendait de ce jour : c'était exactement ce que se disait Elizabeth. Et son cœur battait très fort, car aujourd'hui même était ce jour : jusqu'à ce que le soleil se couche.

— Votre carrosse est avancé, Altesse ! annonça Gibbs en désignant la chaloupe qu'on descendait à l'intention d'Elizabeth pour qu'elle rejoigne la côte.

— Au revoir, madame Turner ! la salua Barbossa avec majesté.

— Au revoir, poupée, sourit Pintel.

Elizabeth s'avança vers Jack, très émue :

— Jack, ça ne pouvait pas marcher entre nous.

— Vous pouvez toujours vous en convaincre, chérie...

Mue par une impulsion, Elizabeth s'approcha du capitaine pour l'embrasser.

— Non merci, une fois m'a suffi ! s'exclama Jack en souriant.

Elizabeth sourit aussi.

— Merci, Jack, dit-elle, avant de s'éloigner.

Peu après, deux épées étaient plantées dans le sable en bordure de la côte où Will et Elizabeth avaient abordé. Le temps passa trop vite pour les deux jeunes mariés. Will remettait déjà ses bottes pour repartir.

— Tu me donnes l'autre ? demanda-t-il à Elizabeth, après avoir chaussé la première.

Elle lui tendit sa botte. Mais dans celle-ci se trouvait une jambe. La plus jolie des jambes... Doucement, Will enleva la botte de la jambe d'Elizabeth, avant de faire courir amoureusement ses lèvres sur sa peau.

— Le soleil va bientôt se coucher, soupira-t-il.

Se mettant debout, il alla enlever l'étoffe qui couvrait le coffre qu'il avait apporté avec lui.

— Tu sais qu'il t'a toujours appartenu. En prendras-tu soin ?

La gorge serrée, Elizabeth écouta les battements qui émanaient du coffre. Elle hocha la tête.

Luttant contre le chagrin, Will tourna le dos pour gagner le rivage.

— Will ! le rappela Elizabeth.

Ils se précipitèrent encore dans les bras l'un de l'autre.

— N'oublie pas de surveiller l'horizon ! lui chuchota Will en partant.

Peu après, le *Hollandais* disparaissait dans le rayon vert du soleil couchant...

Tandis qu'Elizabeth commençait une attente qui allait durer dix ans, les pirates du *Black Pearl* avaient abordé à Tortuga, histoire de prendre un peu de bon temps.

Après avoir fait un tour à la célèbre taverne, *La fiancée tranquille*, Jack revenait vers le port, ses bonnes amies Giselle et Scarlett à chacun de ses bras. Il leur avait promis une petite promenade à bord du *Pearl*...

— C'est ça, le *Black Pearl* ? s'écria Giselle en pointant le doigt sur un misérable rafiot, amarré au quai.

Jack soupira.

— Mes poulettes, ça, c'est une chaloupe. Mon bâtiment est gigantesque. Et magnifique. Et... parti. Où diable est-il passé ?

— N'est-ce pas lui, là-bas ? répondit Giselle en tendant le doigt.

Jack avala sa salive. En effet, le *Pearl* disparaissait au loin.

— Oui, c'est bien lui. Mais qu'est-ce qu'il fait là ?

— Jack, rappela Scarlett, tu avais promis de nous emmener faire un tour !

— D'abord moi, grinça Giselle.

— Jack avait dit que ce serait moi ! protesta Scarlett.

Alors que les deux femmes commençaient à en venir aux mains, Jack aperçut son maître d'équipage, affalé sur les quais, ivre mort.

— Monsieur Gibbs ? Où est le navire ? l'interrogea le capitaine en lui versant sur la figure le verre de rhum qu'il tenait à la main.

Gibbs se releva d'un bond.

— Le navire ? Mais nous sommes dessus !

Puis il regarda autour de lui d'un air éberlué :

— Jack ! Le bateau est parti !

— Ah vraiment ? grogna Jack, sarcastique.

Il se tourna vers les deux femmes :

— Mesdames, auriez-vous l'obligeance de vous calmer et de vous taire ? J'ai quelque chose à vous dire. Giselle, je t'ai mentie. Scarlett, je ne t'aime pas. Cette robe te boudine, Giselle. Je ne suis jamais allé à Bruxelles, Scarlett. Giselle, tu écorches les mots. Et, ajouta-t-il en s'adressant aux deux à la fois, je n'ai jamais rencontré Pizarro, mais j'aime ses pizzas. De toute façon, tout cela est d'une insignifiance totale, comparé au fait que MON navire, une fois de plus, s'est évaporé. Vous me suivez ?

Giselle suivait tellement bien Jack qu'elle le gifla, imité par Scarlett. Et Jack, par galanterie, gifla en réponse Gibbs, qui s'essuya la joue, bon enfant. Les yeux du maître d'équipage pétillaient. On dirait qu'une nouvelle aventure commençait !

— On repart en chasse ? lança-t-il en souriant jusqu'aux oreilles.

— Et on fait main basse ! répondit Jack en lui tapant dans la main.

À bord du *Black Pearl* qui filait loin de Tortuga, Barbossa était d'humeur excellente. Il donnait des cacahouètes à son petit singe en lui flattant le poil.

— Monsieur ? l'interrompit Pintel.

La capitaine releva la tête. Tout son équipage se tenait rassemblé derrière Pintel.

— Monsieur, commença Pintel, il se trouve dans l'équipage certains hommes qui ne se sentent pas entièrement satisfaits d'avoir dû abandonner le capitaine Jack...

— ... une fois de plus, ajouta Ragetti.

Barbossa sourit, bonace :

— Vous m'en direz tant !

— Nous serions sûrement guéris de nos scrupules si vous pouviez nous en dire un peu plus sur un certain... accessoire dont vous nous avez parlé, continua Pintel.

— « La carte », précisa Marty.

— Qu'on aimerait voir de nos propres yeux, renchérit Ragetti.

Se dirigeant vers le gouvernail, Barbossa prit le rouleau de bambou sur lequel la carte de Sao Feng était fixée.

— Que vos yeux se régalent de cela, mes amis ! s'écria-t-il pompeusement. Il y a plus d'une façon d'être immortel. Gentilhommes, apprêtez-vous à découvrir la fameuse Fontaine de Jouvence !

Il déroulait la carte, quand ses yeux s'agrandirent d'horreur. À la place du plan, il y avait un grand trou.

— Jack Sparrow ! glapit Barbossa en grinçant des dents.

# TABLE

*Composition MCP - Groupe JOUVE* - 45770 Saran
N° 252620G

*Impression réalisée sur CAMERON par*
*BRODARD ET TAUPIN*
*La Flèche*
*En décembre 2007*

« Pour l'éditeur, le principe est d'utiliser des papiers composés de fibres naturelles, renouvelables, recyclables et fabriquées à partir de bois issus de forêts qui adoptent un système d'aménagement durable. En outre, l'éditeur attend de ses fournisseurs de papier qu'ils s'inscrivent dans une démarche de certification environnementale reconnue. »

Dépôt légal imprimeur : 44776
20.16.1426.4/03 - ISBN : 978.2.01.201426.6

*Loi n° 49-956 du 16 juillet 1949 sur les publications destinées à la jeunesse.*
Dépôt légal : décembre 2007.